普通高等学校工程财务系列教材

Gongcheng Caiwu Guanli
工程财务管理

杨成炎　王东武　杨　敏　编著

人民交通出版社

内 容 提 要

工程财务管理是工程施工企业管理的一个重要组成部分,是研究工程施工企业资金筹集、有效使用和合理分配的一门学科。本书主要阐述工程财务管理总论、工程财务报表分析、工程财务管理的价值观念、工程项目融资管理、工程项目投资决策、工程固定资产管理、证券投资管理、工程营运资本管理、工程成本管理、营业收入和利润管理等内容。

本书可以作为高等院校会计学、财务管理、工程管理、工程造价等专业学生的教材,也可作为工程施工企业财务人员学习的参考书。

图书在版编目(CIP)数据

工程财务管理/杨成炎,王东武,杨敏编著. —北京:人民交通出版社,2013.3
普通高等学校工程财务系列教材
ISBN 978-7-114-10297-4

Ⅰ.①工… Ⅱ.①杨… ②王… ③杨… Ⅲ.①建筑工程—财务管理—高等学校—教材 Ⅳ.①F407.967.2

中国版本图书馆 CIP 数据核字(2012)第 316136 号

普通高等学校工程财务系列教材
书　　名：工程财务管理
著 作 者：杨成炎　王东武　杨　敏
责任编辑：刘永超　贾秀珍
出版发行：人民交通出版社
地　　址：(100011)北京市朝阳区安定门外外馆斜街 3 号
网　　址：http://www.ccpress.com.cn
销售电话：(010)59757973
总 经 销：人民交通出版社发行部
经　　销：各地新华书店
印　　刷：大厂回族自治县正兴印务(有限)公司
开　　本：787×1092　1/16
印　　张：19
字　　数：462 千
版　　次：2013 年 3 月　第 1 版
印　　次：2019 年 1 月　第 1 版　第 4 次印刷
书　　号：ISBN 978-7-114-10297-4
定　　价：37.00 元

(有印刷、装订质量问题的图书由本社负责调换)

出版说明

长沙理工大学会计学专业具有50多年的办学历史，经过几代会计学人默默耕耘、扎实工作、无私奉献，会计学专业已成为一个特色鲜明、管理科学、蓬勃发展的优势专业，学生规模不断扩大，办学实力不断增强，赢得了社会的广泛赞誉。在交通行业，长沙理工大学会计学专业享有"南路桥，北财会"的美誉；在电力行业，该校会计学专业也享有"黄埔军校"的美称。

经过多年的建设，长沙理工大学在会计学专业结构调整、人才培养模式改革、教学团队建设等方面努力探索，不断夯实会计学专业建设平台。2002年，经湖南省教育厅批准，会计学专业成为湖南省重点专业；2008年，经教育部批准，会计学专业成为国家第三批高等学校特色专业；2010年，会计学专业成为长沙理工大学"卓越会计人才培养计划"的首批试点专业之一。

为了彰显长沙理工大学会计学专业特色，进一步提升会计学专业教材建设水平，人民交通出版社公路中心与长沙理工大学经济与管理学院组织有关专家、学者经充分论证，精心规划了本套"普通高等学校工程财务系列教材"，首批推出《工程会计学》、《工程财务管理》、《工程项目融资》、《工程项目投融资决策案例分析》、《工程项目成本管理学》、《工程项目审计学》和《工程项目财务分析》，以展示"国家高等学校特色专业"建设和"卓越会计人才培养计划"的最新教学研究成果，也是对"本科教学质量与教学改革工程"建设的阶段性总结。

本系列教材以工程项目为主要研究对象，阐述工程项目建设周期（包括工程项目策划和决策阶段、工程项目准备阶段、工程项目实施阶段、工程项目竣工验收和总结评价阶段）中的财务与会计问题，充分体现了长沙理工大学会计学专业建设的特色之所在。

《工程会计学》以新《中华人民共和国会计法》、《企业会计准则》和《国有建设单位会计制度》为依据，紧密结合工程项目建设周期中的各个环节，分别从建设单位和施工单位两个维度全面、系统地阐述了工程会计的基本理论和方法。《工程财务管理》以工程项目为载体，全面阐述工程项目理财主体如何有效组织财务活动，正确处理财务关系。《工程项目融资》的主要内容包括工程项目融资基础，工程项目融资的组织与实施，工程项目融资渠道和方式，工程项目融资结构，工程项目融资风险管理等。《工程项目投融资决策案例分析》以工业工程建设项目、公路工程建设项目、电力工程建设项目以及其他公共建设项目为依托来阐述工程项目投融资决策。《工程项目成本管理学》以工程项目为成本管理对象，对工程项目实施过程中的成本预测、决策、概预算、核算、控制、分析与考核以及工程项目成本管理的前沿领域问题进行了全面阐述。《工程项目审计学》以工程项目基本建设程序为主线，参考《内部审计实务指南第1号——建设项目内部审计》部分内容，阐述了工程项目审计的基本理论与方法。《工程项目财务分析》以财务经济分析的基本理论为基础，以工程项目建设周期为基本环节，对工程项目建设各环节的财务经济活动进行了系统阐述。

本系列教材以"应用型"定位为出发点，针对目前我国高等院校会计学等相关专业教学偏重公司财务的现状，从工程项目财务工作所需掌握的专业技能角度出发，结合工程项目财务实际编写。本系列教材具有以下鲜明的特色：(1)**先进性**。本系列教材力求反映国内外会计、财务改革和发展的最新成果，突出了系列教材内容上的先进性。(2)**完整性**。本系列教材遵循由浅入深、循序渐进的认识规律来编排内容，结构清晰明了，同时注重相关教材之间内容的衔接，减少和避免了不必要的重复，体现了系列教材体系上的完整性。(3)**可操作性**。本系列教材配备了相关的思考题、习题和相应的教学课件，易教易学，具有很强的可操作性。(4)**适用性**。本系列教材在出版前，相关讲义已在教材主编单位进行了试用和修改完善，具有较强的适用性，不仅可以作为工程会计学专业的教学用书，也可供工程项目管理者参考。(5)**实践指导性**。本系列教材注重实践教学，书中引入了大量工程财务的实际案例，使学生在学习基本理论、基本知识的同时，提高解决实践问题的能力。

教材建设是教学改革的重要环节之一，全面做好教材建设，是提高教学质量的重要保证。本系列教材的编写，凝结了相关参编人员的心血，相信本系列教材的出版，对高等院校会计学专业教材的建设将起到有力的促进作用，同时，也可使各高等院校，特别是具有工程背景的高等院校在教材选用方面具有更大的空间。

向所有关心、支持本系列教材编写和出版的各级领导、专家和师生致以诚挚的谢意。

人民交通出版社公路出版中心
长沙理工大学经济与管理学院
2012 年 5 月

前 言

企业兴衰，财务为本。在市场经济条件下，企业的财务活动日益丰富，企业的财务关系日益复杂，财务管理在现代企业中起着越来越重要的作用。为了满足高等工科院校经济类、管理类专业财务管理课程教学需要，我们编写了这本《工程财务管理》教材。本书主要介绍和论述工程施工企业的财务管理问题，它既有一般企业财务管理的共性，又有其自身的特殊性。在编写过程中，我们参阅了国内外大量的相关文献，充分吸收现有财务管理有关教材的精华，同时结合工程施工企业业务活动的特点，力图解决工程行业所面临的现实财务问题。本书的特色可归纳为以下几个方面。

第一，突出了财务管理的工程行业特色。本书将财务管理的基本理论和方法在工程施工企业中加以运用，在内容安排方面，既考虑了财务管理的系统性和完整性，又考虑了工程施工企业的实际业务活动情况，突出了财务管理的工程行业特色。

第二，注重学生创新能力的培养。本书站在学生的角度，根据学生的知识面和理解能力来编写。坚持专业基础教育与创新能力培养相结合，在加强基本理论、基本方法和基本技能论述的同时，尽可能吸收国内外财务管理理论与实践发展的新内容，拓宽学生的知识面，培养学生获取新知识的能力。

第三，注重知识技能的实用性和可操作性。本书以学生就业所需财务管理专业知识和操作技能为立足点，结合工程施工企业的案例或示例来编写，在文字表述方面，着重讲解应用型人才培养所需的知识和技能。

本书是长沙理工大学杨成炎、王东武和杨敏三位副教授共同合作的成果。由杨成炎负责编写大纲的拟定和定稿。具体的分工如下：第一章、第三章、第六章和第七章由杨成炎执笔，第二章、第四章和第五章由王东武执笔，第八章、第九章和第十章由杨敏执笔。

由于作者水平有限，书中难免会有缺点、纰漏和不足之处，恳请读者批评指正，以便再版时修改、完善。

作 者
2012 年 12 月于长沙

目 录

第一章 工程财务管理总论 ... 1
- 第一节 工程财务管理的概念与内容 ... 1
- 第二节 工程财务管理环节 ... 7
- 第三节 财务管理的目标 ... 10
- 第四节 工程财务管理环境 ... 17
- 本章思考题 ... 33

第二章 工程财务报表分析 ... 35
- 第一节 工程财务报表分析的目的 ... 35
- 第二节 工程财务报表分析的基本方法 ... 36
- 第三节 财务比率分析 ... 39
- 第四节 财务综合分析 ... 56
- 本章思考题 ... 62
- 本章练习题 ... 62

第三章 工程财务管理的价值观念 ... 65
- 第一节 资金时间价值 ... 65
- 第二节 工程项目的风险与报酬 ... 76
- 本章思考题 ... 89
- 本章练习题 ... 89

第四章 工程项目融资管理 ... 92
- 第一节 工程项目融资概述 ... 92
- 第二节 权益性资金融资方式 ... 96
- 第三节 负债资金融资方式 ... 104
- 第四节 资金成本和资金结构 ... 115
- 本章思考题 ... 128
- 本章练习题 ... 129

第五章 工程项目投资决策 ... 130
- 第一节 工程项目投资概述 ... 130
- 第二节 工程项目的现金流量预测 ... 131
- 第三节 工程项目的投资决策评价方法 ... 136

  第四节 工程项目的风险处理···143
  本章思考题···150
  本章练习题···150

第六章 工程固定资产管理···153
  第一节 固定资产概述···153
  第二节 固定资产需用量的预测与计划···156
  第三节 固定资产折旧···164
  第四节 固定资产利用效果评价···169
  本章思考题···171
  本章练习题···171

第七章 证券投资管理···173
  第一节 证券投资管理概述···173
  第二节 债券投资管理···179
  第三节 股票投资管理···185
  本章思考题···191
  本章练习题···192

第八章 工程营运资本管理···193
  第一节 营运资本概述···193
  第二节 流动资产管理···196
  第三节 流动负债管理···210
  本章思考题···212
  本章练习题···213

第九章 工程成本管理···214
  第一节 工程成本管理概述···214
  第二节 工程成本的预测与计划···216
  第三节 工程成本的控制与分析考核···230
  第四节 工程成本报表···241
  本章思考题···246
  本章练习题···246

第十章 营业收入和利润管理···247
  第一节 营业收入的预测···247
  第二节 工程价款的结算···248
  第三节 营业利润的预测···254
  第四节 利润分配原则与程序···268
  第五节 股利政策···269
  本章思考题···277
  本章练习题···277

附录 ·· 281
 一、复利终值系数表 ·· 281
 二、复利现值系数表 ·· 284
 三、年金终值系数表 ·· 287
 四、年金现值系数表 ·· 290

参考文献 ·· 293

第一章 工程财务管理总论

本章导读： 工程财务管理是研究工程施工企业资金的筹集、有效使用和合理分配的一门学科，它是施工企业管理的一个重要组成部分。本章在介绍工程财务管理概念、内容和管理环节的基础上，重点阐述财务管理目标和工程财务管理环境问题。财务管理目标是开展工程财务管理工作的出发点和归宿，它决定着整个工程财务管理过程的发展方向。财务管理环境对工程财务管理产生重大影响，工程财务人员需要不断地对财务管理环境进行审视和评估，并根据其所处的具体财务管理环境的特点，采取与之相适应的财务管理方法和手段，以保证财务管理目标的实现。

第一节 工程财务管理的概念与内容

一、工程财务管理的概念

财务管理（Financial Management）是指在一定的整体目标下，关于资产的购置、资金的融通和经营中现金流量以及利润分配的管理。**工程财务管理**是工程施工企业管理的一个组成部分，它是根据财经法规制度，按照财务管理的原则，组织施工企业财务活动，处理施工企业财务关系的一项经济管理工作。因此，要了解工程财务管理的概念，必须先分析施工企业的财务活动和财务关系。

（一）工程施工企业财务活动

工程施工企业财务活动是指施工企业再生产过程中的资金运动，即筹集、运用和分配资金的活动。在市场经济条件下，一切财产物资都具有一定的价值，它体现着耗费于财产物资中的社会必要劳动量。社会再生产过程中财产物资价值的货币表现，就是资金。在市场经济条件下，资金是施工企业进行施工生产经营活动的必要条件。施工企业的施工生产经营过程，一方面表现为物资的不断购进和售出；另一方面则表现为资金的流出和流入。施工企业的资金运动，构成了施工企业经济活动的一个独立方面，这便是施工企业的财务活动。

工程施工企业财务活动可以分为以下几个环节。

1. 资金筹集

取得一定量的资金是施工企业进行施工生产经营活动的前提条件。在企业创办之初，所有者应当按照有关法律的规定投入一定量的资本金。企业投入运营后，企业还将根据施工生产经营需要进一步筹集资金。总体来说，企业筹集的资金包括所有者投入的资金和借入资金两类,前者通常称为权益资金,后者通常称为债务资金。权益资金主要包括两项:一是实收资本,指企业所有者按照法律规定在创立时投入的资本或在创立后增加的资本,在公司制企业称为股本;二是留存收益,指企业按照法律规定或企业内部分配政策,为用于补充施工生产经营资金、用于职工集体福利设施、用于后备或用于以后年度分配等,将税后利润留在企业的部分。另外,因资产重估增值、股本溢价等形成的资金,也是企业权益资金的一项内容。债务资金主要包括通过银行借款、发行债券、商业信用等方式筹集的资金。

2. 资金投放

施工企业筹集资金的目的是为了把资金用于施工生产经营活动以取得盈利,不断增加股东财富和企业价值。企业将筹集资金投入施工生产经营的过程,称为投资。施工企业的投资可分为对内投资和对外投资。对内投资是指对企业自身的投资,主要包括以下内容:一是用于购建房屋、建筑物、机器设备等固定资产;二是用于开发或外购专利、土地使用权等无形资产;三是用于购买原材料、支付职工工资、支付管理费、保险费等各类费用等;对外投资是指对企业以外的经济实体进行投资,如购买其他企业的股票和债券、与其他企业联营投资、兼并投资等。

3. 资金耗费

企业在施工生产过程中,生产者使用劳动手段对劳动对象进行加工,生产出工程产品,在这个过程中要消耗各种材料、物资,而且,固定资产经过使用,其价值要发生损耗;此外,还要支付职工工资和其他费用。各种生产耗费的货币表现就是工程等有关对象的成本。成本和费用从实质上看都属于资金耗费。在施工生产过程中,除发生资金耗费以外,生产者还创造出新的价值,包括为自己劳动所创造的价值和为社会劳动所创造的价值。所以,资金的耗费过程又是资金的积累过程。在这个过程中,施工生产耗费的固定资产价值(固定资金)、材料物质等储备资金以及工资形式支付的货币资金先转化为未完施工,随着工程的完工又转化为已完工程。

4. 资金收入

施工企业在工程完工以后,要将已完工程点交给发包建设单位,并按预算造价(或工程标价)进行工程价款的结算,取得工程结算收入。在这一过程中,企业资金从已完工程形态转化为货币形态。企业取得工程结算收入,实现工程产品的价值,不仅可以补偿工程成本,而且可以实现企业的利润,企业权益资金数额也随之增大。此外,企业还可以取得投资收益和其他收入。

5. 资金分配

企业对于取得的工程结算收入要加以分配,其中大部分用于补偿生产耗费,其余部分为企业纯收入。企业纯收入扣除流转税和所得税以后形成企业的净利润,企业净利润要按照法律规定以及企业收益分配政策进行分配,通常按以下顺序进行分配:一是弥补企业以前年度亏损,二是提取盈余公积,三是向投资者分配利润。企业缴纳各种税金和向投资者分配利润的资金,就从企业资金运动过程中退出。

资金的筹集和投放,是以价值形式反映企业对劳动资料和劳动对象的取得和使用;资金的耗费,是以价值形式反映企业物化劳动和活劳动的耗费;资金的收入和分配,是以价值形式反映企业工程施工成果的实现和分配。因此,施工企业资金运动过程,是以价值形式综合地反映企业的再生产过程。

工程施工企业资金运动过程,如图1-1所示。

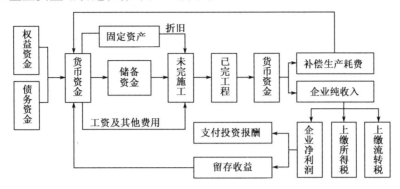

图1-1　工程施工企业资金运动过程图

(二) 工程施工企业财务关系

工程施工企业财务关系是指工程施工企业在组织财务活动过程中与有关各方面发生的经济利益关系。财务管理是组织财务活动、处理财务关系的一项管理工作,这一概念特征决定了财务管理学的研究应从财务的二重性,即经济属性(财务活动)与社会属性(财务关系)相结合来进行考察。因此,施工企业所进行的财务活动,就不仅体现了一种技术关系,还包括了施工企业与其他财务主体之间的财务关系。财务关系的存在说明财务管理绝不是类似自然科学的一种技术或方法,而是蕴涵了丰富制度内容的社会科学。工程施工企业的财务关系可概括为以下几个方面。

1. 企业与所有者(股东)之间的财务关系

这主要是指所有者向企业投入资金,企业向其支付投资报酬所形成的经济关系。企业的所有者要按照投资合同、协议、章程的约定履行出资义务,以便及时形成企业的资本。所有者向企业投资后依法享有企业的产权。企业利用资本进行经营,实现利润后,应按出资比例或合同、章程的规定,向其所有者分配利润。一般而言,所有者的出资不同,他们各自对企业承担的责任也不同,相应对企业享有的权利和利益也不相同。企业同其所有者之间的财务关系,体现着所有权的性质,反映着经营权和所有权的关系。

2. 企业与债权人之间的财务关系

这主要是指企业向债权人借入资金,并按借款合同的规定按时支付利息和归还本金所形成的经济关系。企业除利用资本进行经营活动外,还要借入一定数量的资金,以便降低企业资金成本,扩大企业经营规模。企业的债权人主要包括为企业提供贷款的银行和非银行金融机构、债券持有人、商业信用提供者、其他出借资金给企业的单位或个人。企业利用债权人的资金,要按约定的利息率,及时向债权人支付利息;债务到期时,要合理调度资金,按时向债权人归还本金。企业同其债权人之间的财务关系体现的是债务与债权的关系。

3. 企业与受资者之间的财务关系

这主要是指企业以购买股票或直接投资的形式向其他企业投资形成的经济利益关系。随着市场经济的不断深入,企业之间普遍开展横向经济联合,这种关系将会越来越广泛。企业向其他单位投资,应按约定履行出资义务,参与受资单位的利润分配。企业与受资单位之间的财务关系是体现所有权性质的投资与受资的关系。

4. 企业与债务人之间的财务关系

这主要是指企业将其资金以购买债券、提供借款或商业信用等形式出借给其他单位所形成的经济关系。企业将资金借出后，有权要求其债务人按约定的条件支付利息和归还本金。企业同其债务人之间的财务关系体现的是债权与债务关系。

5. 企业内部各部门之间的财务关系

这主要是指企业内部各单位之间在施工生产经营各环节中相互提供产品或劳务所形成的经济利益关系。在实行内部经济核算制或责任会计制度的条件下，企业的供应部门、施工单位、辅助生产单位、附属工业企业等部门之间相互提供产品或劳务，也要进行计价结算。这种在企业内部形成的资金结算关系，体现了企业内部各单位之间的经济利益关系。

6. 企业与职工之间的财务关系

这主要是指企业向职工支付劳动报酬过程中所形成的经济利益关系。职工是企业的劳动者，他们以自身提供的劳动为依据参加企业收入分配。企业要用自身的工程结算收入，向职工支付工资、津贴、奖金等，按照提供的劳动数量和质量支付职工的劳动报酬。这种企业与职工之间的财务关系，体现了职工和企业在劳动成果上的分配关系。

7. 企业与政府之间的财务关系

这主要是指企业依法向政府税务部门缴纳各种税款所形成的经济利益关系。中央政府和地方政府作为社会管理者，担负着维护社会正常秩序、保卫国家安全、组织和管理社会活动等任务，为企业施工生产经营活动提供公平竞争的经营环境和公共设施等条件，为此所发生的"社会费用"，必须由受益企业来承担。政府依据社会管理者的身份，以税收形式无偿参与企业利润分配。企业必须按照税法规定向中央和地方政府缴纳各种税款，包括流转税和所得税等。及时、足额地纳税是企业对国家的贡献，也是对社会应尽的义务。企业与政府之间的财务关系反映的是依法纳税和依法征税的权利义务关系。

施工企业的资金运动，从表面上看是钱与物、钱与钱之间的增减变动。其实，钱与物、钱与钱的增减变动只是资金运动的表象，而它所体现的人与人之间的关系，才是资金运动的本质。企业要搞好财务管理工作，必须正确处理好企业与各方面的财务关系。

二、工程财务管理的内容

工程财务管理的内容是由工程施工企业资金运动的内容决定的，它由筹资管理、投资管理、营运资本管理、成本管理、营业收入和利润管理等几个部分组成。

（一）筹资管理

施工企业可以从多种渠道、用多种方式筹集资金。不同来源的资金，其使用时间的长短、附加条款的限制、资金成本的大小以及风险程度等都不相同。筹资管理的目的是在保证企业施工生产经营需要的情况下，以较低的资金成本和较小的筹集风险，筹集到所需要的资金。企业的资金从性质上可以分为权益资金和借入资金。权益资金也称权益资本，指企业所有者提供的资金，它没有固定的偿还期限，筹资风险小，但资金成本高；借入资金指债权人提供的资金，它需要按期归还，并支付固定的利息，筹资风险大，但资金成本低。权益资金和借入资金之间的比例关系,通常称为企业的资本结构。如何在资金成本和筹资风险之间进行权衡,确定企业最佳资本结构是筹资管理的核心内容。

具体来说,企业筹资管理主要应做好如下几方面的工作:
(1)预测企业资金需要量;
(2)规划企业的资金来源;
(3)研究企业各种筹资方式的成本与风险;
(4)确定企业的最佳资本结构。

(二)投资管理

财务管理中的投资是一个广义的概念。一般认为,凡是把资金投入到将来能获利的项目的行为,都称为投资。施工企业的投资按不同的标准可以分为以下几种类型。

按投资方向不同,可将企业投资分为对内投资与对外投资。对内投资是指将资金投放于企业内部,购置各种经营资产,如购置固定资产、无形资产和流动资产等;对外投资是指将资金投放于本企业以外的其他单位,如购买其他企业的股票和债券、购买政府债券和金融债券以及直接对其他企业的投资等。

按投资回收时间不同,可将企业投资分为长期投资与短期投资。长期投资又称资本性投资,是指一年后才可收回的投资;短期投资又称流动性资产投资,是指一年内可收回的投资,如对应收账款、存货、短期有价证券的投资。

按投资与施工生产经营的关系不同,可将企业投资分为直接投资与间接投资。直接投资是指把资金直接投放于生产经营性资产,以便获取利润的投资。间接投资又称证券投资,是指把资金投放于证券等金融性资产,目的是取得股利或利息收入的投资。

不同的投资方式,面临的风险与收益各不相同,投资管理要权衡各种投资方式的风险和收益,选择最佳的投资方案。

具体来说,企业投资管理主要应做好如下几方面的工作:
(1)预测企业的投资规模;
(2)确定企业的投资结构;
(3)研究企业的投资环境;
(4)预测投资的现金流量,评价企业的投资方案;
(5)选择最佳投资方案。

(三)营运资本管理

施工企业的营运资本是指为满足企业日常施工生产经营活动所需要的资金,它由流动资产和流动负债构成。营运资本管理的目的是通过有效地进行资金的日常调度和调剂,合理地配置资金,以提高资金的使用效率。

营运资本管理主要应做好如下几方面的工作:
(1)合理安排流动资产与流动负债的比例关系,确保企业资产具有较好的流动性;
(2)加强流动资产的管理,提高流动资产周转效率,改善企业财务状况;
(3)优化流动资产和流动负债的内部结构,以使企业短期资金周转得以顺利进行和短期信用能力得以维持。

(四)成本管理

施工企业的成本管理主要是指工程项目成本管理,它是指在保证满足工程质量、工期、安全等合同要求的前提下,对项目实施过程中所发生的费用,通过计划、组织、控制和协调等活动实现预定的成本目标,最终使该项目达到质量高、工期短、消耗低、安全好等要求的一种科学的管理活动。工程项目从中标签约开始到施工准备、现场施工直至竣工验收,每个环节都离不开成本管理工作。

工程项目成本管理内容一般包括成本预测、成本计划、成本控制、成本核算、成本分析和成本考核等方面。

(1)工程项目成本预测是指通过历史成本信息和项目的具体情况,并运用专门的方法,对未来的成本水平及其可能发展趋势做出科学的估计,它是工程项目成本决策与计划的依据;

(2)工程项目成本计划是以货币形式编制工程项目在计划期内的生产费用、成本水平、成本降低率以及为降低成本所采取的主要措施和规划的书面方案,它是建立工程成本管理责任制、开展成本控制和核算的基础;

(3)工程项目成本控制是指项目在施工过程中,对影响工程项目成本的各种因素加强管理,并采取各种有效措施,将施工中实际发生的各种消耗和支出严格控制在成本计划范围内,随时揭示并及时反馈,消除施工中的损失浪费现象;

(4)工程项目成本核算包括两个基本环节:一是按照规定的成本开支范围对工程施工费用进行归集,计算出工程项目施工费用的实际发生额,二是根据成本核算对象,采取适当的方法,计算出该工程项目的总成本和单位成本;

(5)工程项目成本分析是指利用工程项目的实际成本与目标成本(计划成本)、预算成本等进行比较,了解成本的变动情况,同时还要分析主要技术经济指标对成本的影响,系统地研究成本变动的因素,检查成本计划的合理性,寻找降低工程项目成本的途径,以便有效地进行成本控制;

(6)工程项目成本考核是指工程项目完成后,对工程项目成本形成中的各责任者,按工程项目成本责任制的有关规定,将成本的实际指标与计划、定额、预算进行对比分析,评定工程项目成本计划的完成情况和各责任者的业绩,并以此给以相应的奖励和处罚。

工程项目成本管理的每一个环节都是相互联系和相互作用的。成本预测是编制成本计划的基础;成本计划是实施成本控制的依据;成本控制则是对成本计划的实施进行监督,保证成本目标的实现;成本核算又是成本计划是否实现的最后检验,它所提供的成本信息又是为下一个工程项目成本预测提供基础资料;成本分析和考核是实现成本目标责任制的保证和实现成本目标的重要手段。

(五)营业收入和利润管理

营业收入是补偿企业施工生产经营活动中资金耗费的唯一来源。施工企业营业收入包括工程结算收入、产品销售收入和其他业务收入。其中,工程结算收入是营业收入的主要组成部分,它是一项重要的财务指标,是维持企业支付能力,保证企业财务安全的重要条件。企业要根据市场状况,做好工程结算收入的预测工作,此外,企业还要选择合适的结算方式向建设单位或发包单位办理工程价款结算,以便及时取得工程结算收入。

施工企业的营业收入大部分用于补偿生产耗费,其余部分为企业纯收入;企业纯收入扣除营业税金以后形成企业利润。利润是企业最终的财务成果,要按照规定的程序进行分配。企业利润首先要依法缴纳所得税,税后利润还要弥补以前年度的亏损,并提取盈余公积金,剩余的利润可以分配给投资者或者留存企业。利润分配管理主要研究企业税后净利润如何分配,即多少用于发放给投资者,多少用于企业留存,即人们通常所说的股利政策。制定股利政策的关键是要处理好股东的近期利益和长远利益的关系,一方面,企业要扩大内部积累,为企业再生产筹措资金,提高企业抗御经营风险的能力,使经营更安全;另一方面,要保护股东的合法权益,在考虑企业长远利益的同时,不能忽视股东的近期利益,按规定程序发放一定的股利,以调动股东投资的积极性。

利润分配管理主要应做好如下几方面的工作:
(1)处理好利润分配与内部融资的关系;
(2)确定企业利润分配政策和影响利润分配的因素;
(3)制定股利分配的程序;
(4)确定股利支付的方式。

第二节 工程财务管理环节

财务管理环节是指财务管理工作的各个阶段,它包括财务管理的各种业务手段,又称财务管理循环。工程财务管理的基本环节有:财务预测、财务决策、财务预算、财务控制、财务分析。这些管理环节互相配合,紧密联系,形成周而复始的财务管理循环过程,构成完整的财务管理工作体系。

一、财务预测

财务预测是根据财务活动的历史资料,考虑现实的条件和今后的要求,对企业未来的财务活动和财务成果作出科学的预计和测算。现代财务管理必须具备预测这个"望远镜",以便把握未来,明确方向。财务预测环节的作用在于:测算各项施工生产经营方案的经济效益,为决策提供可靠的依据;预计财务收支的发展变化情况,以确定经营目标;测定各项定额和标准,为编制预算、分解预算指标服务。

施工企业的施工生产任务和经济效益受地区经济发展速度、基本建设投资规模、当地施工力量以及建筑材料价格等因素的影响,因而在进行财务预测时,一定要对地区建筑安装工程任务、建筑市场工程标价、建筑材料价格等加以预测,然后对固定资产投资额、流动资产需要量、工程成本、工程结算收入、工程结算利润和利润总额等指标进行预测。

财务预测环节包括以下工作步骤:
(1)明确预测对象和目的。即根据决策的需要,确定财务预测的对象和目的,如降低工程成本、加速资金周转、增加利润等,从而规定预测的范围,提高预测的准确性。
(2)收集和整理相关资料。即根据预测目的广泛收集与预测对象相关的资料,包括本年度和以前年度资料、内部和外部资料、财务和生产技术资料等,对所收集的资料不仅要检查其可靠性、完整性和典型性,排除偶然因素的影响,还要对资料进行归类、汇总、调整等加工处理,使其符合预测的要求。

(3)建立预测模型。即通过对加工整理的资料进行系统地分析,找出影响预测对象的因素及其相互关系,建立相应的财务预测模型。

(4)确定财务预测结果。即将加工整理的资料,运用建立的预测模型,采用适当的预测方法进行分析,确定预测结果。

财务预测方法可以分为两大类:一类是经济预测的一般方法,如时间序列法、因果分析法等;另一类是财务管理特有的方法,如本量利分析法、销售百分比法等。

二、财务决策

财务决策是根据企业经营战略目标和国家宏观经济政策的要求,从提高企业价值和股东财富的理财目标出发,在若干个财务活动备选方案中,选择一个最优方案的过程。在市场经济条件下,财务管理的核心是财务决策。在财务预测基础上所进行的财务决策,是编制财务预算、进行财务控制的基础。决策的成功是最大的成功,决策的失误是最大的失误,决策关系着企业的成败兴衰。

施工企业财务决策主要包括工程项目融资决策、工程项目投资决策和利润分配决策。其中,工程项目投资决策涉及面广,所需要的投资额大,影响时间长,一旦决策失误,给企业造成的损失巨大,因此,工程项目投资决策必须慎之又慎,防止盲目投资。

财务决策环节包括以下一些工作步骤:

(1)确定决策目标。即以预测的数据为基础,结合企业总体经营战略和国家宏观经济的要求,根据企业的实际情况,确定企业决策项目应实现的目标。

(2)拟订备选方案。即根据决策目标和企业收集整理的各种资料,结合市场状况,设计出各种可供选择的方案。

(3)选择最优方案。即对提出的各种备选方案进行定量和定性分析,评价其经济效益,从中选出最优方案。

财务决策方法主要有优选对比法和数学模型法,前者有总量对比法、差量对比法、指标对比法等,后者有数学微分法、线性规划法、概率决策法、损益决策法等。

三、财务预算

财务预算是用货币计量的方式,将决策目标所涉及的经济资源进行配置,以计划的形式具体地、系统地反映出来。财务预算是以财务预测提供的信息和财务决策确立的方案为基础编制的,是财务预测和财务决策的具体化、系统化,又是控制和分析财务活动的依据。施工企业编制的财务预算主要包括现金预算、预计资产负债表、预计利润表和预计现金流量表等。

财务预算环节包括以下工作步骤:

(1)分析财务环境,确定预算指标。即根据企业所处的财务环境,运用科学的方法,分析与所确定的经营目标有关的各种因素,按照总体经济效益的原则,确定主要的预算指标。

(2)协调财务能力,组织综合平衡。即合理安排企业的人力、物力和财力,组织好财务收支的协调和平衡,制订各部门增产节约、增收节支的措施,以保证财务预算指标的落实。

(3)选择预算方法,编制财务预测。即以企业的经营目标为中心,以平均先进定额为基础,编制企业的财务预算,并检查与各项有关的预算指标是否密切衔接、协调平衡。

财务预算的编制方法,常见的有固定预算法、弹性预算法、零基预算法和滚动预算法。

四、财务控制

财务控制是在财务管理过程中,利用有关信息和特定手段,对企业财务活动施加影响或调节,以确保财务预算目标的实现。实行财务控制是落实财务预算任务、保证财务预算实现的有效措施。

财务控制环节包括以下工作步骤:

(1)制定控制标准,分解落实责任。即将财务预算的各项指标按照责权利相结合的原则,分解落实到责任单位或个人,使其成为可以具体掌握的可控目标。如将工程成本指标按材料费、人工费、机械使用费、间接费用等进行分解。

(2)实施追踪控制,及时调整误差。即在日常财务活动中,应采取各种手段对资金的收付、费用的开支、物资的领用进行控制。对于符合标准的,予以支持;对于不符合标准的,则加以限制。在预算执行过程中,要经常将实际与标准进行对比,及时确定差异的程度和性质,分析差异产生的原因,并采取措施进行调节,以确保财务预算的完成。

(3)评价单位业绩,做好考核奖惩。即在预算期末,企业应对各责任单位的预算执行情况进行评价,考核各项财务指标的执行结果,把财务指标的考核纳入各级岗位责任制,运用激励机制,实行奖优罚劣。

常见的财务控制方法有防护性控制、前馈性控制和反馈性控制。

五、财务分析

财务分析是以企业财务报告提供的有关数据为主要依据,采用专门的方法,对企业过去的财务状况、经营成果及未来前景进行系统分析和评价的一项业务手段。借助于财务分析,可以掌握各项财务预算指标的完成情况,有利于改善财务预测、决策、预算工作;还可以总结经验,研究和掌握企业财务活动的规律性,不断改进财务管理工作。施工企业财务分析主要内容包括偿债能力分析、营运能力分析、获利能力分析、发展能力分析和财务综合分析。

财务分析环节包括以下工作步骤:

(1)收集资料,掌握情况。即应掌握开展财务分析所必需的财务预算资料、财务会计报告等实际资料、有关的历史资料和市场调查资料等。

(2)指标对比,揭露矛盾。即在充分占有资料的基础上,通过数量指标的对比来评价业绩,发现问题,找出差距,揭露矛盾。

(3)因素分析,明确责任。即运用一定的方法找出影响财务指标的主要因素,以便分清责任,抓住关键。

(4)提出措施,改进工作。即在掌握大量资料的基础上,去粗取精,去伪存真,由此及彼,由表及里,找出各种财务活动之间以及财务活动同其他经济活动之间的联系,提出切实可行的改进措施,提高企业的财务管理水平。

财务分析的方法很多,主要有对比分析法、比率分析法和因素分析法。

在财务管理环节中,财务预测、决策、预算属于事前管理,财务控制属于事中管理,财务分析属于事后管理,每个管理环节都处在财务管理循环的一定阶段,具有一定的先后顺序。只有提高每个管理环节的工作效率,并且各个管理环节密切配合,相互协调,才能提高财务管理的效率和水平。

第三节 财务管理的目标

一、工程项目管理的目标

目标是系统希望实现的结果,根据不同的系统所研究和解决的问题不同,可以确定不同的目标。工程施工企业为了在激烈的市场竞争中求得生存与发展,确保与业主合同条款中的承诺得以实现,就必须加强工程项目管理,确定合理的质量目标、工期目标、成本目标和安全目标,并采取相应措施对这"四大目标"实行有效控制,从而取得较好的经济效益和社会效益。

(一)质量目标

工程项目质量目标是指在项目实施的整个过程中,使工程项目实体、功能和使用价值以及参与工程建设的有关各方工作质量达到或超过有关法律、法规、规范、标准所规定的要求和水平。

工程项目质量目标的特性主要表现在以下四个方面:

(1)适用性,即功能,是指工程项目满足使用目的的各种性能。

(2)耐久性,即寿命,是指工程项目在特定的条件下,满足规定功能要求使用的年限,也就是项目竣工后的合理使用寿命周期。

(3)安全性,是指工程项目建成后,在使用过程中保证结构安全,保证人身和环境免受危害的程度。

(4)可靠性,是指工程项目在规定的时间和规定的条件下完成规定功能的能力。

这四个方面的质量特性彼此之间是相互依存的,都是必须达到的基本要求,缺一不可。

工程项目施工过程的质量、工作质量和工程实体的质量是质量管理的基础,是工程项目质量目标的首要追求。影响工程项目质量的因素很多,通常可以概括为人工、机械、材料、施工方法和环境等几个方面。工程项目管理人员必须综合考虑各方面的因素,对工程项目质量管理实施全面和全过程的控制,才能实现工程项目的质量目标。

(二)工期目标

工程项目工期目标是指在实施项目的整个过程中,使项目的各个单项、单位、分部及分项工程的施工进度满足项目总体进度计划要求,争取提前或在规定工期内完成任务。

工程项目进度目标不能按计划实现的原因有多种,如管理人员、劳务人员素质和能力低下,数量不足;材料和设备不能按时、按质、按量供应;建设资金缺乏,不能按时到位;施工技术水平低,组织协调困难等。要实现工期目标,必须对影响工期的因素实施控制,采取措施减少或避免上述因素对工程工期的影响。

(三)成本目标

工程项目成本目标是指在整个项目实施过程中,力求使项目在满足质量和进度要求的前提下,实现项目实际成本不超过计划成本。成本目标是根据工程项目标价的构成,结合成本发生的区域,在满足项目质量、工期等目标要求的前提下,对工程项目实施过程中所发生的费用,通过计划、组织、控制和协调等活动,通过采取一切有效的手段和措施,尽可能地降低项目成本,同时使工程项目的利益实现最大化,最终实现预定的成本目标。

工程项目成本目标的合理确定,一方面可以在工程项目实施的各个阶段,作为合理确定项目的投资估算、初步设计概算、施工图预算、承包合同价、竣工结算和竣工决算的有力依据;另一方面,可以督促工程项目的管理者通过综合运用技术、经济、合同、法律等手段,有效地控制工程项目各个阶段的实际成本支出,使得人力、物力、财力能够得到有效的使用,把工程项目的成本控制在批准的目标限额以内,随时纠正发生的偏差,以确保工程项目成本目标的实现。

影响工程项目成本目标实现的因素很多,如工程量的变化,材料价格的浮动,施工图的变更及施工方案的选择等。但最主要的是要协调好与质量目标和进度目标之间的关系,项目管理人员在对工程成本目标进行确定或论证时,应当综合考虑整个目标系统的协调和统一,不仅使成本目标满足业主的需求,还要使质量目标和进度目标也能满足业主的要求。

(四)安全目标

工程项目的安全目标就是确保工程项目在整个实施过程中始终处于安全状态,各项安全指标符合建筑安全部门制定的安全标准要求,同时各项安全指标控制在企业对项目下达的管理目标之内。

具体地说,就是在工程项目的实施过程中,采取一切预防、防范措施,建立完善的安全系统目标,确保工程项目中的人、物、环境始终处于安全状态,杜绝事故的发生,尽量减少、消灭安全隐患的存在,真正达到安全生产目的。

总之,质量、工期、成本、安全是工程项目管理的四大控制目标,它们是工程项目建设在各个阶段的主要工作内容,无论是项目业主,还是承包人及监理单位都是围绕这四大目标而开展工作的。

二、财务管理的总体目标

财务管理目标是指企业进行财务活动所要达到的根本目的,是判断一项财务决策是否合理的基本标准。工程财务管理目标是工程项目管理目标在财务上的集中和概括,是工程财务管理活动的出发点和归宿。制定财务管理目标是现代企业财务管理成功的前提,有了明确、合理的财务管理目标,财务管理工作才有明确的方向。因此,施工企业应根据自身的实际情况和市场经济体制对企业财务管理的要求,科学合理地选择、确定财务管理目标。

财务管理目标可以分为总体目标和具体目标两个层次。关于财务管理的总体目标,理论界存在以下几种观点。

(一)利润最大化

利润最大化是西方微观经济学的理论基础。西方经济学家以往都是以利润最大化这一标准来分析和评价企业行为和业绩的。这一观点认为,利润代表企业新创造的财富,利润越多则说明企业的财富增加越多,越接近企业的目标。

利润最大化目标是在 19 世纪初形成和发展起来的,当时企业的特征是私人筹资、独资经营,企业的业主直接从事企业的经营管理工作,单个业主经营的直接动机是增加个人财富,这显然可以通过增加利润来满足;扩大企业经营规模的主要方式是利润转化为资本,从而"利润最大化"成为企业财务管理追求的目标。这一目标的支持者认为:

(1)企业进行生产经营活动都是为了追求剩余产品,而在市场经济条件下,剩余产品的价值可以用利润来衡量。

(2)在自由竞争的资本市场中,资本的使用权最终属于获利最多的企业,坚持这一目标有助于资源的最优配置。

(3)企业追求利润最大化,可以使社会财富实现极大化。

另外,利润指标简单明了,易于理解,便于被人们接受。因而这一目标在财务管理实务中被广泛采用。

然而,随着市场经济的发展,企业组织形式和经营管理方式发生了深刻的变化,业主经营逐渐被职业经理替代,企业利益主体多元化。在这种情况下,利润最大化作为企业财务管理目标就不合适了。具体来说,这一目标存在着许多自身难以克服的缺陷:

(1)利润最大化没有考虑利润实现的时间,没有考虑资金的时间价值。

(2)利润最大化没能有效地考虑风险问题,可能会导致企业管理当局不顾风险大小而去追求更多的利润。

(3)利润最大化往往会使企业财务决策带有短期行为倾向,容易导致企业只顾目前的最大利润,而不顾企业的长远发展。

(4)利润最大化没有考虑利润与投入资本的关系,利润只是一个绝对值指标,不能反映企业经营活动的效率。

另外,在企业"内部人控制"问题难以解决的情况下,易于引发企业人为操纵利润,致使会计信息失真。所以,利润最大化并不是财务管理的最优目标。

(二)股东财富最大化

20世纪80年代后,西方财务理论界在批判利润最大化目标的基础上,提出了股东财富最大化目标。股东财富最大化是指通过财务上的合理经营为股东带来最多的财富。企业主要是由股东出资建立的,股东创办企业的目的是扩大财富,他们是企业的所有者,理所当然地,企业的发展应该追求股东财富最大化。在股份公司中,股东财富由其所拥有的股票数量和股票市场价格两方面决定,在股票数量一定的前提下,当股票价格达到最高时,股东财富也达到最大,所以,股东财富最大化又演变成股票价格最大化。与利润最大化目标相比,股东财富最大化目标具有以下优点:

(1)股东财富最大化考虑了资金的时间价值和风险因素,因为利润获得时间的早晚和风险的高低,会对股票价格产生重要影响。

(2)股东财富最大化在一定程度上能够克服企业在追求利润上的短期行为,因为股票价格在很大程度上取决于企业未来获取利润的能力。

(3)股东财富最大化反映了投入资本与利润之间的关系,因为股票价格是对每股股份的一个标价,反映的是单位投入资本的市场价格。

不过,股东财富最大化目标也存在一些缺陷:

(1)股东财富最大化目标仅仅考虑了股东的利益,没有考虑债权人的利益,可能导致企业经营者过度使用财务杠杆来增加股东财富,从而加大企业财务风险。

(2)股东财富最大化目标只适合上市公司,对非上市公司很难适用。

(3)在股票市价的影响因素中,有许多因素是企业经营者不能控制的,把不可控因素引入财务管理目标是不合适的。

因此,股东财富最大化目标也受到了理论界的质疑。

(三)企业价值最大化

针对股东财富最大化目标的缺陷,理论界提出了企业价值最大化目标。企业价值最大化是指通过财务上的合理经营,采用最优的财务政策,在充分考虑资金时间价值和风险因素的前提下,不断增加企业财富,使企业的总价值达到最大。企业价值是指通过市场评价而确定的企业买卖价格,它全面地体现了企业目前和将来的获利能力、预期收益、时间价值和风险价值等各种因素的影响,具有很大的综合性。企业价值最大化具有深刻的内涵,其宗旨是把企业长期稳定发展放在首位,着重强调必须正确处理各种利益关系,最大限度地兼顾企业各利益主体的利益。

与股东财富最大化目标相比,企业价值最大化目标还有着更为深远的意义:

(1)企业价值最大化扩大了考虑问题的范围,它不仅考虑了股东的利益,同时兼顾了债权人、经理阶层和一般员工等其他利益相关者的利益。

(2)企业价值最大化注重在企业发展中考虑问题,在企业价值的增长中来满足各方的利益要求。

因此,企业价值最大化通常被认为是现代企业财务管理的最优目标。

(四)相关者利益最大化

20世纪80年代兴起的利益相关者理论,对传统的"股东至上"理论提出了挑战。该理论认为,企业的本质是利益相关者的契约集合体,利益相关者是所有在企业真正拥有某种形式的投资并且处于风险之中的人,企业利益相关者包括股东、经营者、员工、债权人、顾客、供应商、竞争者以及国家。由于契约的不完备性,使得利益相关者共同拥有企业的剩余索取权和剩余控制权,进而共同拥有企业的所有权。对所有权的拥有是利益相关者参与公司治理的基础,也是利益相关者权益得到应有保护的理论依据。

在利益相关者框架下,企业是一个多边契约的结合体,它不仅仅由单纯的股东或单一的利益相关者构成,而是由所有的利益相关者通过契约关系组成。对众多利益相关者专用性资源进行组合,其目的是为了获取单个组织生产所无法达到的合作盈余和组织租金。各产权主体在合作过程中,由于向企业提供了专用性资源并承担着企业的经营风险,因此都有权获得相对独立于其他利益相关者的自身利益。

利益相关者理论认为,企业不能单纯以实现股东利益为目标,而要追求相关者利益最大化。企业经营者不只是股东的代言人,而应该对企业全部利益相关者负责。

相关者利益最大化目标与股东财富最大化目标的主要分歧在于:一是相关者利益最大化否定了股东是企业的唯一所有者,弱化了股东在企业中的地位;二是相关者利益最大化用多重利益最大化目标取代了单一利益最大化目标。

相关者利益最大化目标主要存在以下问题：
（1）无法给企业管理者提供一个明确的目标函数，可能导致管理上的混乱和无效率。
（2）在各个利益相关者出现利益冲突时无法协调。
（3）无法对管理者的业绩进行根本性的评价。
因此，相关者利益最大化目标在实践中缺乏可操作性。
不过，相关者利益最大化目标的提出，在理论上是有贡献的，其贡献在于提醒企业应该更多地关注股东以外的其他利益主体的利益，以确保实现企业价值长期的最大化，但相关者利益最大化不能代替企业价值最大化作为财务管理目标。

三、财务管理的具体目标

财务管理的具体目标是指在财务管理总体目标的制约下，从事某一部分财务活动所要达到的目标。按照财务管理的具体内容，财务管理的具体目标可以划分为筹资管理目标、投资管理目标、营运资本管理目标、成本管理目标和利润管理目标五个方面。

（一）筹资管理目标

企业要从事施工生产经营活动，首先必须筹集一定数量的资金。筹集资金是企业资金运动的起点，也是决定企业资金运动规模和施工生产经营发展进程的重要环节。企业筹资管理的目标可表述为：根据企业价值最大化的内在要求，在满足施工生产经营需要的情况下，准确预测企业所需资金总额，并通过选择合理的筹资方式和筹资渠道，确定理想的资金结构，在不断降低资金成本的前提下，使风险与收益达到均衡。

（二）投资管理目标

企业投资的最终目的在于获取一定的投资收益，但任何投资决策都带有一定的风险性。因此，企业在投资管理时必须认真分析影响投资项目的各种因素，科学地进行投资决策。企业投资管理的目标可表述为：根据企业价值最大化的内在要求，认真进行投资项目的可行性研究，力求提高投资报酬，降低投资风险。施工企业主要进行工程项目投资，工程项目投资管理的目标是把工程项目投资控制在承包合同价或投资估算内，并力求在规定的工期内生产出质量好、造价低的工程产品。

（三）营运资本管理目标

营运资本管理既包括流动资产管理，也包括流动负债管理，具体体现为对营运资本主要项目的管理，即对现金、应收账款、存货、商业信用和短期借款等项目的管理。企业营运管理的目标可表述为：根据企业价值最大化的内在要求，合理使用资金，加速资金周转，不断提高资金的利用效果。要完成这一目标，一方面要确定合理的营运资金筹集政策和持有政策，使企业风险与报酬、盈利性与流动性达到均衡；另一方面合理确定现金、应收账款、存货的持有量，使风险与收益对称。

（四）成本管理目标

企业在施工生产经营过程中，要发生各种施工生产耗费，并取得一定的施工生产成果。成本管理就是对施工生产耗费的管理。成本管理内容一般包括成本预测、成本计划、成本控制、成本核算、成本分析和成本考核等方面。成本管理目标可表述为：财务管理必须努力挖掘企业内部潜力，促使企业合理使用人力和物力，以尽可能少的施工生产消耗取得尽可能多的施工生产成果，增加企业盈利，提高企业价值。施工企业主要从事工程项目成本管理，项目成本管理的目标可以概括为质量高、工期短、消耗低、安全好等要求。

(五)利润管理目标

企业实现的利润，首先要依法缴纳所得税，税后利润再按规定的程序进行分配。利润管理主要研究企业税后利润如何分配，即多少用于派发股利，多少用于企业留存。一般来说，企业如果采用"多派少留"的办法，可以满足大多数股东的当前利益，但企业留存收益过少，不利于企业的进一步发展，进而影响股东的长远利益；反之，如果采用"少派多留"的办法，则会损害股东的当前利益，影响股东投资的积极性。企业在分配税后利润时，一定要从全局出发，按国家规定与企业发展需要，处理好积累与消费、当前利益与长远利益的关系。利润管理目标可表述为：按照财务管理总体目标的要求，兼顾各利益相关者的利益，合理分配企业利润。

四、不同利益主体财务目标的矛盾与协调

企业价值最大化目标虽然是企业利益相关者之间利益关系的结合点，但这并不意味着他们的利益要求就能够完全一致。企业在实现其财务管理目标的过程中，各个利益相关者之间难免会产生矛盾和冲突。股东和债权人都为企业提供了财务资源，但是他们处在企业之外，只有经营者即管理当局在企业里直接从事管理工作。股东、经营者和债权人之间构成了企业最重要的财务关系。只有处理好这三方的利益冲突，协调好他们之间的利益关系，才能真正实现企业价值最大化的财务目标。

(一)股东与经营者的目标冲突与协调

1. 股东与经营者的目标冲突

在股东和经营者形成的委托代理关系中，股东为委托人，经营者为代理人。股东追求股东财富最大化目标，并要求经营者以最大努力去实现这个目标。而经营者作为最大合理效用的追求者，也有其自身的行为目标，那就是获取较高的物质报酬、增加闲暇时间、避免风险以及提高荣誉和社会地位等。由于经营者的目标与股东的目标不完全一致，经营者在理财活动中就有可能放弃受托责任，为了自身的目标而背离股东的利益。这种背离主要表现在两个方面：

(1)道德风险。经营者不尽最大努力去实现企业的财务目标，在工作中不求有功，但求无过，以增加闲暇时间、避免风险。由于这样做并不构成法律和行政责任问题，只是道德问题，故称为经营者的道德风险。

(2)逆向选择。经营者为了自己的利益，不惜明显地损害股东的利益。如经营者背离股东的愿望，蓄意压低股票价格，然后以自己的名义借款买回公司股票，增加自己的报酬并损害股东的利益，或在工作中贪图享乐，随意开支，使股东利益受损，这种现象称为经营者的逆向选择。

2. 解决股东与经营者目标冲突的办法

解决股东与经营者目标冲突的可行办法是，把经营者的报酬与企业的业绩联系起来，并对

经营者实行必要的监督。

(1)建立激励机制。即通过将经营者的报酬与其工作业绩挂钩的办法,使经营者分享企业增加的财富,鼓励经营者采取有效的措施实现企业财务目标,并吸收和留住卓有成效的经营者。通常采用的激励方式有两种:

①"股票期权"方式,它是赋予经营者以固定价格购买一定数量的公司股票的权利,股票价格高于固定价格越多,经营者所获得的报酬就越多。经营者为了获得更多的股票溢价收益,就必然会主动采取能够提高公司股价的行动。

②"绩效股"方式,它是公司运用每股收益、资产报酬率等指标来评价经营者的业绩,视其业绩大小给予经营者数量不等的股票作为报酬。如果公司经营业绩未能达到规定目标,经营者将部分丧失原先持有的"绩效股"。这种方式会激励经营者为了多得"绩效股"而不断采取措施提高公司的经营业绩,而且经营者为了使公司股价最大化,也会主动采取各种措施,使股票市价稳定上升。

(2)建立约束机制。经营者背离股东的目标,其条件是双方的信息不对称,经营者对企业财务信息的把握远远多于股东。为了协调这种矛盾,股东除要求经营者定期公布财务状况和经营成果外,还需进行必要的约束。对经营者的约束方式主要有两种:

①解聘。这是一种通过股东来约束经营者的办法。股东对经营者予以监督,如果经营者未能使企业价值最大化,股东就解聘经营者,经营者因害怕被解聘而被迫实现财务管理目标。

②接收。这是一种通过市场来约束经营者的办法。如果经营者决策失误、经营不力,未能采取一切有效措施使公司价值提高,该公司就可能被其他公司强行接收或吞并,经营者也会被自动解聘。因此,经营者为了避免这种接收,必须采取一切措施,提高公司价值。

(二)股东与债权人的目标冲突与协调

1. 股东与债权人的目标冲突

在股东和债权人形成的委托代理关系中,债权人为委托人,股东为代理人。债权人把资金借给企业,其目标是获取约定的利息收入并到期收回本金;公司借款的目的是用它扩大经营规模,投入有风险的施工生产经营项目,两者的目标并不一致。

债权人事先知道借出资金是有风险的,并把这种风险的相应报酬纳入利率。在确定合同利率时,通常要考虑的因素包括:公司现有资产的风险、预计公司新增资产的风险、公司现有的负债比率、公司未来的资本结构等。但是,借款合同一旦成为事实,资金划到企业,债权人就失去了控制权,股东可以通过经营者为了自身利益而伤害债权人的利益。其常用的方式有两种:

(1)股东未经债权人同意,投资于比债权人预期风险更高的新项目。如果高风险的投资侥幸成功,超额利润由股东独享;如果投资失败,公司无力偿债,债权人与股东将共同承担由此造成的损失。这对债权人来说,超额利润肯定拿不到,发生损失却有可能要分担,风险与收益是不对称的。

(2)股东为了提高公司利润,未征得现有债权人的同意而指使管理层发行新债,导致旧债券的价值下降,使旧债权人蒙受损失。公司发行新债后负债比率增加,公司破产的可能性加大,旧债券的风险增加,其价值必然下降。尤其是不能转让的债券或其他借款,债权人不能出售债权摆脱困境,处境更加不利。

2.解决股东与债权人目标冲突的办法

债权人为了解决与股东之间的冲突,除寻求法律保护外,往往采取以下方式加以协调:

(1)在借款合同中加入限制性条款。如规定借款的用途、借款的担保方式、借款的信用条件等。

(2)提前收回借款或不再借款。当债权人发现公司有损害其债权意图时,拒绝进一步合作,采取提前收回债权或不再提供新债权的方式,以保护自身的利益。

第四节 工程财务管理环境

从系统论的观点来看,环境是指存在于研究系统之外的、对研究系统有影响作用的一切系统的总和。环境是个相对的概念,它是相对于主体而言的客体。工程财务管理环境,是指对工程财务管理活动产生影响作用的企业外部条件。在工程财务管理活动中,工程财务人员需要不断地对财务管理环境进行审视和评估,并根据其所处的具体财务管理环境的特点,采取与之相适应的财务管理方法和手段,以实现财务管理的目标。

工程财务管理环境涉及的范围很广,比如国家的政治、经济形势,国家经济法规的完善程度,企业所面临的市场环境,企业的施工生产条件等,其中对工程财务管理产生重要影响的是**经济环境、法律环境**和**金融环境**。

一、财务管理的经济环境

财务管理的经济环境是指影响工程财务管理系统的各种经济因素,主要包括经济体制、经济周期、经济发展水平、通货膨胀状况和经济政策。

(一)经济体制

经济体制是一个国家的基本经济制度,它决定社会经济资源的基本配置方式。所谓经济体制,是指在一定的社会制度下,经济关系的具体形式以及组织、管理和调节国民经济的体系、制度、方式、方法的总称。目前,世界上典型的经济体制有计划经济体制和市场经济体制两种。计划经济体制是指一国经济以计划为基础和主体进行运作;市场经济体制是指一国经济以市场为基础和主体进行运作。

计划经济体制的基本特征是:

(1)基层企业单位没有决策权,决策权归某一个或某几个政府权力机构(如计划委员会、企业主管部门、财政部门等)。

(2)决策指令是通过有关计划文件的形式由上往下传达,最终下达给基层企业单位。

(3)基层单位必须执行这些决策指令,并努力完成决策中所规定的各种计划指标。

(4)市场供求关系由政府计划调节,政府行政部门控制和监督企业的经济活动。

市场经济体制的基本特征是:

(1)基层企业单位没有来自政府权力机构的直接经济指令或命令。

(2)企业的经济决策由企业根据市场供求关系和价格变动所提供的信息来作出。

(3) 企业需要不断对市场信息作出反应,以便不断调整其各种经济决策。

(4) 政府有关部门需要制定较为完善的法律体系和市场规则,以保证经济运行的正常秩序。

显然,在计划经济体制下,施工企业财务管理的权力比较小,工程施工任务由企业主管部门安排,工程项目所需资金由政府财政部门和银行统一供应,企业只有执行权,而无决策权。因此,在计划经济体制下,工程财务管理的内容比较单一,方法也比较简单。而在市场经济体制下,工程项目投资和融资的权力归企业所有,企业必须根据自身条件和外部环境作出各种财务决策并组织实施,因此,工程财务管理的内容比较丰富,方法也灵活多样。

目前,我国正处在由计划经济体制向市场经济体制转轨时期,在社会经济资源的配置方面,价值规律和市场经济法则正在发挥作用,但由于没有完全摆脱计划经济的影响,政府对企业的行政干预仍然存在。随着社会主义市场经济体制的日趋完善,工程财务管理还会不断发生变化,并逐步与国际惯例接轨。因此,工程财务人员必须密切注视经济体制细微的变化及其发展趋势,以便及时调整工程财务管理的内容和方法。

(二) 经济周期

在市场经济条件下,经济发展通常带有一定的波动性,大体上经历复苏、繁荣、衰退和萧条几个阶段的循环,这种循环叫做经济周期。我国的经济发展与运行也呈现其特有的周期特征。曾经历过若干次从投资膨胀、生产高涨,到控制投资、紧缩银根,再到正常发展的过程。由于经济周期影响的严重性,西方财务学者探讨了企业在经济周期的各个阶段的理财策略,其要点归纳如表 1-1 所示。

企业在经济周期各个阶段的理财策略　　　　表 1-1

复苏阶段	繁荣阶段	衰退阶段	萧条阶段
1. 增加厂房、设备; 2. 实行长期租赁; 3. 建立存货; 4. 引入新产品; 5. 增加劳动力	1. 扩充厂房、设备; 2. 继续建立存货; 3. 提高价格; 4. 开展营销规划; 5. 继续增加劳动力	1. 停止投资; 2. 出售多余设备; 3. 停产不利产品; 4. 停止长期采购; 5. 削减存货; 6. 停止使用雇员	1. 建立投资标准; 2. 保持市场份额; 3. 缩减管理费用; 4. 放弃次要利益; 5. 继续削减存货; 6. 裁减雇员

经济发展的周期性波动对工程财务管理有重要影响。一般而言,在经济萧条阶段,由于整个宏观经济的不景气,工程施工企业也极有可能处于紧缩状态,承包工程量下降,投资减少,有时资金供求矛盾尖锐,有时又会出现资金闲置。反之,在经济繁荣阶段,市场需求旺盛,承包工程量也大幅度增加。为了扩大施工生产,施工企业不得不增加投资,增添施工机械、运输设备、存货和劳动力。为此,工程财务人员必须迅速筹集大量的资金,以满足施工生产需要。总之,财务人员必须合理地预测经济的波动情况,并适时地调整其理财策略。

(三) 经济发展水平

财务管理的发展水平是和经济发展水平密切相关的,经济发展水平越高,财务管理水平也越高;经济发展水平较低,财务管理水平也会较低。按经济发展水平的不同,可以把世界上的国家分为发达国家、发展中国家和不发达国家三大群组。

发达国家经历了较长时间的资本主义经济发展阶段,资本的集中和垄断已经达到相当高的程度,经济发展水平在世界处于领先地位,这些国家的财务管理水平比较高。这是因为:

(1)高度发达的经济必然要求进行科学的财务管理,一些先进的理财方法往往首先出现在经济发达国家。

(2)经济生活中许多新的内容、更复杂的经济关系以及更完善的生产方式,也往往首先出现在发达国家,这就决定了发达国家的财务管理内容是不断创新的。

(3)随着经济的发展,计算、通信设备的不断更新,为财务管理采用更复杂的数学方法创造了条件。

发展中国家的经济发展处于中等水平,目前的经济基础较薄弱,但发展速度较快,经济政策变更频繁,国际交往日益增多。这些因素决定了发展中国家的财务管理具有以下特征:

(1)财务管理的总体发展水平在世界上处于中间地位,但发展速度比较快。

(2)与财务管理有关的法律政策频繁变更,给企业理财造成许多困难。

(3)财务管理实践中还存在着财务管理目标不明、财务管理方法简单等问题。

不发达国家的经济发展水平很低,工业特别是加工工业很不发达,企业规模小,组织结构简单。这就决定了这些国家的财务管理总体水平很低,无论内容、方法还是手段都比较落后,发展也比较缓慢。

(四)通货膨胀

通货膨胀是指在纸币流通条件下,因货币供给大于货币实际需求,即货币实际购买力下降,导致货币贬值,从而引起一段时间内物价持续而普遍地上涨的现象。在实际工作中,一般无法直接计算出通货膨胀水平,而是通过价格指数的增长率来间接地表示。目前,世界各国基本上是用消费者价格指数(CPI)来反映通货膨胀的程度。一般 $3\% < CPI < 5\%$ 时,说明出现了通货膨胀,而当 $CPI > 5\%$ 时,说明出现了严重的通货膨胀。

通货膨胀不仅对消费者不利,同时也给财务管理活动带来负面影响。在通货膨胀时期,市场物价水平上涨,企业工程或产品成本增加,资金周转困难;产生虚假利润增加税负;负债利率上升和证券市场价格下跌,增大筹资压力和筹资成本。

工程施工企业对于通货膨胀本身是无能为力的,只有政府才能控制通货膨胀的速度。不过,工程财务人员需要分析通货膨胀对资金成本和投资报酬率的影响,并采取相应的财务对策,确保项目预期报酬率的实现。同时,使用套期保值等办法尽量减少通货膨胀带来的损失。

(五)经济政策

我国政府具有较强的调控宏观经济的职能,政府的宏观经济调控可以通过相应的经济政策得到贯彻落实。所谓经济政策,是国家或政府为了达到充分就业、价格水平稳定、经济快速增长、国际收支平衡等宏观经济政策的目标,为增进经济福利而制定的解决经济问题的指导原则和措施。国家对地区经济、行业经济、经济行为的鼓励优惠、限制调整、有利或不利的倾斜,构成了经济政策的主要内容。

经济政策对工程财务管理活动产生重要的影响,例如,金融政策中货币的发行量、信贷规模,都能影响施工企业投资的资金来源和投资的预期收益;财税政策会影响施工企业的资本结构和工程项目的选择等;价格政策能影响决定资金的投向和投资的回收期及预期收益等。政府的经济政策会因经济状况的变化而调整,施工企业在进行财务决策时,要认真研究,为这种变化留有余地,甚至预见其变化的趋势。只有按照政策导向行事,才能及时把握住项目投资机会,取得行业优势,降低工程或产品成本。

二、财务管理的法律环境

财务管理的法律环境是指对工程财务管理活动产生影响的各种法律、法规和规章。企业在施工生产经营活动中,要与各个利益相关者发生经济关系。国家管理这些经济活动和经济关系的手段包括行政手段、经济手段和法律手段三种。在市场经济条件下,行政手段逐步减少,而经济手段和法律手段日益增多,越来越多的经济关系和经济活动的准则用法律的形式固定下来。同时,众多的经济手段和必要的行政手段的使用,也必须逐步做到有法可依,从而转化为法律手段的具体形式,真正实现国民经济管理的法制化。

企业在进行工程财务管理时,必须遵守的法律规范主要有企业组织法律规范、税收法律规范和财务法律规范三大类。

(一)企业组织法律规范

企业是市场经济的主体,不同组织形式的企业所适用的法律是不同的。按照国际惯例,企业划分为个人独资企业、合伙企业和公司企业。其中,公司企业属于法人企业,个人独资企业和合伙企业属于非法人企业,非法人企业有别于法人企业的主要区别是不独立承担民事责任。不同类型的企业,财务管理活动差别较大,了解企业组织形式,更有利于开展工程财务管理活动。

1. 个人独资企业

个人独资企业简称独资企业,是企业制度序列中最古老、最简单的一种企业组织形式,也是民营企业主要的组织形式。个人独资企业往往不具有企业法人资格。根据《中华人民共和国个人独资企业法》第二条的规定,个人独资企业是指依法设立,由一个自然人投资,财产为投资人个人所有,投资人以其个人财产对公司债务承担无限责任的经营实体。独资企业的投资人通常称为业主。独资企业的业主通常只有一个人,业主对企业的财务、业务、人事等具有控制权。企业全部利润归业主个人所有,企业的所有风险由业主独自承担。独资企业并不作为企业所得税的纳税主体,其收益纳入业主的其他收益一并计算缴纳个人所得税。

独资企业的优点有:

(1)企业组建简单、费用低,只需向政府的工商行政管理部门申请营业执照即可,不必向社会公布企业的财务报表。

(2)所有者与经营者合为一体,经营方式灵活,财务决策迅速。

(3)政府对独资企业的管制较少。

独资企业的缺点有:

(1)业主对企业债务承担无限责任,即当企业的资产不足以清偿其债务时,业主要以其个人财产偿付企业债务,业主承担的风险过大,从而限制了企业向风险较大的部门或领域进行投资的活动。

(2)企业规模小,企业的生存与发展在很大程度上依赖于业主个人,偿债能力有限,对债权人缺乏吸引力,筹集资金比较困难。

（3）企业寿命有限,一旦业主死亡、丧失民事行为能力或不愿继续经营,企业的生产经营活动就只能终止。

2.合伙企业

合伙企业是指两个或两个以上的合伙人共同创办的企业。合伙企业的投资人称为合伙人,每个合伙人各自出资,按共同商定的合伙协议分享企业利润和分担企业风险。合伙企业通常不具有法人企业资格,它与独资企业一样,要承担无限责任,企业本身也不作为所得税的纳税主体,由合伙人缴纳个人所得税。根据《中华人民共和国合伙企业法》第二条的规定,合伙企业,是指自然人、法人和其他组织依法设立的普通合伙企业和有限合伙企业。

（1）普通合伙企业。普通合伙企业由普通合伙人组成,每个合伙人对合伙企业债务承担无限连带责任。普通合伙人每人均可代表企业,以企业名义签订合同,每个人都对企业债务承担无限连带责任,即当企业资产不足以抵债时,每个合伙人要以个人财产偿付企业债务;若某一合伙人无力偿债,则其他合伙人应代为清偿。

（2）有限合伙企业。有限合伙企业由普通合伙人和有限合伙人组成,普通合伙人对合伙企业债务承担无限连带责任,有限合伙人以其认缴的出资额为限对合伙企业债务承担责任。在有限合伙企业中,必须至少有一名普通合伙人承担无限责任,企业由全部或部分普通合伙人从事经营管理。有限合伙人类似于一般投资者,他们不参与企业的经营管理,仅以自己投入的资本为限对企业的债务负责。

合伙企业的优点有:

①合伙企业可以从众多的合伙人处筹集资本,合伙人共同偿还债务,减少了银行贷款的风险,使企业的筹资能力有所提高。

②合伙企业能够让更多投资者发挥优势互补的作用,比如技术、知识产权、土地和资本的合作,并且投资者更多,事关自己切身利益,大家共同出力谋划,集思广益,提升了企业综合竞争力。

③由于合伙企业中至少有一个合伙人对企业债务承担无限责任,使债权人的利益受到更大保护,从理论上讲,在这种无限责任的压力下,更能提升企业信誉。

合伙企业的缺点有:

①由于合伙企业的重大决策必须要经过全体合伙人一致同意,因此,合伙企业的决策机制难以适应快速多变的环境。

②由于普通合伙人对合伙企业的债务承担无限连带责任,故普通合伙人承担的风险极大。

③合伙企业的某个合伙人丧失民事行为能力、死亡或退出,或者有新的合伙人加入,原合伙企业即告解散,要建立新的合伙企业,因而合伙企业的寿命期是有限的。

3.公司企业

公司是指依法组建并登记的,以营利为目的企业法人。公司的投资人称为股东,每个股东以其出资额为限,对公司的债务承担有限责任。公司是一种具有企业法人资格的高层次的企业组织形式。与独资企业或合伙企业相比,公司企业的最大优点在于:股东承担有限责任,筹资渠道广泛,股权容易转让,企业寿命无限。公司企业主要分为有限责任公司和股份有限公司两种组织形式。

(1) 股份有限公司

根据《中华人民共和国公司法》的规定,股份有限公司是指依法设立,其全部资本分为等额股份,股东以其所持股份为限对公司承担责任,公司以其全部资产对公司的债务承担责任的企业法人。在企业的各种组织形式中,股份有限公司是现代企业的主要组织形式。

股份有限公司的特征有:

①公司的注册资本划分为股份,每一股的金额相等。

②公司经有关部门批准可以向社会发行股票,股票可以交易或转让。

③同股同权,股东以其所持有的股份享受权利,在股东大会上有表决权。

④股东人数不得少于规定的数目,但没有上限限制。

⑤股东以其持有的股份为限对公司债务承担有限责任。

(2) 有限责任公司

根据《中华人民共和国公司法》的规定,有限责任公司是指依法设立,股东以其出资额为限对公司承担责任,公司以其全部资产对公司的债务承担责任的企业法人。

有限责任公司的特征有:

①公司的注册资本不分为等额的股份。

②公司向股东签发出资证明书,不发行股票。

③公司股权的转让有严格的限制。

④限制股东人数,不得超过一定限额。

⑤股东以其出资比例享受权利,承担义务。

⑥股东以其出资额为限对公司债务承担有限责任。

不同的企业组织形式对工程财务管理有重要影响。在独资企业和合伙企业的组织形式下,企业的所有者同时也是企业的经营者,他们享有所有的财务决策权,与此相适应,他们必须承担一切财务风险或责任。在公司企业的组织形式下,所有权与经营权分离,公司财务决策权也相应地分属所有者和经营者两个方面。通常情况下,公司所有者不直接对公司的施工生产经营活动进行决策,但是,为了确保所有者的权益,他们必须参与有关影响所有者权益变动的重大财务决策。经营者则对公司的日常施工生产经营活动作出决策,包括公司一般的财务决策。因此,在公司这种企业组织形式下,所有者拥有所有权,但不拥有经营权。公司的所有者也不像独资企业和合伙企业的所有者那样承担无限责任,他们只是以自己的出资额为限承担有限责任。

(二) 税收法律规范

任何企业都有法定的纳税义务。税收不仅能调节社会供求关系,改善经济结构,而且在保护企业的经济实体地位、改善经营管理和提高经济效益方面也发挥着重要的作用。我国现行税收法规体系中,与企业或个人理财活动紧密相关的税收主要有所得税类、流转税类、资源税类、财产税类和行为税类。

1. 所得税类

所得税是指以各种所得额为课税对象的一类税。所得税类的特点是:征税对象不是一般收入,而是总收入减除各种成本费用及其他允许扣除项目以后的应纳税所得额,征税数额受成本、费用、利润高低的影响较大。目前,我国的所得税包括企业所得税和个人所得税两种。

(1)企业所得税。根据《中华人民共和国企业所得税法》的规定,在中国境内,企业和其他取得收入的组织(以下统称企业)为企业所得税的纳税人。其中,企业分为居民企业和非居民企业。居民企业是指依法在中国境内成立,或者依照外国(地区)法律成立但实际管理机构在中国境内的企业;非居民企业是指依照外国(地区)法律成立且实际管理机构不在中国境内,但在中国境内设立机构、场所的,或者在中国境内未设立机构、场所,但有来源于中国境内所得的企业。企业所得税为25%的比例税率。

(2)个人所得税。个人所得税是对个人(自然人)取得的各项应纳税所得额征收的一种税。个人独资企业和合伙企业应缴纳个人所得税。个人所得税为超额累进税率。

2. 流转税类

流转税是以流转额为课税对象的税种。流转税类的特点是,以商品流转额和非商品流转额为计税依据,在生产经营及销售环节征收,收入不受成本费用变化的影响,而对价格变化较为敏感。我国现行的增值税、消费税和营业税属于流转税类。

(1)增值税。它是对在我国境内销售货物或者提供加工、修理修配劳务以及进口货物的单位和个人就其实现的增值额征收的一个税种。

(2)消费税。它是对少数特定的消费品需要调节其消费行为而征收的一种税,征收消费税的消费品有烟、酒、化妆品等。征收消费税有利于正确引导消费,调整消费结构,也有助于调节个人收入水平,缓解分配不公的矛盾。

(3)营业税。它是对在我国境内提供应税劳务、转让无形资产或销售不动产的单位和个人,就其所取得的营业额征收的一种税。

3. 资源税类

资源税类是以自然资源和某些社会资源为课税对象的税种。这类税收的特点是:税负高低与资源级差收益水平关系密切,征税范围的选择也比较灵活。我国现行的资源税和城镇土地使用税属于资源税类。

(1)资源税。它主要包括对原油、天然气、煤炭、其他非金属矿原矿、黑色金属矿原矿、有色金属矿原矿和盐七大类资源的开采征税。

(2)城镇土地使用税。它是以城镇土地为征税对象,对在城市、县城、建制镇、工矿区内占有国家和集体土地的单位和个人,按土地使用面积征收的一种税。

4. 财产税类

财产税是以纳税人拥有的财产数量或财产价值为征税对象的税种。对财产的征税,更多地考虑到纳税人的负担能力,有利于公平税负和缓解财富分配不均的现象。这类税种的特点是:税收负担与财产价值、数量关系密切,能体现调节财富、合理分配的原则。我国现行的房产税、城市房地产税、车船使用税、车船使用牌照税等属于财产税类。

5. 行为税类

行为税是国家为了实现某种特定的目的,以纳税人的某些特定行为为课税对象的税种。开征行为税类的主要目的在于国家根据一定时期的客观需要,限制某些特定的行为。这类税收的特点是:征税的选择性较为明显,税种较多,并有着较强的时效性,有的还具有因时因地制宜的特点。我国现行的城市维护建设税、印花税、契税、土地增值税等属于行为税类。

工程财务管理人员应当熟悉国家税收法律的规定,不仅要了解各种税收的计征范围、计征依据和税率,而且要了解差别税率的制定精神,减税、免税的原则规定,自觉按照税收政策导向进行工程财务管理活动。

(三)财务法律规范

财务法律规范是规范企业财务活动,协调企业财务关系的法令文件。它是按照社会主义市场经济体制和完善企业经营机制的要求建立的,对企业财务管理的规范化和科学化有着重要作用。财务法律规范主要包括企业财务通则、行业财务制度和企业内部财务制度。

1. 企业财务通则

企业财务通则是设立在我国境内的各类企业财务活动必须遵守的基本原则和规范,是财务法规体系中的基本法规,在财务法规制度体系中起着主导作用。1993年7月1日,经国务院批准由财政部发布的《企业财务通则》正式开始实施。2006年财政部对《企业财务通则》进行了修订,并于2007年1月1日起实施。修订后的企业财务通则的具体内容包括:企业财务管理体制、资金筹集、资产营运、成本控制、收益分配、重组清算、信息管理和财务监督八大财务管理要素。

2. 行业财务制度

行业财务制度是根据《企业财务通则》的规定和要求,结合行业的实际情况,充分体现行业的特点和管理要求而制定的财务制度,它是各行业企业进行财务管理工作应遵循的具体规定。行业财务制度是财务通则的原则规定与各行业财务活动特点相结合的产物,它在整个财务法规制度体系中起着基础性作用。《施工、房地产开发企业财务制度》是进行工程财务管理应遵守的行业财务制度。

3. 企业内部财务制度

企业内部财务制度是由企业管理当局制定的,用来规范企业内部财务行为、处理企业内部财务关系的具体规则,它在财务法规制度体系中起着补充作用。工程施工企业内部财务制度的制定,要符合《企业财务通则》和《施工、房地产开发企业财务制度》的原则和规定,并体现本企业的施工生产技术特点和经营管理的要求。企业内部财务制度的内容通常包括:财务管理体制、资本金管理制度、资产管理制度、成本费用管理制度、收入和利润管理制度、财务报告与评价制度等。

除上述法律规范外,与工程财务管理有关的其他经济法律规范还有许多,包括各种证券法律规范、结算法律规范、合同法律规范等。工程财务人员要熟悉这些法律规范,在守法的前提下完成财务管理的职能,实现工程财务财务管理目标。

三、财务管理的金融环境

财务管理的金融环境是指影响工程财务管理系统的各种金融因素,主要包括金融市场、金融工具、金融机构和利率。金融环境是工程财务管理最主要的环境因素。

(一)金融市场

金融市场是指资金供应者和资金需求者双方通过金融工具进行交易而融通资金的市场。

广义上的金融市场是指一切资本流动的场所,包括货币资本流动和实物资本流动的场所。广义上的金融市场交易对象包括货币借贷、票据承兑与贴现、有价证券的买卖、黄金与外汇买卖、办理国内外保险、生产资料的产权交换等。狭义上的金融市场一般是指有价证券市场,即以票据和有价证券为交易对象的市场。

1. 金融市场的分类

(1) 短期资金市场和长期资金市场。以交易期限为标准,金融市场可分为短期资金市场和长期资金市场。短期资金市场又称货币市场,是指期限在一年以内的资金市场,包括同业拆借市场、票据承兑和贴现市场、大额定期存单市场和短期融资券市场;长期资金市场又称为资本市场,是指期限在一年以上的资金市场,包括股票市场和债券市场。

(2) 发行市场和流通市场。以交易的性质为标准,金融市场可分为发行市场和流通市场。发行市场又称为一级市场,是指从事新证券和票据等金融工具买卖的转让市场;流通市场又称为二级市场,是指从事已上市的旧证券和票据等金融工具买卖的转让市场。

(3) 资本市场、外汇市场和黄金市场。以交易对象为标准,金融市场可分为资金市场、外汇市场和黄金市场。资金市场以货币和资本为交易对象;外汇市场以各种外汇信用工具为对象;黄金市场则是集中进行黄金买卖和金币兑换的交易市场。

(4) 现货市场和期货市场。以交割的时间为标准,金融市场可分为现货市场和期货市场。现货市场是指买卖双方成交后,当场或几天之内买方付款、卖方交出证券的交易市场;期货市场是指买卖双方成交后,在双方约定的未来某一特定的时日才交割的交易市场。

在实际工作中,金融市场通常以金融工具大类为标准进行分类,即把金融市场分为股票市场、债券市场、货币市场、外汇市场、商品期货市场和期权市场六个。其中,股票市场、债券市场和货币市场又称为有价证券市场,这三个市场的金融工具主要发挥筹措资金和投放资金的功能。无论从市场功能上,还是从交易规模上,有价证券市场都构成了整个金融市场的核心部分。

2. 金融市场的构成要素

各国各地区金融市场的组织形式和发达程度有所不同,但都包含四个基本的构成要素,即金融市场主体、金融市场客体、金融市场中介和金融市场价格。

(1) 金融市场主体

金融市场主体是指在金融市场上交易的参与者。在这些参与者中,既有资金的供给者,又有资金的需求者。一般来说,金融市场的主体包括企业、个人、政府、金融机构、中央银行及监管机构。

①企业。企业是金融市场运行的基础,是重要的资金需求者和供给者。除此之外,企业还是金融衍生品市场上重要的套期保值主体。

②个人。个人是金融市场上主要的资金供应者,他们以购买债券、股票、投资基金等金融工具的方式,将手中的闲置资金投入市场,实现资金的保值和增值。有时,为了购买耐用消费品(如住房、汽车等),个人也是资金的需求者。

③政府。在金融市场上,各国的中央政府和地方政府通常是资金的需求者。政府部门也可能成为暂时的资金供应者。

④金融机构。金融机构是金融市场上最活跃的交易者,分为银行金融机构和非银行金融

机构。各类金融机构通过各种方式,一方面向社会吸收闲散资金,另一方面又向需要资金的部门提供资金,在金融市场上扮演着资金需求者和资金供给者的双重身份。

⑤中央银行。中央银行在金融市场上处于一种特殊的地位,既是金融市场中重要的交易主体,又是监管机构之一。

(2)金融市场客体

金融市场客体即金融工具,是指在信用活动中产生,能够证明金融交易金额、期限和价格的书面文件。从本质上来说,金融市场的交易对象就是货币资金,但由于货币资金之间不能直接进行交易,需要借助金融工具来进行交易,因此,金融工具就成为金融市场上进行交易的载体。金融工具一般具有广泛的社会可接受性,随时可以流通转让。不同的金融工具具有不同的特点,能分别满足资金供需双方在数量、期限和条件等方面的不同需要,在不同的市场上为不同的交易者服务。金融工具包括:债权债务凭证、所有权凭证、信托契约凭证、金融衍生工具等。

资金供求者对借贷资金数量、期限和利率的多样化的要求,决定了金融市场上金融工具的多样化,而多样化的金融工具不仅满足了资金供求者的不同需要,而且也由此形成了金融市场的各类子市场。企业应注意对金融工具的选择与组合,以便有效地降低融资风险,提高资本的利用效益。

(3)金融市场的中介

在资金融通过程中,中介在资金供给者与资金需求者之间起媒介或桥梁作用。金融市场中介参与金融市场活动的目的是获取佣金,其本身并非真正的资金供给者或需求者。金融中介大体分为两类:交易中介和服务中介。

①交易中介。交易中介通过市场为买卖双方成交撮合,并从中收取佣金,包括银行、有价证券承销人、证券交易经纪人、证券交易所和证券结算公司等。

②服务中介。这类机构本身不是金融机构,但却是金融市场上不可或缺的,如会计师事务所、律师事务所、投资顾问咨询公司和证券评级机构等。

(4)金融市场价格

金融市场的价格也是金融市场的基本构成要素之一,它通常表现为各种金融工具的价格。在一个有效的金融市场中,金融工具的价格能及时、准确、全面地反映该金融工具所体现的资产的价值,反映各种公开信息,引导市场资金的流向。

3.金融市场对工程财务管理的影响

金融市场是商品经济发展和信用形式多样化的必然产物,在企业经济活动中起到融通资金和宏观调控的双重作用。金融市场对工程财务管理的影响表现在以下几个方面。

(1)为工程施工企业筹资和投资提供场所。金融市场能够为资金需求者提供多种可供选择的筹资方式,为资金供应者提供多种投资渠道。工程项目施工需要资金时,可以到金融市场上选择合适的筹资方式筹集所需资金,以保证工程施工的顺利进行;当施工企业有多余的资金时,又可到金融市场选择灵活多样的投资渠道,为资金寻求出路。

(2)促进工程施工企业各种资金相互转化,提高资金效率。金融市场各种形式的金融交易,形成了纵横交错的融资活动。通过融资活动可以实现资金的相互转化,包括时间上长短期资金的相互转化,空间上不同区域间资金相互转化,以及数量上大额资金和小额资金的相互转化。多种方式的相互转换能够调剂资金供求,促进资金流通。

(3)为工程财务管理提供有用的信息。金融市场的利率变动和各种金融工具价格的变动,都反映了资金的供求状况、宏观经济状况甚至发行股票或债券公司的经营状况和盈利水平。施工企业进行筹资、投资决策时,可以利用金融市场提供的有关信息。

(二)金融工具

金融工具又称信用工具,是指以书面形式发行和流通、借以保证债权人或投资人权利的凭证,是资金供应者和需求者之间进行资金融通时,用来证明债权债务关系或所有权关系的各种合法凭证。国际会计准则第39号将金融工具定义为:形成一个实体的金融资产,同时形成另一个实体的金融负债或权益工具的合约。金融工具是重要的金融资产,是金融市场上重要的交易对象。

1. 金融工具的分类

(1)按期限不同,金融工具可分为货币市场工具和资本市场工具。货币市场工具是期限在一年以内的金融工具,包括商业票据、国库券、银行承兑汇票、大额可转让定期存单、银行同业拆借、回购协议等。这类金融工具具有期限短、流动性强、风险小的特点。资本市场工具是期限在一年以上,代表债权和股权关系的金融工具,包括股票、企业债券、国债等。这类金融工具具有期限长、流动性弱、风险大的特点。

(2)按性质不同,金融工具可分为债权凭证与所有权凭证。债权凭证是发行人依法定程序发行、并约定在一定期限内还本付息的有价证券,它反映了证券发行人与持有人之间的债权债务关系。所有权凭证主要是指股票,是股份有限公司发行的、用以证明投资者的股东身份和权益、并据以取得股息红利的有价证券,它反映的是股票持有人对公司的所有权。

(3)按与实际信用活动的关系,金融工具可分为原生金融工具和衍生金融工具。原生金融工具是指在实际信用活动中出具的能证明债券债务关系或所有权关系的合法凭证,主要有商业票据、债券、股票、基金等金融工具。衍生金融工具是指在原生金融工具的基础上派生出来的各种金融合约及其组合形式的总称,包括期货合约、期权合约、互换合约等新型金融工具。

2. 金融工具的特征

任何金融工具都具有双重性质:对出售者和发行人来说,它是一种债务;对购买者或持有人来说,它是一种债权或一种金融资产。每种金融工具有各自的特点,但从整体上来看,金融工具一般有下列共同的特征。

(1)期限性。期限性是指一般金融工具规定的债务人从举借债务到全部归还本金与利息所经历的时间。金融工具一般都注明期限,债务人到期必须偿还信用凭证上所记载的应偿付的债务。金融工具的偿还期是个相对的概念,债务人所关心的是金融工具从发行到期满的全部期限,而债权人关心的则是他在接受金融工具时离偿还期还有多久。金融工具一般都有偿还期,但也存在两种极端情况:一种是银行的活期存款,可以随时提取,其偿还期为零;另一种是股票或永久债券,其偿还期为无限。根据偿还期的不同,债权人和债务人可以利用金融工具做不同的安排,成为财务决策的重要内容。

(2)流动性。流动性是指金融工具在金融市场上能够迅速地转化为现金而不致遭受损失的能力。金融工具的流动性大小包含着两个方面的含义:一是能不能方便地随时自由变现,二是变现过程中损失的程度和所耗费的交易成本的大小。凡能随时变现且不受损失的金融工具,其流动性大;凡不易随时变现,或变现中蒙受价格波动的损失,或在交易中要耗费较多的交易成本的金融工具,其流动性小。金融工具的收益率高低和发行人的资信程度也是决定流动性高低的重要因素。

(3)风险性。风险性是指金融工具的持有人面临的预定收益甚至本金遭受损失的可能性。信用本身就包含有风险因素,买卖金融工具也就不可避免地存在一定的风险,金融工具的风险一般来源于两个方面:一是信用风险,即一方不能履行责任而导致另一方发生损失的风险;二是市场风险,是指金融工具的价值因汇率、利率或股价变化而发生变动的风险。

(4)收益性。收益性是指金融工具能够带来价值增值的特性。收益性是通过收益率来反映的,它是净收益对本金的比率。对收益率大小的比较要将银行存款利率、通货膨胀率以及其他金融工具的收益率等因素综合起来进行分析,还必须考察风险大小。

金融工具的上述四个性质之间存在着一定的联系。一般而言,金融工具的期限性与收益性、风险性成正比,与流动性成反比。而流动性与收益性成反比,即流动性越强的金融工具,越容易在金融市场上迅速变现,所要求的风险溢价就越小,其收益水平往往也越低。同时,收益性与风险性成正比,高收益的金融工具往往风险也高,低收益的金融工具往往风险也低。所有的金融工具一般都具有上述四个特征,但不同的金融工具在上述四个方面所表现的程度是有差异的,这种差异便是金融工具购买者在进行选择时所考虑的主要内容。

(三)金融机构

社会资金从资金供应者手中转移到资金需求者手中,大多要通过金融机构。我国的金融机构可以分为以下四类。

1. 中国人民银行

中国人民银行是我国的中央银行,它代表政府管理全国的金融机构和金融活动,经理国库。

中国人民银行主要职责与业务:

(1)制定和实施货币政策,保证货币币值稳定。
(2)依法对金融机构进行监督管理,维护金融业的合法、稳健运行。
(3)维护支付、清算系统的正常运行。
(4)持有、管理、经营国家外汇储备和黄金储备。
(5)代理国库和其他与政府有关的金融业务。
(6)代表政府从事有关的国际金融活动。

2. 政策性银行

政策性银行是指由政府设立,以贯彻国家产业政策、区域发展政策为目的,不以营利为目的的金融机构。1994 年,我国组建了三家政策性银行,即国家开发银行、中国进出口银行和中国农业发展银行。

(1)国家开发银行。国家开发银行向金融机构发行政策性金融债券筹资。其主要服务领域是,制约经济发展的"瓶颈"项目,直接增强综合国力的支柱产业的重大项目,高新技术在经济领域应用的重大项目以及跨地区的重大政策性项目等。

(2)中国进出口银行。中国进出口银行发行政策性金融债券筹资,并从国际金融市场筹资。其业务范围主要是为机电产品和成套设备等资本性货物出口提供卖方信贷和买方信贷，办理与机电产品出口有关的各种贷款以及出口信用保险和担保业务。

（3）中国农业发展银行。中国农业发展银行通过向中国人民银行再贷款筹资，并发行少量政策性金融债券筹资。其主要服务领域是办理粮食、棉花等主要农副产品的国家专项储备和收购贷款，办理扶贫贷款和农业综合开发贷款，以及国家确定的小型农业、林业基本建设和技术改造贷款。

3. 商业银行

商业银行是以经营存款、放款、办理转账结算为主要业务，以营利为主要经营目标的金融企业。能够吸收活期存款，创造货币是其最显著的特征。

我国的商业银行可以分成两大类：

（1）国有独资商业银行。它由国家专业银行演变而来，包括中国工商银行、中国农业银行、中国银行和中国建设银行。

（2）股份制商业银行。1987年4月，交通银行得以重组，成为我国第一家股份制商业银行。随后，又成立了深圳发展银行、中信实业银行、中国光大银行、上海浦东发展银行等。股份制商业银行股本以企业法人和财政入股为主，它们完全按商业银行模式运作，服务比较灵活，业务发展很快。

4. 非银行金融机构

目前我国主要的非银行金融机构有：

（1）保险公司。保险公司的业务大致可分为财产保险、责任保险、保证保险、人身保险四大类。目前，我国保险资金运用限于下列形式：银行存款，买卖债券、股票、证券投资基金份额等有价证券，投资不动产等。

（2）信托投资公司。信托投资公司是一种以受托人的身份，代人理财的金融机构。我国信托投资公司的主要业务：经营资金和财产委托、代理资产保管、金融租赁、经济咨询以及投资等。

（3）证券机构。证券机构是指从事证券业务的机构，包括：

①证券公司，又称证券商，其主要业务是推销政府债券、企业债券和股票，代理买卖和自营买卖已上市流通的各类有价证券，参与企业收购、兼并，充当企业财务顾问等。

②证券交易所，其主要业务是提供证券交易的场所和设施，制订证券交易的业务规则，接受公司上市申请并安排上市，组织、监督证券交易，对会员和上市公司进行监管等。

③登记结算公司，其主要业务是办理股票交易中所有权转移时的过户和资金的结算。

（4）财务公司。我国的财务公司，是由企业集团内部各成员单位入股，向社会筹集中长期资金，为企业技术进步服务的金融股份有限公司。财务公司是企业集团内部的金融机构，其经营范围只限于企业集团内部，主要是为企业集团内的成员企业提供金融服务。财务公司的业务包括存款、贷款、结算、担保和代理等一般银行业务，还可以经人民银行批准，开展证券、信托投资等业务。

（5）金融租赁公司。金融租赁公司是指经中国银行业监督管理委员会批准，以经营融资租赁业务为主的非银行金融机构。其主要业务有融资租赁业务、吸收股东1年期（含）以上定期存款、接受承租人的租赁保证金、向商业银行转让应收租赁款、经批准发行金融债券、同业拆借、向金融机构借款、境外外汇借款、租赁物品残值变卖及处理业务和经济咨询。

(四)利率

利率是利息率的简称,是资金的增值额同投入本金的比率。利率是衡量资金增值程度的数量指标,是金融市场上资金的交易价格。利率的高低直接关系到融资双方的利益,它影响到筹资方的筹资成本和投资方的投资收益。

1. 利率的分类

利率可按照不同的标准进行分类。

(1) 按照利率之间的变动关系,利率可分为基准利率和套算利率。基准利率又称基本利率,是指在多种利率并存的条件下起决定作用的利率。基准利率变动,其他利率也相应变动。西方国家的中央银行再贴现利率,我国中国人民银行对商业银行贷款的利率均属于基准利率。套算利率是指在基准利率确定后,各个金融机构根据基准利率和借贷款项的特点而换算出的利率。一般来说,风险较大的贷款项目套算利率确定的要高一些;反之,风险较小的贷款项目套算利率确定的要低一些。

(2) 按照债权人取得的报酬情况,利率可分为实际利率和名义利率。实际利率是指在物价不变从而货币购买力不变情况下的利率,或者是在物价变化时,扣除通货膨胀补偿后的利率。名义利率是指包含通货膨胀补偿后的利率。通常情况下,名义利率要高于实际利率,两者的关系是:

$$名义利率 = 实际利率 + 通货膨胀补偿率 \qquad (1-1)$$

(3) 按照在借贷期内是否调整,利率可分为固定利率和浮动利率。固定利率是指在借贷期内固定不变的利率。在通货膨胀条件下,实行固定利率会使债权人的利益受到损害。浮动利率是指在借贷期内可以调整的利率,在通货膨胀条件下采用浮动利率,可使债权人减少损失。

(4) 按利率的形成机制不同,利率可分为市场利率和法定利率。市场利率是根据资金市场上的供求关系,随着市场规律而自由变动的利率。在市场经济发达的西方国家,利率一般以市场利率为主,同时有法定利率。法定利率是由政府金融管理部门或中央银行确定的利率。我国的利率属于法定利率,由国务院统一制定,由中国人民银行统一管理。

2. 利率的构成

在金融市场上,利率是资金使用权的价格。一般来说,利率的构成可用以下公式表示:

$$利率 = 纯粹利率 + 通货膨胀补偿 + 风险报酬 \qquad (1-2)$$

(1) 纯粹利率。纯粹利率是指没有风险和没有通货膨胀情况下的均衡点利率。在没有通货膨胀时,国库券的利率可以视为纯粹利率。影响纯粹利率变动的因素主要包括两个方面:第一,平均利润率的高低。一般来说,利率随平均利润率的提高而提高,平均利润率是利率的上限。第二,资金供求关系。在平均利润率不变的情况下,金融市场上的供求关系决定市场利率水平。若资金供应量不变,需求量上升,则利率上升;若资金需求量不变,供应量增加,则利率下降。第三,国家调节。政府为防止经济过热,通过中央银行减少货币供应量,则资金供求减少,利率上升;政府为刺激经济发展,增加货币发行,则利率下降。

(2) 通货膨胀补偿。通货膨胀补偿是指由于通货膨胀造成货币实际购买力的下降而对投资者的补偿,它等于预期平均的通货膨胀率。资金供应者在通货膨胀的情况下,必然要求提高利率水平以补偿其购买力损失,所以,无风险证券的利率,除纯粹利率之外还要加上通货膨胀补偿,以弥补通货膨胀所遭受的损失。

(3)风险报酬主要包括违约风险报酬、流动性风险报酬和期限风险报酬。

①违约风险报酬。所谓违约风险,是指借款人无法按时支付利息或偿还本金而给投资者带来的风险。违约风险报酬是指投资者由于承担违约风险而要求得到的超额回报。通常认为,国库券没有违约风险,公司债券的信用等级越高,其违约风险越小。在到期日和流动性等因素相同的情况下,各信用等级债券的利率水平同国库券利率水平之间的差额,便是违约风险报酬。

②流动性风险报酬。流动性是指某项资产能够及时转化为现金的特性,也称变现性。流动性风险则是指由于投资的流动性不同而给投资者带来的风险。流动性风险报酬是指投资者由于承担流动性风险而要求得到的超额回报。政府债券、大公司发行的债券,由于信用好,变现能力强,流动性风险小,所以利率较低;而一些不知名的中小企业发行的债券,流动性风险则较大,利率较高。

③期限风险报酬。期限风险是因投资的到期日不同而承担的风险,投资的到期日越长,面临的不确定性因素越多,风险也就越大。期限风险报酬是指投资者由于承担期限风险而要求得到的超额回报。长期利率一般要高于短期利率,这便是期限风险报酬。

合理预测未来市场利率的走向,对工程财务管理来说十分重要,它直接关系到工程项目的筹资成本或者投资收益的高低。当然,市场利率的变化是难以准确预计的,财务人员应该合理搭配长短期资金,以适应未来的各种利率变化情况。

四、有效市场假说

证券市场是公司财务管理的外部环境,只有在公平的证券市场上,财务管理才能正常进行。而证券市场公平的标志即是有效市场的形成。事实上,即使是发达的证券市场,也不是在所有的时间和所有的情况下都是有效的,所以,有效市场理论通常被称为一种假说。

(一)有效市场的概念

有效市场的发现是一次很偶然的事情。1953年,英国皇家统计学会集会伦敦,讨论著名统计学家莫里斯·肯德尔的一篇论文:《经济周期序列分析,第一部分:价格》。作者的初衷是为了追寻股价波动的行为模式,但研究的结果使他大感意外,股价随机行走,即股价波动没有任何规律可循,并且认为:这可能是由于股票市场的不确定性和投资者的非理性所致。但随后萨缪尔森、曼代尔布劳特、罗伯茨等否定了这一结论,认为股价随机波动恰恰说明股市是有效率的,不是非理性的。

试想一下,如果真的找到了股价波动的行为模式,对投资者意味着什么?人们会争着去购买看好的股票,以赚取无穷的利润。这显然是不现实的。如果某股票的价格看涨,拥有该股票的人会抓住不放,而投资者也会抢购这种股票。这会使得该股票的价格立即上涨,因为投资者想在价格上涨之前就有所行动。给定所有信息,如果股价能被即刻抬至或落至某一水平,那么,新的涨落只能是对新信息的反映,而新信息是不可预测的,故股价的波动是不可预测的,这恰恰是随机行走规律的中心思想。随机变化的股价,不仅不是市场非理性的证据,而正是众多理性的投资者开发有关信息,并对其作出反应的结果。事实上,如果股价的波动是可以预测的,那才真正说明股市的无效和非理性。由此可见,股票价格的随机波动意味着股市的有效性,即股票价格以不带偏见的方式反映所有可获得的信息,这就是著名的有效市场假说。

有效市场的形成是投资者相互竞争的结果,作为投资者总是千方百计地收集和研究所得到的信息,并以此作为决策的依据。有效市场假说最简单的表述是:有效市场是不浪费任何信息的市场,换言之,价格能够同步地、完全地反映全部有关的和可用的信息。

(二) 有效市场的种类

证券市场所能利用的信息可以分为三大类:
(1) 历史价格信息;
(2) 公司的年报、公告等其他公开信息;
(3) 公司的某项投资计划、新的订单等未公开信息。

显然,以上三类信息获取的成本对于不同的投资者是不相同的。成本过高的信息对于相应的投资者而言只能是无效的信息,不能获取并加以利用。因此,就整个市场而言,这些高成本的信息就不能被纳入股票的现行价格中,从而影响到市场的效率。根据市场能够有效利用的信息范围和利用这些信息的成本不同,可以将有效市场分为以下三种类型。

(1) 弱式有效市场。这种市场能够有效利用的是历史价格信息。换句话说,在弱式有效市场上,当前的股票价格完全地反映了已蕴涵在股票历史价格中的全部信息。任何投资者仅仅根据历史价格变动信息进行股票交易,均不会获取超额利润。

(2) 次强式有效市场。这种市场能够有效利用的是公开信息,包括历史价格信息和其他公开信息。换句话说,在次强式有效市场上,当前的股票价格完全地反映了所有公开的可用信息。这样,投资者根据所有公开信息进行股票交易,也无法获取超额利润。因为当包含在公开资料中的利好或利空的消息一经出现,股票价格就会马上作出调整。

(3) 强式有效市场。这种市场能够有效利用所有的信息,包括历史价格信息、其他公开信息和未公开信息。换句话说,在强式有效市场上,当前的股票价格完全反映了所有公开和未公开的信息。投资者即使根据掌握的内幕信息进行股票交易,也无法获取超额利润。

研究表明,西方等发达国家的证券市场已达到次强式有效,但即使像纽约证券交易所这样的股票市场也不具备强式有效性。因此,许多国家对利用内幕消息炒作股票的行为都视为违法,因为个别掌握内幕消息的投资者一旦获取超额利润,则必然导致其他投资者出现重大损失。

(三) 有效市场假说对传统财务管理的影响

有效市场假说的提出对财务管理具有十分深远的意义,现代财务管理的许多理念都是基于有效市场假说,同时,传统财务管理的许多做法必将受到有效市场挑战。有效市场假说对传统财务管理的影响主要有以下几个方面。

(1) 市场没有记忆,新股发行时间的选择纯属无益之举。弱式有效市场表明,所有过去股价变动的结果对于未来股价的变动趋势毫无影响,即在目前的股票价格中,不包含任何有助于预测未来股价的有用信息。经济学家将这种状况称作"市场没有记忆"。然而,有些财务经理认为,发行新股要选择一个较好的时期,他们通常不愿在股价下跌后发行新股,而倾向于等待股价的反弹,选择在市价最高时发行。但财务经理怎么能够知道明天的股价一定会比今天高呢？今天的低价也许是未来相当长时期内的最高价。由于股价不能被预测,新股发行时间的选择将毫无意义。

(2)没有财务幻觉,会计政策的变更无助于公司股价的提高。公司的会计报告无疑会对公司的股价产生重要影响,会计报告是会计人员按法定程序进行编制的,但会计人员可以在法律许可的范围内选择不同的会计方法。例如,在存货计价方面可以选择先进先出法、后进先出法和加权平均法,在计提折旧方面可以选择直线折旧法和加速折旧法,等等。一些公司通过对会计方法的选择来稳定和增加会计报告的盈利,企图为公司的股价提供利好消息。然而有效市场上的股价是建立在对股票所提供的现金流量及其风险的未来预期之上的。会计政策的变更既不会影响公司的风险程度,也不会影响预期的现金流量,自然也就不会影响到股票价格。如果某家公司试图通过变更会计政策,产生粉饰性的收益使其股价提高,这种行为是很容易被投资者识破的。

(3)市场上所有的证券均是等价的,而且可以相互替代,公司管理者的某些决策无助于增加股东财富。如果市场有效,则意味着证券价格是公平合理的,证券交易是按净现值等于零来进行的。即期望收益的贴现值等于证券的市价。当然,这并不意味着证券投资是一种无利的投资,它仅仅意味着按公平价格进行交易,即证券的投资收益应与其承担的风险相配比。

(4)投资者自我选择。一般认为,公司并购是合理的,因为公司经营的多元化可以给股东带来较多的财富。但事实上,投资者在公司并购之前就已经通过证券的投资组合轻易地实现了自己的公司并购,他们并不需要管理者为此去做些什么。毫无疑问,公司并购行为本身的净现值也等于零,无助于股东财富的增加。并购的目的是通过主并公司充分利用和盘活目标公司的资产,使之在未来创造更多的收益,即只有通过主并公司加强经营管理才能增加股东财富。

(5)相信市场价格。如果市场有效,那么"某某股票价格被低估或高估"的表述将是毫无意义的。因为现行股价已反映了所有已知的信息。对个别股票进行详细的"技术分析"是徒劳的,与其费尽心机选股,不如投资于一组分散化的证券组合并长期持有。证券组合的风险水平应与投资者的风险承受能力相当,应依据股票的风险来选择股票。此外,投资者应尽量减少交易次数,以使交易成本最小化。

总之,有效市场假说对公司财务管理的影响是全面的、深远的、长期的,如果证券市场有效,那么公司财务管理的任何成功和失败,都会公平地在证券市场上得到反映。因此,每一个公司都应该自觉地规范其理财行为,以便在证券市场上受到好评。

本章思考题

1. 什么是财务活动？施工企业财务活动包括哪些环节？
2. 什么是财务关系？施工企业的财务关系表现在哪些方面？
3. 工程财务管理包括哪些主要内容？
4. 简述工程财务管理的基本环节。

5. 工程项目管理的目标有哪些？
6. 财务管理的总体目标有哪些主要观点？它们各有什么优点和缺点？
7. 股东与经营者存在哪些利益冲突？如何协调？
8. 财务管理环境包括哪些主要内容？它们对工程财务管理产生什么影响？
9. 什么是股份有限公司？什么是有限责任公司？它们各有什么特征？
10. 什么是金融市场？简述金融市场的构成要素。
11. 什么是利率？它由哪几个部分构成？
12. 什么是有效市场？有效市场假说对传统的财务管理有何影响？

第二章 工程项目成本预测

本章导读：工程财务报表是工程财务管理重要的信息来源。本章阐述了工程财务报表分析的目的与基本方法，重点阐述了比率分析法、趋势分析法以及财务综合分析方法，对工程施工企业的财务状况和一定期间的财务活动的过程和结果进行分析和评价，借以认识工程财务活动规律，促进企业提高经营管理水平和经济效益。

第一节 工程财务报表分析的目的

财务报表分析是以企业财务报表及其他有关财务资料为依据，对企业财务活动的过程和结果进行研究评价的过程，判断企业的财务状况，诊断企业经营活动的利弊得失，以便进一步分析企业未来的发展趋势，为财务决策、财务计划和财务控制提供依据。工程财务报表分析主要通过对工程施工企业的财务报告（资产负债表、利润表、现金流量表及其报表附注、财务报告说明书）的分析，并结合项目评价的方法，分析了解工程项目的资金使用能力、偿债能力、盈利能力以及营运能力、发展能力等情况。

财务报表分析的具体目的受到财务报表分析的主体和为之服务的对象的制约，不同的财务报表分析主体进行财务报表分析的侧重点是不同的，不同的财务报表分析服务对象所关心的问题也是不同的。从财务报表分析与评价服务对象来看，主要有投资者、债权人、经营者以及其他相关利益主体。下面对几种不同的主体来分析其具体的目的。

一、企业投资者对财务报表分析的目的

企业的投资者包括企业的所有者和潜在的投资者，他们最关心的是企业的盈利能力。因为盈利能力是投资者投资保值和增值的关键。但是投资者仅关心盈利能力还是不够的，为了确保资本保值增值，他们还应研究企业的权益结构、支付能力及营运状况，从而做出有利于投资者本身的投资决策。潜在的投资者也会先行通过阅读企业有关的财务信息资料，并科学地进行财务分析后才作出是否投资的决策。

二、企业债权人对财务报表分析的目的

企业债权人包括企业借款的银行及其他金融机构，以及购买企业债券的单位与个人等。债权人进行财务分析的目的与投资者不同。从债权人角度进行财务分析的主要目的，一是看借款企业的资金是否安全，自己的债权和利息是否能及时、足额收回，即研究企业偿债能力的大小；二是看债权者的收益状况与风险程度是否相适应。

三、企业经营者对财务报表分析的目的

企业经营者主要指企业的经理以及各分厂、部门、车间等的管理人员。他们进行财务分析的目的是综合的和多方面的,其最关注的是企业财务状况的好坏、经营业绩的大小以及现金的流动情况。为此,依据企业财务报表信息,着重分析有关企业某一特定日期的资产、负债及所有者权益情况,以及某一特定经营期间经营业绩与现金流量方面的信息,并做出合理的评价,从而总结经验,找出问题,改进经营管理,提高企业的经济效益。

四、其他财务分析主体对财务报表分析的目的

其他财务分析主体包括政府及相关管理机构、企业职工、企业的供应商和消费者等。政府及相关管理机构依据企业财务报告,着重分析有关企业的资源及其运用、分配方面的情况,为国家经济政策、税收政策的制定,国民收入的统计等有关方面提供必要的信息。企业职工通过财务分析,了解自身的应有权利和所获报酬是否公平合理。企业供应者和消费者出于保护自身利益的需要,也非常关心往来企业的财务状况,进行财务报表分析,可以判断企业支付能力和债务清偿情况,评估企业的财务信用状况。

从财务报表分析的服务对象来看,财务报表分析不仅对企业内部生产经营管理有着重要作用,而且对企业外部投资决策、贷款决策、赊销决策等也有着重要作用。

第二节 工程财务报表分析的基本方法

工程财务报表分析的基本方法主要包括趋势分析法、比率分析法和因素分析法。

一、趋势分析法

趋势分析法是根据企业连续几年或几个时期的分析资料,运用指数或完成率的计算,确定分析期各有关项目的变动情况和趋势的一种财务分析方法。采用这种方法,可以分析引起变化的主要原因、变动的性质,并预测企业未来的发展前景。趋势分析法既可用于对财务报表的整体分析,即研究一定时期报表各项目的变动趋势,也可对某些主要指标的发展趋势进行分析。

(1) 比较重要财务指标。重要财务指标的比较是将不同时期财务报告中的相同指标或比率进行比较,直接观察其增减变动情况及变动幅度,解释变化的原因,借以预测其发展趋势。对于不同时期财务指标的比较,可采用定基动态比率法和环比动态比率法。

(2) 比较财务报表。财务报表的比较是将连续数期财务报表的金额并列起来,比较其相同指标的增减变动金额和幅度,据以判断工程项目财务状况和经营成果发展变化的一种方法,包括资产负债表比较、利润表比较、现金流量表比较等。

(3) 比较财务报表项目构成。财务报表项目构成的比较是在财务报表比较的基础上发展而来的。它是以财务报表中的某个总体指标作为100%,再计算出各组成项目占该总体指标的百分比,把资产负债表、利润表、现金流量表转换成百分比报表。通过数期百分比报表数据的比较,用于发现有显著问题的项目,揭示进一步分析的方向。这种方法既可以用于同一企业

不同时期财务状况的纵向比较,又可用于不同企业的横向比较,同时还能消除不同时期、不同企业之间业务规模差异的影响,有利于判断企业的财务状况和盈利水平的未来发展变化趋势。

二、比率分析法

比率分析法是将同一期报表上影响财务状况的两个相关因素联系起来,通过计算比率,反映它们之间的关系,借以评价企业财务状况和经营成果的一种最基本、最重要的财务分析方法。确定比率计算时的有关项目,可以是资产负债表中的有关项目,也可以是损益表中的有关项目,还可以是资产负债表和损益表的有关项目共同组成。比率分析的形式有:第一,百分率,如流动比率为200%;第二,比,如速动比率为1:1;第三,分数,如负债为总资产的1/2。比率分析以其简单、明了、可比性强等优点被财务分析实践中广泛采用。比率指标主要有以下三类。

(1)结构比率。结构比率又称构成比率,它是某项经济指标的各个组成部分与总体的比率,反映部分与总体的关系。利用构成比率,可以考察总体中某个部分的构成和安排是否合理,以便协调各项财务活动。其计算公式为:结构比率 = 某个组成部分数值/总体数值。

(2)效率比率。效率比率是指某项经济活动中所费与所得的比率,反映投入与产出的关系。利用效率比率指标,可以进行得失比较,考察经营成果,评价经济效益。如将利润项目与销售成本、销售收入等项目进行对比,可计算出成本利润率、销售利润率等利润指标,可以从不同角度观察比较企业获利能力的高低及其增减变动情况。

(3)相关比率。相关比率是以某个项目和其他有关但又不同的项目加以对比所得到的比率,反映有关经济活动的相互关系。利用相关比率指标,可以考察有联系的相关业务安排是否合理,以保障企业运营活动能够顺畅进行。如将流动资产与流动负债加以对比,计算出流动比率,据以判断企业的短期偿债能力。

比率分析法计算简便,计算结果容易判断,而且可以使某些指标在不同规模的企业之间进行比较,但应注意对比项目的相关性、对比口径的一致性以及衡量标准的科学性。在运用比率分析时,一是要注意将各种比率有机联系起来进行全面分析,不可单独地看某种比率,否则便难以准确地判断公司的整体情况;二是要注意审查公司的性质和实际情况,而不光是着眼于财务报表;三是要注意结合差额分析,这样才能对公司的历史、现状和将来有一个详尽的分析。

三、因素分析法

因素分析法是依据分析指标与其影响因素之间的关系,按照一定的程序和方法,确定各因素对分析指标差异影响程度的一种技术方法,可以帮助决策者抓住主要矛盾,更好地进行最优决策。因素分析法包括连环替代法和差额计算法两种。

(一)连环替代法

连环替代法是依据经济现象内部所存在的依存关系来发现对某经济现象影响的因素,并依据因素之间的相互联系,来测定每项因素的变动对经济现象总变动影响程度的一种分析方法。使用这种分析方法,不仅可以查明某些经济指标增减变动的影响因素,而且可以查明各项因素变动影响经济指标完成的具体数额,有助于分清各种原因和责任,确切地评价企业各方面的工作。

1. 连环替代法的程序

(1) 确定分析指标与其影响因素之间的关系;

(2) 确定分析对象;

(3) 连环顺序替代,计算替代结果;

(4) 比较各因素的替代结果,确定各因素对分析指标的影响程度;

(5) 检验分析结果。

2. 应用连环替代法应注意的问题

(1) 因素分析的相关性。分析指标与其影响因素之间必须真正相关,具有实际的经济意义。

(2) 分析前提的假定性。分析某一因素对经济指标差异的影响时,必须假定其他因素不变。另外,要尽量减少对相互影响较大的因素再分解。

(3) 因素替代的顺序性。一般来讲,数量指标在前,质量指标在后,对分析指标影响较大的指标在前。

(4) 顺序替代的连环性。

(二) 差额计算法

差额计算法是连环替代法的一种简化形式。它是利用各个因素的实际数与基数之间的差额,来计算各个因素对总经济指标变动影响程度的一种分析方法。即将连环替代法的第三步和第四步合为一个步骤进行。应用连环替代法应注意的问题,在应用差额计算法时同样要注意。除此之外,还应注意的是,并非所有连环替代法都可按上述差额计算法的方式进行简化,特别是在各影响因素之间不是连乘的情况下,运用差额计算法必须慎重。

【例 2-1】 某企业 2010 年 10 月材料费用耗用情况如表 2-1 所示。

材料费用耗用情况　　　　　　　　　表 2-1

项　目	计　划	实　际	计划与实际之间的差额
产品产量(件)	90	100	10
单位产品材料消耗(kg)	8	7	-1
材料单价(元)	5	6	1
材料费用(元)	3 600	4 200	600

设 P 表示材料费用,a 表示产品产量,b 表示单位产品材料消耗,c 表示材料单价。则:

$$P = a \times b \times c$$

计划指标计算:

$$P_0 = a_0 \times b_0 \times c_0 = 90 \times 8 \times 5 = 3\,600(元)$$

第一次替代:　　　$P_1 = a_1 \times b_0 \times c_0 = 100 \times 8 \times 5 = 4\,000(元)$

$$P_1 - P_0 = 4\,000 - 3\,600 = 400(元)$$

即由于产量增加,使材料费用比计划增加 400 元。

第二次替代:　　　$P_2 = a_1 \times b_1 \times c_0 = 100 \times 7 \times 5 = 3\,500(元)$

$$P_2 - P_1 = 3\,500 - 4\,000 = -500(元)$$

即由于材料单耗降低,使材料费用比计划减少 500 元。

第三次替代: $P_3 = a_1 \times b_1 \times c_1 = 100 \times 7 \times 6 = 4\,200(元)$

$$P_3 - P_2 = 4\,200 - 3\,500 = 700(元)$$

即由于材料价格提高,使材料费用比计划增加 700 元。

三个因素影响之和为 600 元(400 - 500 + 700)。

差额计算法:

产量变动的影响 = (实际产量 - 计划产量) × 计划单耗 × 计划单价
$$= (100 - 90) \times 8 \times 5 = 400(元)$$

单耗变动的影响 = (实际单耗 - 计划单耗) × 实际产量 × 计划单价
$$= (7 - 8) \times 100 \times 5 = -500(元)$$

单价变动的影响 = (实际单价 - 计划单价) × 实际产量 × 实际单耗
$$= (6 - 5) \times 100 \times 7 = 700(元)$$

三个因素影响额之和为 400 - 500 + 700 = 600 元。

计算的结果与上面连环替代法计算结果完全一致。

第三节 财务比率分析

由于企业的经营活动错综复杂而又相互联系,且不同的财务报表使用者有着不同的目的,他们对财务报表的着眼点往往不同,因而,比率分析中所用的比率种类很多,无论如何,设计的比率指标应具有一定的实际意义。本节着重介绍常用的比率指标,具体来讲,通常有三类比率指标,它们是:反映企业偿债能力的比率,反映企业资金周转状况的比率,反映企业获利能力的比率。

下面以某工程公司的财务报表为分析对象,进行财务比率的分析,该公司三大财务报表数据如表 2-2 ~ 表 2-4 所示。

某工程公司资产负债表(单位:元)　　　　表 2-2

资　产	2010 年	2009 年	负债及所有者权益	2010 年	2009 年
流动资产			流动负债		
货币资金	65 206 592	64 952 253	短期借款	16 242 671	10 540 467
交易性金融资产	75 490	97 339	应付票据	13 607 569	8 251 899
应收票据	483 446	206 396	应付账款	127 588 606	93 728 201
应收账款	56 047 982	44 689 573	预收款项	42 724 119	37 443 418
预付款项	28 132 730	23 627 766	应付职工薪酬	7 831 029	7 427 136
其他应收款	21 995 143	19 784 435	应缴税费	5 668 153	3 694 723
应收关联公司款	—	—	应付利息	187 058	133 123
应收利息	200	52 862	应付股利	691 594	20 759
应收股利	—	647	其他应付款	29 525 733	24 376 172
存货	59 598 496	33 476 461			

续上表

资　产	2010年	2009年	负债及所有者权益	2010年	2009年
一年内到期的非流动资产	—	—	一年内到期的非流动负债	1 185 029	1 642 690
其他流动资产	60 384 704	52 021 064	其他流动负债	17 486 057	20 336 706
流动资产合计	291 924 783	238 908 796	流动负债合计	262 737 618	207 595 294
非流动资产			非流动负债		
可供出售金融资产	273 773	367 948	长期借款	7 484 804	3 565 201
持有至到期投资	1 295	6 684	应付债券	14 930 359	10 000 000
长期应收款	7 923 277	1 905 068	长期应付款	1 790 797	1 916 042
长期股权投资	4 191 741	3 160 824	专项应付款	246 075	212 927
固定资产	35 172 303	27 869 486	递延所得税负债	269 754	302 404
在建工程	2 192 039	2 571 262	其他非流动负债	4 503 188	5 319 166
工程物资	—	—	非流动负债合计	29 224 977	21 315 740
固定资产清理	—	—	负债合计	291 962 595	228 911 034
无形资产	6 372 612	5 787 704	所有者权益（股东权益）		
开发支出	—	—	实收资本（或股本）	12 337 542	12 337 542
长期待摊费用	71 874	60 923	资本公积	33 986 234	31 520 101
递延所得税资产	2 070 318	2 351 572	盈余公积	855 536	617 274
其他非流动资产	—	—	未分配利润	10 101 077	8 684 002
			少数股东权益	828 106	813 748
			外币报表折算价差	122 925	106 566
			归属母公司所有者权益（或股东权益）	57 403 314	53 265 485
非流动资产合计	58 269 232	44 081 471	所有者权益（或股东权益）合计	58 231 420	54 079 233
资产总计	350 194 015	282 990 267	负债和所有者（或股东权益）合计	350 194 015	282 990 267

某工程公司利润表（单位：元）　　　　　　表 2-3

报告年度	2010年	2009年
一、营业收入	470 158 793	355 520 769
减：营业成本	428 647 118	322 427 811
营业税金及附加	13 971 606	10 544 544
销售费用	1 530 989	1 016 376
管理费用	19 159 242	13 408 946
财务费用	511 160	365 598
资产减值损失	614 008	−268 258
加：公允价值变动净收益	−20 410	11 907
投资收益	135 363	155 872
其中：对联营企业和合营企业的投资收益	1 870	−796
二、营业利润	5 839 623	8 193 531

续上表

报 告 年 度	2010年	2009年
加:补贴收入	—	—
营业外收入	409 630	300 257
减:营业外支出	160 494	186 389
其中:非流动资产处置净损失	81 999	103 726
三、利润总额	6 088 759	8 307 399
减:所得税	1 772 123	1 575 694
四、净利润	4 316 636	6 731 705
归属于母公司所有者的净利润	4 246 221	6 599 072
少数股东损益	70 415	132 633
五、每股收益	—	—
基本每股收益	0.34	0.53

某工程公司现金流量表(单位:元)　　　　表2-4

报 告 年 度	2010年	2009年
一、经营活动产生的现金流量		
销售商品、提供劳务收到的现金	448 366 827	285 536 154
收到的税费返还	223 161	214 222
收到其他与经营活动有关的现金	2 529 234	2 092 655
经营活动现金流入小计	451 119 222	287 843 031
购买商品、接受劳务支付的现金	402 756 633	235 282 453
支付给职工以及为职工支付的现金	22 669 901	18 817 921
支付的各项税费	14 292 861	12 618 327
支付其他与经营活动有关的现金	5 147 257	3 649 878
经营活动现金流出小计	444 866 652	270 368 579
经营活动产生的现金流量净额	6 252 570	17 474 452
二、投资活动产生的现金流量		
收回投资收到的现金	119 001	212 236
取得投资收益收到的现金	80 853	58 373
处置固定资产、无形资产和其他长期资产收回的现金净额	1 287 038	2 211 894
处置子公司及其他营业单位收到的现金净额		
收到其他与投资活动有关的现金	9 081 382	3 678 224
投资活动现金流入小计	10 568 274	6 160 727
购建固定资产、无形资产和其他长期资产支付的现金	17 014 429	12 997 983
投资支付的现金	1 179 961	1 484 272
取得子公司及其他营业单位支付的现金净额		
支付其他与投资活动有关的现金	7 898 934	5 307 664

续上表

报告年度	2010年	2009年
投资活动现金流出小计	26 093 324	19 789 919
投资活动产生的现金流量净额	−15 525 050	−13 629 192
三、筹资活动产生的现金流量		
吸收投资收到的现金	176 827	173 644
取得借款收到的现金	29 230 559	20 046 693
收到其他与筹资活动有关的现金		10 400 000
筹资活动现金流入小计	34 407 386	30 620 337
偿还债务支付的现金	20 300 710	26 465 731
分配股利、利润或偿付利息支付的现金	3 747 876	2 747 197
支付其他与筹资活动有关的现金		
筹资活动现金流出小计	24 048 586	29 212 928
筹资活动产生的现金流量净额	10 358 800	1 407 409
四、汇率变动对现金的影响	−233 226	362 056
五、现金及现金等价物净增加额	853 094	5 614 725
期初现金及现金等价物余额	55 070 050	49 455 325
期末现金及现金等价物余额	55 923 144	55 070 050
附注:		
1.将净利润调节为经营活动现金流量		
净利润	4 316 636	6 731 705
加:资产减值准备	614 008	−268 258
固定资产折旧、油气资产折耗、生产性生物资产折旧	7 607 978	6 202 413
无形资产摊销	197 938	172 323
长期待摊费用摊销		
处置固定资产、无形资产和其他长期资产的损失	−7 689	
固定资产报废损失		
公允价值变动损失	20 410	−11 907
财务费用	170 065	14 672
投资损失	−135 363	−155 872
递延所得税资产减少	281 254	403 215
递延所得税负债增加	−7 531	−33 336
存货的减少	−25 563 197	−7 924 059
经营性应收项目的减少	−23 017 546	−23 854 063
经营性应付项目的增加	53 134 019	48 849 071
其他	−11 358 412	−12 695 820
经营活动产生的现金流量净额	6 252 570	17 474 452

续上表

报 告 年 度	2010 年	2009 年
2.不涉及现金收支的重大投资和筹资活动		
3.现金及现金等价物净变动情况		
现金的期末余额	54 141 998	610 632
减:现金的期初余额	46 525 957	610 366
加:现金等价物的期末余额	1 781 146	54 459 418
减:现金等价物的期初余额	8 544 093	48 844 959
现金及现金等价物净增加额	853 094	5 614 725

一、偿债能力比率分析

偿债能力通常是指企业在一定时期内偿还本身所欠债务的能力。企业债务是指企业所承担的能以货币计量,将以资产或劳务偿付的债务。

根据债权人对资产要求权时间的不同,企业债务分为流动负债和长期负债。因此,在企业偿债能力分析中,也有短期偿债能力分析和长期偿债能力分析。短期偿债能力是指企业在一定时期(一年或一个营业周期)内以流动资产偿付流动负债的现金保障程度。一个企业的短期偿债能力大小,要看流动资产和流动负债的多少和质量状况。短期债权人关心的是其债权本金和利息能否在短期内收回,因此,短期偿债能力分析主要考查企业资产的流动性和变现能力。

长期偿债能力反映的则是企业偿还长期债务的现金保障程度。企业的长期债务是指偿还期在一年或者超过一年的一个营业周期以上的负债,包括长期借款、应付债券、长期应付款等。分析一个企业长期偿债能力,主要是为了确定该企业偿还债务本金和支付债务利息的能力。由于长期债务的期限长,企业的长期偿债能力主要取决于企业资产与负债的比例关系,取决于获利能力。长期债权人关心的是企业能否按期支付利息,到期偿还本金或是到期一次性偿还本金和利息,所以,他们更关心企业现有资产状况能否有利于企业保持长期经营良好,企业现在是否有足够的盈利能力以促进企业发展等问题。

(一)短期偿债能力分析

1.流动比率

流动比率,又称营运资本率,是指流动资产与流动负债之间的比例关系,是企业短期偿债能力分析中的一个重要指标。流动比率的计算公式为:

$$流动比率 = \frac{流动资产}{流动负债} \tag{2-1}$$

流动比率表明每1元流动负债有多少元流动资产作为支付保障,即对于流动负债支付能力具有何种程度的准备。一般来说,流动比率越高,企业的偿债能力越强,债权人利益的安全程度也越高。因此,较高的流动比率对债权人有利。但是,从企业的角度来看,过高的流动比率意味着流动资产数额较大,可能存在超储、积压、浪费,资产没有得到有效利用。从一般经验来看,流动比率为200%时,认为是比较合适的,此时企业的短期偿债能力较强,对企业的经营也是有利的。但受行业特点、季节性、赊销或赊购条件等若干因素的影响,无法确定一个各行业共同的流动比率理想标准。通常情况下,营业周期短,采购条件好,无明显季节性的生产行业(或企业),由于不需要保存较高的存货,其正常流动比率较低;反之,营业周期越长,正常的流动比率也就越高。因此,不能单纯就各行业当前流动比率的高与低进行比较和评价。

【例2-2】 根据表2-2该工程公司资产负债表资料,可计算2010年和2009年的流动比率如表2-5所示。

流动比率计算表(单位:元)   表2-5

项 目	2010年	2009年	变 动 额
流动资产	291 924 783	238 908 796	53 015 987
流动负债	262 737 618	207 595 294	55 142 324
流动比率	1.11	1.15	-0.04

由表2-5可知,该公司流动比率较上年有一定幅度的减少,降幅为0.04,这说明公司为每1元流动负债作支付保证的流动资产减少,即公司短期偿债能力有所降低。

2. 速动比率

速动比率又称酸性测试比率,是速动资产与流动负债的比值。所谓速动资产是指可以立即或短期内变现,能用于直接支付的那部分资产,包括货币资金、有价证券、应收款等各项可以迅速支付流动负债的资产。速动比率表明企业可迅速资金化的资产偿付流动负债的保证程度。速动比率的内涵是每1元流动负债有多少元速动资产作为支付保障。速动比率是短期偿债能力分析的一个重要指标。

速动比率的计算公式有以下两种方式,采用加法确定速动资产的方式更为谨慎些。

$$速动比率 = \frac{速动资产}{流动负债} = \frac{流动资产 - 存货}{流动负债} \quad (2-2)$$

$$速动比率 = \frac{速动资产}{流动负债}$$

$$= \frac{货币资金 + 短期投资 + 应收票据 + 应收账款 + 其他应收款}{流动负债} \quad (2-3)$$

一般认为,速动比率为1时比较理想,即速动资产能够全部抵偿流动负债较为理想。该指标越高,表明企业偿还流动负债的能力越强。在计算速动比率时,要把存货从流动资产中剔除,其主要原因是:

(1)在流动资产中存货的变现速度最慢。
(2)由于某种原因,存货中可能含有已损失报废但还没作处理的不能变现的存货。
(3)部分存货可能已抵押给某债权人。
(4)存货估价还存在着成本与合理市价相差悬殊的问题。

【例2-3】 根据表2-2该工程公司资产负债表资料,可计算该企业的速动比率如表2-6所示。

速动比率计算表（单位：元）　　　　　表2-6

项　目	2010 年	2009 年	变　动　额
流动资产	291 924 783	238 908 796	53 015 987
存货	59 598 496	33 476 461	26 122 035
速动资产	232 326 287	185 647 900	24 683 244
流动负债	262 737 618	207 595 294	55 142 324
速动比率	0.88	0.99	-0.11

由表2-6的计算结果可以看出，该工程公司的速动比率2010年比2009降低了0.11，表明该企业的短期偿债能力有所下降。

3. 现金比率

流动比率未考虑流动资产的分布和结构，流动比率较高也可能是流动资产分布在应收账款和存货等流动性相对较差的资产上，速动比率虽然扣除了存货的影响，但应收账款有时也会因提前抵押、贴现或客户破产、死亡等原因而造成坏账损失，其他情况也可能影响应收账款的按期收回，最终影响短期偿债能力。所以，在短期偿债能力分析中，还有一种极为保守的分析指标，即现金比率。现金比率是现金类资产与流动负债的比值。注意，这里的现金不是通常意义上的现金，而是指现金资产。在速动资产中，流动性最强、可直接用于偿债的资产称为"现金资产"。现金资产包括货币资金和交易性金融资产。这两项资产的特点是随时可以变现。现金比率的计算公式如下：

$$现金比率 = \frac{货币资金 + 交易性金融资产}{流动负债} \tag{2-4}$$

现金比率反映企业的即时付现能力，就是随时可以还债的能力。从稳健角度出发，现金比率用于衡量企业偿债能力最为保险。企业保持一定的、合理的现金比率是很必要的。现金比率较高，说明企业直接或用可立即变现的有价证券偿还债务的能力强，但过高的现金比率，意味着企业将较多资产占用于货币资金和短期投资，而未用于生产经营而获取更多的利润。有鉴于此，通常只在企业无法从其他资产转化或其他途径取得资产来形成债务支付能力时，即企业出现财务危机时，才采用现金比率进行保守的分析。

【例2-4】　根据表2-2该工程公司资产负债表资料，可以计算该企业现金比率如表2-7所示。

现金比率计算表（单位：元）　　　　　表2-7

项　目	2010 年	2009 年	变　动　额
货币资金	65 206 592	64 952 253	254 339
交易性金融资产	75 490	97 339	
流动负债	262 737 618	207 595 294	55 142 324
现金比率	0.25	0.31	-0.06

从表2-7的计算结果可以看出，该公司期末货币资金比期初货币资金有所上升，但其上升幅度小于流动负债增长率，从而使现金比率较上年度有所下降。而且从总体来看，货币资金额也是比较低的，表明企业短期偿债能力不好。

流动比率、速动比率和现金比率都是反映企业短期偿债能力的指标,它们或者是没有考虑存货、应收账款等流动性较差的资产对短期偿债能力的影响,或是将这些可能形成的偿债能力排除在外,因此,就其中一个指标来看,均有一定的局限性。进行企业短期偿债能力分析时,不能孤立地根据某一指标分析就下结论,而应根据分析的目的和要求,并结合企业的实际情况,将各项指标结合起来综合考虑,这样才有利于得出正确的结论。

具体应用上述指标时应注意:

(1)指标多数是时点数,要和时期数结合起来,评价才得当。

(2)指标来源于报表,指标的真实性直接影响评价质量。

(3)应结合企业不同时期的生产经营性质与特点以及流动资产的结构状况进行分析。

(4)事实上,应收账款或存货等的变现速度和能力也与短期偿债能力有很大的关系,因此,在运用上述指标评价企业偿债能力时,还必须结合应收账款和存货的周转情况进行评价,采用周转次数和周转天数等指标衡量资产周转状况。

(5)注意人为调整因素。

(二)长期偿债能力的分析

1. 资产负债率

资产负债率是全部负债总额除以全部资产总额的百分比,也就是负债总额与资产总额的比例关系,也称之为债务比率。资产负债率的计算公式如下:

$$资产负债率 = \frac{负债总额}{资产总额} \times 100\% \tag{2-5}$$

公式中的负债总额是指企业的全部负债,不仅包括长期负债,而且包括流动负债。公式中的资产总额指企业的全部资产总额,包括流动资产、固定资产、长期投资、无形资产和递延资产等。

资产负债率是衡量企业负债水平及风险程度的重要标志。一般认为,资产负债率的适宜水平是40%~60%。对于经营风险比较高的企业,为减少财务风险应选择比较低的资产负债率;对于经营风险低的企业,为增加股东收益应选择比较高的资产负债率。

【例2-5】 根据表2-2该工程公司资产负债表资料,可计算该公司的资产负债率如表2-8所示。

资产负债率计算表(单位:元) 表2-8

项 目	2010年	2009年	变 动 额
负债总额	291 962 595	228 911 034	63 051 561
总资产	350 194 015	282 990 267	67 203 748
资产负债率(%)	83.37	80.89	2.48

从表2-8的计算结果可以看出,该工程公司的资产负债率2010年比2009年有所提升,增加了2.48%,表明企业的偿债压力有所增加,偿债能力有所降低,但同时公司的财务杠杆作用加强,如果企业能很好利用财务杠杆作用将会实现收益;反之,企业将面临巨大财务风险。

2. 产权比率(净资产负债率)

产权比率是负债总额与股东(所有者)权益总额之间的比率,也称之为债务股权比率。它

也是衡量企业长期偿债能力的指标之一,其计算公式如下:

$$产权比率 = \frac{负债总额}{所有者权益总额} \times 100\% \tag{2-6}$$

公式中的"所有者权益"在股份有限公司是指"股东权益"。

产权比率与资产负债率都是用于衡量长期偿债能力的指标,具有相同的经济意义。资产负债率和产权比率可以互相换算。

$$产权比率 = \frac{负债总额}{所有者权益总额} = \frac{负债总额}{资产总额 - 负债总额}$$
$$= \frac{资产负债率}{1 - 资产负债率} \tag{2-7}$$

产权比率只是资产负债率的另一种表示方法,产权比率的分析方法与资产负债率分析类似。资产负债率分析中应注意的问题,在产权比率分析中也应引起注意。例如,将本企业产权比率与其他企业对比时,应注意计算口径是否一致等。

【例2-6】 根据表2-2该工程公司资产负债表资料,可计算该公司的产权比率如表2-9所示。

净资产负债率计算表(单位:元)   表2-9

项 目	2010 年	2009 年	变 动 额
负债总额	291 962 595	228 911 034	63 051 561
股东权益	58 231 420	54 079 233	4 152 187
产权比率(%)	501.38	423.29	78.10

从表2-9产权比率的计算结果可看出,该公司2010年度的产权比率比2009年增加了将近78个百分点,其净资产对于偿债的保证程度明显下降。这说明该公司面临较高的财务风险。

3. 有形净值债务率

有形净值债务率是企业负债总额与有形净值的百分比。有形净值是所有者权益减去无形资产净值后的净值,即所有者具有所有权的有形资产净值。有形净值债务率用于揭示企业的长期偿债能力,表明债权人在企业破产时的被保护程度。其计算公式如下:

$$有形净值债务率 = \frac{负债总额}{股东权益 - 无形资产净值} \times 100\% \tag{2-8}$$

有形净值债务率主要是用于衡量企业的风险程度和对债务的偿还能力。这个指标越大,表明风险越大,企业长期偿债能力越弱;反之,该指标越小,表明企业长期偿债能力越强。

对有形净值债务率的分析,可以从以下几个方面进行:

(1)有形净值债务率揭示了负债总额与有形资产净值之间的关系,能够计量债权人在企业处于破产清算时能获得多少有形财产保障。从长期偿债能力来讲,指标越低越好。

(2)有形净值债务率指标最大的特点是在可用于偿还债务的净资产中扣除了无形资产,这主要是由于无形资产的计量缺乏可靠的基础,不可能作为偿还债务的资源。

(3)有形净值债务率指标的分析与产权比率分析相同,负债总额与有形资产净值应维持1:1的比例。

(4)在使用产权比率时,必须结合有形净值债务率指标作进一步分析。

4. 利息保障倍数

利息保障倍数是指企业经营业务收益与利息费用的比率,也称为已获利息倍数或利息偿付倍数。它表明企业经营业务收益相当于利息费用的多少倍,其数额越大,企业的偿债能力越强。通常可以用财务费用的数额作为利息费用,也可以根据报表附注资料确定更准确的利息费用数额。其计算公式如下:

$$\text{利息保障倍数} = \frac{\text{息税前利润}}{\text{利息费用}}$$

$$= \frac{\text{税前利润} + \text{利息费用}}{\text{利息费用}}$$

$$= \frac{\text{税后利润} + \text{所得税} + \text{利息费用}}{\text{利息费用}} \tag{2-9}$$

对于利息保障倍数的分析,应从以下几个方面进行:

(1)利息保障倍数指标越高,表明企业的债务偿还越有保障;相反,则表明企业没有足够资金来源偿还债务利息,企业偿债能力低下。

(2)因企业所处的行业不同,利息保障倍数有不同的标准。一般公认的利息保障倍数为3。

(3)从稳健的角度出发,应选择几年中最低的利息保障倍数指标,作为最基本的标准。

(4)在利用利息保障倍数指标分析企业的偿债能力时,还要注意一些非付现费用问题。

【例 2-7】 根据表 2-3 该工程公司利润表资料,可计算该公司的利息保障倍数如表 2-10 所示。

利息保障倍数计算表(单位:元)　　　　表 2-10

项　目	2010 年	2009 年	变　动　额
税前利润总额	6 088 759	8 307 399	−2 218 640
利息费用	511 160	365 598	145 562
息税前利润	6 599 919	8 672 997	−2 073 078
利息保障倍数	12.91	23.72	−10.81

由表 2-10 计算结果可知,该公司 2010 年的利息保障倍数较 2009 年下降了约一半,表明其偿还利息的能力和履行债务契约的能力降低,说明该公司面临较高的财务风险。

总体而言,与上年相比,该公司的偿债能力指标均降低了,长、短期偿债能力均降低了,说明公司的财务风险在提高,有必要加强财务风险的管理。

二、营运能力比率分析

营运能力通常是指企业营运资产的效率与效益。效率指的是资产的周转率或周转速度。效益指的是产出额与资产占用额之间的比率。通过营运能力分析可以评价资产营运的效率,即资产的流动性,同时可以发现资产营运中存在的问题,从而挖掘企业资产利用的潜力;另外,营运能力分析可以评价资产利用的效益,是盈利能力和偿债能力分析的基础和补充。

由于考查的资产内容不同,资产周转效率分析,即营运能力分析就有应收账款周转效率、存货周转效率、总资产周转效率、流动资产周转效率、营运资金周转效率、现金周转效率等方面的内容。

营运能力一般采用某类(或某项)资产周转次数及周转天数两种指标表示。

1. 应收账款周转率

应收账款周转率是指特定时期内赊销净额与应收账款平均余额的比例关系,它反映企业在特定期间内收回赊销账款的能力,也就是客户在此期间的偿债能力,应收账款周转率还可以反映企业的信用额度是否恰当、信用政策是否有效。应收账款周转率用周转次数和周转天数表示。

应收账款周转次数是指在特定期间内应收账款转变为现金(货币资金)的平均次数,表明应收账款的变现能力。基本计算公式为:

$$应收账款周转次数 = \frac{赊销(营业)收入净额}{平均应收账款} \qquad (2-10)$$

其中:赊销收入净额=销售收入-现销收入-销售退回、折让、折扣。应收账款是指企业因赊销产品、材料、物质和提供劳务而应向购买方收取的各种款项,包括应收账款和应收票据。

$$平均应收账款 = \frac{应收账款年初数 + 应收账款年末数}{2} \qquad (2-11)$$

应收账款周转天数是指应收账款周转一次所需要的时间,表明应收账款转变为现金(货币资金)的速度快慢,也称为应收账款平均账龄。基本计算公式为:

$$应收账款周转天数 = \frac{计算期天数}{应收账款周转次数} \qquad (2-12)$$

由于应收账款是企业实行信用政策,采用赊销方式进行销售活动而引起的,与企业的现销无关,所以,应收账款周转效果用赊销总额作为标准,但在实际计算中,由于赊销总额通常难以从会计报表上取得,加之很多企业现金销售业务所占的比重很低,故常用净销售额代替赊销总额。施工企业的销售额,即施工企业的工程价款收入。

对于应收账款周转率的分析,应从以下几个方面进行:

(1)应收账款周转率反映了企业应收账款(包含应收票据)的流动速度,即企业本年度内应收账款转为现金的平均次数。

(2)应收账款在流动资产中占较大的份额,及时收回应收账款,能够减少营运资金在应收账款上的呆滞占用,从而提高企业的资金利用率。

(3)采用本指标的目的在于促进企业通过合理制定赊销政策、严格销货合同管理、及时结算等途径加强应收账款前后期管理,加快应收账款回收速度,活化企业营运资金。

(4)由于季节性经营、大量采用分期收款或现金方式结算等都可能使本指标结果失实,所以,应结合企业前后期间,行业平均水平进行综合评价。将计算结果与同行业同一时期平均水平比较,可以反映企业在管理上的效率及其与其他企业的差异,与企业往期比较,可以反映企业在应收账款管理上的效率变化情况。当然,在进行比较时,应注意不同企业的信用政策差异以及企业在不同时期信用政策的差异。

(5)一般而言,一定时期内周转次数多,周转一次所需天数少,表明企业资产流动性较强,短期偿债能力较强,也可以减少坏账损失的可能性;但是,并不意味着计算的周转次数越多越好,因为周转次数多,可能是应收账款很少而带来的,即可能是企业的信用政策过紧而造成的,不利于企业吸引客户,扩大销售。

【例 2-8】 根据表 2-2、表 2-3 该工程公司资产负债表和利润表资料,可计算应收账款周转率如表 2-11 所示。

应收账款周转率计算表(单位:元) 表 2-11

项 目	2010 年	2009 年	变 动 额
营业收入	470 158 793	355 520 769	114 638 024
应收账款期初余额	44 689 573	32 641 956	12 047 617
应收账款期末余额	56 047 982	44 689 573	11 358 409
应收账款平均余额	50 368 778	38 665 765	11 703 013
应收账款周转率	9.33	9.19	0.14
应收账款周转天数	38.57	39.15	-0.59

由表 2-11 计算结果可知,2010 年度的应收账款周转率比 2009 年稍有改进,但总体而言,该公司应收账款还需加强管理,提高效率。

2. 存货周转率

存货周转率是指某一特定时间内销售成本与存货平均余额之间的比例关系,用以衡量存货周转速度的快慢,反映企业存货有无积压、不足以及企业组织销售的能力。基本计算公式为:

$$存货周转次数 = \frac{销售成本}{存货平均余额} \tag{2-13}$$

$$存货周转天数 = \frac{计算期天数}{存货周转次数} \tag{2-14}$$

对于存货周转率的分析,应从以下几个方面进行:

(1)存货周转率是评价企业从取得存货、投入生产到销售收回(包括现金销售和赊销)等各个环节管理状况的综合性指标,用于反映存货的周转速度,即存货的流动性及存货资金占用量合理与否。

(2)采用本指标的目的在于针对存货管理中存在的问题,促使企业在保证生产经营连续性的同时,提高资金的使用效率,增强企业的短期偿债能力。

(3)存货周转率在反映存货周转速度、存货占用水平的同时,也从一定程度上反映了企业销售实现的快慢。所以,一般情况下,该指标越高,表示企业资产由于销售顺畅而具有较高的流动性,存货转换为现金或应收账款的速度快,存货占用水平低,短期偿债能力也强。但并不是绝对的或该指标越大越好。存货周转率过高,则要查明是否有采购不足、停工待料、采购次数多、采购成本高的情况。另外,运用本指标时,还应综合考虑进货批量、生产销售的季节性变动以及存货结构、资金的回收速度等因素。

(4)由于不同企业采用不同的会计处理方法(存货计价中的先进先出法、加权平均成本法等),会对存货价值产生影响,因此,在对企业不同时期存货周转率进行比较,或是与同行业企业进行比较时,应特别加以注意。

【例 2-9】 根据表 2-2、表 2-3 该工程公司资产负债表和利润表资料,可计算存货周转率如表 2-12 所示。

存货周转率计算表(单位:元)　　　　　　　　　　　　　　　　表 2-12

项　　目	2010 年	2009 年	变　动　额
营业成本	428 647 118	322 427 811	106 219 307
存货期初余额	33 476 461	22 149 687	11 326 774
存货期末余额	59 598 496	33 476 461	26 122 035
存货平均余额	46 537 479	27 813 074	18 724 405
存货周转次数	9.21	11.59	-2.38
存货周天数	39.08	31.05	8.03

由表 2-12 计算结果可知,该公司 2010 年度的存货周转率比 2009 年降低了,本年度存货的上升主要是业务规模的扩大和工程投标的增加以及原材料需求和储备增加所致,总体来说,存货周占速度较低,存货管理效率有待提高。

3. 总资产周转率

总资产周转率是指企业一定时期销售收入与总资产平均余额之间的比例关系,反映企业总资产的平均周转率,评价企业运用总资产取得收入的能力,可以反映企业全部资产周转速度的快慢、经营成果的优劣。由于总资产运用的目的是取得销售收入,所以施工企业总资产周转率通常用一定时期的工程结算收入与资产平均余额进行比较,有总资产周转次数和总资产周转天数两种表示方法。基本计算公式为:

$$总资产周转次数 = \frac{工程结算收入}{平均总资产} \tag{2-15}$$

$$总资产周转天数 = \frac{计算期天数}{总资产周转次数} \tag{2-16}$$

4. 流动资产周转率

流动资产周转率是指企业一定时期销售收入与流动资产平均余额之间的比例关系,反映企业流动资产的平均周转速度。企业流动资产的变现能力强,是企业偿还流动负债的直接来源,因此,分析流动资产的周转率比分析总资产周转率更有意义。基本计算公式为:

$$流动资产周转次数 = \frac{工程结算收入}{流动资产平均余额} \tag{2-17}$$

$$流动资产周转天数 = \frac{计算期天数}{流动资产周转次数} \tag{2-18}$$

【例 2-10】 根据表 2-2、表 2-3 该工程公司资产负债表和利润表资料,可计算总资产周转率和流动资产周转率如表 2-13 所示。

资产周转率计算表(单位:元)　　　　　　　　　　　　　　　　表 2-13

项　　目	2010 年	2009 年	差　　异
营业收入	470 158 793	355 520 769	114 638 024
总资产期初余额	282 990 267	220 101 535	62 888 732
总资产期末余额	350 194 015	282 990 267	67 203 748
总资产平均余额	316 592 141	251 545 901	65 046 240
总资产周转次数	1.49	1.41	0.07
流动资产期初余额	238 908 796	185 073 779	53 835 017

续上表

项　目	2010 年	2009 年	差　异
流动资产期末余额	291 924 783	238 908 796	53 015 987
流动资产平均余额	265 416 790	211 991 288	53 425 502
流动资产周转次数	1.77	1.68	0.09

表 2-13 计算结果表明,该公司 2010 年度总资产周转速度稍有提高,主要是流动资产周转速度加快引起的。

总体而言,与上年相比,该公司的营运能力指标基本变化不大,存货周转效率还下降了,说明资产的利用效率还有待提高,有必要加强资产的营运管理。

三、盈利能力比率分析

盈利能力通常是指企业在一定时期内赚取利润的能力。盈利能力的大小是一个相对的概念,利润率,即利润相对于一定的资源投入、一定的收入而言。利润率越高,盈利能力越强;利润率越低,盈利能力越差。企业经营的直接目的就是追求利润的最大化,获取利润是企业能否生存和发展的前提,它不仅关系到投资者的利益,也关系到债权人及企业经营者的切身利益,因此,盈利能力是企业投资人、债权人和经营管理者共同关心的一个重要指标。

由于盈利是企业的最终财务成果,它既与各项经营活动密切相关,又与企业各种资产、负债和所有者权益相关,因此,应分别从各个不同的角度解剖企业的盈利能力,揭示企业有关盈利情况的重要信息。利用盈利能力的有关指标反映和衡量企业经营业绩,也可以通过盈利能力分析发现经营管理中存在的问题。对债权人而言,利润是企业偿债的重要来源,特别是对长期债务而言。盈利能力的强弱直接影响企业的偿债能力。对于股东(投资人)而言,企业盈利能力的强弱更是至关重要的。在市场经济下,股东往往会认为企业的盈利能力比财务状况、营运能力更重要。股东们的直接目的就是获得更多的利润。此外,企业盈利能力增加还会使股票价格上升,从而使股东们获得资本收益。

1. 毛利率

毛利率是项目投入营运后,毛利占销售收入的百分比,其中销售毛利是销售收入与销售成本的差。其计算公式为:

$$毛利率 = \frac{营业收入 - 营业成本}{营业收入} \times 100\% \quad (2-19)$$

毛利率反映了企业产品销售的初始获利能力,是企业净利润的起点,没有足够高的毛利率便不能形成较大的盈利。

【例 2-11】 根据表 2-3 该工程公司利润表资料,可计算毛利率如表 2-14 所示。

毛利率计算表(单位:元)　　　表 2-14

项　目	2010 年	2009 年	变 化 额
营业收入	470 158 793	355 520 769	114 638 024
营业成本	428 647 118	322 427 811	106 219 307
毛利	41 511 675	33 092 958	8 418 717
毛利率	8.83%	9.31%	-0.48%

由表 2-14 计算结果可知,与 2009 年相比,该公司 2010 年的毛利率下降了,说明该公司盈利能力下降,有必要加强成本控制与管理。

2. 营业利润率

营业利润率是指企业的营业利润与营业收入的比率。它是衡量企业经营效率的指标,反映了在不考虑非营业成本的情况下,企业管理者通过经营获取利润的能力。其计算公式为:

$$营业利润率 = \frac{营业利润}{营业收入} \times 100\% \qquad (2-20)$$

营业利润率越高,说明企业百元商品销售额提供的营业利润越多,企业的盈利能力越强;反之,该比率越低,说明企业盈利能力越弱。营业利润率的高低在很大程度上受销售数量、单位产品平均售价、单位产品制造成本、控制管理费用的能力、控制营销费用的能力等众多因素的影响。因此,应当结合本行业平均水平和企业自身的具体情况对营业利润率进行分析。

【例 2-12】 根据表 2-3 该工程公司利润表资料,可计算营业利润率如表 2-15 所示。

营业利润率计算表(单位:元)　　表 2-15

项　　目	2010 年	2009 年	变　化　额
营业收入	470 158 793	355 520 769	114 638 024
营业利润	5 839 623	8 193 531	-2 353 908
营业利润率	1.24%	2.30%	-1.06%

由表 2-15 计算结果可知,与 2009 年相比,该公司 2010 年的营业利润率下降了一半,说明该公司盈利能力下降,有必要加强成本费用的控制。

3. 销售净利润率

销售净利润率是指项目投入营运后,净利润与营业收入的百分比。其计算公式为:

$$销售净利润率 = \frac{净利润}{营业收入} \times 100\% \qquad (2-21)$$

销售净利润率与净利润成正比关系,与销售收入成反比关系,企业在增加销售收入额的同时,必须相应获得更多的净利润,才能使销售净利率保持不变或有所提高。通过分析销售净利率的升降变动,可以促使企业在扩大销售的同时,注意改进经营管理,提高盈利水平。

【例 2-13】 根据表 2-3 该工程公司利润表资料,可计算销售净利润率如表 2-16 所示。

销售净利润率计算表(单位:元)　　表 2-16

项　　目	2010 年	2009 年	变　化　额
营业收入	470 158 793	355 520 769	114 638 024
净利润	4 316 636	6 731 705	-2 415 069
销售净利率	0.92%	1.89%	-0.98%

由表 2-16 计算结果可知,与 2009 年相比,该公司 2010 年的销售净利润率下降了一半,说明该公司盈利能力下降。

4. 成本费用利润率

成本费用利润率是企业一定期间的利润总额与成本、费用总额的比率。成本费用利润率指标表明每付出一元成本费用可获得多少利润,体现了经营耗费所带来的经营成果。式中的利润总额和成本费用总额来自企业的利润表。成本费用一般指营业成本、营业税金及和三项期间费用。该项指标越高,反映企业的经济效益越好。其计算公式为:

$$成本费用利润率 = \frac{利润总额}{成本费用总额} \times 100\% \quad (2-22)$$

【例2-14】 根据表2-3该工程公司利润表资料,可计算成本费用利润率如表2-17所示。

成本费用利润率计算表(单位:元) 表2-17

项 目	2010年	2009年	变 化 额
营业成本	428 647 118	322 427 811	106 219 307
营业税金及附加	13 971 606	10 544 544	3 427 062
销售费用	1 530 989	1 016 376	514 613
管理费用	19 159 242	13 408 946	5 750 296
财务费用	511 160	365 598	145 562
成本费用总额	463 820 115	337 218 731	126 601 384
利润总额	6 088 759	8 307 399	-2 218 640
成本费用利润率	1.31%	2.46%	-1.15%

由表2-17计算结果可知,与2009年相比,该公司2010年的成本费用利润率也下降了一半,再次说明该公司盈利能力下降。

5. 总资产收益率

总资产收益率,也称总资产报酬率,是衡量企业运用全部资产获取利润能力的一个指标,反映的是企业的利润总额与总资产之间的比例关系。其基本计算公式为:

$$总资产收益率 = \frac{利润总额}{平均总资产} \times 100\% \quad (2-23)$$

式中,利润总额就是利润表中的利润总额,资产总额可用资产负债表中总资产的年初数和年末数的平均数;如果资产本期变化不大,也可以用年末数计算。总资产收益率反映了企业总资产的利用效果,表明了每百元资产能创造多少利润。

总资产收益率是一个综合性指标,反映了企业总资产利用的综合效果,表明每百元资产能创造多少收益,该比率越高,表明资产利用的效率越高,说明企业在增收节支和节约资金使用等方面取得了良好的效果。在企业资产总额一定的情况下,利用总资产收益率指标可以分析企业盈利的稳定性和持久性,确定企业所面临的风险。总资产收益率指标还可反映企业综合经营管理水平的高低。但总资产收益率并不是企业所有者投资的实际收益率。企业所有者的实际收益率与企业资产总额、资本结构有密切联系,为反映企业所有者的实际收益,需要进行所有者权益收益率即净资产收益率分析。

【例2-15】 根据表2-2、表2-3该工程公司资产负债表和利润表资料,可计算总资产收益率如表2-18所示。

总资产收益率计算表(单位:元)　　　　　　　　　　　　　　　　　　　　表2-18

项目	2010年	2009年	变化额
利润总额	6 088 759	8 307 399	-2 218 640
总资产平均余额	316 592 141	251 545 901	65 046 240
总资产收益率	1.92%	3.30%	-1.38%

由表2-18计算结果可知,与2009年相比,该公司2010年的总资产收益率下降了1.38%。

6. 净资产收益率

净资产收益率是指企业一定时期的净利润与平均所有者权益的百分比,其基本计算公式为:

$$净资产收益率 = \frac{净利润}{所有者权益总额} \times 100\% \quad (2-24)$$

净资产收益率是综合性最强、最具有代表性的反映盈利能力的一个核心指标。该指标通用性强,适用范围广。一般来说,数值越高,表明企业的盈利能力越好。它既可以直接反映资本的增值能力,又影响着企业股东价值的大小。该评价标准可用社会平均利润率、行业平均利润率、资本成本率等。

另外,根据2007年修订的信息披露编报规则第9号,在计算净资产收益率指标时,分子中的净利润不包括少数股东损益,分母中的净资产不包括少数股东权益,是指归属于公司普通股股东的期末净资产。根据规定,上市公司在编制招股书、年报、中期报告时,应分别列示按全面摊薄法和加权平均法计算的净资产收益率。

全面摊薄净资产收益率的计算公式为:

$$全面摊薄净资产收益率 = \frac{归属于公司普通股股东的净利润(或扣除非经常性损益后归属于公司普通股股东的净利润)}{归属于公司普通股股东的期末净资产} \quad (2-25)$$

【例2-16】 根据表2-2、表2-3该工程公司资产负债表和利润表资料,可计算全面摊薄净资产收益率如表2-19所示。

净资产收益率计算表(单位:元)　　　　　　　　　　　　　　　　　　　　表2-19

项目	2010年	2009年	变化额
归属母公司净利润	4 246 221	6 599 072	-2 352 851
归属母公司期末所有者权益	57 403 314	53 265 485	4 137 829
净资产收益率	7.40%	12.39%	-4.99%

表2-19的计算结果表明,2010年该公司所有者每百元投资的收益为7.4元,比2009年降低了4.99元,说明盈利状况在恶化。

7. 经营现金净流量对销售收入比率

经营现金净流量对销售收入比率是反映企业营业所得的现金占其销售收入的比重。其计算公式如下:

$$现金流量对销售收入的比率 = \frac{经营现金净流量}{营业收入} \quad (2-26)$$

现金流量对销售收入的比率越高,企业营业收入面临的风险越小,企业营业收入的质量越高。如现金流量对销售收入的比率较低,而收入高,则表明企业有可能是通过增加应收账款为代价来实现的。

【例2-17】 根据表2-3、表2-4该工程公司利润表和现金流量表资料,可计算经营现金净流量对销售收入比率如表2-20所示。

经营现金净流量对销售收入比率计算表(单位:元)　　　　表2-20

项　目	2010年	2009年	变化额
营业收入	470 158 793	355 520 769	114 638 024
经营活动产生的现金流量净额	6 252 570	17 474 452	−11 221 882
经营现金净流量对销售收入比率	1.33%	4.92%	−3.59%

表2-20的计算结果表明,与2009年相比,2010年该公司的经营现金净流量对销售收入比率下降了很多,说明公司营业收入的质量在下降。

8. 资产的经营现金流量回报率

资产的经营现金流量回报率是指企业营业所得现金占其资产总额的比重,反映以现金流量为基础的资产报酬率。其计算公式如下:

$$资产的经营现金流量回报率 = \frac{经营现金净流量}{资产总额} \qquad (2-27)$$

资产的经营现金流量回报率反映企业总资产的运营效率。该指标越高,说明企业的资产运营效率越高。该指标应该与总资产报酬率指标相结合运用,对于总资产报酬率较高的企业,如果该指标较低,说明企业销售收入中现金流量的成分较低,企业的收益质量就会下降。

【例2-18】 根据表2-3、表2-4该工程公司利润表和现金流量表资料,可计算经营现金净流量对销售收入比率如表2-21所示。

资产的经营现金流量回报率计算表(单位:元)　　　　表2-21

项　目	2010年	2009年	变化额
资产总额	350 194 015	282 990 267	67 203 748
经营活动产生的现金流量净额	6 252 570	17 474 452	−11 221 882
经营现金净流量对销售收入比率	1.79%	6.17%	−4.39%

表2-20的计算结果表明,与2009年相比,2010年该公司的资产经营现金流量回报率也下降了很多,说明该公司的收益质量也在下降。

总体而言,与上年相比,该公司的盈利能力指标全部降低了,说明该公司的整体盈利水平都在降低,未来经营前景不乐观,管理者有必要加强经营管理,采取有力措施来提高盈利水平。

第四节　财务综合分析

一、财务综合分析的含义和特点

财务综合分析就是在盈利能力、偿债能力和营运能力等单项分析的基础上,根据各项财务能力或效益之间的关系及内在联系,围绕综合能力目标,运用指标体系将各单项能力联系起来所进行的全面、系统分析。财务综合分析的目的体现在以下两方面：

(1)财务综合分析可明确企业盈利能力、营运能力、偿债能力之间的相互联系,找出制约企业发展的"瓶颈"所在。

(2)财务综合分析是财务综合评价的基础,通过财务综合分析,有利于综合评价企业经营业绩,明确企业的经营水平与位置。

与单项分析比较,财务综合分析具有以下特点：

(1)分析方法不同。单项分析通常采用由一般到个别,把企业财务活动的总体分解为每个具体部分,然后逐一加以考查分析；而综合分析则是通过归纳综合,把个别财务现象从财务活动的总体上做出总结。

(2)分析重点和基准不同。单项分析的重点和比较基准是财务计划、财务理论标准,而综合分析的重点和基准是企业整体发展趋势。

二、财务综合分析方法

财务综合分析的方法很多,下面主要介绍杜邦财务分析体系和沃尔评分法。

(一)杜邦财务分析体系

1. 杜邦财务分析体系的内涵

杜邦财务分析体系,是由美国杜邦公司创造的财务分析方法,是指根据各主要财务比率指标之间的内在联系,建立财务分析指标体系,综合分析企业财务状况和财务综合能力的方法。

杜邦财务分析体系的特点是：将若干反映企业盈利状况、财务状况和营运状况的比率按其内在联系有机结合起来,形成一个完整的指标体系,并最终通过净资产收益率(或资本收益率)这一核心指标来综合反映。

在杜邦财务分析体系中,包含以下几种主要比率关系：

$$净资产收益率 = 资产净利率 \times 权益乘数 \tag{2-28}$$

$$资产净利率 = \frac{净利润}{总资产} = 营业净利率 \times 资产周转率 \tag{2-29}$$

$$营业净利率 = \frac{净利润}{营业收入} \times 100\% \tag{2-30}$$

$$总资产周转率 = \frac{营业收入}{平均资产总额} \times 100\% \tag{2-31}$$

$$权益乘数 = \frac{资产总额}{所有者权益总额} = \frac{1}{1-资产负债率} \tag{2-32}$$

(1)净资产收益率。净资产收益率是评价企业自有资本及其积累获取报酬水平的最具综合性和代表性的指标,又称权益净利率,反映企业资本营运的综合效益。该指标通用性强,适应范围广,不受行业局限。净资产收益率是一个综合性最强的财务比率,是杜邦分析系统的核心,是整个分析系统的起点。在我国上市公司业绩综合排序中,该指标居于首位。通过对该指标的综合对比分析,可以看出企业获利能力在同行业中所处的地位,以及与同类企业的差异水平。一般认为,企业净资产收益率越高,企业自有资本获取收益的能力越强,运营效益越好,对企业投资人、债权人的保证程度越高。

(2) 资产净利率。资产净利率说明企业资产利用的效果,是营业利润率与总资产周转率的乘积,是企业销售成果和资产运营的综合反映。

(3) 权益乘数。权益乘数表明了企业的负债程度,它是资产权益率的倒数,权益乘数主要受资产负债率的影响。负债比例大,权益乘数就高,说明企业有较高的负债程度,给企业带来了较多的杠杆利益,同时也给企业带来了较大的风险,它说明了企业资金来源结构。

(4) 营业净利率。营业净利率反映了企业利润总额与营业收入的关系。对营业净利率高低的因素分析,需要我们从销售额和销售成本两个方面进行。提高企业销售净利率,一方面要提高销售收入,另一方面要降低各种成本费用,而且,提高销售收入不仅可以增加企业利润,也会提高资产报酬率。

(5) 资产周转率。资产周转率反映资产总额的周转速度。资产周转率是反映运用资产以产生销售收入能力的指标。对资产周转率的分析,则需对影响资产周转的各因素进行分析。除了对资产的各构成部分从占用量上是否合理进行分析外,还可以通过对流动资产周转率、存货周转率,应收账款周转率等有关资产组成部分使用效率的分析,判明影响资产周转的主要问题出在哪里。

2. 杜邦财务分析模型

通过杜邦财务分析体系,一方面可从企业销售规模、成本水平、资产营运、资本结构方面分析净资产收益率增减变动的原因;另一方面可协调企业资本经营、资产经营和商品经营关系,促使净资产收益率达到最大化,实现财务管理目标。用图更能准确反映和理解杜邦财务分析体系的本质。

【例 2-19】 根据前面的分析数据,以及表 2-1~表 2-3 的财务报表数据,可以做出该工程公司 2010 年的杜邦财务分析图,见图 2-1。

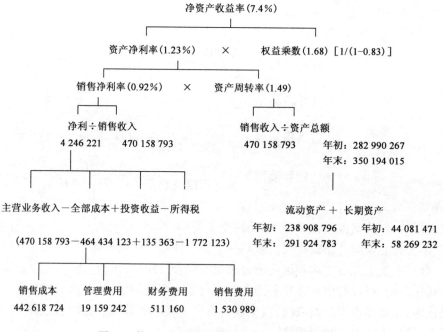

图 2-1 某工程公司 2010 年杜邦财务分析体系分解图

【例 2-20】 根据表 2-22 的资料，按杜邦财务分析体系对净资产收益率变动原因进行分析。

杜邦分析资料（单位：万元） 表 2-22

项 目	2009 年	2010 年
平均总资产	46 780	49 120
平均净资产	25 729	25 051
销售收入	37 424	40 278
净利润	3 473	3 557

解：根据杜邦财务分析体系主要比率关系，结合因素分析法进行分析。具体指标的计算如表 2-23 所示。

杜邦分析计算表 表 2-23

项 目	2009 年	2010 年
净资产收益率	$\frac{3\,473}{25\,729} \times 100\% = 13.5\%$	$\frac{3\,557}{25\,051} \times 100\% = 14.2\%$
销售利润率	$\frac{3\,473}{37\,424} \times 100\% = 9.28\%$	$\frac{3\,557}{40\,278} \times 100\% = 8.83\%$
总资产周转率	$\frac{37\,424}{46\,780} = 0.8$	$\frac{40\,278}{49\,120} = 0.82$
权益乘数	$\frac{46\,780}{25\,729} = 1.82$	$\frac{49\,120}{25\,051} = 1.96$

分析对象：14.2% − 13.5% = 0.7%

① 由于销售利润率变动的影响：

$$(8.83\% - 9.28\%) \times 0.8 \times 1.82 = -0.655\%$$

② 由于总资产周转率变动的影响：

$$8.83\% \times (0.82 - 0.8) \times 1.82 = 0.321\%$$

③ 由于权益乘数变动的影响：

$$8.83\% \times 0.82 \times (1.96 - 1.82) = 1.014\%$$

各因素影响额合计：

−0.655% + 0.321% + 1.014% = 0.68%（和分析对象的差异系小数点取舍所致）

根据以上分析可以得出以下结论：该公司 2010 年的财务综合能力比 2009 年有所提高，公司的净资产收益率提高了 0.7 个百分点，这主要是因为公司的权益乘数上升，使其提高了 1.014%，总资产周转率的提高使其提高了 0.321%，而销售利润率的下降使净资产收益率下降了 0.655%。可见，该公司净资产收益率的提高主要得益于公司权益乘数的上升即资产负债率的提高，而不是盈利能力的改善，公司的财务风险进一步加大，该公司在 2010 年的营运能力仍不理想,因为此时总资产周转率仍不足 1。因此,虽然该公司净资产收益率虽稍有提高,但未发生根本性的改变,前景仍不乐观。

综上所述,杜邦分析法以净资产收益率为主线,将企业在某一时期的销售成果以及资产营运状况全面联系在一起,层层分解,逐步深入,构成一个完整的分析体系。

杜邦分析法与其他分析方法结合,不仅可以弥补自身的缺陷和不足,而且也弥补了其他方法的缺点,使得分析结果更完整、更科学。杜邦分析法有助于企业管理层更加清晰地看到权益资本收益率的决定因素,以及销售净利润率与总资产周转率、债务比率之间的相互关联关系,给管理层提供了一张明晰的考查公司资产管理效率和是否最大化股东投资回报的路线图。它能较好地帮助管理者发现企业财务和经营管理中存在的问题,为改善企业经营管理提供十分有价值的信息,因而得到普遍的认同并在实际工作中得到广泛的应用。

(二)沃尔评分法

1.沃尔评分法的定义

亚历山大·沃尔在其于 20 世纪初出版的《信用晴雨表研究》和《财务报表比率分析》等著作中提出了信用能力指数概念,将流动比率、产权比率、固定资产比率、存货周转率、应收账款周转率、固定资产周转率、自有资金周转率等七项财务比率用线性关系结合起来,并分别给定各自的分数比重,然后通过与标准比率进行比较,确定各项指标的得分及总体指标的累计分数,从而对企业的信用水平作出的评价。

现代社会与沃尔所处的时代相比,已经发生了很大的变化。现在通常认为,在选择指标时,偿债能力、运营能力、获利能力和发展能力指标均应当选到,除此之外,还应当适当选取一些非财务指标作为参考。

2.沃尔评分法评价的程序

(1)选择评价指标并分配指标权重。假定某工程施工企业选择的评价指标及分配的指标权重如表 2-24 所示。

指标权重分配系数表　　　　　　　　　表 2-24

选择的指标	分配的权重	选择的指标	分配的权重
一、偿债能力指标	20	三、运营能力指标	18
1.资产负债率	12	1.总资产周转率	9
2.已获利息倍数	8	2.流动资产周转率	9
二、获利能力指标	38	四、发展能力指标	24
1.净资产收益率	25	1.营业增长率	12
2.总资产报酬率	13	2.资本积累率	12
			100

(2)确定各项评价指标的标准值。

财务指标的标准值一般可以行业平均数、企业历史先进数、国家有关标准或者国际公认数为基准来加以确定。表 2-25 中的标准值仅是为举例目的而假设的。

指标标准值 表2-25

选择的指标	指标的标准值	选择的指标	指标的标准值
一、偿债能力指标 　1. 资产负债率 　2. 已获利息倍数	 60% 3	三、营运能力指标 　1. 总资产周转率 　2. 流动资产周转率	 2 5
二、获利能力指标 　1. 净资产收益率 　2. 总资产报酬率	 25% 16%	四、发展能力指标 　1. 营业增长率 　2. 资本积累率	 10% 15%

(3) 对各项评价指标记分并计算综合分数。

$$各项评价指标的得分 = 各项指标的权重 \times \left(\frac{指标的实际值}{标准值}\right)$$

综合得分 = ∑各项评价指标的得分

某工程施工企业各项评价指标的得分及财务状况综合得分,其计算过程如表2-26所示。

沃尔评分表 表2-26

选择的指标	分配的权重①	指标的标准值②	指标的实际值③	实际得分 ④=①×③÷②
一、偿债能力指标 　1. 资产负债率 　2. 已获利息倍数	20 12 8	 60% 3	 28.26% 15	 5.65 40
二、获利能力指标 　1. 净资产收益率 　2. 总资产报酬率	38 25 13	 25% 16%	 16.21% 20.93%	 16.21 17.00
三、运营能力指标 　1. 总资产周转率 　2. 流动资产周转率	18 9 9	 2 5	 0.93 2.64	 4.19 4.75
四、发展能力指标 　1. 营业增长率 　2. 资本积累率	24 12 12	 10% 15%	 11.11% 13.01%	 13.33 10.41
综合得分	100			111.54

(4) 形成评价结果。

在最终评价时,如果综合得分大于100分,则说明企业的财务状况比较好;反之,则说明企业的财务状况比同行业平均水平或者本企业历史先进水平等差。由于该企业综合得分为111.54分,大于100分,说明其财务状况为良好。

总之,沃尔比重评分法是评价企业总体财务状况的一种比较可取的方法,这一方法的关键在于指标的选定、权重的分配及标准值的确定等。

本章思考题

1. 评价比率分析法的优点与缺点。
2. 流动资产周转率与销售收入总是成正比关系吗?
3. 从企业经理人员的角度阐述企业盈利能力分析的目的。
4. 流动比率与速动比率的优点与不足是什么?
5. 怎样进行存货周转率分析?
6. 阐述杜邦财务分析体系的基础与本质。
7. 怎样运用沃尔评分法进行企业绩效评价?

本章练习题

1. 资料:某工程公司2011年度财务报表主要资料如习表2-1和习表2-2所示。

资产负债表 习表2-1
2011年12月31日(单位:万元)

资产	金额		负债及所有者权益	金额
	年初	年末		
现金	764	310	应付账款	516
应收账款	1 156	1 344	应付票据	336
存货	700	966	其他流动负债	468
固定资产净额	1 170	1 170	长期负债	1 026
			实收资本	1 444
资产合计	3 790	3 790	负债及所有者权益合计	3 790

利润表 习表2-2
2011年度(单位:万元)

项目	金额	项目	金额
销售收入	8 430	利息费用	498
销售成本	6 570	税前利润	382
毛利	1 860	所得税	152.8
管理费用	980	净利润	229.2

要求:(1)计算该公司有关的财务比率(按习表2-3中列出的比率指标计算)。

(2)与行业平均水平比较,说明该公司可能存在的问题。

财务比率分析表 习表2-3

财务比率	本公司	行业平均水平
1. 流动比率		2
2. 速动比率		1
3. 资产负债率		50%
4. 存货周转率		6次
5. 应收账款周转率		9次
6. 销售净利率		8%
7. 销售毛利率		20%
8. 净资产收益率		10%
9. 利息保障倍数		4倍

2. 某施工企业有关资产、负债及利润方面有关资料如表习2-4所示。

资产、负债及利润方面资料（单位：万元） 习表2-4

项 目	2010年	2011年
平均总资产	289 000	288 000
平均净资产	154 000	167 000
负债	135 000	121 000
销售收入	125 000	140 000
净利润	2 500	10 600

要求：根据以上资料，按杜邦财务分析体系对净资产收益率变动原因进行分析。

3. 分析资料：ABC公司2011年财务报表有关数据如下。

(1) 利润表有关数据：

营业收入净额90 000元；现销收入10 000元；利息费用4 500元；

产品销售成本41 130元；利润总额18 800元；净利润6 204元。

(2) 资产负债表有关数据如习表2-5所示。

资产负债表（单位：元） 习表2-5

资 产	年初数	年末数	负债和所有者权益	年初数	年末数
流动资产：			流动负债：		
货币资金	12 500	3 750	短期借款	9 162.5	15 725
			应付账款	5 000	10 525
应收账款净额	21 250	18 750	流动负债合计	14 162.5	26 250
存货	1 612.5	18 750	长期负债：	15 000	18 750
			所有者权益：		
流动资产合计	35 362.5	41 250	股本	11 250	11 250
			资本公积	13 500	13 625
固定资产净值	41 000	41 250	盈余公积	6 450	6 475
			未分配利润	6 000	6 150
			所有者权益合计	37 200	37 500
资产总计	66 362.5	82 500	负债与所有者权益	66 362.5	82 500

分析要求：根据上述资料，计算 ABC 公司 2011 年下列动态和静态指标。
(1) 流动比率；
(2) 速动比率；
(3) 现金比率；
(4) 应收账款周转次数；
(5) 存货周转天数；
(6) 资产负债率；
(7) 净资产负债率；
(8) 有形净资产负债率；
(9) 利息保障倍数。

第三章 工程财务管理的价值观念

本章导读：资金的时间价值和投资的风险报酬是财务管理的两个基本价值观念，工程施工企业的筹资管理、投资管理、营运资本管理、成本管理、营业收入和利润管理等内容都是以这两个概念为基础的。本章介绍了资金时间价值的概念与计算方法，阐述了单项资产的风险与报酬、投资组合的风险与报酬的计量方法，并进一步讨论了资本资产定价模型的收益与风险均衡问题。

第一节 资金时间价值

一、资金时间价值的概念

工程公司的财务活动都是在特定的时间条件下进行的，离开了时间，就无法正确地计量资金流入和流出的数量。资金时间价值正是研究不同时点上资金流入与流出的关系。一定量的资金在不同的时点上具有不同的价值量，或者说，今天的一元钱与将来的一元钱，两者的价值是不相等的，今天一元钱的价值量必然大于将来一元钱的价值量，其差额就是资金的时间价值。

资金时间价值也称货币时间价值，是指一定量资金在不同时点上价值量的差额，也就是资金在投资和再投资过程中随着时间的推移而发生的增值。资金时间价值是资金在周转使用中产生的，是资金所有者让渡资金使用权而参与社会财富分配的一种形式。例如，将今天的100元钱存入银行，在年利率为5%的情况下，一年后的今天就会得到105元，可见经过一年时间，这100元钱产生了5元的增值。人们将资金在使用过程随时间的推移而发生增值的现象，称为资金具有时间价值的属性。

资金时间价值是在生产经营过程中产生的，来源于劳动者在生产经营过程中创造的新的价值。在一定时期内，资金从投入到回收形成一次周转循环。每次周转循环需要的时间越少，在特定时期之内，资金的增值就越大，投资者获取的收益也就越多。因此，随着时间的推移，资金总量在循环周转中不断增长，使得资金具有时间价值。

需要加以说明的是，资金在生产经营过程中产生的增值并不全是资金的时间价值。这是因为，所有的生产经营活动都不可避免地存在风险，而投资者承担风险也要获得相应的收益——风险收益。另外，通货膨胀也会影响货币的实际购买力，对投资收益也会产生影响。投资者在通货膨胀的情况下，必然要求索取更高的收益以补偿购买力的损失，这部分补偿称为通货膨胀贴水。因此，资金时间价值是扣除风险收益和通货膨胀贴水后的真实收益率。

资金时间价值有两种表示形式:一是时间价值率,即扣除风险收益和通货膨胀贴水后的平均资金利润率;二是时间价值额,即一定数额的资金与时间价值率的乘积。时间价值虽有两种表示方法,但在实际工作中并不进行严格的区分,在述及资金时间价值时,有时是指时间价值率,有时是指时间价值额。

由于资金时间价值的计算方法与有关利息的计算方法相同,因而时间价值与利息或利率容易混为一谈。实际上,二者的差别是明显的,时间价值只是利息或利率的一部分,利息或利率除包括时间价值外,还包括风险收益和通货膨胀贴水。

对资金存在时间价值这一客观现象,西方经济学中有不同的解释。"节欲论"认为:时间价值是资本所有者不将资本用于生活消费所得的报酬;"流动偏好论"认为:时间价值是放弃流动偏好的报酬;"时间利息论"认为:时间价值产生于人们对现有货币的评价高于对未来货币的评价,它是价值时差的贴水。不难看出,西方学者心目中的时间价值,是资金所有者推迟现时的消费而要求得到的按推迟时间长短计算的报酬。显然,这种解释不全面也不确切,没有揭示资金时间价值的实质和真正来源。

马克思的劳动价值论认为,一切价值都是劳动创造的,货币本身不会增大价值。资金之所以具有时间价值,根源于资金在再生产过程中的运动和转化,它是生产的产物,是劳动的产物。资金的时间价值是资金在周转使用中产生的,是资金所有者让渡资金使用权而参与社会财富分配的一种形式。

二、资金时间价值的计算

资金时间价值的存在,使得不同时点上相同数量资金的价值并不相同。因此,在财务管理中,要进行正确的筹资决策或投资决策,就必须弄清不同时点上收到或付出资金价值之间的数量关系,掌握各种终值、现值和年金的折算方法。

(一)计算时间价值时涉及的几组基本概念

1. 单利与复利

单利是指不论时间长短,只对本金计算利息,利息必须在提取之后再以本金的形式投入才能生利,否则不能生利;复利是指每经过一个计算期,要将所生利息加入本金再计利息,逐期滚动,俗称"利滚利"。复利的概念充分体现了资金时间价值的含义,因为资金可以再投资,而且理性的投资者总是尽可能地将资金投入合适的方向,以赚取收益。在计算资金时间价值时,一般都按复利计算。

2. 终值与现值

终值是指现在一定量的资金在未来某一时点上的价值,俗称本利和;现值是指未来时点上一定量的资金折合到现在的价值,又称本金。

3. 一次性收付款与系列收付款

一次性收付款是指在某一特定时点上一次性支付(或收取),经过一段时间后再相应地一次性收取(或支付)的款项。这种性质的款项在日常生活中十分常见,比如普通存款,现在一次性存入一笔款项,经过一段时间后,再一次性取出该存款,这就是一次性收付款;系列收付款是指在某一定时期内多次收付的款项,通常是多次收一次付或多次付一次收款项,如银行存款中的零存整取和存本取息等都属于系列收付款。

在资金时间价值的计算中,通常使用下列符号:

P——现值或本金;

F——终值或本利和;

i——计息期利率或折现率;

n——计算利息的期数,通常以一年作为一个计息期;

A——年金。

(二)复利终值与复利现值的计算

1. 复利终值的计算

复利终值是指一定量的本金按复利计算的若干期后的本利和。复利终值的计算公式为:

$$F = P \times (1+i)^n$$
$$= P \times (F/P, i, n) \tag{3-1}$$

式中:F——复利终值;

P——本金(复利现值);

i——利率;

n——计息期数。

$(1+i)^n$ 被称为复利终值系数或 1 元的复利终值,用符号 $(F/P, i, n)$ 表示,其数值可以查阅"复利终值系数表"(见附表 1)。

【例 3-1】 某人将 1 000 元钱存入银行,利率为 8%,10 年后复利终值为多少?

解:

$$F = 1\,000 \times (1+8\%)^{10}$$
$$= 1\,000 \times 2.158\,9$$
$$= 2\,158.9(元)$$

【例 3-2】 某人将 1 000 元钱存入银行,6 年后的本利和为 1 340 元,问其年利率为多少?

解:

$$F = 1\,000 \times (1+i)^6 = 1\,340(元)$$
$$(1+i)^6 = 1.340$$
$$或 (F/P, i, 6) = 1.340$$

查复利终值系数表,得:$i = 5\%$。

2. 复利现值的计算

复利现值是指未来一定时间的特定资金按复利计算的现在价值,或者说是为了取得未来一定本利和而现在所需的本金。复利现值是复利终值的逆运算,其计算公式为:

$$P = F \times (1+i)^{-n}$$
$$= F \times (P/F, i, n) \tag{3-2}$$

式中,$(1+i)^{-n}$ 被称为复利现值系数或 1 元的复利现值,用符号 $(P/F, i, n)$ 表示,其数值可以查阅"复利现值系数表"(附表 2)。

【例 3-3】 某项投资在 5 年后可获得收益 40 000 元,假设投资报酬率为 8%,则现在应投入多少钱?

解：

$$P = 40\,000 \times (1+8\%)^{-5}$$
$$= 40\,000 \times 0.680\,6$$
$$= 27\,224(元)$$

(三)年金及其相关模型

年金是指一定时期内,每期收入或支出相等金额的款项,如折旧、租金、利息、保险金、养老金等,往往采取年金的形式计提或支付,它具有系列性、等额性的特点。按发生的时间不同,年金可以分为普通年金(后付年金)、预付年金(先付年金)、延期年金和永续年金。

1. 普通年金终值与现值

普通年金又称后付年金,是指每期期末有等额收付款项的年金。在现实经济生活中,这种年金最为常见,因此,称为普通年金。

(1)普通年金终值

普通年金终值是指在一定时期内,每期期末等额收付款项的复利终值之和,也即零存整取的复利终值之和。

假设:A 代表年金数额,i 代表利率,n 代表计息期数,F 代表年金终值,则普通年金终值的计算可用图3-1来说明。

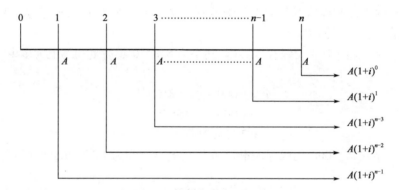

图3-1　普通年金终值计算示意图

由图3-1可知,普通年金终值的计算公式为:

$$F = A \cdot (1+i)^0 + A \cdot (1+i)^1 + A \cdot (1+i)^2 + \cdots + A \cdot (1+i)^{n-2} + A \cdot (1+i)^{n-1} \tag{3-3}$$

将式(3-3)两边同时乘以$(1+i)$得:

$$F \cdot (1+i) = A \cdot (1+i)^1 + A \cdot (1+i)^2 + A \cdot (1+i)^3 + \cdots + A \cdot (1+i)^{n-1} + A \cdot (1+i)^n \tag{3-4}$$

将式(3-4)减去式(3-3)得:

$$F \cdot i = A \cdot (1+i)^n - A$$

$$F = A \cdot \frac{(1+i)^n - 1}{i} = A \cdot (F/A,i,n) \tag{3-5}$$

式中,$\frac{(1+i)^n - 1}{i}$为普通年金终值系数,用符号$(F/A,i,n)$表示,其数值可以查阅"年金终值系数表"(附表3)。

【例3-4】 某企业每年年末存款1 000万元,连续存4年,年利率为10%,第4年年末的本利和为多少?

解:

$$F = 1\,000 \times \frac{(1 + 10\%)^4 - 1}{10\%}$$
$$= 1\,000 \times (F/A, 10\%, 4)$$
$$= 1\,000 \times 4.641\,0$$
$$= 4\,641(万元)$$

普通年金终值的一个重要用途是求偿债基金。偿债基金是指为了在约定的未来某一时点清偿某笔债务而分期等额提存的存款准备金。由于每次提存的等额准备金类似年金存款,因而同样可以获得按复利计算的利息,所以,债务实际上等于年金终值,每年提存的偿债基金等于分次存款。也就是说,偿债基金的计算实际上是年金终值的逆运算,其计算公式为:

$$A = F \cdot \frac{i}{(1+i)^n - 1}$$
$$= F \cdot (A/F, i, n) \tag{3-6}$$

式中,A 为偿债基金,F 为债务金额,$\frac{i}{(1+i)^n - 1}$ 为偿债基金系数,用符号 $(A/F, i, n)$ 表示。偿债基金系数与年金终值系数互为倒数关系。

【例3-5】 某企业拟在5年后还清1 000万元债务,从现在起每年等额存入银行一笔款项。假定银行存款利率为10%,问每年年末应存入多少资金?

解:

$$A = 1\,000 \times \frac{10\%}{(1 + 10\%)^5 - 1}$$
$$= 1\,000 \times (A/F, 10\%, 5)$$
$$= 1\,000 \div (F/A, 10\%, 5)$$
$$= 1\,000 \div 6.105\,1$$
$$= 163.80(万元)$$

(2) 普通年金现值

普通年金现值是指在一定时期内,每期期末等额收付款项的复利现值之和。普通年金现值的计算过程可用图3-2加以说明。

由图3-2可知,普通年金现值的计算公式为:

$$P = A \cdot (1+i)^{-1} + A \cdot (1+i)^{-2} + A \cdot (1+i)^{-3} + \cdots +$$
$$A \cdot (1+i)^{-(n-1)} + A \cdot (1+i)^{-n} \tag{3-7}$$

将式(3-7)两边同时乘以 $(1+i)$ 得:

$$P \cdot (1+i) = A \cdot (1+i)^0 + A \cdot (1+i)^{-1} + A \cdot (1+i)^{-2} + \cdots +$$
$$A \cdot (1+i)^{-(n-2)} + A \cdot (1+i)^{-(n-1)} \tag{3-8}$$

将式(3-8)减去式(3-9)得:

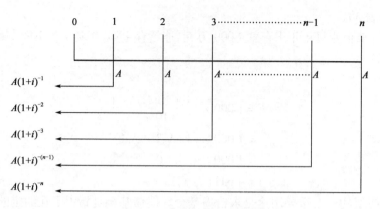

图 3-2 普通年金现值计算示意图

$$P \cdot i = A - A \cdot (1+i)^{-n}$$

$$P = A \cdot \frac{1-(1+i)^{-n}}{i} = A \cdot (P/A, i, n) \tag{3-9}$$

式中，P 为年金现值，$\frac{1-(1+i)^{-n}}{i}$ 为普通年金现值系数，用符号 $(P/A, i, n)$ 表示，其数值可以查阅"年金现值系数表"（附表 4）。

【例 3-6】 某公司将在 4 年中的每年年末取得投资收益 200 000 元，年利率为 10%，计算投资收益的现值。

解：

$$P = 200\,000 \times \frac{1-(1+10\%)^{-4}}{10\%}$$
$$= 200\,000 \times (P/A, 10\%, 4)$$
$$= 200\,000 \times 3.169\,9$$
$$= 633\,980 \,(元)$$

普通年金现值的一个重要用途是求年资本回收额。年资本回收额是指现在投入一定金额的资本，将来在约定的年限内每年等额收回的款项。年资本回收额的计算实际上是年金现值的逆运算，其计算公式为：

$$A = P \cdot \frac{i}{1-(1+i)^{-n}}$$
$$= P \cdot (A/P, i, n) \tag{3-10}$$

式中，A 为年资本回收额，P 为资本的初始投资额，$\frac{i}{1-(1+i)^{-n}}$ 为资本回收系数，用符号 $(A/P, i, n)$ 表示。资本回收系数与年金现值系数互为倒数关系。

【例 3-7】 某企业现在借款 5 000 万元，在 10 年内以年利率 12% 等额偿还，每年应偿还的金额是多少？

解：

$$P = 5\,000 \times \frac{12\%}{1-(1+12\%)^{-10}}$$
$$= 5\,000 \times (A/P, 12\%, 5)$$

$$= 5\,000 \div (P/A, 12\%, 5)$$
$$= 5\,000 \div 5.650\,2$$
$$= 885(万元)$$

2. 预付年金终值和现值

预付年金又称先付年金,是指每期期初有等额收付款项的年金。预付年金与普通年金的区别仅在于付款时间的不同。

(1) 预付年金终值

预付年金终值是指在一定时期内,每期期初等额收付款项的复利终值之和。预付年金终值的计算可用图 3-3 来说明。

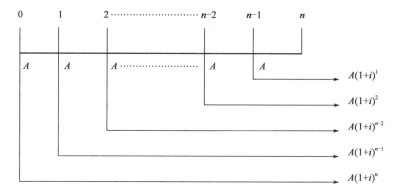

图 3-3 预付年金终值计算示意图

由图 3-3 可知,n 期预付年金终值比 n 期普通年金终值多计算一期的利息,因此,在 n 期普通年金终值的基础上乘上 $(1+i)$ 就是 n 期预付年金终值,其计算公式为:

$$F = A \cdot \frac{(1+i)^n - 1}{i} \cdot (1+i)$$
$$= A \cdot \left[\frac{(1+i)^{n+1} - 1}{i} - 1\right]$$
$$= A \cdot [(F/A, i, n+1) - 1] \tag{3-11}$$

式中,$\left[\frac{(1+i)^{n+1}-1}{i} - 1\right]$ 为预付年金终值系数,它与普通年金终值系数相比,期数加1,系数减1,故用符号 $[(F/A, i, n+1) - 1]$ 表示。可利用普通年金终值系数表,查得 $(n+1)$ 期的值再减去1得出。

【例 3-8】 某人每年年初存入银行 20 000 元,连续存 5 年,年利率为 7%,第 5 年年末可取出本利和多少?

解:
$$F = 20\,000 \times [(F/A, 7\%, 6) - 1]$$
$$= 200\,000 \times (7.153\,3 - 1)$$
$$= 123\,066(元)$$

(2) 预付年金现值

预付年金现值是指在一定时期内,每期期初等额收付款项的复利现值之和。预付年金现值的计算可用图 3-4 来说明。

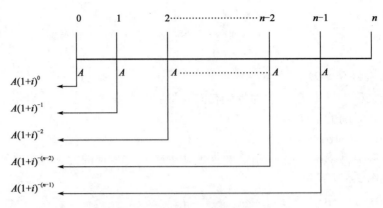

图 3-4 预付年金现值计算示意图

由图 3-4 可知,n 期预付年金现值比 n 期普通年金现值多折现一期,因此,在 n 期普通年金现值的基础上乘上 $(1+i)$ 就是 n 期预付年金现值,其计算公式为:

$$P = A \cdot \frac{1-(1+i)^{-n}}{i} \cdot (1+i)$$

$$= A \cdot \left[\frac{1-(1+i)^{-(n-1)}}{i} + 1\right]$$

$$= A \cdot [(P/A, i, n-1) + 1] \qquad (3-12)$$

式中,$\left[\frac{1-(1+i)^{-(n-1)}}{i} + 1\right]$ 为预付年金现值系数,它与普通年金现值系数相比,期数减 1,系数加 1,故用符号 $[(P/A, i, n-1) + 1]$ 表示。可利用普通年金现值系数表,查得 $(n-1)$ 期的值再加上 1 得出。

【例 3-9】 某人 5 年分期付款购车,每年年初付款 20 000 元,年利率为 10%。问该车一次支付现金的购价是多少?

解:

$$P = 20\,000 \times [(P/A, 10\%, 4) + 1]$$
$$= 20\,000 \times (3.169\,9 + 1)$$
$$= 83\,398(元)$$

3. 延期年金现值

延期年金又称递延年金,是指在最初若干期没有收付款项的情况下,后面若干期有等额的系列收付款项的年金。它是普通年金的特殊形式,凡不是从第一期开始发生的普通年金都是延期年金。由于延期年金终值的大小与递延期无关,所以其计算方法和普通年金终值相同。但是,延期年金现值的大小与递延期有关,故其计算方法与普通年金现值不同。

延期年金现值是指从若干期后开始每期等额系列收付款项的复利现值之和。其计算方法有两种。

(1) 分段法:先将延期年金视为 n 期普通年金,计算延期年金在递延期末(第 m 期末)的价值,然后再将它折现成第 1 期期初的价值。延期年金现值的计算公式为:

$$P = A \cdot \frac{1-(1+i)^{-n}}{i} \cdot (1+i)^{-m}$$

$$= A \cdot (P/A, i, n) \cdot (P/F, i, m) \qquad (3\text{-}13)$$

（2）扣除法：先假设在递延期中也有等额系列收付款项，计算出$(m+n)$期的普通年金现值，然后扣除实际没有收付的递延期(m)的普通年金现值，即可得出最终结果。延期年金现值的计算公式为：

$$P = A \cdot \frac{1-(1+i)^{-(m+n)}}{i} - A \cdot \frac{1-(1+i)^{-m}}{i}$$

$$= A \cdot [(P/A, i, m+n) - (P/A, i, m)] \qquad (3\text{-}14)$$

【例3-10】 某企业向银行借入一笔款项，银行贷款的年利率为8%，银行规定前5年不需还本付息，但第6~15年每年年末偿还本息100万元。问这笔款项的现值是多少？

解：

$$P = 100 \times (P/A, 8\%, 10) \cdot (P/F, 8\%, 5)$$
$$= 100 \times 6.7101 \times 0.6806$$
$$= 456.69(万元)$$

或

$$P = 100 \times [(P/A, 8\%, 15) - (P/A, 8\%, 5)]$$
$$= 100 \times (8.5595 - 3.9927)$$
$$= 456.68(万元)$$

4. 永续年金现值

永续年金是指无限期等额系列收付的款项。它也可视为普通年金的特殊形式，即期限趋于无穷的普通年金。由于永续年金持续期无限，没有终止的时间，所以永续年金没有终值，只有现值。

永续年金现值的计算公式可以通过普通年金现值的计算公式推导出来。

$$P = A \cdot \frac{1-(1+i)^{-n}}{i}$$

当$n \to \infty$时，$(1+i)^{-n}$的极限为零，所以上式可写成：

$$P = A \cdot \frac{1}{i} \qquad (3\text{-}15)$$

【例3-11】 某投资者持有100股优先股股票，每年年末均可以分得12 000元的固定股利，如果该股票的年必要报酬率为10%，这100股优先股的现值为多少？

解：

$$P = \frac{12\,000}{10\%} = 120\,000(元)$$

三、资金时间价值计算的几个特殊问题

（一）名义利率与实际利率的换算

上述有关资金时间价值的计算问题，均假定利率为年利率，且每年计算复利一次。但在现实经济生活中，复利的计息期不一定总是一年，有可能是半年、季度、月或日，如有些债券半年计息一次，有些抵押贷款每月计息一次。当一年复利次数超过一次时，给定的年利率叫做名义

利率,而每年只复利一次的利率才是实际利率。

将名义利率换算为实际利率的公式如下:

$$i = \left(1 + \frac{r}{m}\right)^m - 1 \tag{3-16}$$

式中:i——实际利率;

r——名义利率;

m——每年复利次数。

【例3-12】 两家银行提供贷款时,一家按年计息,报价利率为8%;另一家按季度计息,报价利率为7.85%。你如何选择?

解:第一家银行按年计息,实际利率与名义利率(报价利率)相等,即:$i_1 = 8\%$。

第二家银行按季度计息,实际利率计算如下:

$$i_2 = \left(1 + \frac{7.85\%}{4}\right)^4 - 1 = 8.08\%$$

虽然第一家银行的报价利率较高,但其实际利率较低,故选择第一家银行贷款。

对于1年内多次计算复利的情况,可采取两种方法计算资金时间价值。第一种方法是先将名义利率调整为实际利率,再按实际利率计算资金时间价值;第二种方法是不计算实际利率,而是相应调整相关利率和期数指标,即利率变为$\frac{r}{m}$,期数相应变为$m \cdot n$。

【例3-13】 本金1 000元,投资5年,年利率为8%,每季复利一次。该项投资的终值为多少?

解:按第一种方法计算时间价值:

$$i = \left(1 + \frac{r}{m}\right)^m - 1$$

$$= \left(1 + \frac{8\%}{4}\right)^4 - 1 = 8.24\%$$

$$F = P \cdot (1 + i)^n$$

$$= 1\,000 \times (1 + 8.24\%)^5 = 1\,485.7(元)$$

按第二种方法计算时间价值:

$$F = P \times \left(1 + \frac{r}{m}\right)^{m \cdot n}$$

$$= 1\,000 \times \left(1 + \frac{8\%}{4}\right)^{4 \times 5}$$

$$= 1\,000 \times (1 + 2\%)^{20} = 1\,485.9(元)$$

(二) 贴现率的推算

前面有关时间价值的计算,我们假定贴息率是既定的,但在财务管理中,有时也会遇到已知终值、现值、年金和期数,要求计算贴现率的问题。

1. 永续年金贴现率的推算

根据永续年金现值公式为:

$$P = \frac{A}{i} \tag{3-17}$$

变形即得永续年金贴现率的计算公式为：

$$i = \frac{A}{P} \tag{3-18}$$

2. 一次性收付款项贴现率的推算

根据复利终值或复利现值的计算公式，可得一次性收付款项贴现率的计算公式为：

$$i = \sqrt[n]{\frac{F}{P}} - 1 \tag{3-19}$$

3. 普通年金贴现率的推算

普通年金贴现率的推算比较复杂，无法直接套用公式，可利用 Microsoft Excel 的函数功能计算，也可以利用有关年金的系数表计算，有时还需要使用插值法才能求得结果。

以普通年金现值为例，推算普通年金贴息率的步骤如下：

(1) 计算普通年金现值系数：$(P/A, i, n) = \frac{P}{A}$，假设 $\frac{P}{A} = \alpha$；

(2) 查"普通年金现值系数表"，沿着已知 n 所在的行横向查找，若恰好能找到某一系数值等于 α，则该系数所在的列相对应的利率便为所求的 i 值；

(3) 若无法找到恰好等于 α 的系数值，就应在表中 n 行上找两个与 α 最接近的上下临界系数值，设为 β_1, β_2（$\beta_1 < \alpha < \beta_2$，或 $\beta_2 < \alpha < \beta_1$），读出 β_1, β_2 所对应的临界利率 i_1, i_2。

(4) 利用插值法计算 i 值，其计算公式为：

$$i = i_1 + \frac{\beta_1 - \alpha}{\beta_1 - \beta_2} \times (i_2 - i_1) \tag{3-20}$$

【例 3-14】 某企业在第一年初向银行借 10 000 万元购买设备，银行规定从第一年年末到第 5 年年末每年偿还 3 150 万元，问这笔借款利率为多少？

解： 首先，计算年金现值系数。

$$(P/A, i, 5) = \frac{10\,000}{3\,150} = 3.174\,6$$

其次，查"普通年金现值系数表"，找出 $n = 5$ 时，与上述系数最接近的两个临界值。查表得：$(P/A, 18\%, 5) = 3.127\,2$，$(P/A, 20\%, 5) = 2.990\,6$。

最后，采用插值法求贴现率。

$$\begin{array}{ll} \text{贴现率} & \text{年金现值系数} \\ \left.\begin{array}{l} 18\% \\ i \\ 20\% \end{array}\right\}x\%\Big\}2\% & \left.\begin{array}{l} 3.127\,2 \\ 3.174\,6 \\ 2.990\,6 \end{array}\right\}0.047\,4\Big\}0.136\,6 \end{array}$$

$$\frac{x\%}{2\%} = \frac{0.047\,4}{0.136\,6}$$

$$x\% \approx 0.69\%$$

$$i = 18\% + 0.69\% = 18.69\%$$

或直接用公式计算：

$$i = 18\% + \frac{3.1272 - 3.1746}{3.1272 - 2.9906} \times (20\% - 18\%) \approx 18.69\%$$

(三)计息期的推算

在财务管理中,有时也会遇到已知终值、现值、利率(贴息率),而需要计算计息期数的问题。计息期数 n 的推算原理和步骤与贴息率 i 的推算类似,区别只是沿着已知 i 所在列纵向查找计息期数 n,其计算公式为:

$$n = n_1 + \frac{\beta_1 - \alpha}{\beta_1 - \beta_2} \times (n_2 - n_1) \tag{3-21}$$

【例 3-15】 某公司拟购买一台柴油机,更新目前的汽油机。柴油机价格较汽油机高出 24 000 元,但每年可节省燃料费用 6 000 元。若利率为 10%,求柴油机应至少使用多少年对公司而言才有利?

解: 首先,计算年金现值系数。

$$(P/A, 10\%, n) = \frac{24\,000}{6\,000} = 4$$

其次,查普通年金现值系数表,在 $i = 10\%$ 的列上纵向查找,无法找到恰好系数 $\alpha = 4$ 的值,于是查找大于或小于 4 的临界系数值。查表得:$(P/A, 10\%, 5) = 3.7908$,$(P/A, 10\%, 6) = 4.3553$。

最后,采用插值法求计息期数。

$$n = 5 + \frac{3.7908 - 4}{3.7908 - 4.3553} \times (6 - 5) \approx 5.4(年)$$

第二节 工程项目的风险与报酬

一、工程项目的风险及其分类

工程项目的投资具有很大的风险性,投资风险是我们进行项目投资决策时无法回避的。正确认识风险的性质并采取有效对策分散风险,尽量减少风险损失,对提高工程项目财务管理水平具有十分重要的意义。

(一)工程项目风险的概念与特征

1. 风险与工程项目风险的概念

风险一般是指某一行动的结果具有变动性。在风险存在的情况下,人们只能事先估计采取某项行动可能导致的结果,以及每种结果出现的可能性,而行动的最终结果究竟会怎样,人们不得而知。

与风险相联系的另一个概念是不确定性,即人们事先只知道采取某项行动可能形成的各种结果,但不知道它们出现的概率,或者两者都不知道,而只能作些粗略的估计。例如天然气开采工程项目,事先只知道有两种可能的结果,即能找到或找不到,但这两种结果出现的概率事先很难预测。

严格来说,风险与不确定性是有区别的。对于风险来说,事先可以知道所有可能的结果以及每种结果出现的概率;而对于不确定性来说,事先不知道所有可能的结果,或者虽然知道所有可能的结果,但不知道这些结果可能出现的概率。

然而在实际工作中,风险与不确定性很难区分。风险问题的概率往往不能准确知道,而不确定性问题也可以估计一些主观概率。因此,实际工作中,对风险与不确定性不作严格区分,当说到风险时,可能指的是严格意义上的风险,也可能指的是不确定性。总之,企业的某项行动有出现多种结果的可能性,其将来的结果不确定,就叫有风险;反之,如果某项行动只有一个确定的结果,就叫没有风险。

风险可能给投资者带来超出预期收益的结果,也可能给投资者带来超出预期损失的结果。投资者对意外损失的关切,比对意外收益要强烈得多,因此,人们研究风险时侧重减少损失,主要从不利的方面来考虑风险,经常把风险看成是不利事件发生的可能性。从财务管理的角度来说,风险主要是指无法达到预期报酬的可能性。

工程项目建设是一个周期长、投资多、技术要求高、系统复杂的生产消费过程。在该过程中存在着大量的模糊因素和随机因素,而且这些因素是在不断变化的,由此造成的工程项目风险直接威胁到工程项目的顺利实施和工程项目目标的实现。工程项目风险是指工程项目在建设期发生的、对工程项目目标(工期、成本、质量等方面)的实现可能产生干扰性的不利影响,或导致工程项目受到损失、损害的事件。工程项目风险带来的负面影响具体表现在:一是工程质量出现问题导致工程事故的发生;二是导致工程费用的超支;三是导致工期的延误。

2. 工程项目风险的特征

工程项目风险的特征可归纳为以下几个方面:

(1) 风险的多样性。工程项目大都规模大、建设周期长、人员繁多复杂,因此产生的风险因素就会多且种类复杂。加之新材料、新技术、新工艺的应用及施工技术的多样,使得风险因素进一步增加。在一个工程项目中同时存在许多种类的风险,如政治风险、经济风险、法律风险、自然风险、合同风险等。这些风险因素之间有复杂的内在联系。

(2) 风险的全过程性。风险在工程项目生命周期中均存在,而不仅仅发生在实施阶段。在目标设计中可能存在构思的错误,重要边界条件的遗漏,目标优化的错误;可行性研究中可能有方案的失误,调查不完全,市场分析错误;技术设计中存在专业不协调,地质情况不确定,图纸和规范错误;施工中物价上涨,实施方案不完备,资金缺乏,气候条件变化;运行中市场变化,产品不受欢迎,运行达不到设计能力,操作失误等。

(3) 风险的全局性。风险影响往往不是局部的,而是全局的。例如,反常的气候条件造成工程的停滞,则会影响整个后期计划,影响后期所有参加者的工作,造成整个工程进度的延误,成本的增加。随着工程项目的发展,局部风险的影响会逐渐扩大。例如,一个活动受到风险干扰,可能影响与它相关的许多活动,所以,在工程项目中风险影响随时间的推移有扩大的趋势。

(4) 风险的规律性。工程项目的环境变化、项目的实施有一定的规律性,所以风险的发生和影响也有一定的规律性。工程项目的风险也是可以进行预测的,重要的是人们要有风险意识,重视风险,对风险进行全面控制。

(二) 工程项目风险的种类

为了深入、全面地认识工程项目风险,并有针对性地进行管理,有必要对风险进行分类。

从不同角度或根据不同标准,可将工程项目风险分为不同的类型。从工程项目风险管理需要出发,可将工程项目风险分为项目外风险和项目内风险。

1. 工程项目外风险

工程项目外风险是指由工程项目建设环境或条件的不确定性而引起的风险,包括自然风险、政治风险和经济风险。

(1) 自然风险。所谓自然风险,是指在自然力的作用下,一系列人力不可抗因素而引起的工程财产毁损或人员伤亡的风险。如恶劣的气象条件、恶劣的现场条件、不利的工程地理位置和工程地质条件等都会给施工带来困难或损失。

(2) 政治风险。所谓政治风险,是指由于政局变化、政权更迭、罢工、恐怖袭击、战争等引起社会动荡而造成工程财产损失和损害以及人员伤亡的风险。此外,还存在其他政治风险因素,如政府或主管部门对工程项目干预太多、指挥不当;工程建设体制、工程建设政策法规发生变化或不合理;在国际工程中,国家间的关系发生变化等。

(3) 经济风险。所谓经济风险,是指经济因素的变动对工程项目产生的不利影响。经济风险产生的原因主要包括以下几个方面:一是宏观经济形势不利,如整个国家的经济发展不景气或不断滑坡;二是投资环境差,工程投资环境包括硬环境(如交通、电力供应、通信等条件)和软环境(如地方政府对工程的开发建设的态度等);三是原材料价格无规律上涨,如建筑钢材价格不断攀升;四是投资回报期长或预期投资回报难以实现;五是通货膨胀幅度过大,税收提高过多;六是资金筹措困难等。

2. 工程项目内风险

按技术因素对工程项目风险的影响,可将工程项目内风险分为技术风险和非技术风险。

(1) 技术风险。所谓技术风险,是指由于技术条件的不确定而引起工程项目可能的损失,或工程项目目标不能实现的可能性。主要表现在工程项目可行性研究、工程设计、工程施工等过程中,在技术标准的选择、分析计算模型的采用、安全系数的确定等问题上出现偏差而形成的风险。

在可行性研究阶段的影响因素有:基础数据不完整或不可靠、分析模型不合理、预测结果不准确等。

在设计阶段的影响因素有:设计内容不全,设计存在缺陷、错误和遗漏,规范标准选择不当或没有执行国家的强制性规范和标准,安全系数选择不合理,地基勘察报告不准确,未考虑施工的可能性等。

在施工阶段的影响因素有:施工工艺落后,施工质量差,不合理的施工技术或方案,施工安全措施不当,应用新技术或新方法失败,未考虑施工现场的实际情况等。

除此以外,影响技术风险的因素还有:工艺设计未达到先进指标,工艺流程不合理,工程质量检验和工程验收未达到规定要求等。

(2) 非技术风险。所谓非技术风险,是指在计划、组织、管理、协调等非技术条件不确定而引起工程项目质量、进度、成本和安全目标不能实现的可能性。

在项目组织管理方面的影响因素有:缺乏项目管理能力;组织不适当,关键岗位人员经常更换;项目目标不适当,控制不力;不适当的项目规划或安排;缺乏项目管理协调等。

在进度计划方面的影响因素有:管理不力造成工期滞后,进度调整规则不适当,劳动力缺乏或劳动生产率低下,材料供应跟不上,设计图纸供应滞后,不可预见的现场条件,施工场地太小或交通线路不满足要求等。

在成本控制方面的影响因素有:不适当的工程变更,工期的延误,不适当的工程支付,承包人的索赔,预算偏低,管理缺乏经验,不适当的采购策略,项目外部条件发生变化等。

此外,影响非技术风险的因素还有:施工干扰,资金短缺,无偿债能力等。

二、单项资产的风险与报酬

从财务管理的角度来看,风险是投资报酬出现多种结果的可能性,因此,对风险的衡量就要从投资报酬的可能性入手。

(一)确定概率分布

在企业的经济活动中,某一事件在完全相同的条件下可能发生也可能不发生,既可能出现这种结果也可能出现那种结果,这类事件称为随机事件。概率是用百分数或小数表示随机事件发生可能性大小的数值。通常把必然发生事件的概率定为1,不可能发生事件的概率定为0,而一般随机事件的概率介于0和1之间。概率越大,表示事件发生的可能性越大。

假定用 X 表示随机事件或随机变量,X_i 表示随机事件的第 i 种结果,P_i 为出现该种结果的相应概率,n 表示所有可能结果的数目,则概率分布必须符合以下两个要求:

(1) $0 \leq P_i \leq 1$;

(2) $\sum_{i=1}^{n} P_i = 1$。

概率分布有两种类型:一种是离散型概率分布,即随机事件可能出现的结果只取有限个值,并且对应这个值都有确定的概率,概率分布图形成几条个别的直线,如图3-5所示;另一种是连续性概率分布,即随机事件可能出现的结果有无数个值,也对应无数个相应的概率,概率分布图形成一条连续不断的曲线,如图3-6所示。

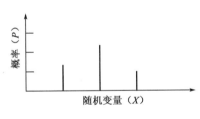

图3-5 离散型概率分布图

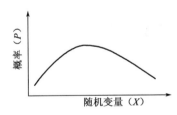

图3-6 连续型概率分布图

(二)计算期望值

期望值是指一个概率分布中所有可能结果,以各自相应的概率为权数计算的加权平均值,通常用符号 $\overline{X}$ 表示,其计算公式如下:

$$\overline{X} = \sum_{i=1}^{n} (X_i \cdot P_i) \tag{3-22}$$

式中:$\overline{X}$——期望值;

X_i——随机变量出现的第 i 种可能结果;

P_i——第 i 种结果出现的概率;

n——所有可能结果的数目。

【例 3-16】 某工程公司有 A、B 两个工程项目,其预计报酬率及其概率分布见表 3-1。

工程项目的预计报酬率及其概率分布表　　　　　表 3-1

经济状况	发生概率	A 项目报酬率	B 项目报酬率
良好	0.2	40%	70%
一般	0.6	20%	20%
较差	0.2	0%	-30%

以表 3-1 中的有关数据为依据,计算 A、B 两个项目预计报酬率的期望值,即期望报酬率或预期报酬率,其计算过程如下:

$$\overline{X}_A = 0.2 \times 40\% + 0.6 \times 20\% + 0.2 \times 0\% = 20\%$$

$$\overline{X}_B = 0.2 \times 70\% + 0.6 \times 20\% + 0.2 \times (-30\%) = 20\%$$

A 项目和 B 项目的期望报酬率相同,但概率分布不同。A 项目报酬率的分散程度较小,变动范围为 0% ~ 40%;B 项目报酬率的分散程度较大,变动范围为 -30% ~ 70%。这说明两个工程项目的报酬率相同,但风险不同。

(三)计算离散程度

为了定量地衡量风险大小,可以借助统计学中衡量概率分布离散程度的指标。一般来说,离散程度越大,风险越大;离散程度越小,风险越小。反映随机变量离散程度的指标主要有方差、标准离差和标准离差率。

1. 方差与标准离差

方差是反映概率分布中各种可能结果对期望值的偏离程度,即离散程度的差异总和,通常用符号 δ^2 表示,其计算公式为:

$$\delta^2 = \sum_{i=1}^{n}(X_i - \overline{X})^2 \cdot P_i \tag{3-23}$$

标准离差是方差的平方根,又称标准差,通常用符号 δ 表示,其计算公式为:

$$\delta = \sqrt{\delta^2} = \sqrt{\sum_{i=1}^{n}(X_i - \overline{X})^2 \cdot P_i} \tag{3-24}$$

【例 3-17】 仍以【例 3-16】的数据为依据,计算 A、B 两个项目的方差和标准离差。

$$\delta_A^2 = (40\% - 20\%)^2 \times 0.2 + (20\% - 20\%)^2 \times 0.6 + (0\% - 20\%)^2 \times 0.2$$
$$= 0.016$$

$$\delta_B^2 = (70\% - 20\%)^2 \times 0.2 + (20\% - 20\%)^2 \times 0.6 + (-30\% - 20\%)^2 \times 0.2$$
$$= 0.1$$

$$\delta_A = \sqrt{0.016} = 12.65\%$$

$$\delta_B = \sqrt{0.1} = 31.62\%$$

在期望值相同的情况下,标准离差越大,风险越大;反之,标准离差越小,风险越小。A 项目和 B 项目的期望报酬率相同,均为 20%,A 项目的标准离差为 12.65%,B 项目的标准离差为 31.62%,即 B 项目的标准离差大于 A 项目的标准离差,由此可以判断,B 项目的风险大于 A 项目的风险。

需要注意的是,标准离差指标是以绝对数形式衡量投资项目的风险大小,只有在期望值相同的情况下,标准离差指标才具有可比性。对于期望值不同的投资项目,不能直接用标准离差来判断其风险大小,而需要借助下面介绍的标准离差率指标来判断。

2. 标准离差率

标准离差率是标准离差与期望值之比,又称变异系数或离散系数,通常用符号 q 表示,其计算公式为:

$$q = \frac{\delta}{\overline{X}} \tag{3-25}$$

【例 3-18】 仍以【例 3-16】的数据为依据,计算 A、B 两个项目的标准离差率。

$$q_A = \frac{12.65\%}{20\%} = 63.25\%$$

$$q_B = \frac{31.62\%}{20\%} = 158.1\%$$

B 项目的标准离差率大于 A 项目的标准离差率,说明 B 项目的风险大于 A 项目的风险。

标准离差率指标是以相对数形式衡量投资项目的风险大小,它表示每单位期望值所承担的标准差。标准离差率越大,风险越大;反之,标准离差率越小,风险越小。当两个投资项目的期望值不同时,该指标提供了一个更合理的比较基础。

(四)计算风险报酬率

标准离差率虽然能正确评价工程投资项目风险的大小,但还无法将风险与报酬结合起来进行分析。假定我们面临的决策不是评价与比较两个工程投资项目的风险水平,而是要决定是否对某一工程项目进行投资,此时我们就需要计算出该工程项目的风险报酬。

一般来说,投资者都厌恶风险,并力求回避风险,但为什么有人还愿意进行风险性投资?这是因为风险投资可以得到额外补偿——风险报酬。所谓风险报酬,是指投资者冒风险投资而获得的超过资金时间价值的额外报酬。风险报酬通常用相对数风险报酬率表示。

风险报酬率应该与反映风险程度的标准离差率成正比例关系。将标准离差率转换为风险报酬率,其间还需要借助于一个参数,即风险报酬系数。风险报酬率、风险报酬系数和标准离差率之间的关系可用公式表示如下:

$$风险报酬率 = 风险报酬系数 \times 标准离差率 \tag{3-26}$$

风险与报酬的基本关系是风险越大,要求的报酬率越高。如前所述,各工程项目的风险大小是不同的,在投资报酬率相同的情况下,人们都会选择风险小的工程项目,结果竞争使其风险增加,报酬率下降。最终,高风险的工程项目必须有高报酬,否则就没有人投资;而低报酬的工程项目必须风险较低,否则也没有人投资。风险与报酬的这种关系,是市场竞争的结果。

工程项目的风险最终由投资者来承担,投资者要求的报酬率或必要报酬率与其风险相适应。投资者要求的报酬率包括无风险报酬率和风险报酬率两部分,如图 3-7 所示。

由图 3-7 可知,投资者要求的报酬率与反映风

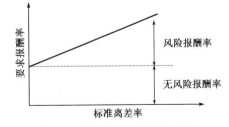

图 3-7 投资者要求报酬率构成图

险程度的标准离差率呈正比例关系，可用公式表示如下：

$$R = R_F + R_R$$
$$= R_F + b \times q \tag{3-27}$$

式中：R——投资者要求的报酬率；

R_F——无风险报酬率；

R_R——风险报酬率；

b——风险报酬系数；

q——标准离差率。

【例3-19】 仍以【例3-16】的数据为依据，假定投资者为A、B两个工程项目确定的风险报酬系数为0.1，无风险报酬率为5%，则两个项目要求的风险报酬率和必要报酬率计算如下：

A项目的风险报酬率 = 0.1 × 63.25% = 6.33%

A项目的必要报酬率 = 5% + 6.33% = 11.33%

B项目的风险报酬率 = 0.1 × 158.1% = 15.81%

B项目的必要报酬率 = 5% + 15.81% = 20.81%

三、投资组合风险与报酬

投资组合也称资产组合，是指两种或两种以上资产投资所构成的集合。如果投资组合中的资产都是有价证券，则可称之为证券组合。

（一）投资组合的预期报酬率

投资组合的预期报酬率等于投资组合中单项资产预期报酬率的加权平均值，其权数是各项资产投资额占投资组合投资总额的比例，其计算公式为：

$$\overline{R}_p = \sum_{i=1}^{n} W_i \overline{R}_i \tag{3-28}$$

式中：$\overline{R}_p$——投资组合的预期报酬率；

W_i——第 i 项资产在投资组合中的比重；

$\overline{R}_i$——第 i 项资产的预期报酬率；

n——投资组合中资产的种类。

【例3-20】 某投资组合由A、B、C三种股票构成，其预期报酬率分别为10%、15%和20%，这三种股票的投资额在投资总额中的比重分别为20%、50%和30%，计算该投资组合的预期报酬率。

$$\overline{R}_p = 10\% \times 20\% + 15\% \times 50\% + 20\% \times 30\% = 15.5\%$$

（二）投资组合的风险

投资组合的风险也可以用方差和标准差来衡量。投资组合的预期报酬率是投资组合中单项资产预期报酬率的加权平均值，但投资组合的风险并不是单项资产的方差或标准差的加权平均值。投资组合的风险不仅取决于组合中单项资产的风险，还与组合中各单项资产之间的相关性有关。

【例3-21】 假设工程项目C和项目D组成投资组合，投资比例分别为60%和40%。C

项目和项目 D 各自的报酬率、组合报酬率及其概率分布如表 3-2 所示。

工程项目各自报酬率、组合报酬率及其概率分布表　　　表 3-2

经 济 状 况	发 生 概 率	C 项目报酬率	D 项目报酬率	投资组合报酬率
良好	0.2	40%	20%	32%
一般	0.5	20%	30%	24%
较差	0.3	10%	-30%	-6%
预期报酬率		21%	10%	16.6%

在表 3-2 中，投资组合的预期报酬率等于项目 C 和项目 D 预期报酬率的加权平均值，即：

$$\overline{R}_p = 21\% \times 60\% + 10\% \times 40\% = 16.6\%$$

投资组合的标准差计算如下：

$$\begin{aligned}\delta_p &= \sqrt{(32\% - 16.6\%)^2 \times 0.2 + (24\% - 16.6\%)^2 \times 0.5 + (-6\% - 16.6\%)^2 \times 0.3} \\ &= \sqrt{0.022\,804} = 15.1\%\end{aligned}$$

项目 C 和项目 D 的标准差计算如下：

$$\begin{aligned}\delta_C &= \sqrt{(40\% - 21\%)^2 \times 0.2 + (20\% - 21\%)^2 \times 0.5 + (10\% - 21\%)^2 \times 0.3} \\ &= \sqrt{0.010\,9} \approx 10.44\%\end{aligned}$$

$$\begin{aligned}\delta_D &= \sqrt{(20\% - 10\%)^2 \times 0.2 + (30\% - 10\%)^2 \times 0.5 + (-30\% - 10\%)^2 \times 0.3} \\ &= \sqrt{0.07} \approx 26.46\%\end{aligned}$$

项目 C 和项目 D 的标准差的加权平均值计算如下：

$$10.44\% \times 60\% + 26.46\% \times 40\% \approx 16.85\%$$

可见，投资组合的标准差不等于项目 C 和项目 D 的标准差的加权平均值，其原因在于单项资产标准差的加权平均值忽略了组合中资产之间的相关性，因此，不能用单项资产标准差的加权平均值作为投资组合的标准差。

1. 两种资产投资组合的风险

如果投资组合由两种资产构成，则组合的方差和标准差的计算公式如下：

$$\delta_p^2 = W_1^2 \cdot \delta_1^2 + W_2^2 \cdot \delta_2^2 + 2W_1 \cdot W_2 \cdot \delta_{1,2} \tag{3-29}$$

$$\delta_p = \sqrt{W_1^2 \cdot \delta_1^2 + W_2^2 \cdot \delta_2^2 + 2W_1 \cdot W_2 \cdot \delta_{1,2}} \tag{3-30}$$

式中：δ_p^2、δ_p——分别代表投资组合的方差和标准差；

W_1、W_2——分别代表资产 1 和资产 2 的投资额占总投资额的比例；

δ_1、δ_2——分别代表资产 1 和资产 2 的标准差；

$\delta_{1,2}$——资产 1 和资产 2 报酬率之间的协方差。

资产 1 和资产 2 报酬率之间的协方差的计算公式为：

$$\begin{aligned}\delta_{1,2} &= \sum_{i=1}^n (各种概率状况下两种资产离差的乘积 \times 相应的概率) \\ &= \sum_{i=1}^n (R_{1i} - \overline{R}_1) \cdot (R_{2i} - \overline{R}_2) \cdot P_i \end{aligned} \tag{3-31}$$

式中：R_{1i}、R_{2i}——分别代表资产 1 和资产 2 在第 i 种情况下的报酬率；

$\overline{R}_1$、$\overline{R}_2$——分别代表资产 1 和资产 2 的预期报酬率；

P_i——出现第 i 种经济状况的概率。

协方差是表示两种资产报酬率之间相关程度的量,如果协方差大于0,表明两种资产报酬率的变动方向相同;如果协方差小于0,表明两种资产报酬率的变动方向相反;如果协方差等于0,表明两种资产报酬率的变动不相关。

反映两种资产报酬率之间相关程度的另一个统计指标是相关系数,其计算公式为:

$$\rho_{1,2} = \frac{\delta_{1,2}}{\delta_1 \cdot \delta_2} \tag{3-32}$$

式中:$\rho_{1,2}$——资产1和资产2报酬率之间的相关系数;

$\delta_{1,2}$——资产1和资产2报酬率之间的协方差;

δ_1、δ_2——分别代表资产1和资产2报酬率的标准差。

如果说协方差给出的是两个变量相关程度的绝对数,那么相关系数则是度量两个变量相关程度的相对数。相关系数是标准化的协方差,其取值范围在[-1,+1]之间。如果两种资产报酬率的相关系数等于+1,表明它们之间完全正相关,即两种资产报酬率的变动方向一致,幅度相等;如果两种资产报酬率的相关系数等于-1,表明它们之间完全负相关,即两种资产报酬率的变动方向相反,幅度相等;如果两种资产报酬率的相关系数等于0,表明它们之间不相关,即两种资产报酬率的变动没有任何数量上的关系。相关系数与协方差的关系可用下式来描述:

$$\delta_{1,2} = \rho_{1,2} \cdot \delta_1 \cdot \delta_2 \tag{3-33}$$

【例3-22】 仍以【例3-21】的数据为依据,计算项目C和项目D投资组合的协方差、相关系数和标准差。

$$\delta_{C,D} = (40\% - 21\%) \times (20\% - 10\%) \times 0.2 + (20\% - 21\%) \times (30\% - 10\%) \times 0.5$$
$$+ (10\% - 21\%) \times (-30\% - 10\%) \times 0.3$$
$$= 0.016$$

$$\rho_{C,D} = \frac{\delta_{C,D}}{\delta_C \cdot \delta_D} = \frac{0.016}{10.44\% \times 26.46\%} \approx 0.5792$$

$$\delta_P = \sqrt{W_C^2 \delta_C^2 + W_D^2 \delta_D^2 + 2W_C W_D \delta_{C,D}}$$
$$= \sqrt{(0.6 \times 10.44\%)^2 + (0.4 \times 26.46\%)^2 + 2 \times 0.6 \times 0.4 \times 0.016}$$
$$= 15.1\%$$

2. 多种资产投资组合的风险

如果投资组合由 M 种资产构成,则组合的方差和标准差的计算公式如下:

$$\delta_P^2 = \sum_{j=1}^{m} \sum_{k=1}^{m} W_j \cdot W_k \cdot \delta_{j,k} \tag{3-34}$$

$$\delta_P = \sqrt{\sum_{j=1}^{m} \sum_{k=1}^{m} W_j \cdot W_k \cdot \delta_{j,k}} \tag{3-35}$$

式中:δ_P^2、δ_P——分别代表投资组合的方差和标准差;

W_j、W_k——分别代表资产 j 和资产 k 的投资额占总投资额的比例;

m——投资组合中资产的数目;

$\delta_{j,k}$——资产 j 和资产 k 报酬率之间的协方差。

双重的Σ符合,表示对所有可能配成组合的协方差,分别乘以两种资产的投资比例,然后求其总和。

例如,当 $m=3$ 时,可能的两种资产组合加权的协方差组成的矩阵为:

	第一列	第二列	第三列
第一行	$W_1W_1\delta_{1,1}$	$W_1W_2\delta_{1,2}$	$W_1W_3\delta_{1,3}$
第二行	$W_2W_1\delta_{2,1}$	$W_2W_2\delta_{2,2}$	$W_2W_3\delta_{2,3}$
第三行	$W_3W_1\delta_{3,1}$	$W_3W_2\delta_{3,2}$	$W_3W_3\delta_{3,3}$

矩阵左上角的组合是 $(1,1)$,其协方差是 δ_1 与 δ_1 之积,即标准差的平方,或称为方差,此时,$j=k$。从左上角到右下角,共有三种 $j=k$ 的组合,在这三种情况下,影响投资组合风险的是三种资产的方差。当 $j=k$ 时,相关系数是 1,并且 $\delta_j \times \delta_k$ 变为 δ_j^2。这就是说,对于矩阵主对角线位置上的投资组合,其协方差就是各种资产自身的方差。

$\delta_{1,2}$ 代表资产 1 和资产 2 报酬率之间的协方差,$\delta_{2,1}$ 代表资产 2 和资产 1 报酬率之间的协方差,它们的数值是相同的,这就是说,需要计算两次资产 1 和资产 2 之间的协方差。对于其他不在主对角线上的配对组合的协方差,我们同样计算了两次。

双重求和符号,就是把由各种可能配对组合构成的矩阵中的所有方差项和协方差项加起来。3 种资产的组合,一共有 9 项,由 3 个方差项和 6 个协方差项(3 个计算了两次的协方差项)组成。3 种资产组合的方差的计算公式可表述如下:

$$\delta_p^2 = W_1^2\delta_1^2 + W_2^2\delta_2^2 + W_3^2\delta_3^2 + 2W_1W_2\delta_{1,2} + 2W_1W_3\delta_{1,3} + 2W_2W_3\delta_{2,3} \tag{3-36}$$

由 M 种资产构成的投资组合,其方差的计算公式也可以表述如下:

$$\delta_p^2 = \sum_{j=1}^{m} W_j^2 \cdot \delta_j^2 + \sum_{j=1}^{m}\sum_{k=1}^{m} W_j \cdot W_k \cdot \delta_{j,k} \quad (j \neq k) \tag{3-37}$$

式(3-37)表明,投资组合的方差不仅取决于单项资产的方差,而且还取决于资产之间的协方差。随着投资组合中资产数目的增加,协方差项比方差项越来越重要。例如,两种资产组合的方差包括两个方差项 $W_1^2\delta_1^2$ 和 $W_2^2\delta_2^2$,以及两个协方差项 $W_1W_2\delta_{1,2}$ 和 $W_2W_1\delta_{2,1}$;三种资产组合的方差包括 3 个方差项和 6 个协方差项;四种资产组合的方差包括 4 个方差项和 12 个协方差项。可见,随着投资组合中资产数目的增多,各种资产本身的方差对投资组合总方差的影响越来越小,而各种资产间的协方差对投资组合总方差的影响越来越大。

(三)投资组合与风险分散

在一般情况下,投资组合的风险要小于单独投资于一项资产的风险,不同的资产进行投资组合可以分散风险。投资组合分散风险的程度取决于组合中各种资产报酬率之间的相关性,将不完全正相关或负相关的资产组合在一起,可以分散投资风险。几个项目投资报酬率变化不完全正相关时,某一项目报酬率的大幅度减少,可以为其他项目报酬率的较少幅度减少所缓和。当几个项目投资报酬率变化负相关时,某一项目报酬率的大幅度减少,甚至为其他项目报酬率的一定程度的增加所抵消,从而使总投资报酬率保持一定程度的稳定。在理论上,我们可以把两种高风险的股票组合起来而形成一个完全没有风险的组合。

【例 3-23】 假定 W 和 M 股票构成一个投资组合 WM,其投资额各占 50%,它们的报酬率和风险的详细情况如表 3-3 所示。

两种股票及投资组合的报酬率、标准差　　　　　表 3-3

年份(年)	W 股票报酬率	M 股票报酬率	WM 投资组合报酬率
2006	40%	−10%	15%
2007	−10%	40%	15%
2008	35%	−5%	15%
2009	−5%	35%	15%
2010	15%	15%	15%
平均报酬率	15%	15%	15%
标准差	22.6%	22.6%	0.0%

说明：(1) 平均报酬率按下式计算：

$$\overline{R} = \frac{\sum_{i=1}^{n} R_i}{n} \tag{3-38}$$

(2) 标准差按下式计算：

$$\delta = \sqrt{\frac{\sum_{i=1}^{n}(R_i - \overline{R})^2}{n-1}} \tag{3-39}$$

根据表 3-3 的有关资料，可以绘制出两种股票以及它们构成的投资组合的报酬率的示意图，见图 3-8。

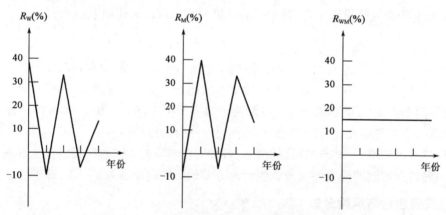

图 3-8　两种股票及投资组合的报酬率

从表 3-3 和图 3-8 可以看出，如果单独投资于 W 股票或 M 股票，其标准差均为 22.6%，风险都很高，但将它们组成 WM 组合后，组合的标准差为 0，组合的风险就消失了。W 股票与 M 股票之所以能形成一个无风险的投资组合，是因为这两种股票报酬率的变动方向正好相反，幅度相等，即当 W 股票的报酬率下降时，M 股票的报酬率正好上升，两者变动的幅度相同，反之亦然。从统计学角度来说，这两者股票的报酬率完全负相关，其相关系数为 −1。

与完全负相关相反的是完全正相关。如果两种股票报酬率的变动方向正好相同，幅度相等，即当一种股票的报酬率上升或下降时，另一种股票的报酬率也跟着上升或下降，两者变动的幅度相同,则这两者股票的报酬率完全正相关,其相关系数为+1。这样的两种股票组成的投资组合不能分散任何风险。

通过上述分析,我们可以得出如下结论:当两种股票的报酬率完全负相关,即相关系数= -1时,投资组合能够分散所有的风险;当两种股票的报酬率完全正相关,即相关系数= +1时,投资组合不能分散任何风险。实际上,大部分股票的报酬率都是正相关,但非完全正相关。一般来说,随机抽取两种股票,其相关系数大多在+0.5~+0.7之间,这样的股票组成投资组合,能够分散风险,但不能全部消除风险。不过,如果股票种类较多,则能分散掉大部分风险,而当股票种类足够多时,几乎可以分散掉所有的非系统风险,但对系统风险,则无法通过投资组合来分散。

四、资本资产定价模型

任何一项投资都是为了取得一定的报酬,并且投资的风险越大,所要求的报酬越高。在论述风险与收益关系的模型中,资本资产定价模型(capital asset pricing model,CAPM)最具有代表性,它第一次使人们可以量化市场的风险程度,并且能够对风险进行具体定价。

资本资产定价模型的研究对象,是充分投资组合情况下,风险与要求收益率之间的均衡关系。资本资产定价模型可用于回答如下不容回避的问题:为了补偿某一特定程度的风险,投资者应该获得多大的收益率?根据前面的论述,投资组合可以分散非系统风险,但无法分散系统风险。因此,投资组合要求补偿的风险只是系统风险,而不要求对非系统风险进行补偿。既然一项资产的预期报酬率取决于它的系统风险,那么度量系统风险就成了一个关键问题。

(一) 系统风险的度量

在资本资产定价模型中,用 β 系数来度量系统风险的大小。β 系数是一个统计学的概念,通常用来说明一个统计指标随着另一个统计指标变动的敏感程度。用 β 系数来度量系统风险,是指单个资产(证券)报酬率随着市场组合报酬率波动而波动的程度。证券 j 的 β 系数的计算公式如下:

$$\beta_j = \frac{\delta_{j,m}}{\delta_m^2} = \frac{\rho_{j,m} \cdot \delta_j \cdot \delta_m}{\delta_m^2} = \rho_{j,m} \cdot \frac{\delta_j}{\delta_m} \qquad (3-40)$$

其中,分子 $\delta_{j,m}$ 是证券 j 的收益与市场组合收益之间的协方差。它等于该证券收益的标准差、市场组合收益的标准差及两者相关系数的乘积。

根据上式可以看出,一种股票的 β 值大小取决于:
(1)该股票与整个股票市场的相关性;
(2)该股票自身的标准差;
(3)整个市场的标准差。
β 系数的计算方法有两种:
一种是回归分析法。根据数理统计的线性回归原理,β 系数均可以通过同一时期内的资产收益率和市场组合收益率的历史数据,使用线性回归方程预测出来。β 系数就是该线性回归方程的回归系数。

另一种是直接计算法。按照 β 系数的定义,根据证券与股票价格指数(市场组合)收益率的相关系数、股票价格指数的标准差和证券收益率的标准差直接计算。

β 系数的经济意义在于,它告诉我们相对于市场组合而言,特定资产的系统风险是多少。例如,市场组合相对于它自己的 β 系数是 1;如果某股票的 β 系数为 0.5,表明它的系统风险是市场组合系统风险的 0.5 倍,其收益率的变动性只及一般市场变动性的一半;如果某股票的 β 系数为 2,说明这种股票收益率的变动幅度为一般市场变动幅度的 2 倍。总之,某一股票的 β 值的大小反映了这种股票收益率的变动与整个股票市场收益率变动之间的相关关系。我们把 $\beta=1$ 的股票称为平均风险股票,$\beta<1$ 的股票称为低风险股票,$\beta>1$ 的股票称为高风险股票。

(二) 投资组合的 β 系数

投资组合的 β 值等于组合中各种证券 β 值的加权平均数,其权数为各种证券在投资组合中所占的比重。计算公式如下:

$$\beta_p = \sum_{i=1}^{n} W_i \beta_i$$

式中:β_p——投资组合的 β 值;

W_i——投资组合中第 i 种证券所占的比重;

β_i——第 i 种证券的 β 值;

n——投资组合中证券的数量。

【例 3-24】 某投资组合由 A、B、C 三种股票构成,它们的 β 系数分别为 0.5、1 和 2,它们在投资组合中所占的比重分别为 20%、30% 和 50%,那么投资组合的 β 值计算如下:

$$\beta_p = 20\% \times 0.5 + 30\% \times 1 + 50\% \times 2 = 1.4$$

(三) 资本资产定价模型和证券市场线

资本资产定价模型建立在一系列严格假设基础之上,这些假设包括:

(1) 所有投资者均追求单期财富的期望效用最大化,并以各备选组合的期望收益和标准差为基础进行组合选择。

(2) 所有投资者均可以无风险利率无限制地借入或贷出资金。

(3) 所有投资者拥有相同的预期,即对所有资产收益的均值、方差和协方差等,投资者均有完全相同的主观估计。

(4) 所有的资产均可被完全细分,拥有充分的流动性且没有交易成本。

(5) 没有税金。

(6) 所有投资者均为价格接受者,即任何一个投资者的买卖行为都不会对股票价格产生影响。

(7) 所有资产的数量是给定的和固定不变的。

资本资产定价模型的一般形式为:

$$R_i = R_f + \beta_i \cdot (R_m - R_f) \tag{3-41}$$

式中:R_i——第 i 种股票或第 i 种证券组合的必要收益率;

R_f——无风险收益率;

β_i——第 i 种股票或第 i 种证券组合的 β 系数;

R_m——所有股票或市场组合的平均收益率。

【例3-25】 某公司股票的 β 系数为1.5,市场上所有股票的平均收益率为18%,无风险收益率为10%,则该公司股票的必要收益率为:

$$R_i = 10\% + 1.5 \times (18\% - 10\%) = 22\%$$

也就是说,该公司股票的报酬率达到或超过22%时,投资者才愿意进行投资;否则,投资者不会购买该公司的股票。

资本资产定价模型可用图形来表示,该图又叫证券市场线(security market line,SML),它说明必要报酬率与系统风险系数之间的关系,如图3-9所示。

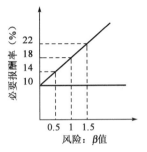

图3-9 股票收益率与 β 系数之间的关系图

由图3-9可见,无风险收益率为10%,β 系数不同的股票有不同的风险收益率。当 β = 0.5 时,股票风险收益率为4%,必要收益率为14%;当 β = 1 时,股票风险收益率为8%,必要收益率为18%;当 β = 1.5 时,股票风险收益率为12%,必要收益率为22%。也就是说,β 值越高,股票的风险越高,要求的风险收益率也越高,在无风险收益率不变的情况下,必要收益率也就越高。

从证券市场线可以看出,投资者要求的收益率不仅仅取决于市场风险或系统风险,而且还取决于无风险收益率(证券市场线的截距)和市场风险补偿程度(证券市场线的斜率)。由于这些因素始终处于变动之中,所以证券市场线也不会一成不变。预期通货膨胀率提高时,无风险收益率会随之提高,进而导致证券市场线向上平移。风险厌恶感的加强,会提高证券市场线的斜率。

本章思考题

1. 什么是资金的时间价值?资金时间价值产生的原因是什么?
2. 什么是年金?如何对年金进行分类?
3. 什么是名义利率?什么是实际利率?两者有何关系?
4. 什么是风险?工程项目面临的风险有哪些?
5. 什么是投资组合?为何投资组合能够分散风险?
6. 简述资本资产定价模型的基本内容。

本章练习题

1. 某人存入银行20 000元,银行年利率为8%,存款期限为5年。
   要求:
   (1)计算若每年复利一次,5年后的本利和为多少?
   (2)计算若每季度复利一次,其实际利率为多少?
2. 某企业在2011年年初投资50万元,建一条生产流水线,预计2013年年初投产,从2013年年末起,每年可带来的净收益为15万元,投资年限8年,年利率为5%。
   要求:计算该投资项目净收益的现值和终值。

3. 某人欲购买商品房，如果现在一次性支付现金，则需支付 50 万元；如果分期付款支付，年利率 5%，每年年末支付 5 万元，连续支付 20 年。问此人最好采取哪种方式付款？

4. 某公司拟购置一台设备，有两个方案可供选择。

方案 1：从现在起，每年年初支付 20 万元，连续支付 10 次，共 200 万元。

方案 2：从第 5 年开始，每年年末支付 25 万元，连续支付 10 次，共 250 万元。

假定该公司资本成本率为 10%，试计算以上两个方案支付额的现值，并作出选择。

5. 某公司投资一个新项目，新项目投产后每年获得的现金流量如习表 3-1 所示，折现率为 9%，求这一系列现金流量的现值。

项目现金流量表（单位：万元）　　　　　　　习表 3-1

年　限	现金流量	年　限	现金流量
1	1 000	6	2 000
2	1 000	7	2 000
3	1 000	8	2 000
4	1 000	9	2 000
5	2 000	10	3 000

6. 某工程施工企业有 A、B 两个工程项目可供选择，两工程项目的预计报酬率及其概率分布如习表 3-2 所示。

不同经济状况下的预计报酬率及其概率分布表　　　习表 3-2

经济状况	概　率	A 项目报酬率	B 项目报酬率
良好	0.2	20%	35%
一般	0.5	10%	12%
较差	0.3	5%	-5%

同时假定市场无风险报酬率为 5%，风险报酬系数为 0.2。

要求：

(1) 计算 A、B 项目的期望报酬率。

(2) 计算 A、B 项目的标准差和标准离差率。

(3) 计算 A、B 项目的风险报酬率和必要报酬率。

7. 甲、乙两种证券的预计收益率及其概率分布如习表 3-3 所示。

证券收益率及其概率分布表　　　　　　　习表 3-3

概　率	甲证券收益率	乙证券收益率
0.15	-10%	0%
0.70	10%	5%
0.15	25%	8%

要求：

(1) 计算甲、乙证券的协方差与相关系数。

(2) 若甲、乙证券组合中，甲证券的投资比重为 60%，乙证券的投资比重为 40%，该组合的标准差为多少?

8. 已知国库券的利率为4%,市场证券组合的报酬率为12%。

要求:

(1)计算市场风险报酬率。

(2)当 β 值为1.5时,必要报酬率应为多少?

(3)如果一投资项目的 β 值为0.8,期望报酬率为9.8%,可否投资?

(4)如果某股票的必要报酬率为11.2%,其 β 值应为多少?

第四章 工程项目融资管理

本章导读: 工程项目融资是工程施工企业资金运作的起点,工程项目融资管理是工程财务管理的核心内容之一。本章主要介绍工程项目融资的含义和分类,各种可能的融资方式和渠道,以及资金成本相关理论和各类资金成本的计算方法,并从权益融资和负债融资两个方面对工程项目融资来源进行详细分析,在此基础上分析工程项目资金成本、资本结构及最优决策。

第一节 工程项目融资概述

一、工程项目融资的含义和分类

(一)工程项目融资的含义

工程项目融资是工程施工企业财务活动中的一项基本而又重要的活动。工程项目融资是指工程施工企业从自身经营现状及资金运用情况出发,根据项目建设要求、生产营运、对外投资及未来经营战略等发展需要,经科学的预测和决策,通过一定的渠道,采用适当的方式,向企业的投资者及债权人筹集资金,组织资金的供应,保证正常经营资金需要的一种经济行为。工程项目融资的特点是以项目预期现金流量为其债务资金(如银行贷款)的偿还提供保证的,换言之,工程项目融资用来保证项目债务资金偿还的资金来源,主要依赖于项目的净现金流量和项目本身的资产价值。

(二)工程项目融资的分类

1. 按资金追索权的大小分类

(1)无追索权项目融资。无追索融资是指在融资的任何阶段,贷款人对项目的借款人没有任何追索权,只能依靠项目所产生的收益及项目资产作为还本付息的来源。完全无追索的项目融资由于其操作十分复杂和低效,只在很少的情况下采用。

(2)有限追索权的项目融资。这是国际上普遍采用的一种项目融资形式,也是通常所说的项目融资。所谓有限追索,是指贷款人除依赖项目投产后所取得的收益及项目资产作为还款来源外,还可在项目单位资产上设定担保物权以及要求与项目完工有关的第三方提供各种担保,但各担保人对项目债务所负的责任,仅以各自所提供的担保金额或协议规定义务为限的一种融资形式。具体体现为:

①时间上的有限性。一般在项目的建设开发阶段,贷款人有权对项目发起人进行追索,而

通过完工验收后,项目进入正常营运阶段时,贷款人可能就变成无追索权了。

②金额上的有限性。在项目经营阶段,若不能生产足额的现金流量,其差额部分就向项目发起人追索,因此,是在金额上有限追索的。

③追索对象上的有限性。如果是通过单一目的项目公司进行的融资,则贷款人只能追索到项目公司,而不能对项目发起人追索,除了发起人为项目公司提供的担保外,在大多数项目融资中都是有限追索的。

2. 按资金的来源分类

(1) 权益资金。资金占有者以所有者身份向融资者投入非负债性资金形成项目公司的资本金或股东权益。权益资金可以吸收国家财政资金、项目公司内部形成资金、民间资金、境外资金等渠道的资金,可以采用吸收直接投资、发行股票、项目公司内部积累等方式进行筹集。

(2) 负债资金。融资者以负债方式向投资者融通各种债务资金。负债资金来源渠道主要有银行信贷资金、非银行金融机构资金、民间资金、境外资金等,可以采用银行借款、发行债券、商业信用、融资租赁等方式筹集。

3. 按是否通过金融机构进行分类

(1) 直接融资。它是指不经过银行等金融机构,直接从资金供应者手中筹集资金。发行股票、债券、票据等都属于直接融资方式。

(2) 间接融资。在有的情况下,金融机构可能为直接融资双方提供服务(如为股票或债券的发行者代理发行证券并代理支付股利或还本付息),此时金融机构只是在直接融资中提供中间业务的服务,它并不是筹资者,也不是投资者。在这种情况下,融资路线为间接融资,它指借助于银行等金融机构进行的融资,如银行借款、融资租赁、保险、信托等融资方式。

4. 按照资金使用的期限分类

(1) 长期资金。它是指所融资金使用期限在一年以上的资金。可通过吸收直接投资、发行股票、发行长期债券、长期银行借款、融资租赁等方式取得。

(2) 短期资金。它是指所融资金使用期限在一年以内的资金。一般可通过短期借款、商业信用等方式取得。

二、工程项目融资的动机和原则

不同的工程项目公司往往具有不同的融资动机,为了做好融资决策,提高融资的综合效益,工程项目公司的筹资活动也应遵循一定的原则。

(一) 项目融资的动机

(1) 创建动机。资金是项目公司持续从事生产经营活动的基本前提。任何项目公司,首先必须筹集足够的资本金,才有可能开展正常的生产经营活动。

(2) 发展动机。任何项目公司的发展,都是以资金的不断投放作保证。因为项目公司要发展,就需要不断扩大生产经营规模、不断更新设备和不断进行技术改造等,所有这些都离不开资金的支持。

(3) 调整资本结构动机。资本结构是指项目公司各种资金的构成及比例关系。任何项目公司都希望具有合理和相对稳定的资本结构,但由于在资本结构中任何项目及其数额(绝对额、相对额)的变化都可能会引起资本结构的变动,进而引起资本结构的不合理,项目公司就需要采用不同的融资方式筹集资金以调整其资本结构,使之趋于合理。

(4)外部环境变化。外部环境的任何变化都可能会影响到项目公司的经营。比如通货膨胀引起项目公司原材料价格上涨造成资金占用量的增加,从而增加资金需求等,因此,项目公司必须筹集资金来满足这些由于环境因素变动引起的资本需求。

(二)项目融资的基本原则

(1)规模适当原则。筹集资金的目的在于确保项目公司生产经营所必需的资金,不同时期企业的资金需求量并不是一个常数,企业财务人员要认真分析科研、生产、经营状况,采用一定的方法,预测资金的需要数量,合理确定融资规模。筹资的数量不能盲目地确定,必须做到以需定筹。若筹资不足,必然会影响其生产经营活动的正常开展;反之,又会造成资金闲置,降低资金的使用效率。因此,项目公司在筹资时必须掌握一个合理的规模,使资金的筹集量与需求量达到平衡。

(2)时机适宜原则。企业财务人员在筹集资金时必须熟知资金时间价值的原理和计算方法,以便根据资金需求的具体情况,合理安排资金的筹集时间,适时获取所需资金。这样,既能避免过早筹集资金形成资金投放前的闲置,又能防止取得资金的时间滞后,错过资金投放的最佳时间。

(3)经济效益原则。项目公司筹资渠道和筹资方式多种多样,不同筹资渠道和筹资方式的资金成本、筹资的难易程度、资金供给者的约束条件等可能各不相同,因此,项目公司必须认真研究各种筹资方式。不同筹资方式条件下的资金成本有高有低。为此,就需要对各种筹资方式进行分析、对比,选择经济、可行的筹资方式。

(4)结构合理原则。工程项目公司有多种不同的资金来源,不同来源的资金对工程项目公司风险程度的影响是不同的。合理的资金来源结构包括两个方面的内容:一是合理安排权益资本和债务资金的比例;二是合理安排长期资金和短期资金的比例。因此,项目公司在筹资过程中,应合理安排筹资结构,寻求筹资方式的最优组合,以便降低成本,减少风险。

三、融资渠道与融资方式

可能的资金来源是项目融资的基础,虽然有些融资工具目前还没有在项目融资中应用,但它们所具有的一些特征使它们在将来可能被应用到项目融资中。

(一)融资渠道和融资方式的关系

融资渠道是指取得资金的来源或途径,融资方式是指取得资金的具体方法和形式。二者既有区别又有联系,同一渠道的资金可采用不同的融资方式筹集,而同一融资方式下往往又可筹集到不同融资渠道的资金。因此,项目公司应认真分析研究各种融资渠道和各种融资方式的特点及适应性,将二者结合起来,以确立最优的资金结构。

(二)融资渠道

目前,随着金融市场的建立和完善,项目公司的融资渠道发生了显著的变化,正由单一渠道逐步向多渠道发展,由纵向渠道为主逐步向横向渠道为主转变。项目公司的融资渠道主要有：

(1) 政府资金。政府资金包括国家财政资金、外国政府贷款。国家财政具有稳定的基础，财政拨款无偿无息，是特定工程项目的重要资金来源；外国政府贷款，也称政府信贷，属于政府间的开发援助，偿还时间一般为 20～30 年，年利率只有 2%～3%，甚至无息，故政府贷款中赠予成分较高，一般为 50%～70%；外国政府贷款除了直接给予借款国的某一特定项目外，还可能与买方信贷混合使用。因此，对于项目建设需要进口的设备，可使用设备出口国的出口信贷获得资金融通。

(2) 银行等金融机构资金。银行等金融机构包括国内政策性银行、商业银行和国际金融机构。其中，国内政策性银行主要为符合国家政策扶持要求的特定项目提供政策性贷款；商业银行信贷资金因其资金来源广、贷款方式灵活能适应工程项目的资金需要，而成为项目融资最主要的资金来源，也是工程项目融资中最基本和最简单的债务资金形式。国际金融机构的贷款通常带有一定的优惠性，利率较国际商业银行贷款利率低、期限较长，且相比政府信贷而言，贷款资金不附有设备采购对象的限制条款等。

(3) 非银行金融机构的资金。非银行金融机构包括：信托投资公司、保险公司、金融租赁公司、项目公司集团的财务公司、基金公司等。虽然非银行金融机构财力比银行小，但资金供应比较灵活方便，而且还提供有关融资的服务，所以这种融资渠道具有广阔的发展前景。

(4) 民间资金。项目公司职工和城乡居民手中暂时不用的节余货币数额巨大，项目公司可采取合理的方式，充分利用这一大有潜力的资金来源。

(5) 项目公司内部形成资金。项目公司内部形成的资金，主要是计提折旧、资本公积金、提取的盈余公积、未分配利润而形成的资金等。

(三) 融资方式

融资方式是指筹集资金所采取的具体形式。认识融资方式的种类及其特点，有利于项目公司了解不同融资方式的融资成本和融资风险，从而选择适宜的融资方式。在一个健全的金融市场上，工程项目公司可以通过多种方式获得投资或发展所需要的资金，主要包括吸收直接投资、发行股票、银行借款、商业信用、发行债券、租赁、工程项目公司内部积累等。

(1) 发行股票。发行股票是股份有限公司筹措主权资金的一种基本形式。

(2) 吸收直接投资。吸收直接投资是指非股份公司以协议等形式吸收国家、其他法人单位、个人和外商等直接投入资金，形成项目公司资本金的一种融资方式。

(3) 银行借款。银行借款是指项目公司根据借款合同向银行以及非银行金融机构借入的、并按规定日期还本付息的款项，是项目公司筹集长、短期借入资金的主要方式。

(4) 商业信用。商业信用是指商品交易中以延期付款或预收款方式进行购销活动而形成的借贷关系。它是项目公司之间的直接信用行为，是项目公司筹集短期借入资金的一种重要方式。

(5) 发行债券。债券是指依法定程序发行，约定在一定期限内还本付息的有价证券。虽然目前发行债券的数额受到控制，但未来债券融资必定会成为项目公司筹集中长期资金的重要方式。

(6) 租赁。租赁是指出租人以收取租金为条件，在契约或合同规定的期限内，将资产租借给承租人使用的一种信用业务。租赁融资是项目公司筹集长期借入资金的一种特殊方式。

(7)工程项目公司内部积累。

第二节　权益性资金融资方式

权益性资金融资是指通过出让所有者权益获得资金,所获得的资金称为权益资本。具体到工程项目融资来讲,权益资本是投资主体投入项目的资本,在我国称为项目资本金。权益融资的主要方式有吸收直接投资、普通股、优先股、认股权证、优先认股权、项目公司内部积累等。

一、吸收直接投资

吸收直接投资(以下简称吸收投资)是指企业或工程项目公司直接吸收国家、法人、个人投入资金的一种筹资方式。吸收投资中的出资者都是企业的所有者,他们对企业具有经营管理权。

(一)吸收直接投资的种类

按照投资主体的不同,采用吸收直接投资方式筹集的资金一般可以分为:政府授权投资机构入股资金、国内外企业入股资金、社会团体和个人入股资金、基金投资公司入股资金等,从而形成国家资本金、法人资本金、个人资本金和外商资本金等资本金种类。

(1)吸收国家投资。国家投资是指有权代表国家投资的政府部门或者机构以国有资产入股,这种情况下形成的资本叫做国有资本。吸收国家投资是国有企业筹集自有资金的主要方式。根据《企业国有资本与财务管理暂行办法》的规定,国家对企业注册的国有资本实行保全原则。企业在持续经营期间,对注册的国有资本除依法转让外,不得抽回,并且以出资额为限承担责任。吸收国家投资一般具有以下特点:

①产权归属国家;

②资金的运用和处置受国家约束较大;

③在国有企业中应用比较广泛。

(2)吸收法人投资。法人投资是指法人单位以其依法可以支配的资产投入企业,这种情况下形成的资本叫做法人资本。吸收法人资本一般有如下特点:

①发生在法人单位之间;

②以参与企业利润分配为目的;

③出资方式灵活多样。

(3)吸收个人投资。个人投资是指社会个人或本企业内部职工以个人合法财产投入企业,这种情况下形成的资本成为个人资本。吸收个人资本一般有如下特点:

①参加投资的人员很多;

②每人投资的数额相对较少;

③以参与企业利润分配为目的。

(二)吸收直接投资的出资方式

企业在采用吸收投资方式筹集资金时,投资者可以用现金、厂房、机器设备、无形资产等作为投资。

（1）以现金出资。以现金出资是吸收投资中最重要的出资方式。有了现金便可以获取其他资源。吸收投资中所需投入现金的数额，取决于投入的实物、工业产权之外尚需多少资金来满足项目启动开支和运营的需要。

（2）以实物财产出资。以实物财产出资就是投资者以厂房、建筑物、设备等固定资产和原材料、商品等流动资产所进行的投资。一般来说，企业吸收的实物资产应符合以下条件：

①确为企业科研、生产、经营所需要；

②技术性能比较好；

③作价公平合理。

实物资产的作价方法应按照国家相关规定执行。

（3）以工业产权出资。以工业产权出资是指投资者以专有技术、商标权、专利权等无形资产所进行的投资。企业在吸收工业产权投资时需谨慎，应进行认真的可行性研究。因为工业产权投资实际上是把有关技术资本化了，而技术具有时效性，因其不断老化而导致不断贬值，风险较大。

（4）以土地使用权出资。土地使用权是按有关法规和合同规定使用土地的权利。企业吸收土地使用权应遵循：

①企业生产、销售活动所需要；

②交通、地理条件适宜；

③作价公平合理。

（三）吸收直接投资融资的优缺点

吸收直接投资方式进行融资的优点在于：

（1）有利于增强企业或项目的信誉。利用吸收直接投资所筹集的资金属于自有资金，能增强企业或项目的信誉和借款能力。

（2）有利于尽快开拓市场。能直接获得投资者的先进设备和先进技术，尽快形成生产能力，有利于尽快开拓市场。

（3）有利于降低财务风险。根据项目建成投产后的实际盈亏状况向投资者支付报酬，建成后运营的企业没有固定的财务负担，故其财务风险较小。

吸收直接投资融资的缺点在于：

（1）吸收直接投资支付的资金成本较高。

（2）吸收直接投资容易分散企业的控制权。

二、股票融资

股票是一种有价证券，它是项目公司向其出资者签发的出资证明或股份凭证。股票一经发行，持有者即为发行公司的股东，有权参与公司的决策，分享公司的利益，同时也要通过证券市场将股票转让和出售。作为交易对象和抵押品，股票已经成为金融市场上主要的、长期的信用工具，但实质上股票只是代表股份资本的所有权证书，它本身没有任何价值，不是真实的资本，而是一种独立于实际资本之外的虚拟资本。

(一)股票的分类

(1)按股东享有的权利不同,股票可分为普通股和优先股。普通股是构成股份公司最基本的股份。普通股是项目公司发行的具有管理权、股利不固定的股票,具有股票的一般特征,是公司资本的最基本部分。优先股是一种兼具普通股股票和债券特点的混合性有价证券,它属于股权性资本,但却兼具债券的性质。

(2)按股票是否记名,可分为记名股和不记名股。记名股是在股票票面上记载股东姓名或名称的股票。不记名股是票面上不记载股东姓名或名称的股票。这类股票的持有人即股份的所有人,具有股东资格,股票的转让相对自由,无需办理过户手续。

(3)按股票是否标明金额,可分为面值股票和无面值股票。面值股票是在票面上标有一定金额的股票。无面值股票是不在票面上标出金额,只载明所占公司股本总额的比例或股份数的股票。

(4)按发行对象和上市地区的不同,可将股票分为A股、B股、H股、N股和S股等。A股是供我国大陆地区个人或法人买卖,以人民币标明票面金额并以人民币认购和交易的股票。B股、H股、N股和S股是专供外国和我国港、澳、台地区投资者买卖,以人民币标明票面金额但以外币认购和交易的股票。其中,B股在上海、深圳上市;H股在香港上市;N股在纽约上市;S股在新加坡上市。

此外,在我国股票市场中还存在ST(special treatment)股票。当上市公司出现财务状况或其他状况异常,导致投资者对该公司前景难以判定,可能损害投资者权益时,交易所将对其股票交易实行特别处理。其中"财务状况异常"是指:①最近两个会计年度净利润为负;②每股净资产低于面值。

(二)普通股融资

1. 普通股股东的权利

普通股股票的持有人叫做普通股股东,普通股股东一般有以下权利。

(1)公司管理权。普通股股东具有对公司的管理权。对于大公司来说,普通股股东成千上万,不可能每个人都直接对公司进行管理,普通股股东的管理权主要体现为在董事会选举中有选举权和被选举权。通过选出的董事会代表所有股东对企业进行控制和管理。具体来说,普通股股东的管理权主要表现为:

①投票权。普通股股东有权投票选举公司董事会成员并有权对修改公司章程、改变公司资本结构、批准出售公司的重要资产、吸收或兼并其他公司等重大问题进行投票表决。

②查账权。从原则上讲,普通股股东有查账权。但由于保密原因,这种权利受到限制,但股东可以委托会计师事务所进行审计。

③阻止越权的权利。当公司管理当局越权经营时,股东有权阻止。

(2)分享盈余权。分享盈余是普通股股东的一项基本权利。盈余分配方案由股东大会决定,每一个会计年度由董事会根据企业的盈利数额和财务状况来决定分发的股利为多少,并经由股东大会批准通过。

(3)出让股份权。股东有权出售或转让股票,这也是股东的一项基本权利。股东出让股票的原因可能是出于对公司的选择,例如,有的股东同管理当局的意见不一致,又没有足够的力量对管理当局进行控制,便售出股票而购买其他公司股票;也可能是出于对报酬的考虑,例如,有的股东认为现有股票的报酬低于所期望的报酬,便出售现有的股票,寻求更有利的投资机会;还可能是出于对资金的需求,例如,有的股东可能某些原因需要大量现金,因而出售股票变现。

(4)优先认股权。当公司增发普通股票时,原有股东按持有公司股票的比例,优先认购新股票。这主要是为了使现有股东保持在公司股份中原来所占的比例,以保证控制权。

(5)剩余财产要求权。当公司破产清算时,普通股股东对剩余财产有要求权。但是,公司破产清算的财产变价收入首先要用来清偿债务,然后支付优先股股东,最后才能分配给普通股股东。所以,事实上破产清算时普通股股东很少能分到剩余财产。

2. 普通股融资的优缺点

普通股融资的优点主要表现在:

(1)普通股没有到期日,是一项永久性资本来源,除非公司清算时才予以偿还(但公司可在允许的条件下,通过二级市场回收股票)。项目公司可通过普通股获得稳定的永久性资金,完成公司长期资金计划,获得收益。

(2)没有固定利息负担。公司是否分配股利可以根据公司的盈余状况和投资状况灵活变动,没有固定的利息需要支付。

(3)降低公司的财务风险。普通股股票没有到期日,没有固定的股利负担,视公司的盈利状况而定,这自然可降低公司的财务风险。

(4)可提高公司的知名度。能够获准向公众发行股票,尤其是上市公司,可提高公司的知名度,增强公司的借债能力。

(5)融资限制小。利用优先股和债券融资,通常有许多限制,影响了经营灵活性。而普通股融资没有这些限制。

普通股融资的缺点主要表现在:

(1)可能会分散公司的控股权。普通股股东有投票表决权,持股比例达到一定水平后就可对投票结果产生较大影响,从而影响董事会组成或分配方案的通过与否,进而影响到公司重大决策。另外,当公司增发新普通股时,新股东的加入意味着原股东的持股比例相应下降,原股东对公司的控股权分散。

(2)融资成本较高。发行普通股需要投入大量的人力、物力和财力,一般而言,发行证券费用最高的是普通股,然后是优先股、公司债券;另一方面,公司支付给普通股股东的股利只能从税后利润中支付,这自然也就失去了像债券利息一样享受抵减税负的好处。

(3)可能导致股价下跌。增发新的普通股,可能会因新股东分享了公司的盈余降低了每股净收益而导致股价下跌。

(4)股票上市后要向社会披露信息,要接受证券监管部门的监管等。

(三)优先股融资

优先股是指与普通股股东相比具有一定的优先权,主要指优先分得股利和剩余财产。优先股股息固定,与债券特征相似,但优先股没有还本期限,又与普通股一样。另外,一般情况下,优先股没有投票表决权,无法参与公司的经营管理,因此,优先股可看做是一种特殊的股票。

1. 优先股的种类

股份公司发行优先股时,可根据需要附加不同条款,设计不同的优先股。

(1) 累积优先股和非累积优先股。累积优先股是指对过去欠发的优先股股利,公司有责任在后期累积补付,在未付清累积的优先股股利之前,不能派发普通股股利。非累积优先股则不需累积补发。可见,发行非累积优先股更有利于维护发行主体的利益。

(2) 参加优先股和非参加优先股。参加优先股指优先股股东按规定获取股息后,还有权与普通股股东一起参与剩余利润的分配。它又可分为全部参加优先股和部分参加优先股。实践中比较常见的多为非参加优先股。

(3) 可转换优先股和不可转换优先股。可转换优先股是指按照发行公司规定的条件和比例,在将来一定时期转换成公司其他证券的优先股。当公司盈利能力提高或欲拥有表决权时,优先股股东可选择将优先股转换成普通股。转换优先股赋予股东一种选择权,能增加对投资者的吸引力。

(4) 可赎回优先股和不可赎回优先股。可赎回优先股指公司可以按事先规定的赎回条款,按一定价格收回的优先股。赎回的价格是事先确定的,通常高于股票面值,以保护投资者的利益。

2. 优先股股东的权利

优先股的"优先权"是相对于普通股而言,这种优先权主要表现在以下几个方面:

(1) 优先分配股利的权利。这是优先股的主要特征。优先股通常有固定股利,一般按面值的一定百分比计算。另外,优先股股利除数额固定外,还必须在支付普通股股利之前予以支付。

(2) 优先分配剩余财产权。在企业破产清算时,出售企业资产所得收入,优先股位于债权人的求偿之后,先于普通股。

(3) 部分管理权。优先股股东的管理权是严格受限制的。通常在股东大会上优先股股东无权表决,但公司研究与优先股有关的问题时有权参加表决。

3. 优先股融资的优缺点

优先股融资的优点主要体现在:

(1) 没有固定到期日,不用偿还本金。事实上等于使用一笔无限期贷款,无偿还本金的义务,也无须做再筹资计划。但多数优先股附有收回条款,当财务状况较好时收回,较差时发行,有利于合理化公司的资本结构。

(2) 股利支付既固定,又有一定弹性。固定股利支付并不构成法定义务,当公司财务状况不佳时可暂不支付股利。优先股股东也不能像债权人一样迫使公司破产。

(3) 有利于公司增加信誉。优先股扩大了权益基础,可适当增加公司的信誉。

(4) 可产生财务杠杆作用。由于优先股股息固定,因此,当公司发行优先股而获得丰厚的利润时,普通股股东会享受到更多的利益。

优先股融资的缺点主要体现在:

(1) 筹资成本高。优先股股利也要从净利润中支付,没有债务利息的抵税作用,财务负担重。

（2）股息固定的义务可能影响企业的发展。固定了的优先股股利使公司无法根据需要保留更多的利润用于投资，从而对公司的利润分配形成负担。

（3）筹资限制多。发行优先股有着诸多限制条款。

（四）股票的发行方式、销售方式和发行价格

1. 股票的发行方式

（1）公募。公募又称公开发行，一般是指事先没有特定的发行对象向社会广大投资者公开推销股票的发行方式。采用这种方式，可以扩大股东的范围，分散持股，防止囤积股票或被少数人操纵，可以为以后筹集更多的资金打下基础，也可以增加股票的适销性和流动性。公开发行可以采用项目公司自己发售的方法，也可以通过金融机构代理发行。《中华人民共和国证券法》规定，公司公开发行新股需符合下列条件：

①具有持续盈利能力，财务状况良好；
②具备健全良好的组织结构；
③最近三年财务会计文件无虚假记载，无其他重大违法行为；
④经国务院批准的国务院证券监督管理机构规定的其他条件。

如果项目公司公开发行的股票可以在证券交易所自由交易，则可以向更大范围的社会公众筹集资金。股票上市有境内和境外之分。《中华人民共和国证券法》规定，以募集方式设立的股份公司申请上市，应当符合以下条件：

①股票经国务院证券监督管理机构核准已经公开发行；
②公司股本不少于人民币3 000万元；
③公开发行的股份达到公司股份总数的25%以上；公司股本总额超过人民币4亿元，公开发行股份的比例为10%以上；
④公司最近三年无重大违法行为，财务会计报告无虚假记载。

（2）私募。私募又叫非公开发行，是指发行者只对特定的发行对象推销股票的发行方式。通常在两种情况下采用：

①股东配股。股份公司按照股票面值向原有股东分配该公司的新股认购权，动员股东进行认购。这种新股发行价格往往低于市场价格，事实上成为对股东的一种优待，一般股东都乐于认购。如果股东不愿认购，可以放弃认购权，也可以把这种认购权转让他人，从而形成认购权交易。

②私人配售。它是指股份公司将新股票分售给股东以外的本公司职工、客户等与公司有关系的第三者。

与公开发行相比，私募发行的优点在于：
①避免了证券注册、招股说明书的印刷等一系列费用，发行费用相对较低；
②对于不够上市资格的公司来说，可以较快地达到募集到所需资本的目的；
③发行方式更为灵活，发行者可以有针对性地对发行条件加以修改以适应交易各方的要求。

与公开发行相比，私募发行的缺点在于：

①资本成本较高。私募发行的投资者与公开发行的投资者相比更倾向于要求更高的溢价。

②限制条款较多,经营灵活性受限。私募投资者一般会提出更为苛刻的限制性条款,并易于加强对公司经营的监督,限制了公司经营的灵活性,更可能会使公司被迫放弃一些有利的投资机会。

2.股票的销售方式

股票的销售方式,指发行主体向社会公开发行股票时所采取的销售方式。

(1)自销方式,发行主体直接将股票销售给认购者,不经过证券承销机构。这种发行方式可节约发行成本,但风险完全由发行公司承担。

(2)承销方式,指发行公司将股票销售业务委托给证券经营机构代理。这种销售方式是发行股票时所普遍采用的。《中华人民共和国公司法》规定,股份有限公司向社会公开发行股票,必须与依法设立的证券经营机构签订承销协议,由证券经营机构承销。股票承销包括包销和代销两种具体形式。

3.股票的发行价格

股票的发行价格是指投资者认购股票时所支付的价格。按照国际惯例,股票的最终发行价格通常有等价、时价和中间价三种。

①等价发行,即以股票的票面金额作为发行价格。这种发行方式,由于市价往往高于面额,溢价部分被投资者得到,但发行主体不能根据市场情况及时合理地调整发行价格。

②时价发行,即以流通市场上本公司股票的现行市价为基准确定股票发行价格。一般是高于票面额,属于溢价发行,时价发行使发行者能以相对少的股份融通到相对多的资金。

③中间价发行,即以股票票面金额和股票市价的中间值(不一定是简单平均数)为发行价格。对发行公司而言,实际上是将差价收益一部分归购买者所有,一部分归发行公司所有,达到既能吸引购买者,又能融通到所需资金的目的。我国股份公司对老股东配股时,基本上都采用这种方式。

《中华人民共和国公司法》规定,股票发行价格不得低于票面金额。按照《中华人民共和国公司法》的相关规定,股票只能溢价或等价发行,但不能折价发行。事实上,这三种发行价格的确定建立在一定分析方法的基础上,并结合因素调整而最终形成。

(1)新股发行定价中的影响因素

影响新股发行价格的因素大体可以分为两类,一类是内部因素,另一类是外部因素。

内部因素来自于公司内部,具体包括以下两方面的因素:

①可以估算公司股票内在价值的财务指标,如每股收益、现金流量等。利用这些因素可以采用定量分析方法来估算公司股票的内在价值。但由于计算中涉及的一些数据受各种主观因素的影响较大,其准确性较难把握,因而依据这些因素估算的结果只能作为新股定价的一个重要参考依据。

②对估算结果调整而必须考虑的内部因素,如公司二级市场的股票价格、未来的发展前景、风险水平等因素,这些因素在新股定价中常常起着关键的作用。

外部因素来自于宏观层面和相关利益主体两个方面。宏观层面的因素主要指经济周期、市场利率、市场对新股的需求状况、二级市场同类股票的市价等因素,这些因素公司无法控制,但对新股定价有时会产生显著的影响,公司制定发行价格时只能适应其变化,必须对发行价格作出相应的调整;相关利益主体主要指投资者、券商、公司、政府等,由于各相关利益主体的趋利行为,他们常常运用自身的力量,相互施加影响、讨价还价、妥协,从而在各利益主体之间达成某种一致,因此对股票发行价格的确定常常起着至关重要的作用,有时甚至是决定性的作用。

(2)新股内在价值的估算

新股发行价格一般建立在股票内在价值的基础上,而股票的内在价值实质是股票发行价格的底价,其确定方法主要有以下几种:

①市盈率法。市盈率法是根据拟发行上市公司的每股净收益和所确定的发行市盈率来决定发行底价的一种方法。这种方法由于简便易行,因此应用较为广泛。

②每股净资产倍率法。每股净资产倍率法是通过资产评估和相关会计手段确定发行公司拟募股资产的每股净资产,然后根据市场的状况将每股净资产乘以一定的溢价倍率以确定发行底价的一种方法。这种方法较为复杂,且人为因素作用大,在国外常用于房地产公司或资产现值要重于商业利益的公司新股价格确定,但我国一直未采用。

③每股净现值法。每股净现值法也称为现金流量折现法,它是通过预测公司每个项目未来若干年内每年的净现金流量,再按照市场公允的折现率,分别计算出每个项目未来净现金流量的净现值,之后将公司的净现值除以公司的股数,以每股净现值作为新股底价的一种方法。显然,这种方法依据现金流量估算内在价值较为科学,但人为因素很大。国际上,这种方法主要用于对新上市公路、港口、桥梁、电厂等基建公司的估值发行定价。因为此类公司的特点是前期投资大,初期回报不高,上市时的利润一般偏低,如果采用市盈率法估价则会低估其真实价值,而通过对公司未来现金流量的分析和预测能比较准确地反映公司的整体和长远价值。这种方法我国未采用。

实际中,新股定价应以公司内在价值为基础,如果偏离内在价值而制定的价格肯定是不合理的。一般公司以发行底价作为定价的下限,将公司或同类股票二级市场价格作为定价的上限,最终确定的新股价格应介于二者之间。

(3)新股发行定价的方法

实际中,新股发行定价常常采用以下几种方法。

①市盈率定价法。市盈率定价法是直接以市盈率确定的底价作为新股发行价格的一种定价方法,计算公式如下:

$$发行价格 = 每股净收益 \times 发行市盈率$$

式中,每股净收益可以按发行当时的每股税后收益计算,也可以根据发行之前若干年的每股税后收益,采用一定的方法加以计算;发行市盈率可以根据同行业已上市公司的市盈率和本身的各种财务指标加以估计。我国在1996~1999年之间一直采用此法确定股票的发行价格。

②协商定价法。协商定价法又称为议价法,是由股票发行人与主承销商协商确定发行价格的一种定价方法。协商的结果,可能会出现两种方式确定的价格。

一是固定价格方式。即发行人和主承销商在新股公开发行前商定出一个固定价格,然后根据这个价格进行公开发售的一种形式。在美国,当采用代销方式时,新股发行价格的确定采用固定价格方式,发行人和投资银行在新股发行前商定一个发行价格和最小及最大发行量,股票销售开始,投资银行尽力向投资者推销股票。如果在规定的时间和给定的价格下,股票销售额低于最低发行量,股票发行将被终止,已筹集的资本返还给投资者。

二是市场询价方式。这种方式首先采用一定的方法确定新股的内在价值和新股发行的价格区间,然后根据投资者的反馈订单修正初始价格并进行发售的一种形式。在西方,承销商推销股票时常常要进行路演。所谓路演是指由发行公司和承销商共同向投资者或机构投资者宣传新股的一种方法。路演过程中,通常向投资者发送预订邀请文件,征集在各个价位上的需求量,通过对投资者反馈回来的预订单进行统计,主承销商和发行人据此对最初的发行价格进行修正并最后确定新股的发行价格。这种定价方式在美国新股销售采用包销方式时普遍使用,这也是目前我国政策要求采用的定价方法。

③投标定价法。投标定价法又称竞价法,是由各股票承销商或者投资者以投标方式相互竞争确定股票发行价格的一种定价方法。在具体实施过程中,又可以分为以下三种方法。

一是网上投标定价法。该法是通过证券交易所电脑交易系统按集中竞价原则确定新股发行价格的一种方法。新股竞价发行申报时,主承销商作为唯一的"卖方",其卖出数为新股实际发行数,卖出价格为发行公司宣布的发行底价,投资者作为买方,以不低于发行底价的价格进行申报。

二是机构投资者投标定价法。该法采取对机构投资者配售和对一般投资者上网发行相结合的方式,通过机构投资者竞价来确定股票发行价格的一种方法。一般由主承销商确定发行底价,机构投资者根据自己的意愿申报申购价格和申购股数,申购结束后,由发行人和主承销商对机构投资者的有效预约申购数按照申购价格由高到低进行排序,根据事先确定的累计申购数量与申购价格的关系确定新股的发行价格。

三是券商投标定价法。该法在新股发行前,发行人事先通知股票承销商,对各承销商投标进行选择并确定发行价格的一种方法。通常发行人向各承销商说明新股发行计划、发行条件和对新股承销的要求。各承销商据此结合自己的实际情况拟定各自的标书,并以投标方式相互竞争,最终发行人根据中标标书中的价格来确定股票的发行价格。

第三节 负债资金融资方式

一、债券融资

债券是指公司依照法律程序发行,承诺按约定的日期支付利息和本金的一种书面债务凭证,是项目融资的一种重要形式。

(一)债券的基本要素

1.债券面值

(1)债券票面价值的币种,即债券以何种货币作为其计量单位。币种的选择要依据债券的发行对象和实际需要来确定。若发行对象是国内有关经济实体,可选择本币作为债券价值的计量单位;若发行对象是国外有关经济实体,可选择债券发行地国家的货币或国际通用货币作为债券价值的计量单位。

(2)债券的票面金额。不同的票面金额,可以对债券的发行成本、发行数额和持有者的分布产生不同的影响。如果票面金额较小,就会促进小额投资者的购买,但可能会增加发行费用,加大发行的工作量;如果票面金额较大,债券则会更多地被大额投资者持有,降低发行费用,减轻发行工作量,但是可能会减少债券的发行量。

2. 债券的期限

债券的期限是指从债券发行日起到偿清本息为止的时间。债券偿还期限的长短,主要取决于以下几个因素:

(1)债务人对资金需求的时限。足够的偿还期限,有利于保证债务人在规定的时间内,有相应的资金作为偿还的来源,这既维护了发行者信誉,也便于发行者从容调配使用资金。

(2)未来市场利率的变化趋势。一般来说,如果市场利率趋于下降,则多发行短期债券;如果市场利率趋于上升,则多发行长期债券,这样可以减少因市场利率上升而引起的工程项目融资成本增多的风险。

(3)证券市场交易的发达程度。如果交易市场发达,债券变现力强,购买长期债券的投资者就多,发行长期债券就会有销路;反之,如果交易市场不发达,债券不能自由兑现,投资者便会倾向于短期债券,长期债券就难有销路。近些年来,由于利率和汇率剧烈波动,许多投资者都不愿投资于还本期限太长的债券,因而,债券的期限有日益缩短的趋势。在债券的期限内,公司必须定期支付利息,债券到期时,必须偿还本金,也可按规定分批偿还或提前一次偿还。

3. 债券的利率

债券的利率是债券的年利息与债券面值的比率,也称为票面利率。即债券的利息与债券票面价值的比率。例如,某种债券利率为10%,即表示每认购100元的债券,每年就可获得10元的利息。影响债券利率的因素主要有银行利率水平;发行者的资信状况;债券的偿还期限和资金市场的资金供求情况等。

(1)银行利率水平提高时,债券利率水平也要相应提高,以保证人们会去购买债券而不把钱存入银行。

(2)发行者的资信状况良好,债券的信用等级高,表明投资者承担的违约风险降低,作为债券投资风险的补偿的债券利率也可以定得低些;反之,信用等级低的债券,则要通过提高债券利率来增加吸引力。

(3)偿还期长的债券,流动性差,变现能力弱,其利率水平则可高一些;偿还期短的债券,流动性好,变现力强,其利率水平便可低一些。

(4)资金市场上的资金充裕时,发行债券利率便可低些;当资金市场上的资金短缺时,发行债券利率便可高一些。

4. 计息方式

计息方式有单利计算和复利计算。

5. 付息方式

付息方式有半年一次、一年一次或到期一次付清本利,这会导致票面利率和实际利率的差异。

6. 债券的价格

理论上,债券的面值就应是它的价格,事实上并非如此。由于发行者的种种考虑或资金市场上供求关系、利息率的变化,债券的市场价格常常脱离它的面值,有时高于面值,有时低于面值。

(1)债券的发行价格。债券的发行价格是指债券发行时确定的价格。债券的发行价格可能不同于债券的票面金额。当债券的发行价格高于票面金额时,称为溢价发行;当债券发行价格低于票面金额时,称为折价发行;当债券发行价格等于票面金额时,称为平价发行。债券的发行价格通常取决于二级市场的交易价格以及市场的利率水平。

(2)债券的交易价格。债券离开发行市场进入流通市场进行交易时,便取得交易价格。债券的交易价格随市场利率和供求关系的变动而波动,同样可能偏离其票面价值。

(二)债券的分类

(1)按发行主体不同分为政府债券、金融债券和公司债券。

①政府债券。政府债券是由政府作为发行主体,为筹集资金向社会公众发行的债务凭证,包括国家债券和地方政府债券。政府债券对于保障国家非营利性基础设施建设具有重要作用。

②金融债券。金融债券是由商业银行等金融机构作为发行主体,为筹集资金而向社会公开发行的债券。金融债券具有和政府债券一样可流通转让、不可提前支取、面额固定以及利息一般固定的特点。金融债券利率一般要高于同期存款利率,这就会增加金融机构的融资成本,继而会加重借款人的利息负担。金融债券的票面利率介于国家债券和公司债券之间。

③公司债券。公司债券是项目公司作为发行主体为项目建设和经营发展而发行的债券,也称为企业债券。与其他债券相比,企业债券的利率较高。

(2)按债券是否记名,分为记名债券和无记名债券。

①记名债券。记名债券是指在券面上注明债权人姓名或名称,同时在发行公司的债权人名册上进行登记的债券。转让记名债券时,除要交付债券外,还要在债券上背书和在公司债权人名册上更换债权人姓名或名称。投资者需凭印鉴领取本息。这种债券的优点是比较安全,缺点是转让时手续复杂。

②无记名债券。无记名债券是指债券票面未注明债权人姓名或名称,也不用在债权人名册上登记债权人姓名或名称的债券。无记名债券在转让同时随即生效,无须背书,因而比较方便。

(3)按发行人有无抵押品作为还款担保,分为抵押债券和信用债券。

①信用债券。信用债券又称无抵押担保债券,是仅凭债券发行者的信用发行的、没有抵押品作抵押或担保人作担保的债券。企业发行信用债券往往有许多限制条件,这些限制条件中最重要的称为反抵押条款,即禁止企业将其财产抵押给其他债权人。由于这种债券没有具体财产作抵押,因此,只有历史悠久,信誉良好的公司才能发行这种债券。

②抵押债券。抵押债券是指以一定抵押品作抵押而发行的债券。这种债券在西方比较常见,当企业没有足够的资金偿还债券时,债权人可将抵押品拍卖以获取资金。抵押债券按抵押物品不同,又可分为不动产抵押债券、设备抵押债券和证券抵押债券。抵押债券是指以公司财产作为担保而发行的一种公司债券。信用债券是指没有抵押品,完全靠公司良好的信誉而发行的债券。

(4)按偿还期限的长短,分为短期债券、中期债券和长期债券。

偿还期限在1年或1年以内的,称为短期债券;偿还期限在1年以上、10年以下的,称为中期债券;偿还期限在10年以上的,称为长期债券。

(5)按利率的不同,可分为固定利率债券和浮动利率债券。

固定利率债券的息票率是固定的,不随市场利率的变化而变化;浮动利率债券一般根据3个月或6个月的伦敦同业拆放利率(LIBOR)加一定的利差进行波动,随着市场利率的变化而变化。

(6)按债券利息支付方式,分为一般附息债券和贴现债券。

附息债券的票面上带有支付利息的息票,在指定的地点和规定的日期内凭息票领取利息。贴现债券在发行时按低于票面金额发行,具有贴现性质,在整个债券寿命期间不再付利息,到期日按债券面值金额偿还。偿还价格与发行价格的差额就相当于利息。

(7)按发行对象的国别,分为境内债券和境外债券。

(8)债券的其他分类。除按上述几种标准分类外,还有其他一些形式的债券,这些债券主要有:

①可转换债券。可转换债券是指在一定时期内,可以按规定的价格或一定比例,由持有人自由地选择转换为普通股的债券。

②可赎回债券。可赎回债券指的是可以在到期日以前,按债券发行时的规定条件,提前偿还部分或全部的债券本金。

(三)发行债券的条件

我国《公司法》规定,发行公司债券,必须符合下列条例:

(1)股份有限公司的净资产不低于人民币3 000万元,有限责任公司的净资产不低于人民币6 000万元;

(2)累计债券余额不超过公司净资产的40%;

(3)最近3年平均可分配利润足以支付公司债券1年的利息;

(4)筹集的资产投向符合国家产业政策;

(5)债券的利率不超过国务院限定的利率水平;

(6)国务院规定的其他条件。

发行公司债券筹集的资金,必须用于审批机关批准的用途,不得用于弥补亏损和非生产性支出。

公司申请公司债券上市交易,应满足以下条件:

(1)公司债券的期限为1年以上;

(2)公司债券实际发行额不少于人民币5 000万元;

(3)公司申请债券上市时仍符合法定的公司债券发行条件。

(四)债券的发行价格

债券的发行价格是指债券发行时使用的价格,也即投资者在发行市场上购买债券时实际支付的价格。债券的发行价格通常有三种:等价、折价、溢价。等价发行又叫面值发行,是指债券的发行价与债券的票面金额相等。溢价是指债券的发行价高于债券的票面金额。折价是指债券的发行价低于债券的票面金额。这是因为在发行市场上,票面利率一经标定在债券上,就无法更改,而市场利率是随时会发生变化的,为了在债券发行时,使发行主体的发行成本与投资者的投资收益合理化,发行主体就需要调整其发行价格,即当票面利率高于市场利率时,以溢价发行债券;当票面利率低于市场利率时,以折价发行债券;当票面利率等于市场利率时,以平价发行债券。在我国,目前债券以平价发行为主。

在按期付息,到期一次还本,且不考虑发行费用的情况下,债券发行价格的计算公式为:

$$债券发行价格 = 票面金额 \times (P/F,i,n) + 票面金额 \times r \times (P/A,i,n) \quad (4-1)$$

式中:n——债券期限;

i——市场利率;

r——票面利率。

如果企业发行不计复利、到期一次还本付息的债券,则其发行价格的计算公式为:

$$债券发行价格 = 票面金额 \times (1 + r \cdot n) \times (P/F,i,n) \quad (4-2)$$

【例 4-1】 某项目公司发行面值为 1 000 元,利息率为 10%,期限为 10 年,每年年末付息的债券,到期一次还本。如果到债券正式发行时,市场上的利率发生变化:降至 5%,升至 15%,保持原 10% 的利率水平,那么该项目公司该如何调整债券的发行价格?

现按以下三种情况分别讨论。

(1)资金市场上的利率有较大幅度的下降,达到 5%,票面利率高于市场利率,则可采用溢价发行。发行价格为:

$1\,000 \times (P/F,5\%,10) + 1\,000 \times 10\% \times (P/A,5\%,10)$

$= 613.91 + 100 \times 7.721\,7$

$= 1\,386.08(元)$

(2)资金市场上的利率有较大幅度的上升,达到 15%,票面利率低于市场利率,为折价发行。发行价格为:

$1\,000 \times (P/F,15\%,10) + 1\,000 \times 10\% \times (P/A,15\%,10)$

$= 247.18 + 100 \times 5.018\,8$

$= 749.06(元)$

(3)资金市场上的利率保持不变,票面利率等于市场利率,则可采用等价发行。债券的发行价格为:

$1\,000 \times (P/F,10\%,10) + 1\,000 \times 10\% \times (P/A,10\%,10)$

$= 385.55 + 100 \times 6.144\,6$

$= 1\,000(元)$

(五)债券融资的优缺点

1. **债券融资的优点**

(1)资金成本较低。利用债券融资的成本要比股票融资的成本低。这主要是因为债券的发行费用较低,债券利息在税前支付,具有抵税作用。因此,债券的资金成本一般低于权益资金的融资成本。

(2)不影响普通股股东的控制权。债券是一种债权凭证,债券持有人只享有按期收本利的权利,无权参与公司的经营管理,无投票表决权,因此,不会影响项目公司股东控股权。

(3)可以发挥财务杠杆作用。债券的利率一般是固定的,无论发行公司盈利状况如何,公司只需向持有人支付固定的利息,而更多的收益可用于分配给股东,增加其财富,或留归企业以扩大经营。

2.债券融资的缺点

(1)筹资风险高。债券有固定的到期日,并定期支付利息。利用债券筹资,要承担还本付息的义务,一旦发行主体的资金周转出现困难,可能因无法履约而陷入困境,甚至可能破产。

(2)限制条件多。发行债券的契约书中往往有一些限制条款。这种限制比优先股及短期债务严得多,可能会影响企业的正常发展和以后的筹资能力。

(3)筹资额有限。利用债券筹资有一定的限度,当公司的负债比率超过了一定程度后,债券筹资的成本要迅速上升,有时甚至会发行不出去。

二、长期借款融资

长期借款是指项目公司向银行和其他金融机构借入的、使用期限在一年以上的资金,主要用于固定资产投资和长期流动资产投资等方面的需要。

(一)长期借款的分类

按照不同的标准,长期借款可进行不同的划分。

(1)根据提供贷款的机构,分为政策性银行贷款、商业银行贷款、保险公司及信托投资贷款。政策性银行贷款一般是指执行国家政策性贷款业务的银行向企业发放的贷款。如国家开发银行为满足企业承建国家重点建设项目的资金需要提供贷款;进出口信贷银行为大型设备的进出口提供买方或卖方信贷。商业银行贷款是指由各商业银行向工商企业提供的贷款。这类贷款主要为满足企业生产经营的资金需要。此外,企业还可从保险公司、信托投资公司取得实物或货币形式的信托投资贷款,从财务公司取得各种贷款等。

(2)根据借款用途,可分为固定资产投资贷款、固定资产更新改造贷款、科技开发和新产品试制贷款。

(3)按借款是否需要担保,银行借款可以分为信用借款和抵押借款。信用借款是指以借款人的信誉为依据而获得的借款。企业取得这种借款,无须以财产作抵押,这种方式的优点是手续简便,但对于发放贷款的金融机构而言,缺乏安全保障,因此,这类借款一般是信用等级较高的项目公司才能获得。抵押借款是指以特定的抵押品为担保的借款。长期借款的抵押品常常是房屋、建筑物、机器设备、股票、债券等。

(二)银行借款融资的程序

企业向银行借款,通常要经过以下步骤。

(1)企业提出借款申请。企业向银行借入资金,必须向银行提出申请,填写包括借款金额、借款用途、偿还能力以及还款方式等主要内容的《借款申请书》,并提供以下资料:

①借款人及保证人的基本情况。

②财政部门或会计师事务所核准的上年度财务报告。

③原有的不合理借款的纠正情况。

④抵押物清单及同意抵押的证明,保证人拟同意保证的有关证明文件。

⑤项目建议书和可行性报告。

⑥贷款银行认为需要提交的其他资料。

(2) 银行审查借款申请。银行接到企业的申请后,要对企业的申请进行审查,以决定是否对企业提供贷款。这一般包括如下几个方面:

①对借款人的信用等级进行评估。

②进行相关调查。贷款人受理借款人的申请后,应当对借款人的信用及借款的合法性、安全性和盈利性等情况进行调查,核实抵押物、保证人情况,测定贷款的风险。

③贷款审批。

(3) 银企签订借款合同。为了维护借贷双方的合法权益,保证资金的合理使用,企业向银行借入资金时,双方签订借款合同。借款合同主要包括如下四方面内容:

①基本条款。这是借款合同的基本内容,主要规定双方的权利和义务。具体包括借款数额、借款方式、款项发放的时间、还款期限、还款方式、利息支付方式、利息率的高低等。

②保证条款。这是保证款项能顺利归还的一系列条款,包括借款按规定的用途使用、有关的物资保证、抵押财产、担保人及其责任等内容。

③违约条款。这是对双方若有违约行为时应如何处理的条款,主要载明对企业逾期不还或挪用贷款等如何处理和银行不按期发放贷款的处理等内容。

④其他附属条款。这是与借贷双方有关的其他条款,如双方经办人、合同生效日期等条款。

(4) 企业取得借款。双方签订借款合同后,贷款银行要按合同的规定按期发放贷款,企业便可取得相应的资金。贷款人不按合同约定按期发放贷款的,应偿付违约金。借款人不按合同的约定用款的,也应偿付违约金。

(5) 企业还本付息。企业应按借款合同的规定,按时、足额归还借款本息。一般而言,贷款银行会在短期贷款到期一个星期之前,中长期贷款到期一个月之前,向借款的企业发送还本付息通知单。企业在接到还本付息通知单后,要及时筹备资金,按期还本付息。如果企业不能按期归还借款,应在借款到期之前,向银行申请贷款展期,但是否展期,由贷款银行根据具体情况决定。

(三) 长期借款的利率及偿还方式

由于长期借款涉及的金额大、期限长,因此,项目公司应预先对借款的偿还做好安排。常见的偿还方式有:到期一次还本付息;分期付息,到期还本;定期偿还本金和利息等。无论采用何种方式偿还借款,项目公司都应计算出每年需支付的利息和偿还的本金,利息作为财务费用在税法允许的范围内可抵减所得税,本金用税后利润偿还,这些都可通过编制还款计划表来完成。

(四) 长期借款融资的优缺点

1. 长期借款融资的优点

(1) 融资速度快。发行各种证券筹集长期资金所需时间一般较长。做好证券发行的准备,如印刷证券、申请批准等,以及证券的发行都需要一定时间。而银行借款与发行证券相比,一般所需时间较短,在借贷双方协商签订合同后,可以迅速地获取资金。

(2)筹资成本低。就目前我国情况来看,利用银行借款所支付的利息比发行债券所支付的利息低;另外,也无须支付大量的发行费用,长期借款的利息可在所得税前支付,具有抵税作用。

(3)借款弹性好。企业与银行可以直接接触,可通过直接商谈,来确定借款的时间、数量和利息。在借款期间,如果企业情况发生了变化,也可与银行进行协商。修改借款的数量和条件。借款到期后,如有正当理由,还可延期归还。

(4)具有财务杠杆的作用。长期借款的利息相对普通股而言是固定的,故与债券融资、优先股融资类似,具有财务杠杆的作用,即当项目公司获得丰厚的利润时,普通股股东会享受到更多的利益。

(5)不影响普通股股东的控制权。由于提供长期借款的贷款人无权参与项目公司的经营管理,无投票表决权,因此,不会影响项目公司股东的控股权。

2. 长期借款融资的缺点

(1)财务风险大。既是借款,就需要按期还本付息,长期借款虽然期限较长,但也必须按期归还本金和利息,当项目公司经营业绩不佳时,借款的偿付会增大项目公司的财务风险,甚至会导致破产。

(2)限制条款较多。企业与银行签订的贷款合同中,一般都有一些限制条款,如定期报送有关报告、不准改变借款用途等,这些条款可能会限制企业的经营活动。

(3)筹资数额有限。银行一般不愿借出巨额的长期借款。因此,利用银行借款筹资都有一定的上限,不能像发行股票那样在大范围内筹集大额的资金。

三、融资租赁

(一)融资租赁的含义

租赁是指出租人在承租人给予一定报酬的条件下,授予承租人在约定的期限内占有和使用财产权利的一种契约性行为。融资租赁又称财务租赁,是区别于经营租赁的一种长期租赁形式,由于它可满足企业对资产的长期需要,故有时也称为资本租赁。融资租赁是现代租赁的主要形式。

(二)融资租赁的特点

融资性租赁的特点是:租赁设备是由承租人选择的,而不是由出租人选择的;出租人保留设备的所有权;在整个租赁期间,承租人具有独占使用设备的权力;承租人负责设备的维修和保险;由于设备是按照承租人的要求,由出租人购买,则设备的合适性和其他条件由承租人负责;在租赁期满时,承租人可选择:或将设备续租,或将设备买下来,或将设备退还出租人。

(三)融资租赁的形式

融资租赁可细分为如下三种形式。

1. 售后租回

根据协议,企业将某资产卖给出租人,再将其租回使用。资产的售价大致为市价。采用这种租赁形式,出售资产的企业可得到相当于售价的一笔资金,同时仍然可以使用资产。当然,在此期间,该企业要支付租金,并失去了财产所有权。从事售后租回的出租人为租赁公司等金融机构。

2. 直接租赁

直接租赁是指承租人直接向出租人租入所需要的资产,并付出租金。直接租赁的出租人主要是制造厂商、租赁公司。除制造厂商外,其他出租人都是从制造厂商购买资产出租给承租人。

3. 杠杆租赁

杠杆租赁要涉及承租人、出租人和资金出借者三方当事人。从承租人的角度来看,这种租赁与其他租赁形式并无区别,同样是按合同的规定,在基本租赁期内定期支付定额租金,取得资产的使用权。但对出租人却不同,出租人只出购买资产所需的部分资金(如30%),作为自己的投资;另外以该资产作为担保向资金出借者借入其余资金(如70%)。因此,它既是出租人又是借款人,同时拥有对资产的所有权,既收取租金又要偿付债务。如果出租人不能按期偿还借款,那么资产的所有权就要转归资金出借者。

(四)融资租赁的程序

1. 选择租赁公司

企业决定采用租赁方式取得某项设备时,首先需了解各个租赁公司的经营范围、业务能力以及与其他金融机构的关系和资信情况,取得租赁公司的融资条件和租赁费率等资料,并加以比较,从而择优选定。

2. 办理租赁委托

企业选定租赁公司后,便可向其提出申请,办理委托。这时,筹资企业需填写"租赁申请书",说明所需设备的具体要求,同时还要提供企业的财务状况文件,包括资产负债表、利润表和现金流量表等。

3. 签订租赁协议

由承租企业与租赁公司的一方或合作组织选定设备制造厂商,并与其进行技术与商务谈判,签署购货协议。租赁合同系由承租企业与租赁公司签订,它是租赁业务的重要法律文件。融资租赁合同的内容可分为一般条款和特殊条款两部分。

(1)一般条款

一般条款主要包括:

①合同说明,主要明确合同的性质、当事人身份、合同签订的日期等。

②名词解释,释义合同中重要名词以避免歧义。

③租赁设备条款,详细列明租赁设备的名称、规格型号、数量、技术性能、交货地点及使用地点等。

④租赁设备交货、验收和税款、费用条款。

⑤租期和起租日期条款。

⑥租金支付条款,规定租金的构成、支付方式和货币名称。

(2)特殊条款

特殊条款主要规定：
①购货合同与租赁合同的关系。
②租赁设备的所有权。
③租期中不得退租。
④对出租人免责和对承租人保障。
⑤对承租人违约和出租人补救。
⑥设备的使用和保管、维修和保养。
⑦保险条款。
⑧租赁保证金和担保条款。
⑨租赁期满对设备的处理条款等。

4. 办理验货与投保

承租企业收到租赁设备要进行验收。验收合格，签发交货及验收证书并提交给租赁公司，租赁公司据以向厂商支付设备价款；同时，承租公司向保险公司办理投保事宜。

5. 支付租金

承租企业按合同规定的租金数额、支付方式等，向租赁公司支付租金。

6. 处理租赁期满的设备

融资租赁合同期满时，承租企业应按租赁合同的规定，实行退租、续租或留购。租赁期满的设备通常都以低价卖给承租企业或无偿赠送给承租企业。

(五) 融资租赁租金的计算

在租赁融资方式下，承租企业要按合同规定向租赁公司支付租金。租金的数额和支付方式对承租企业的未来财务状况具有直接的影响，也是租赁筹资决策的重要依据。

1. 融资租赁租金的构成

融资租赁的租金包括设备价款和租息两部分，其中，租息又可分为租赁公司的融资成本、租赁手续费等。

(1) 设备价款是租金的主要内容，它由设备的买价、运杂费和途中保险费等构成。

(2) 融资成本是指租赁公司为购买租赁设备所筹资金的成本，即设备租赁期间的利息。

(3) 租赁手续费包括租赁公司承办租赁设备的营业费用和一定的盈利。租赁手续费的高低一般无固定标准，可由承租企业与租赁公司协商确定。

2. 租金的支付方式

租金的支付方式也影响到租金的计算。租金通常采用分次支付等方式，具体又分为以下几种类型：

(1) 按支付时期的长短，可以分为年付、半年付、季付和月付等方式。

(2) 按支付时期先后，可以分为先付租金和后付租金两种。先付租金是指在期初支付；后付租金是指在期末支付。

(3) 按每期支付金额，可以分为等额支付和不等额支付两种。

3. 租金的计算方法

在我国融资租赁业务中，计算租金的方法一般采用等额年金法。现对其作详细介绍。

等额年金法是利用年金现值的计算公式经变换后计算每期支付租金的方法。因租金有先付租金和后付租金两种支付方式,需分别说明。

(1)后付租金的计算。承租企业与租赁公司商定的租金支付方式,大多为后付等额租金,即普通年金。根据年资本回收额的计算公式,可确定出后付租金方式下每年年末支付租金数额的计算公式:

$$A = \frac{P}{(P/A,i,n)} \qquad (4-3)$$

式中:A——后付等额租金;
P——设备价款;
i——折现率;
n——租赁期限。

【例 4-2】 某企业采用融资租赁方式于 2009 年 1 月 1 日从一租赁公司租入一种设备,设备价款为 80 000 元,租期为 8 年,到期后设备归企业所有,为了保证租赁公司完全弥补融资成本、相关的手续费并有一定盈利,双方商定采用 18% 的折现率,试计算该企业每年年末应支付的等额租金。

$$A = 80\,000/(P/A,18\%,8)$$
$$= 40\,000/4.077\,6$$
$$= 19\,619.38(元)$$

(2)先付租金的计算。承租企业有时可能会与公司商定,采取先付等额租金的方式支付租金。根据先付年金的现值公式,可得出先付等额租金的计算公式:

$$A = \frac{P}{(P/A,i,n)\cdot(1+i)} \qquad (4-4)$$

或:
$$A = \frac{P}{(P/A,i,n-1)+1} \qquad (4-5)$$

【例 4-3】 假如【例 4-2】采用先付等额租金方式,则每年年初支付的租金额可计算如下:

$$A = 80\,000/[(P/A,18\%,7)+1]$$
$$= 80\,000/(3.811\,5+1)$$
$$= 16\,626.84(元)$$

(六)融资租赁融资的优缺点

1. 融资租赁融资的优点

(1)筹资速度快。租赁往往比借款购置设备更迅速、更灵活,因为租赁是融资与设备购置同时进行,可以缩短设备的购进、安装时间,使企业尽快形成生产能力,有利于企业尽快占领市场,打开销路。

(2)限制条款少。如前所述,债券和长期借款融资都有相当多的限制条款,虽然类似的限制在租赁融资中也有,但一般比较少。

(3)设备淘汰风险小。当今,科学技术在迅速发展,固定资产更新周期日趋缩短,企业设备陈旧过时的风险很大,利用租赁融资可减少这一风险。这是因为融资租赁的期限一般为资产使用年限的 75%,不会像自己购买设备那样整个期间都承担风险;且多数租赁协议都规定由出租人承担设备陈旧过时的风险。

(4)财务风险小。租金在整个租期内分摊,不用到期归还大量本金。许多借款都在到期日一次偿还本金,这会给财务基础较弱的公司造成相当大的困难,有时会造成不能偿付的风险。而租赁则把这种风险在整个租期内分摊,可适当减少不能偿付的风险。

(5)租赁也不受国际通货膨胀和利率变动的影响。在整个租赁期间,即使国际上通货膨胀或利率变化,而租赁设备的货价和租赁费用始终保持不变。租赁人没有利率和通货膨胀的风险。

(6)税收负担轻。租金可在税前扣除,具有抵免所得税的效用。

2.融资租赁融资的缺点

融资租赁融资的最主要缺点就是资金成本较高。一般来说,其租金要比举借银行借款或发行债券所负担的利息高得多。在企业财务困难时,固定的租金也会构成一项较沉重的负担。

第四节 资金成本和资本结构

一、资金成本概述

(一)资金成本的概念

项目公司为取得和使用资金而付出的代价称为资金成本,也称资本成本。资金成本包括用资费用和融资费用两部分内容。

(1)用资费用,是指项目公司在投资及经营过程中因使用资金而付出的费用,它是资金成本的主要内容,例如,向股东支付的股利、向债权人支付的利息等。长期资金的用资费用因使用资金数量的多少和时期的长短而变动。资金的用资费用实际上包含了三个部分:一是所使用资金的无风险报酬(又称为时间价值),即资金经历一定时间的投资和再投资所增加的价值;二是通货膨胀贴水,指由于所处社会发生通货膨胀而需要弥补货币贬值的部分;三是风险补偿,是所有者因资金被具有一定风险的项目使用而获取的额外报酬。

(2)融资费用,是指在资金筹措过程中所发生的各种费用,主要包括律师费、咨询评估费、公证费、证券印刷费、发行手续费、担保费、承诺费、银团贷款管理费等。融资费用与用资费用不同,它通常是在筹措资金时一次支付的,在用资过程中不再发生。因此,融资费用可视为融资金额的一项扣除。

资金成本可以用绝对数表示,其计算公式表示为:

$$资金成本额 = 每年的用资费用 + 每年分摊的融资费用$$

资金成本在通常情况下一般以相对数的形式即资金成本率表示,即用每年用资费用与筹措的资金净额(融资总额与融资费用之差)之间的比率来表示,其计算公式如下:

$$K = \frac{D}{P - F} = \frac{D}{P \cdot (1 - f)} \tag{4-6}$$

式中:K——资金成本率;

D——每年的用资费用;

P——融资总额；

F——融资费用；

f——融资费用率，即融资费用与融资总额的比率。

（二）资金成本的种类

资金成本按用途，可分为个别资金成本、加权平均资金成本和边际资金成本等。

个别资金成本，是指各种资金来源的成本。对于不同的融资方式和不同的融资渠道所筹集的资金来讲，个别资金成本是不同的。企业的长期资金一般有长期借款、债券、优先股、普通股、留用利润等，其中前两者统称债务资金，后三者统称权益资金。根据资金来源的不同，个别资金成本也就相应地分为长期借款成本、债券成本、优先股成本、普通股成本、留用利润成本等，前两者统称债务成本，后三者统称权益成本。

综合资金成本，又称加权平均资金成本，是指以各种资金占全部资金的比重为权数，对各种个别资金成本进行加权平均后的资金成本，其权数可以在账面价值、市场价值和目标价值中选择。在实践中，由于受各种因素的影响，对风险以及优化资金结构方面的考虑，项目公司在融资时不可能只使用单一的方式来筹集资金，而必须从多种来源取得资金，这样就产生了各种来源资金的组合问题。工程公司从不同来源取得的资金，其成本各不相同，风险各异，为此，需要计算全部资金来源的综合成本，即综合资金成本。

边际资金成本，是指追加筹措资金所需负担的成本。任何工程项目的边际资金成本都是该项目追加一单位资金所需追加的资金成本。

（三）资金成本的作用

资金成本可以在多方面加以应用而发挥其作用，它主要用于融资决策和投资决策。

(1)资金成本是比较融资方式、选择融资方案的依据。资金成本有个别资金成本、加权平均资金成本、边际资金成本等形式，它们在不同情况下具有各自的作用。

①个别资金成本是比较各种融资方式优劣的一个尺度。工程项目筹集长期资金一般有多种方式可供选择，如长期借款、发行债券、发行股票等。由于融资渠道和融资方式的不同，所以它们的个别成本也是不同的。资金成本的高低可作为比较各种融资方式优劣的一个依据。

②加权平均资金成本是项目资本结构决策以及评价融资方案的基本依据。通常项目所需的全部长期资金是采用多种融资方式筹集组合构成的，这种融资组合往往有多个融资方案可供选择。所以加权平均资金成本的高低就是比较各个融资方案，作出最佳资本结构决策的基本依据。

③边际资金成本是比较选择追加融资方案的重要依据。项目公司为了扩大工程规模，增加所需资产或投资，往往需要追加筹集资金。在这种情况下，边际资金成本就成为比较选择各个追加融资方案的重要依据。

(2)资金成本是评价投资项目可行性的主要经济标准。国际上通常将资金成本视为投资项目的"最低收益率"，所以任何投资项目，如果它预期的投资收益率超过资金成本率，则将有利可图，这项方案在经济上就是可行的；如果它预期的投资收益率不能达到资金成本率，则项目盈利用以支付资金成本以后将发生亏空，这项方案就应放弃。因此，资金成本就成为用以确定投资项目可否采用的取舍率。

(3) 资金成本是评价项目经营业绩的最低尺度。资金成本从投资报酬方面而言是项目最低限度的投资收益率。任何一项投资无论所需资金是怎样筹集的,必须实现这一最低的投资收益率,以补偿项目使用资金需要偿付的资金成本。因此,资金成本率的高低就成为衡量工程项目投资收益率的最低标准。凡是实际投资收益率低于这个水平的,则应认为经营不善,资金投资效益较低。

(四) 资金成本的计算

1. 债务资金成本的计算

(1) 长期债券成本

长期债券资金成本包括债券利息的支付和债券融资费用等。由于长期债券利息作为财务费用计入所得税前成本费用内,具有抵税作用,因此,公司实际负担的成本应为税后债券成本,其计算公式为:

$$K_b = \frac{I \cdot (1-T)}{B_0 \cdot (1-f)} = \frac{B \cdot i \cdot (1-T)}{B_0 \cdot (1-f)} \tag{4-7}$$

式中:K_b——债券成本;

I——债券年利息;

T——公司所得税税率;

B_0——债券发行总额;

f——债券融资费用率。

【例 4-4】 某工程公司平价发行面值为 1 000 元,票面利率为 8%,每年付息一次,5 年后一次还本的公司债券,债券筹资费率为 4%,公司所得税率为 25%。试计算该债券的资金成本。

$$K_b = \frac{1\,000 \times 8\% \times (1-25\%)}{1\,000 \times (1-4\%)} = 6.25\%$$

(2) 长期借款成本

长期借款成本与债券成本的计算相同。借款利息也在所得税前成本费用中列支,但融资费用一般较低,有时亦可略去不计。长期借款成本可按下列公式计算:

$$K_l = \frac{I \cdot (1-T)}{L \cdot (1-f)} = \frac{L \cdot i \cdot (1-T)}{L \cdot (1-f)} \tag{4-8}$$

式中:K_l——长期借款成本;

I——长期借款年利息;

T——公司所得税税率;

L——长期借款总额;

f——长期借款融资费用率。

【例 4-5】 某工程公司从银行借入长期资金 100 万元,期限 5 年,年利率为 6%,利息每年年末支付,到期时一次还本。借款手续费为借款额的 1%,公司所得税率为 25%。试计算该公司长期借款资金成本。

$$K_l = \frac{100 \times 6\% \times (1-25\%)}{100 \times (1-1\%)} = 4.55\%$$

2. 权益资金成本的计算

权益资金成本主要有优先股成本、普通股成本、留用利润成本等。各种权益资金的红利是以所得税后净利支付的,所以不会减少企业应缴的所得税额。

(1) 优先股成本

公司发行优先股融资时,需要支付发行费用和支付优先股股利,而优先股股利通常是固定的。测算优先股成本时,优先股融资额应按优先股的发行价格确定。优先股成本可按下列公式计算:

$$K_p = \frac{D}{P_0 \cdot (1-f)} \tag{4-9}$$

式中:K_p——优先股成本;
　　　D——优先股每年的股利;
　　　P_0——优先股发行总额;
　　　f——优先股融资费率。

【例 4-6】 某工程公司按面值发行 10 元/股的优先股 100 万股,筹资费率为 4%,年股息率为 10%。试计算优先股资本成本。

$$K_p = \frac{10 \times 10\%}{10 \times (1-4\%)} = 10.42\%$$

(2) 普通股成本

普通股成本就是普通股投资的必要报酬率,由于普通股股东的收益是随着项目公司税后收益额的大小而变动的,每年股利可能各不相同,因此,确定普通股成本通常比确定债务成本及优先股成本更困难些。确定普通股成本的基本方法有三种,分别是股利折现模型法、资本资产定价模型法和债券收益加股票投资风险报酬法。

①股利折现模型法

股利折现模型可用如下公式表示:

$$P_0 \cdot (1-f) = \sum_{t=1}^{\infty} \frac{D_t}{(1+K_s)^t} \tag{4-10}$$

式中:P_0——当前普通股市场价格;
　　　K_s——普通股投资必要报酬率,即普通股成本;
　　　D_t——普通股第 t 年的股利;
　　　f——普通股融资费用率。

根据股利折现模型测算普通股成本,因实行的股利政策而有所不同。

如果公司采用固定股利政策,即每年分派固定的现金股利 D 元,则其资金成本同优先股成本计算,即:

$$K_s = \frac{D}{P_0(1-f)} \tag{4-11}$$

如果公司采用固定增长的股利政策,D_1 为第一年的普通股股利,股利固定增长率为 g,则其资金成本为:

$$K_s = \frac{D_1}{P_0 \cdot (1-f)} + g \tag{4-12}$$

【例4-7】 某工程公司发行普通股筹资,筹资总额为6 400万元,每股面值10元,发行价16元/股,筹资费率为3%,预计第一年每股股利为2元,以后每年按5%递增。试计算普通股资本成本。

$$K_s = \frac{2}{16 \times (1-3\%)} + 5\% = 17.89\%$$

②资本资产定价模型

股利折现模型假定普通股年股利固定或股利增长率固定不变,事实上,许多企业未来股利是不确定的,在这种情况下,普通股成本可以采用资本资产定价模型予以确定,普通股投资的必要报酬率等于无风险报酬率加上风险报酬率,其计算公式为:

$$K_s = R_f + (R_m - R_f) \cdot \beta \tag{4-13}$$

式中:K_s——普通股的必要报酬率,即普通股成本;

R_f——无风险报酬率;

R_m——市场平均报酬率;

β——该种股票的其他系数。

【例4-8】 某工程公司普通股股票的贝他系数为1.2,政府发行的国库券年利息率为8%,证券市场普通股平均收益率为12%。试计算普通股资本成本。

$$K_s = 8\% + 1.2 \times (12\% - 8\%) = 12.8\%$$

③债券收益加股票投资风险报酬率模型

从投资者的角度,股票投资的风险高于债券。因此,股票投资的必要报酬率可以在债券利率的基础上再加上股票投资高于债券投资的风险报酬率。按照风险和收益相匹配的原理,普通股股东所要求的收益率,应该以债券投资者要求的收益率,也即工程公司的税前债务成本为基础,加上一定的风险报酬率确定。普通股成本的计算公式为:

$$K_s = K_d + R_p \tag{4-14}$$

式中:K_s——普通股成本;

K_d——债券的税前资本成本率;

R_p——普通股的风险报酬率。

R_p主要取决于普通股相对于债券而言的风险程度大小而定。一般只能从经验获得信息,资本市场经验表明,公司普通股的风险溢价对公司的债券而言,绝大部分在3%~5%之间。

(3)留存收益成本

留存收益是股东留在企业未进行分配的收益,留存收益成本属于机会成本,应该等同于股东在其他相同风险的投资项目上所获得的收益,不过留存收益不必花费筹资费用。

留存收益成本的确定,通常采用股利折现模型法,但计算中不需要考虑筹资费率。其计算公式为:

$$K_r = \frac{D_1}{P_0} + g \tag{4-15}$$

式中:K_r——留存收益成本;

D_1——第一年的普通股股利;

P_0——当前普通股市场价格;

g——股利固定增长率。

3. 综合资金成本

工程公司的总体资金成本可以用综合资金成本表示,通常是以各种资金占全部资金的比重为权数,对个别资金成本进行加权平均确定的,故亦称加权平均资金成本。加权平均资金成本的计算公式如下:

$$K_w = \sum_{j=1}^{n} W_j \cdot K_j \qquad (4-16)$$

式中:K_w——加权平均资金成本;

K_j——第j种资金的成本;

W_j——第j种资金占全部资金的比重,即权数;

n——资金的种类。

【例4-9】 某工程公司共有资金1 000万元,其中债券200万元,普通股400万元,优先股100万元,留存收益300万元,各种资金的成本分别为:债券资金成本为6%,普通股资金成本为15.5%,优先股资金成本为12%,留存收益资金成本为15%。试计算该企业加权平均的资金成本。

(1)计算各种资金占全部资金的比重

债券比重 = 200 ÷ 1 000 × 100% = 20%

普通股比重 = 400 ÷ 1 000 × 100% = 40%

优先股比重 = 100 ÷ 1 000 × 100% = 10%

留存收益比重 = 300 ÷ 1 000 × 100% = 30%

(2)计算加权平均资金成本

K_w = 20% × 6% + 10% × 12% + 40% × 15.5% + 30% × 15% = 13.1%

上述加权平均资金成本计算中的权数是按账面价值确定的。使用账面价值权数易于从资产负债表上取得这种资料;但若债券和股票的市场价值已脱离账面价值许多,则应以市场价值或项目的目标价值确定为宜。

4. 边际资金成本

在现实中,任何一个工程公司都可能因发展的需要扩大其融资额。工程公司为了扩大工程规模,在追加融资的决策中,必须考虑边际资金成本的高低。边际资金成本是工程公司追加融资的成本。追加融资可采用单一融资方式,也可以采用多种融资方式的结合。若采用单一融资方式进行融资,由于在融资实务中,不可能计算出每新增一元融资额所增加的资金成本,因此,在公司理财实务中,均简单地把新增融资额的资金成本称为边际资金成本;若采用多种融资方式的结合进行融资,就需要计算新增资金的加权平均成本,这时新增资金的加权平均资金成本就是新增的边际资金成本,其权数必须为市场价值权数,不应采用账面价值权数。

加权平均资金成本的确定步骤如下:

(1)首先测定各类资金来源的资金成本分界点。资金成本分界点是指使资金成本发生变动时的筹资金额。如某工程公司长期借款在100万元及以下时,借款的资金成本为4%,当超过100万元时,其资金成本就上升到5%,则100万元就成为借款筹资方式的成本分界点。

(2)确定追加筹集资金的资金结构。追加筹资的目标资本结构是否改变取决于企业筹资的规划。

（3）确定不同筹资规模条件下，不同筹资方式的个别资本成本的筹资总额分界点。筹资总额分界点是指保持某一资本成本不变时可以筹集到的资金总限额，即特定筹资方式下的资本成本变化的分界点。在筹资总额分界点以内筹资，资金成本保持不变，一旦超出了筹资总额分界点，即使资金结构维持不变，其资金成本也会发生变化。

$$筹资总额分界点 = \frac{某种资金成本的分界点}{该种资金在资本结构中的比重} \qquad (4-17)$$

由于在某一特定的资本成本条件下，企业不可能筹资到无限的资金，因此最终确定的筹资总额分界点有若干个。

（4）分组计算追加筹资数额的边际资金成本。边际资本成本会随筹资额的不断增长而上升。在这种情况下，工程公司应结合自身的需要，作出筹资决策。

【例 4-10】 假设某工程公司目前的资本结构较为理想，即债务资本占 40%，股权资本占 60%（通过发行普通股股票取得），根据测算，在不同的筹资规模条件下，有关资金成本的资料如表 4-1 所示，据此计算不同筹资规模条件下的资本成本。

筹资规模与资金成本 表 4-1

资本来源	资本结构	筹资规模（元）	资本成本
债券	40%	100 000 以内（含 100 000） 100 000 ~ 200 000 200 000 ~ 300 000 300 000 以上	5% 6% 8% 10%
普通股	60%	150 000 以内（含 150 000） 150 000 ~ 600 000 600 000 ~ 900 000 900 000 以上	12% 14% 17% 20%

① 确认筹资总额分界点及资本成本。表 4-1 中各种情况下的筹资总额分界点的计算结果如表 4-2 所示。

筹资总额分界点计算表 表 4-2

资本来源	筹资总额分界点（元）	总筹资规模（元）	资本成本
债券	100 000/0.4 = 250 000 200 000/0.4 = 500 000 300 000/0.4 = 750 000	250 000 以内（含 250 000） 250 000 ~ 500 000 500 000 ~ 750 000 750 000 以上	5% 6% 8% 10%
普通股	150 000/0.6 = 250 000 600 000/0.6 = 1 000 000 900 000/0.6 = 1 500 000	250 000 以内（含 250 000） 250 000 ~ 1 000 000 1 000 000 ~ 1 500 000 1 500 000 以上	12% 14% 17% 20%

② 计算不同筹资总额的边际资金成本。根据表 4-2 计算出的筹资总额分界点，可以得到 6 组筹资总额范围：a. 250 000 元以内；b. 250 000 ~ 500 000 元；c. 500 000 ~ 750 000 元；d. 750 000 ~

1 000 000元;e.1 000 000~1 500 000元;f.1 500 000元以上。对以上6组筹资总额范围分别计算加权平均资金成本,即可得到各种筹资总额范围的边际资金成本,计算结果如表4-3所示。

边际资金成本计算表　　　　　　表4-3

筹资总额范围	资本来源	资本结构	资本成本	边际资本成本
250 000元以内(含250 000)	债券 股票	40% 60%	5% 12%	40%×5%+60%×12%=9.2%
250 000~500 000元	债券 股票	40% 60%	6% 14%	40%×6%+60%×14%=10.8%
500 000~750 000元	债券 股票	40% 60%	8% 14%	40%×8%+60%×14%=11.6%
750 000~1 000 000元	债券 股票	40% 60%	10% 14%	40%×10%+60%×14%=12.4%
1 000 000~1 500 000元	债券 股票	40% 60%	10% 17%	40%×10%+60%×17%=14.2%
1 500 000元以上	债券 股票	40% 60%	10% 20%	40%×10%+60%×20%=16.0%

二、杠杆作用

杠杆作用原本是力学中的一个概念,应用于财务管理中,是指工程公司通过对固定成本的运用对工程公司的盈亏产生放大的作用。杠杆作用会使工程公司享受到一定利益的同时,也相应增大风险,如何在两者之间合理权衡,是工程公司在资本结构决策中应考虑的一个重要因素。在财务管理中,人们经常关注对经营杠杆、财务杠杆和总杠杆的分析。经营杠杆用于评价企业经营风险的大小。经营风险是源于资产结构与经营决策的风险。财务杠杆用于评价企业财务风险的大小。财务风险是源于资本结构的风险。总杠杆用于评价企业总风险的大小。总风险既包括企业的经营风险,又包括财务风险。在管理学中,一般将风险等视为不确定性,因此,无论是经营风险还是财务风险,都是指某些因素的变化可能导致的企业目标实现的不确定性,如每股收益实现的不确定性。通过杠杆分析,可以了解这种不确定性的大小,进而采取合适的策略。

(一) 经营杠杆

1. 经营杠杆的概念

经营杠杆也称为营业杠杆、营运杠杆,是指工程公司运用固定经营成本对营业利润产生的影响,具体是指由于存在固定成本,而使息税前利润变动幅度大于业务量变动幅度的现象。固定成本的存在是经营杠杆的前提。经营杠杆的存在使工程公司有可能享受到经营杠杆利益,但同时也可能承担更大的经营风险,即当工程公司的销售量增加时,营业利润会以更大的幅度增加,但也使其承担的经营风险增大,即营业利润的不确定性增大;当工程公司的销售量下降时,营业利润会以更大的幅度下降,使其遭受更大的损失。

2. 经营杠杆系数的计算

经营杠杆的作用程度可通过经营杠杆系数来衡量。经营杠杆系数是指息税前利润变动率相当于销售业务量变动率的倍数。其计算公式为：

$$\mathrm{DOL} = \frac{\Delta \mathrm{EBIT}/\mathrm{EBIT}}{\Delta Q/Q} \quad (4\text{-}18)$$

式中：DOL——经营杠杆系数；
  EBIT——变动前的息税前利润；
  ΔEBIT——息税前利润的变动额；
  Q——变动前的销售量；
  ΔQ——销售量的变动数。

为便于应用，经营杠杆系数可通过销售额和成本来表示：

$$\mathrm{DOL} = \frac{S - \mathrm{VC}}{S - \mathrm{VC} - F} = \frac{\mathrm{EBIT} + F}{\mathrm{EBIT}} \quad (4\text{-}19)$$

式中：S——当期销售额；
  VC——变动成本总额；
  F——固定成本总额。

【例4-11】 某工程公司2011年生产的甲产品销量40 000件，单位产品售价1 000元，销售总额4 000万元，固定成本总额为800万元，单位产品变动成本600元，变动成本率为60%，则其2011年的经营杠杆系数为：

$$\mathrm{DOL} = \frac{40\,000 \times (1\,000 - 600)}{40\,000 \times (1\,000 - 600) - 8\,000\,000} = 2(倍)$$

3. 经营杠杆的经济含义

（1）在固定成本不变的情况下，经营杠杆系数说明了销售额增长（减少）所引起利润增长（减少）的幅度。

（2）在固定成本不变的情况下，销售额越大，经营杠杆系数越小，经营风险也就越小；反之，销售额越小，经营杠杆系数越大，经营风险也就越大。

（3）在销售额处于盈亏临界点前的阶段，经营杠杆系数随销售额的增加而递增；在销售额处于盈亏临界点后的阶段，经营杠杆系数随销售额的增加而递减；当销售额达到盈亏临界点时，经营杠杆系数趋近于无穷大。此时企业经营只能保本，若销售额稍有增加便可出现盈利，若销售额稍有减少，便会发生亏损。

(二) 财务杠杆

1. 财务杠杆的概念

财务杠杆是指工程公司对固定融资成本的利用程度。它反映的是普通股每股收益与息税前利润的关系。由于存在利息费用和优先股股利，而使每股利润变动幅度大于息税前利润变动幅度的现象，成为财务杠杆。

2. 财务杠杆系数的计算

财务杠杆的作用程度大小可用财务杠杆系数来衡量。财务杠杆系数是指普通股每股收益变动率（或普通股本利润率的变动率，而在非股份企业只可用净资产利润率的变动率）对于息税前利润变动率的倍数。由借债而引起的普通股每股利润的不确定性称为财务风险。财务杠杆系数越大，工程公司的财务风险就越大。财务杠杆系数的计算公式为：

$$DFL = \frac{\Delta EPS/EPS}{\Delta EBIT/EBIT} \tag{4-20}$$

式中：DFL——财务杠杆系数；
　　　EPS——变动前的普通股每股利润；
　　　ΔEPS——每股利润变动额；
　　　EBIT——变动前的息税前利润；
　　　ΔEBIT——息税前利润的变动额。

为便于应用，财务杠杆系数可通过以下公式计算：

$$DFL = \frac{EBIT}{EBIT - I - D/(1 - T)} \tag{4-21}$$

式中：EBIT——息税前利润；
　　　I——利息费用；
　　　T——公司所得税税率；
　　　D——优先股股息。

【例4-12】 假设某工程公司2011年的息税前利润为20 000元，资本来源为：债券100 000元，年利率5%；优先股500股，每股面值100元，年股利率7%；普通股为500股，每股收益8元，公司所得税税率为25%。则其财务杠杆系数为：

$$DFL = \frac{20\,000}{20\,000 - 100\,000 \times 5\% - 500 \times 100 \times 7\%/(1 - 25\%)} = 1.94(倍)$$

3. 财务杠杆的经济含义

(1)财务杠杆系数表明息税前利润增长引起的每股收益的增长幅度。

(2)在资本总额、息税前利润相同的情况下，负债比率越高，财务杠杆系数越高，财务风险越大，但预期每股收益(投资者收益)也越高。

(三)总杠杆

1. 总杠杆的概念

经营杠杆反映了销售变动对息税前利润变动的影响，财务杠杆反映了息税前利润变动对普通股每股利润变动的影响。一般而言，工程公司会同时存在经营杠杆和财务杠杆，这两种杠杆的共同作用就形成了总杠杆作用；它反映普通股每股利润变动对销售变动的敏感程度，即由于固定生产经营成本和固定利息费用共同存在而导致的每股利润变动大于产销业务量变动的杠杆效应。

2. 总杠杆系数的计算

总杠杆作用程度的大小可通过总杠杆系数来表示，即普通股每股利润变动率相当于产销量变动率的倍数。总杠杆系数是经营杠杆系数和财务杠杆系数之乘积。

总杠杆系数理论计算公式：

$$DTL = \frac{\Delta EPS/EPS}{\Delta Q/Q} \tag{4-22}$$

式中：DTL——总杠杆系数；
　　　EPS——变动前的普通股每股利润；

ΔEPS——每股利润变动额；

Q——变动前的销售量；

ΔQ——销售量的变动数。

总杠杆系数的简化计算公式为：

$$DTL = DOL \times DFL$$

或：
$$DTL = \frac{Q(P-V)}{EBIT - I - D/(1-T)} \tag{4-23}$$

式中：Q——产品销售数量；

P——单位产品价格；

V——单位变动成本；

$EBIT$——息税前利润；

I——利息费用；

D——优先股股息；

T——所得税税率。

【例4-13】 某工程公司长期资本总额为2 000万元，其中长期负债占30%，利率为10%，销售额为200万元，固定成本总额为10万元，变动成本率为60%，则总杠杆系数为：

$$DTL = \frac{Q(P-V)}{EBIT - I - D/(1-T)}$$

$$= \frac{200 - 200 \times 60\%}{200 - 200 \times 60\% - 10 - 2\,000 \times 30\% \times 10\%} = 8(倍)$$

当然，也可以采取先分别计算经营杠杆系数和财务杠杆系数的方式求得。

3. 总杠杆的经济含义

(1)通过总杠杆系数能够估计出销售额变动对每股收益造成的影响。

(2)可看到经营杠杆与财务杠杆之间的相互关系，即为了达到某一总杠杆系数，经营杠杆和财务杠杆可以有很多不同的组合。

(3)经营杠杆系数可用来衡量工程公司的经营风险大小，财务杠杆系数可用来衡量其财务风险大小，总杠杆系数可用来衡量总体风险大小。显然，总杠杆的作用程度要比单一的经营杠杆或财务杠杆的作用程度更大。两种杠杆可以有多种组合，工程公司在决策过程中应根据自身承受风险的程度，来确定合理的经营杠杆和财务杠杆，以便将工程公司的总风险控制在适当的范围内。

三、资本结构决策

(一)资本结构的概念

资本结构是指工程公司的资金总额(或资本总额)中各种资金来源的构成及其比例关系，又称资金结构。在项目融资活动中，资本结构有广义和狭义之分。广义的资本结构是指工程公司所拥有的全部资金价值的构成及其比例关系。它不仅包括长期资金，还包括短期资金(短期债务资金)。狭义的资本结构是指工程公司所拥有的各种长期资金价值的构成及其比例关系，尤其是指长期的股权资金与债权资金的构成及其比例关系。

(二)影响资本结构的因素

资本结构的形成在实践中是一个十分复杂的问题,受多种因素影响,除前述的资金成本、财务风险外,还包括以下因素。

(1)企业自身的获利能力和成长性。公司财务状况和发展能力较强,获利能力高,利润较多,可以多留利用于再投资。公司用留存收益方式筹资既简单、快捷,又无发行费用、管理费用,因此,获利能力高的公司一般较少使用债务资金。当然,如果是处于高速成长期的公司,增长速度快,资金需要量大,自有资金很难满足其业务扩张的需要,故更倾向于使用债务资金。

(2)企业的控制权。一个工程公司的股票如果被众多投资者所持有,谁也没有绝对控制权,那么这个公司可能会更多地采用发行股票的方式来筹集资金,因为企业所有者并不担心控制权的旁落。反之,如果工程公司被少数股东控制,股东们会很重视控制权问题。众所周知,发行新股会减少老股东在公司中的持股比例,进而减少其对公司的控制力;而借贷筹资对其控制权的影响则相对较少。因而,对于公司的投资者和经营者来说,只有当股东不愿意削弱对公司的控制权,又无法再投入足够多的权益资金或希望借助于债务杠杆以增加收益时,才通过借债形式进行筹资。同时,应该看到,公司股利政策的实质也是一项融资政策。对于有足够利润的工程公司,股利发放率高则意味着在今后可能更多地凭借债务方式进行融资。反之,则表明其更倾向于采用留存收益进行资本的扩张。

(3)企业的资产结构。资产结构会以多种方式影响项目的资本结构:

①因固定资产具有占用资金数额大且相对稳定、使用期限长、变现能力差等特点,所以拥有大量固定资产的工程公司主要通过长期负债和发行股票来筹集资金;

②因为流动资金具有占用时间短,易于变现等特点,所以拥有较多流动资产的工程公司,更多地依赖流动负债来筹集资金;

③资产适用于抵押的工程公司一般举债额较多;

④以技术研究开发为主的项目公司则负债很少。

(4)企业所有者和管理人员的偏好。项目投资者和管理人员的态度对资本结构有着重要影响,因为项目资金结构的决策最终是由他们作出的。经营管理者的财务风险意识也是影响项目资金结构的一项因素。风险追求型管理者具有较强的冒险精神,从而追求较高的负债水平,而风险回避型、风险中立型、持稳健态度的管理者则会采取保守的措施,较少使用债务融资。

(5)信用等级和债权人的态度。工程公司能否以负债的方式筹集到资金和能筹集到多少资金,与公司的信用等级和债权人的态度有很大的关系,因为,如果信用等级不高,而且负债率已经较高,公司将无法筹集到所需要的负债额。

(6)利率水平变动趋势的影响。分析利率水平的变动趋势也会影响到工程公司的资本结构。如果利率水平较低,但不久的将来有可能上升的话,工程公司会大量发行长期债券,从而在较长时间内把债权资金成本固定在较低的水平上。

(7)税收因素。债务利息可以在应税所得额中列支,使企业少缴纳所得税,因此,一国所得税税率越高,则企业越愿意使用更多的债务资本。

(8)行业因素。所处行业的特点以及该行业资本结构的一般水准对项目资金结构的有效决定起着重要的影响作用。不同行业以及同一行业的不同企业,在运用债务融资的方法上大不相同,从而会使资本结构产生差别。行业差别表现在基础工业因投资额巨大,不得不多借债以弥补权益资本的不足。如公用设施和能源工业因其销售稳定,资产又可抵押,一般借债较多;电子、电器和医药行业正常利润率较高,有足够的资本金,故借债较少。需要注意的是,资本结构不会停留在一个固定的水准上,随着项目的启动建设,资本结构也会发生一定的变动,所以需要根据具体情况进行合理的调整。

(三)最佳资本结构决策

不同的资本结构会给项目带来不同的经济后果。虽然负债资金具有双重作用,适当利用负债,可以降低项目资金成本,但当项目负债比率太高时,也会带来较大的财务风险。所以,工程公司必须权衡财务风险和资金成本的关系,确定最佳资本结构。项目资金结构决策也就是确定最佳资本结构。所谓最佳资本结构是指在适度财务风险的条件下,使其预期的加权平均资金成本率最低,同时使公司价值最大的资本结构。但是,无论理论上还是实务上,要找到一个最佳的资本结构是非常困难的,但寻找到一个区间范围却是可行的,目前,已有综合资本成本比较法、每股利润分析法以及综合分析法可供选择。

1. 综合资本成本比较法

综合资本成本比较法是通过对各种可能的融资方案的综合资金成本进行计算和比较,选择综合资金成本最低的方案作为最优方案。

【例 4-14】 某工程公司在初创时需资本总额 20 000 万元,有如下三个融资方案可供选择,资料见表 4-4。

某工程公司初始融资方案资料   表 4-4

融资方式	方案 A 初始融资额 (万元)	融资方案 A 资金成本率 (%)	方案 B 初始融资额 (万元)	融资方案 B 资金成本率 (%)	方案 C 初始融资额 (万元)	融资方案 C 资金成本率 (%)
长期借款	1 600	6	2 000	6.5	3 200	7
长期债券	4 000	7	6 000	8	4 800	7.5
优先股	2 400	12	4 000	12	2 000	12
普通股	12 000	15	8 000	15	10 000	15
合计	20 000		20 000		20 000	

表 4-4 中三个方案的综合资金成本计算如下:

$$K_W(A) = 6\% \times 8\% + 7\% \times 20\% + 12\% \times 12\% + 15\% \times 60\% = 12.36\%$$

$$K_W(B) = 6.5\% \times 10\% + 8\% \times 30\% + 12\% \times 20\% + 15\% \times 40\% = 11.45\%$$

$$K_W(C) = 7\% \times 16\% + 7.5\% \times 24\% + 12\% \times 10\% + 15\% \times 50\% = 11.62\%$$

经以上计算比较可知,方案 B 的加权平均资金成本率最低,应选择融资方案 B 作为最佳融资组合方案,由此形成的资本结构可确定为最佳资本结构,即长期债款 2 000 万元,长期债券 6 000 万元,优先股 4 000 万元,普通股 8 000 万元。其次,进行追加资本结构决策,可以直接比较各备选方案的边际资本成本,也可以将各备选融资方案与原始资本结构汇总,比较各追加融资条件下资本结构的综合资金成本,以确定最优融资方案。

2. 每股利润分析法（EBIT-EPS 分析法）

每股利润分析法是利用每股利润无差别点来进行资本结构决策的方法。所谓每股利润无差别点，是指两种或两种以上融资方案下普通股每股利润相等时的息税前利润点，亦称息税前利润平衡点或融资无差别点。根据每股利润无差别点，分析判断在什么情况下可利用什么方式融资来安排及调整资本结构，进行资本结构决策。

每股利润无差别点的计算公式如下：

$$\frac{(\overline{EBIT} - I_1) \cdot (1-T) - D_1}{N_1} = \frac{(\overline{EBIT} - I_2) \cdot (1-T) - D_2}{N_2} \quad (4\text{-}24)$$

式中：$\overline{EBIT}$——息税前利润平衡点，即每股利润无差别点；

I_1、I_2——两种增资方式下的长期债务年利息；

D_1、D_2——两种增资方式下的优先股年股利；

N_1、N_2——两种增资方式下的普通股股数。

【例 4-15】 某工程公司目前资金 75 万元，其中，权益资金 65 万元，发行普通股 20 000 股，负债资金 10 万元，年利率 8%，因生产发展需要再筹资 25 万元，公司所得税率 25%。

方案一：发行普通股 1 万股，每股 10 元，发行价 25 元。

方案二：发行债券 25 万元，年利率 8%。

请分析企业应采用何种方式筹集资金。

解：目前利息：100 000 × 8% = 8 000 元

方案二的利息：250 000 × 8% + 8 000 = 28 000 元

$$\frac{(\overline{EBIT} - 8\,000)(1 - 25\%)}{30\,000} = \frac{(\overline{EBIT} - 28\,000)(1 - 25\%)}{20\,000}$$

解得：$\overline{EBIT} = 68\,000$（元）

结论：当 EBIT < 68 000 元时，应选方案一；当 EBIT = 68 000 元时，两种方案均可；当 EBIT > 68 000 元时，应选方案二。

本章思考题

1. 工程施工企业筹集资金应遵循哪些基本原则？
2. 权益筹资有哪些方式？各有哪些优缺点？
3. 负债筹资有哪些方式？各有哪些优缺点？
4. 长期借款的还本付息方式主要有哪些？工程施工企业应如何做好还款计划安排？
5. 什么是资金成本？资金成本有哪些作用？
6. 综合资金成本有哪些计算方法？各有何特征？
7. 什么是边际资金成本？边际资金成本在工程施工企业筹资及投资中有何作用？
8. 什么是经营杠杆和经营风险、财务杠杆和财务风险？财务杠杆作用原理对工程施工企业筹资决策有何指导意义？
9. 实践中影响工程施工企业资本结构的因素有哪些？
10. 什么是最佳资本结构？确定最佳资本结构的方法有哪些？

本章练习题

1. 某公司 2011 年销售产品 10 万件，单价 100 元，单位变动成本为 40 元，固定成本总额为 500 万元，公司负债 100 万元，年利息率 12%，并需每年支付优先股股利 10 万元，所得税率 25%。要求：

(1) 计算 2011 年税息前利润总额。

(2) 计算该公司复合杠杆系数。

2. 某公司规划一个投资项目，拟筹资 100 000 万元，具体筹资方案为：向银行借款 10 000 万元，年利率为 6%；按面值发行一批债券，总面额为 30 000 万元，年利率为 7%，筹资费用率为 1%；发行普通股 30 000 万股，每股面值 1 元，发行价 2 元，筹资费用率 2%，第一年预期每股股利为 0.2 元，以后每年增长 2%。该企业适用的所得税率为 30%。要求：

(1) 计算该筹资方案的综合资本成本。

(2) 如果该项目年收益率为 12%，从经济角度分析项目是否可行？

3. 某公司目前发行在外普通股 100 万股（每股面值 1 元），并发行有利率为 10% 的债券 400 万元。公司计划为一个新的投资项目融资 500 万元，预计新项目投产后每年的息税前利润将增加到 200 万元。现有两个方案可供选择：方案 A，按 12% 的利率发行公司债券 500 万元；方案 B，按每股 20 元的价格发行新股。假设公司使用所得税率为 25%。

要求：计算两个方案每股利润无差别点的息税前利润，并判断两个方案的优劣。

4. 某工程公司拥有长期资金 500 万元，其中长期借款 100 万元，普通股 400 万元。该资本结构为公司理想的目标资本结构。公司拟筹集新的资金，并维持目前的资本结构。预计随筹资额增加，各种资金成本的变化如下所描述：长期借款在 50 万元及以下，资金成本为 5%，50 万元以上，资金成本为 10%；普通股筹资额在 80 万元及以下时，普通股的资金成本为 12%，80 万元以上时为 14%。该工程公司目前的投资机会见习表 4-1。

投资机会　　　　　　　　　　　　　　　　　　　　　　　习表 4-1

投资机会	投资额（万元）	内含报酬率（%）
A	5 000	10.8
B	5 000	15.4
C	5 000	14.2
D	6 000	12

要求：

(1) 计算各筹资总额分界点以及相应各筹资范围的边际资金成本；

(2) 选择对公司最有利的投资组合。

第五章 工程项目投资决策

本章导读：工程项目投资是工程施工企业资金运动的关键环节，工程项目投资决策是工程财务管理的核心内容之一。通过本章学习，可以了解工程项目投资的特点和决策的基本程序；熟悉投资项目现金流量预测的原则和预测方法，掌握投资项目的各种评价指标及其计算方法；熟练应用净现值、内部收益率等主要评价指标进行独立项目和互斥项目的投资决策；了解投资项目风险的来源；掌握投资项目风险调整折现率法和风险调整现金流量法，了解投资项目风险的估计方法。

第一节 工程项目投资概述

一、工程项目投资的特点

工程项目投资，一般是指进行某项工程建设花费的全部费用，即该工程项目有计划地进行固定资产再生产和形成最低量流动资金的一次性费用总和。它主要由设备工具购置投资、建筑安装工程投资和工程建设其他投资组成。工程项目投资的有效控制是工程项目管理的重要组成部分，它是在投资决策阶段、设计阶段、建设项目发包阶段和建设项目实施阶段，把建设项目投资的发生额控制在批准的投资限额以内，随时纠正发生的偏差，以保证投资管理目标的实现。

工程项目投资具有以下特点：

（1）大额性。建设项目往往规模巨大，其投资额动辄数百万、上千万，甚至达到数百亿。投资规模巨大的工程关系到国家、行业或地区的重大经济利益，对宏观经济可能也会产生重大影响。

（2）单件性。对于每一项建设项目，用户都有特殊的功能要求。建设项目及其计价方式的独特性使其不能像一般工业产品那样按品种、规格、质量成批定价，而只能根据各个建设项目的具体情况单独确定投资。

（3）阶段性。建设项目周期长、规模大、投资大，因此，需要按程序分成相应阶段依次完成。相应地，也要在工程建设过程中多次进行投资数额的确定，以便有效地进行投资控制。

（4）固定性。建设项目的固定性表现为建设成果的固定性和建设过程的固定性。建设项目的这一特点使项目实施过程中干扰因素多，增加了项目管理的难度。

（5）管理的复杂性。主要表现在四个方面：一是建设项目的参建单位和涉及的外部单位多，各单位之间关系协调的难度和工作量大；二是许多新技术、新材料和新工艺不断出现，工程技术的复杂性不断提高；三是大中型项目的建设规模大，包含的单项工程多；四是社会政治经济环境对建设项目的影响,特别是对一些跨地区、跨行业的大型建设项目的影响,越来越复杂。

二、工程项目投资决策程序

一个工程项目从选项、立项到实施往往要经过许多阶段,通常需要企业的许多部门和人员参加。工程项目投资决策程序,主要按以下几个步骤进行。

(1)编制项目建议书。项目建议书是投资前对项目的轮廓设想。主要从投资建设的必要性方面来衡量,同时初步分析投资建设的可行性。项目建议书的内容主要有:投资项目提出的必要性,产品方案、拟建规模和建设地点的初步设想,资源状况、建设条件、协作关系的初步分析,投资估算和资金筹措设想,偿还贷款能力测算,项目的大体进度安排,经济效益和社会效益的初步估算。

(2)编制可行性研究报告。项目可行性研究是指在项目决策前,通过对项目有关的工程、技术、经济等各方面条件和情况进行调查、研究、分析,对各种可能的建设技术方案进行比较论证和对项目建成后的经济效益进行预测和评价,来考察项目技术上的先进性和适用性、经济上的盈利性和合理性、建设的可能性和可行性。

(3)项目设计。它根据批准的项目可行性研究报告,对技术方案、投资概算、新技术、新工艺、新设备进一步论证与决策。设计方案优化与否直接影响工程建设的综合效益,在进行比较时可采用成本—效益分析方法,依据经济指标选择设计方案。一般大中型工程项目采用两阶段设计,即初步设计和施工图设计。对技术上复杂多变,而又缺乏设计经验的项目,可以增加技术设计阶段,具体阐述如下。

①初步设计。在初步设计阶段应对拟建项目的一切基本问题作出总决策,并说明技术上的可行性和经济上的合理性。

②施工图设计。施工图设计是根据已批准的初步设计编制的,是设计的最后文件,也是施工的依据;同时编制工程预算控制拟建项目投资。

③技术设计。技术设计是为了研究和决策初步设计所采用的工艺流程、建筑结构形式等方面的主要技术问题,补充和纠正初步设计,与此同时,修正总概算。

(4)工程施工。经招、投标确定业主与雇主之间的关系,按照施工图和设计变化组织施工,并同时接受工程监理部门的监督。

(5)项目竣工验收。工程结束时,由监理方、设计方和施工方组织验收,并同时接受业主的监督,报出竣工财务决算。

(6)工程后评估。所谓后评估就是要认真地总结项目决策、设计、施工中的经验和教训,尤其是教训,要分析其原因,避免重复失误,为今后施工提供宝贵的经验和教训。

第二节　工程项目的现金流量预测

一、工程项目现金流量的概念

现金流量是指在一定时期内,工程投资项目实际收到或付出的现金数。这时的"现金"是广义的现金,它不仅包括各种货币资金,而且还包括需要投入的、企业现有的非货币资源的变现价值。凡是由于该项投资而增加的现金收入或现金支出节约额称为现金流入;凡是由于该项投资引起的现金支出称为现金流出。

一定时期的现金流入量减去现金流出量的差额为现金净流量。现金流入量大于现金流出量时,现金净流量为正值;反之,现金净流量为负值。

二、利润与现金流量

财务会计按权责发生制计算公司的收入、成本费用,并据以确定利润作为评价公司经济效益的基础,而工程项目投资决策是按照收付实现制确定的现金流量作为评价工程投资项目经济效益的基础。现金流量与会计利润既有联系又有区别。两者的联系在于现金净流量与利润在质上没有根本的区别,在项目整个投资有效期内,两者的总额是相等的。两者的区别在于以下几个主要方面。

1. 现金流量有利于科学考虑资金的时间价值

计算利润时收入和支出不一定是当期收到和支付的现金,故不利于其现值的确定。而现金流量反映的是当期现金流入量和流出量,有利于科学考虑资金的时间价值因素。要在投资决策中考虑时间价值的因素,就不能利用利润来衡量项目的优劣,而必须采用现金流量。

2. 采用现金流量才能使投资决策更符合客观实际情况

在长期投资决策中,应用现金流量能科学、客观地评价投资方案的优劣,而利润则明显地存在不科学、不客观的成分。这是因为:

(1)利润的计算没有一个统一的标准,在一定程度上要受存货估价、费用摊配和折旧计提的不同方法的影响,因而,净利润的计算比现金流量的计算有更大的主观随意性。

(2)利润反映的是某一会计期间"应计"的现金流量,而不是实际的现金流量。若以未实际收到现金的收入作为收益,具有较大风险,容易高估投资项目的经济效益,存在不科学、不合理的成分。

3. 现金变动状况比盈亏状况更为重要

一个投资项目能否进行,取决于有无实际现金进行支付,而不是取决于在一定期间内有无利润。即使企业当期利润很大,也并不一定有足够的现金进行支付。进一步来看,长期项目的投资回收期较长,若以没有收到现金的收入作为利润的组成部分,那么,这种利润往往是靠不住的,具有较大的风险。此外,以未实际收到现金的收入来计算利润,就人为地高估了投资项目的投资报酬。现金一旦被支付后,即使没有进入本期的成本费用,也不能用于其他目的。只有当现金真正收回后,才能用于其他项目的再投资。因此,投资决策中不采用风险较大的期间利润作为决策依据,而重视现金流量的取得。

三、现金流量预测的原则

估计或预测投资项目现金流量是投资决策中最重要也是最难之处,在估算时通常应坚持以下三个原则。

1. 实际现金流量原则

实际现金流量原则是指计量投资项目的成本和收益时,采用现金流量而不是会计收益。

因为在会计收益的计算中包含了一些非现金因素,如折旧费在会计上作为一种费用抵减了当期的收益,但这种费用并没有发生实际的现金支出,只是账面记录而已,因此在现金流量分析中,折旧应加回到收益中。实际现金流量原则的另一个含义是项目未来的现金流量必须用预计未来的价格和成本来计算,而不是用现在的价格和成本计算,如在通货膨胀时期应注意调整通货膨胀对现金流量的影响。

2. 增量现金流量原则

预测现金流量要建立在增量或边际的概念基础上。只有增量现金流量才是与项目相关的现金流量。所谓增量现金流量是根据"有无"的原则,确认有这项投资与没有这项投资现金流量之间的差额。判断增量现金流量,决策者会面临以下五个问题。

(1)忽略沉没成本。沉没成本是指过去已经发生,无法由现在或将来的任何决策所能改变的成本。在投资决策中,沉没成本属于决策无关成本。例如,某投资项目前期工程投资 50 万元,要使工程全部完工,需追加 50 万元。如果工程完工后的收益现值为 60 万元,则应追加投资,完成这一项目。因为公司面临的不是投资 100 万元收回 60 万元的问题,而是投资 50 万元收回 60 万元的投资。此时,工程前期发生的 50 万元投资是属于决策无关的沉没成本。如果决策者将沉没成本纳入投资成本总额中,则会使一个有利的项目变得无利可图,从而造成决策失误。一般来说,大多数沉没成本是与研究开发及投资决策前进行市场调查有关的成本。

(2)考虑机会成本。机会成本是指在投资决策中,从多种方案中选取最优方案而放弃次优方案所丧失的收益。例如,某投资项目需在公司所有的一块土地上建设厂房,目前土地的市场价格为 100 000 元。如果将这块土地用于项目投资,公司将损失土地出售收入。这部分丧失的收入即为投资的机会成本,虽然机会成本并未发生现金实体的交割或转让行为,但作为一种潜在的成本,必须加以认真对待,以便为既定资源寻求最佳使用途径。

(3)考虑附加效应。在估计项目现金流量时,要以投资对公司所有经营活动产生的整体效果为基础进行分析,而不是孤立地考察某一项目。例如,某公司决定开发一种新型计算器,预计该计算器上市后,销售收入为 2 000 万元,但会冲击原来的普通型计算器,使其销售收入减少 500 万元。因此,在投资分析时,新型计算器增量现金流入量应为 1 500 万元,而不是 2 000 万元。

(4)准确确定制造费用。在确定项目现金流量时,对于制造费用,要作进一步分析,只有那些确因本投资项目的发生而引起的费用(如增加的管理人员、租金和动力支出等),才能计入投资的现金流量;与公司投资进行与否无关的费用,则不应计入投资现金流量中。

(5)考虑通货膨胀的影响。通货膨胀是影响当今经济社会一个非常重要的因素,在投资项目评估中,通货膨胀可能会同时影响项目的现金流量和资本成本(折现率),从而使项目的净现值有可能保持不变。估计通货膨胀对项目的影响应遵循一致性的原则,即如果预测的现金流量序列包括了通货膨胀的影响,则折现率也应包括这一因素的影响;反之亦然。但是,在计算通货膨胀变化对各种现金流量,如销售价格、原材料成本、工资费用的影响时,应注意不同现金流量受通货膨胀的影响程度是各不相同的,不能简单地用一个统一的通货膨胀率来修正所有的现金流量。

由于折旧费的计提基础是原始成本,折旧额并不随通货膨胀的变化而变化,导致纳税额增长速度高于通货膨胀增长速度,从而降低了投资项目的实际收益率,影响投资决策的正确性。

3. 税后原则

如果公司需向政府纳税,在评价投资项目时所使用的现金流量应当是税后现金流量,因为只有税后现金流量才与投资者的利益相关。

四、工程项目现金流量的预测方法

按照发生阶段分类,现金流量可归集为初始现金流量、经营现金流量和终结期现金流量三类。

1. 初始现金流量

初始现金流量是投资开始时(主要指项目建设过程中)发生的现金流量,主要包括:

(1)固定资产投资支出,如设备购置费、运输费、安装费等。

(2)垫支的营运资本,是指项目投产前后分次或一次投放于流动资产上的资本增加额。其计算公式为:

$$某年营运资本增加额 = 本年营运资本需用额 - 上年营运资本$$

其中:本年营运资本需用额 = 该年流动资产需用额 - 该年流动负债需用额

(3)其他费用,指不属于以上各项的投资费用,如投资项目的筹建费、职工培训费等。

(4)原有固定资产的变价收入,指固定资产重置、旧设备出售时的现金净流量。

(5)所得税效应,指固定资产处置时变价收入的税赋损益。按规定,出售资产(如旧设备)时,如果出售价高于原价或账面净值,应缴纳所得税,多缴的所得税构成现金流出量;出售资产时发生的损失(出售价低于账面净值)可以抵减当年所得税支出,少缴的所得税构成现金流入量。诸如此类由投资引起的税赋变化,应在计算项目现金流量时加以考虑。

2. 经营现金流量

经营现金流量是指项目建成后,生产经营过程中发生的现金流量,这种现金流量一般是按年计算的。经营现金流量主要包括:

(1)增量税后现金流入量,是指投资项目投产后增加的税后现金收入(或成本费用节约额);

(2)增量税后现金流出量,是指与投资项目有关的以现金支付的各种税后成本费用(即不包括固定资产折旧费以及无形资产摊销费,也称为经营成本)以及各种税金支出。

经营现金流量的确认可根据有关利润表的资料分析得出。其基本计算公式为:

$$现金净流量 = 收现销售收入 - 经营成本费用 - 所得税 \quad (5\text{-}1)$$

上式中的所得税在某种程度上依赖于折旧的增量变动。为反映折旧变化对现金流量的影响,上式可变为:

$$现金净流量 = (收现销售收入 - 经营成本) \times (1 - 所得税率) + 折旧 \times 所得税率 \quad (5\text{-}2)$$

式中,"经营成本"一般是指总成本减去固定资产折旧费、无形资产摊销费等不支付现金的费用后的余额。"折旧×所得税率"称为税赋节余(tax shield),是由于折旧计入成本,冲减利润而少缴的所得税额,这部分少缴的所得税形成了投资项目的现金流入量。

如果项目的资本全部来自于股权资本,则经营期现金净流量可按下式计算:

$$现金净流量 = 税后利润 + 折旧 \quad (5\text{-}3)$$

在按以上公式估计经营现金流量时,如果项目在经营期内追加营运资本和固定资产投资,其增量投资额应从当年现金流量中扣除。因此,可将现金净流量的公式改写成:

现金净流量 = 收现收入 – 经营成本 – 所得税 – 营运资本追加支出 – 资本支出 (5-4)

3. 终结期现金流量

终结期现金流量主要包括:
(1) 固定资产的残值收入或变价收入;
(2) 原有垫支在各种流动资产上的资金的收回;
(3) 停止使用土地的变价收入等。

五、工程项目现金流量分析实例

【例 5-1】 甲项目需投资 50 000 元,使用寿命为 5 年,假设 5 年后设备无残值。5 年中每年销售收入为 30 000 元,每年的付现成本为 14 000 元。公司所得税税率为 33%。甲项目现金流量分析如下:

(1) 计算期:$n = 0 + 5 = 5$(年)
(2) 年折旧额 = $50\,000/5 = 10\,000$(元)
(3) 建设期现金流量:$NCF_0 = -50\,000$(元)
(4) 经营期现金净流量:$NCF_{1\sim5} =$ 净利 + 折旧

① 税前利润 = 销售收入 – 总成本费用
  = 销售收入 – (付现成本 + 折旧)
  = $30\,000 - 14\,000 - 10\,000 = 6\,000$(元)

② 所得税 = 税前利润 × 33% = $6\,000 \times 33\% = 1\,980$(元)

③ 净利 = 税前利润 – 所得税
  = $6\,000 - 1\,980 = 4\,020$(元)

$NCF_{1\sim5} = 4\,020 + 10\,000 = 14\,020$(元)

甲项目现金流量分析见表 5-1。

甲项目现金流量分析表(单位:元)　　　　表 5-1

NCF_t	0	1	2	3	4	5
现金流入: 销售收入 残值收入 回收流动资金		30 000	30 000	30 000	30 000	30 000
现金流入小计	0	30 000	30 000	30 000	30 000	30 000
现金流出: 设备投资 垫支流动资金 付现成本 所得税	50 000 0	14 000 1 980	14 000 1 980	14 000 1 980	14 000 1 980	14 000 1 980
现金流出小计	50 000	15 980	15 980	15 980	15 980	15 980
现金净流量	–50 000	14 020	14 020	14 020	14 020	14 020

【例 5-2】 乙项目需投资 60 000 元,使用寿命也为 5 年,使用期满有残值收入 7 500 元。5 年中第一年销售收入为 40 000 元,以后逐年增加 1 000 元,付现成本第一年为 14 500 元,以后每年增加 500 元。流动资金垫支 15 000 元,该公司按直线法计提折旧,所得税率为 33%。乙项目现金流量分析如下:

(1) 计算期: $n = 0 + 5 = 5$(年)

(2) 年折旧额 = $(60\,000 - 7\,500)/5 = 10\,500$(元)

(3) 建设期现金流量: $NCF_0 = -75\,000$(元)

(4) 经营期现金流量: $NCF_t = $ 净利 + 折旧

第一年税前利润 = $(40\,000 - 14\,500 - 10\,500) \times (1 - 33\%) = 10\,050$(元)

第二年税前利润 = $(41\,000 - 15\,000 - 10\,500) \times (1 - 33\%) = 10\,385$(元)

第三年税前利润 = $(42\,000 - 15\,500 - 10\,500) \times (1 - 33\%) = 10\,720$(元)

第四年税前利润 = $(43\,000 - 16\,000 - 10\,500) \times (1 - 33\%) = 11\,055$(元)

第五年税前利润 = $(44\,000 - 16\,500 - 10\,500) \times (1 - 33\%) = 11\,390$(元)

经营期各期现金流量:

$NCF_1 = 10\,050 + 10\,500 = 20\,550$(元)

$NCF_2 = 10\,385 + 10\,500 = 20\,885$(元)

$NCF_3 = 10\,720 + 10\,500 = 21\,220$(元)

$NCF_4 = 11\,055 + 10\,500 = 21\,555$(元)

$NCF_5 = 11\,390 + 10\,500 + 15\,000 + 7\,500 = 44\,390$(元)

乙项目现金流量分析见表 5-2。

乙项目现金流量分析表(单位:元) 表 5-2

NCF_t	0	1	2	3	4	5
现金流入:						
销售收入		40 000	41 000	42 000	43 000	44 000
残值收入						7 500
回收流动资金						15 000
现金流入小计	0	40 000	41 000	42 000	43 000	66 500
现金流出:				1		
设备投资	60 000					
垫支流动资金	15 000					
付现成本		14 500	15 000	5 500	16 000	16 500
所得税		4 950	5 115	5 280	5 445	5 610
现金流出小计	75 000	19 450	20 115	20 780	21 445	22 110
现金净流量	−75 000	20 550	20 885	21 220	21 555	44 390

第三节　工程项目的投资决策评价方法

一、投资决策评价方法分类

工程项目的投资决策评价方法,可以分为非贴现评价法和贴现评价法两大类。

(一)非贴现评价法

1. 投资回收期法

投资回收期是指通过项目的现金净流量来回收初始投资所需要的时间。投资回收期的计算,因每年的经营现金净流量是否相等而有所不同。

(1)如果每年的经营现金净流量相等,投资回收期的计算公式为:

$$投资回收期 = 初始投资额/年现金净流量 \tag{5-5}$$

【例5-3】 在【例5-1】中,根据表5-1的资料计算甲项目投资回收期。甲项目年现金净流量见表5-3。

甲项目年现金净流量(单位:元)　　　　表5-3

甲方案	0	1	2	3	4	5
NCF_t	-50 000	14 020	14 020	14 020	14 020	14 020

$$甲项目投资回收期 = \frac{50\ 000}{14\ 020} = 3.57(年)$$

(2)如果每年现金净流量不相等,投资回收期的计算则可以根据累计现金流量为零的这一点计算。

$$投资回收期 = (n-1) + \frac{第(n-1)年末累计现金净流量绝对值}{第n年营业现金净流量} \tag{5-6}$$

式中:n——累计现金净流量首次为正值的年份。

【例5-4】 在【例5-2】中,根据表5-2的资料计算投资回收期,先计算累计现金净流量,见表5-4。

乙方案累计现金净流量(单位:元)　　　　表5-4

乙方案	0	1	2	3	4	5
NCF_t	-75 000	20 550	20 885	21 220	21 555	44 390
累计NCF_t	-75 000	-54 450	-33 565	-12 345	9 210	53 600

$$乙项目投资回收期 = (4-1) + \frac{12\ 345}{21\ 555} = 3.57(年)$$

利用投资回收期指标进行项目评价的原则是:如果投资回收期小于基准回收期(公司自行确定或根据行业标准确定)时,可接受该项目;反之则应放弃。在实务分析中,一般认为投资回收期小于项目周期一半时方为可行;如果项目回收期大于项目周期的一半,则认为项目不可行。在互斥项目比较分析时,应以回收期最短的方案作为中选方案。

投资回收期以收回初始投资所需时间长短作为判断是否接受某项投资的标准,方法简单,反映直观,为公司广泛采用。但这种方法也存在一定的缺陷,主要表现在:

①投资回收期指标没有考虑货币的时间价值和投资的风险价值。在应用这个指标时,实际上是认定$K=0$,也就是假设在计算期内任何时点上现金流量的价值都与它的现时价值相等,这显然是不科学的。

②投资回收期指标只考虑回收期以前各期现金流量的贡献,而将还本数以后的现金流量

截断了,完全忽略了还本以后现金流量的经济效益,这样就忽略了不同方案的实际差异。

为了弥补投资回收期指标未考虑货币时间价值和投资风险价值这一缺陷,可采用折现投资回收期指标,这一指标是将未来各期现金流量用适当的折现率进行折现,求得累计净现值与初始投资现值相等时所需的时间间隔。但这一指标仍未考虑投资项目回收以后各期现金流量的影响。因此,在项目评价时,投资回收期只能作为一个辅助指标,必须和其他指标相结合,以判断项目的可行性。

2. 投资收益率法

投资收益率法是指以项目的投资利润率来判断项目经济上是否可行的一种方法。投资收益率又称投资报酬率(ROI),是指达产期正常年度利润或年均利润占投资总额的百分比。其计算公式为:

$$\text{投资收益率} = \frac{\text{年平均净收益}}{\text{项目投资总额}} \times 100\% \tag{5-7}$$

式中,"年平均净收益"可按项目投产后各年净收益总和简单平均计算。

【例 5-5】 根据表 5-1 和表 5-2 的资料,甲乙项目的投资收益率分别为:

甲方案的投资收益率 = 4 020/50 000 = 8.04%

$$\text{乙项目投资收益率} = \frac{(15\,000 + 15\,500 + 16\,000 + 16\,500 + 17\,000)/5}{75\,000} \times 100\%$$

$$= 21.33\%$$

利用投资收益率评价投资项目的原则是:如果投资收益率大于基准投资收益率(通常由公司自行确定或根据行业标准确定),则应接受该项目,反之则应放弃。在有多个方案的互斥选择中,则应选择投资收益率最高的项目。

投资收益率指标的优点是简明、易懂、易算。但它存在明显的缺陷,主要表现为:

(1)投资收益率指标没有考虑货币的时间价值和投资的风险价值,第一年的投资收益与最后一年的投资收益被看做具有同等的价值。

(2)不能正确反映建设期长短及投资方式不同和回收额的有无等条件对项目的影响。

(3)无法直接利用净现金流量信息,分子、分母计算口径的可比性较差。

因此,投资收益率只能作为一种辅助指标评价投资项目的优劣。

(二)贴现评价法

1. 净现值法

净现值(net present value,NPV)是反映投资项目在建设和生产服务年限内获利能力的指标。一个项目的净现值是指在整个建设和生产服务年限内各年现金净流量按一定的折现率计算的现值之和,其计算公式为:

$$\text{NPV} = \sum_{t=0}^{n} \frac{\text{NCF}_t}{(1+K)^t} \tag{5-8}$$

式中:NPV——净现值;

NCF_t——第 t 期现金净流量;

K——资本成本或投资必要收益率;

n——项目周期(指项目建设期和生产期)。

根据净现值计算公式,影响项目净现值大小的因素主要有三个:项目的现金流量、折现率和项目周期。折现率通常采用项目资本成本或项目必要收益率。项目资本成本的大小与项目系统风险大小直接相关。在确定折现率时,还应注意通货膨胀对折现率的影响。根据现金流量与折现率相匹配的原则,名义现金流量应与名义折现率相匹配,真实现金流量应与真实折现率相匹配。项目周期一般可根据下列标准确定:

(1)投资项目所使用的主要设备的平均物理寿命,但由于难以预测物理寿命期限内各期的现金流量,因此这一标准的经济意义不大。

(2)项目产品的市场寿命(项目的经济寿命)。由于产品技术含量、实用性、市场竞争以及各方面的经验等因素,项目经济寿命的长短不宜准确地确定。

(3)根据现金流量预测期限,即估计销售量以及各类支出的期限,并假设在期限终了时投资项目的所有未来价值将包括在该项目的残值内。

利用净现值指标进行项目决策的原则是:如果项目的净现值大于或等于零,表明该项目投资获得的收益大于资本成本,或获得了与投资风险相适应的收益,则项目是可行的;如果项目的净现值小于零,则应当放弃该项目,以避免更大的损失。当一个投资项目有多种方案可选择时,应选择净现值大的方案,或是按净现值大小进行项目排队,对净现值大的项目应优先考虑。

【例5-6】 根据表5-1和表5-2的资料,假定两项目的资本成本为10%,甲、乙项目的净现值分别为:

$$NPV_甲 = -50\,000 + 14\,020 \times (P/A, 10\%, 5)$$
$$= -50\,000 + 14\,020 \times 3.791$$
$$= 3\,150(元)$$

$$NPV_乙 = -75\,000 + \frac{20\,550}{(1+10\%)} + \frac{20\,885}{(1+10\%)^2} + \frac{21\,220}{(1+10\%)^3} + \frac{21\,555}{(1+10\%)^4} + \frac{44\,390}{(1+10\%)^5}$$
$$= -75\,000 + 94\,155$$
$$= 19\,155(元)$$

很明显,乙项目的净现值大于甲项目,乙项目优于甲项目。

净现值法的优点在于综合考虑了资金时间价值;能够利用项目计算期的全部净现金流量。其缺点在于无法从动态的角度直接反映投资项目的实际收益率水平;另外,它是一个绝对量指标,不便于不同投资项目获利能力的比较。

2.获利指数

获利指数(profitability index,PI)又称为现值指数,是指投资项目未来现金流入量(CIF)现值与现金流出量(COF)现值(指初始投资的现值)的比率,其计算公式为:

$$PI = \frac{\sum_{t=0}^{n} CIF_t (1+K)^{-t}}{\sum_{t=0}^{n} COF_t (1+K)^{-t}} \tag{5-9}$$

式中:PI——获利指数;

CIF_t——第t期现金流入量;

COF_t——第 t 期现金流出量；

K——资本成本或投资必要收益率；

n——项目周期。

获利指数实质上是净现值的一种变形，是一个相对数指标，反映投资的效率，即获利能力。根据获利指数指标进行项目选择的基本原则是：接受获利指数大于或等于 1 的项目；放弃获利指数小于 1 的项目。由于 NPV 与 PI 使用相同的信息评价投资项目，得出的结论常常是一致的，但在投资规模不同的互斥项目的选择中，则有可能得出不同的结论，此时仍应以净现值法的结果为准，因为净现值是绝对数指标，反映投资的效益，更符合财务管理的基本目标。

【例 5-7】 根据表 5-1 和表 5-2 的资料，假定两项目的资本成本为 10%，甲、乙项目的获利指数分别为：

$$PI_{甲} = \frac{14\,020 \times (P/A, 10\%, 5)}{50\,000}$$

$$= \frac{14\,020 \times 3.791}{50\,000}$$

$$= 1.06$$

$$PI_{乙} = \left[\frac{20\,550}{(1+10\%)} + \frac{20\,885}{(1+10\%)^2} + \frac{21\,220}{(1+10\%)^3} + \frac{21\,555}{(1+10\%)^4} + \frac{44\,390}{(1+10\%)^5}\right] \div 75\,000$$

$$= \frac{94\,155}{75\,000}$$

$$= 1.26$$

甲、乙两项目的获利指数均大于 1，说明两个项目都可行，但乙项目的获利指数大于甲项目，所以，乙项目优于甲项目。

获利指数指标的优点在于可以从动态的角度反映项目的资金投入与总产出之间的关系。其缺点是无法直接反映投资项目的实际收益率。

3. 内含报酬率法

内含报酬率（internal rate of return，IRR）也是一种折现现金流量指标。它是使项目净现值为零时的折现率，或现金流入量现值与现金流出量现值相等时的折现率。内含报酬率满足下面公式：

$$NPV = \sum_{t=0}^{n} \frac{NCF_t}{(1+IRR)^t} = 0 \tag{5-10}$$

式中：NPV——净现值；

NCF_t——第 t 期现金净流量；

IRR——项目的内含报酬率；

n——项目周期。

利用 IRR 指标选择投资项目的基本原则是：若 IRR 大于或等于项目资本成本或投资最低收益率，则接受该项目；反之则放弃。内含报酬率指标可直接根据投资项目本身的参数（现金流量）计算其投资收益率，在一般情况下，能够正确反映项目本身的获利能力。但在互斥项目的选择中,利用这一指标有时会得出与净现值不同的结论。

根据内含报酬率的定义,其计算方法可具体分为以下两种情况。

(1)内含报酬率指标计算的特殊方法

当项目投产后的净现金流量表现为普通年金的形式时,可以直接利用年金现值系数计算内含报酬率,其计算公式为:

$$(P/A, IRR, n) = \frac{I}{NCF}$$

式中:I——项目的初始投资额;

NCF——每年现金净流量。

运用该公式的充分必要条件:

①项目的全部投资均于建设起点一次投入,建设期为零;

②投产后每年现金净流量相等。

【例 5-8】 根据表 5-1 资料,甲项目的内含报酬率为:

$$(P/A, IRR, 5) = \frac{50\,000}{14\,020} = 3.566$$

查年金现值系数表,$(P/A, 12\%, 5) = 3.605$,$(P/A, 13\%, 5) = 3.517$。

用内插值法求出 $IRR_甲 = 12.45\%$。由于甲项目的内含报酬率大于资本成本 10%,所以甲项目可行。

(2)内含报酬率指标计算的一般方法(逐次测试法)

逐次测试法就是要通过逐次测试找到一个能够使净现值大于零,另一个使净现值小于零的两个最接近的折现率,然后结合内插法计算 IRR。

【例 5-9】 根据表 5-2 资料,乙项目的内含报酬率则要通过逐次测试法计算得到。

第一次测试:设折现率 $r = 18\%$,带入净现值计算公式:

$$NPV_乙 = -75\,000 + \frac{20\,550}{(1+18\%)} + \frac{20\,885}{(1+18\%)^2} + \frac{21\,220}{(1+18\%)^3} + \frac{21\,555}{(1+18\%)^4} + \frac{44\,390}{(1+18\%)^5}$$

$$= 844(元)$$

第二次测试:设折现率 $r = 20\%$,带入净现值计算公式:

$$NPV_乙 = -75\,000 + \frac{20\,550}{(1+20\%)} + \frac{20\,885}{(1+20\%)^2} + \frac{21\,220}{(1+20\%)^3} + \frac{21\,555}{(1+20\%)^4} + \frac{44\,390}{(1+20\%)^5}$$

$$= -2\,867(元)$$

用内插值法求出当 NPV = 0 时的折现率。

贴现率	净现值
18%	844
IRR	0
20%	−2 867

$$\frac{IRR - 18\%}{20\% - 18\%} = \frac{844}{844 - (-2\,867)}$$

$$IRR = 18\% + (20\% - 18\%) \times \frac{844}{844 + 2\,867} = 18.45\%$$

用内插值法求出 $IRR_z = 18.45\%$，由于乙项目的内含报酬率大于资本成本 10%，所以乙方案可行。

内含报酬率指标的优点：
①可以从动态的角度直接反映投资项目的实际收益率水平；
②不受行业基准收益率高低的影响，比较客观。

内含报酬率指标的缺点：
①按照手工计算时，特殊条件难以满足，一般计算方法计算过程复杂；
②当经营期内大量发生追加投资时，可能出现多个 IRR，没有实际意义。

二、投资决策评价方法的比较

1. 贴现指标之间的关系

净现值、获利指数和内含报酬率指标之间存在同方向变动关系，即：
当净现值 >0 时，获利指数 >1，内含报酬率 > 基准收益率；
当净现值 =0 时，获利指数 =1，内含报酬率 = 基准收益率；
当净现值 <0 时，获利指数 <1，内含报酬率 < 基准收益率。

2. 贴现指标之间的比较

（1）贴现指标之间的相同点。净现值、获利指数和内含报酬率指标之间的相同点可以归纳为以下几个方面：
①贴现指标都考虑了资金时间的价值；
②贴现指标都考虑了项目计算期全部的现金流量；
③贴现指标都受建设期长短、回收额有无以及现金流量大小的影响；
④在评价方案可行与否的时候，结论一致：当 NPV≥0 时，PI≥1，IRR≥基准收益率；
⑤贴现指标都是正指标。

（2）贴现指标之间的区别。净现值、获利指数和内含报酬率指标之间的区别如表 5-5 所示。

投资决策评价方法的区别   表5-5

指标	净现值	获利指数	内含报酬率
相对量指标/绝对量指标	绝对量指标	相对量指标	相对量指标
是否可以反映投入与产出的关系	不能	能	能
是否受设定折现率的影响	是	是	否
能否反映项目投资方案本身报酬率	否	否	是

综上所述，可以得出结论：若项目相互独立，NPV、IRR、PI 可做出完全一致的接受或舍弃的决策，但在评估互斥项目时，则应以 NPV 指标为基准。

第四节 工程项目的风险处理

一、项目风险的定义与来源

在前面介绍项目投资决策方法时,假设接受任何投资项目都不会改变投资者对企业风险状况的评价。事实上,不同投资项目往往具有不同的风险,它们对企业价值和企业风险的影响程度也各不相同。随着经济全球化的不断深化,国内市场体系的逐步完善和市场竞争的加剧,工程项目数量不断增多的同时,其失败的概率也随之增加,由于工程项目中各种因素不确定性的增加,项目及项目风险呈现出新的特点和规律。

项目风险是指由于项目所处环境和条件的不确定性,项目的最终结果与项目关系人的期望产生背离,并给项目关系人带来损失的可能性。项目风险产生的原因主要是项目的不确定性造成的,这种不确定性不能通过主观努力来消除,而只能通过努力来降低。事件的不确定性是风险产生的根本原因。项目风险是某一投资项目本身特有的风险,即不考虑与企业其他项目的组合风险效应,单纯反映特定项目未来收益(净现值或内含报酬率)可能结果相对于预期值的离散程度。通常采用概率的方法,用项目标准差进行衡量。

投资项目风险,一方面来源于项目特有因素或估计误差带来的风险;另一方面来源于各种外部因素引起的风险,其中具有普遍性且比较重要的因素如下:

(1)影响企业投资项目收入的不确定性因素。如价格的波动、市场的状况、消费者偏好、意外事故等。因此,收入数字比任何其他的经济分析所采用的参数都具有更大的不确定性,这种不确定性将给投资企业带来更大的风险。

(2)各项费用的估计不足。如投资项目初始投资及日常经营费用的增加、市场利率的波动及国家对税率的调整、建设期的延长等。

(3)厂房及其机器设备的类型。例如,一台普通的、具有多用途的机器设备,可以在不同的企业具有不同的用途,因此其本身就具有比较明确的经济寿命周期和售卖价值,但是一台具有特殊用途的专用设备,只能在特定的地点执行特定的功能。因此如果投资于特殊的厂房和机器设备,应该慎重考虑这些影响投资项目风险的因素。

(4)项目寿命期的长短。通常一个项目的寿命周期越长,其不确定性越大,投资项目决策的风险也越大。

此外,投资项目风险的来源还有社会、政治、经济的稳定程度,项目施工与经营管理的水平,技术进步与经济发展的状况,国家的投资及产业政策,投资决策部门的预测能力,项目设计质量和可靠性,通货膨胀和汇率等。

由于以上原因,使得工程项目投资面临着众多的风险,可以从不同的角度对工程项目投资风险进行分类。根据产生的根源不同可以分为自然风险、政治风险、经济风险、金融风险、管理风险;根据其造成的后果不同可以分为纯风险和投机风险;根据风险是否可控可以分为系统风险和非系统风险;根据风险是否与投资者有关可以分为内部风险和外部风险。

二、工程项目的风险处理方法

(一) 风险调整现率法

风险调整贴现率法是将净现值法和资本资产定价模型结合起来,利用模型,依据项目的风险程度调整基准贴现率的一种方法。其基本思路是对于高风险的项目采用较高的贴现率来计算净现值,低风险的项目用较低的贴现率来计算净现值,然后根据净现值法的规则来选择方案。因此,此种方法的核心是根据风险的大小来调整贴现率。

风险调整后净现值的计算公式为:

$$调整后的净现值 = \sum_{t=0}^{n} \frac{预期现金流量}{(1+风险调整折现率)^t} \quad (5-11)$$

【例 5-10】 当前的无风险报酬率为 4%,市场平均报酬率为 12%。公司有两个投资机会:A 项目投资 80 000 元,寿命期为 5 年,每年现金净流量为 26 000 元;B 项目投资 94 000 元,寿命期为 5 年,每年现金净流量为 28 000 元。A 项目的预期股权现金流量风险大,其 β 值为 1.5;B 项目的预期股权现金流量风险小,其 β 值为 0.75。

A 项目的风险调整折现率 = 4% + 1.5 × (12% - 4%) = 16%

B 项目的风险调整折现率 = 4% + 0.75 × (12% - 4%) = 10%

其他有关数据如表 5-6 所示。

风险调整折现率法分析(单位:元)　　　　表 5-6

年限	现金流入量	现值系数(4%)	未调整现值	现值系数	调整后现值
A 项目(贴现率 16%)					
0	-80 000	1	-80 000	1	-80 000
1	26 000	0.961 5	24 999	0.862 1	22 415
2	26 000	0.924 6	24 040	0.743 2	19 323
3	26 000	0.889 0	23 114	0.640 7	16 658
4	26 000	0.854 8	22 225	0.552 3	14 360
5	26 000	0.821 9	21 369	0.476 1	12 381
净现值			35 747		5 137
B 项目(贴现率 10%)					
0	-94 000	1	-94 000	1	-94 000
1	28 000	0.961 5	26 922	0.909 1	25 455
2	28 000	0.924 6	25 889	0.826 4	23 139
3	28 000	0.889	24 892	0.751 3	21 036
4	28 000	0.854 8	23 934	0.683	19 124
5	28 000	0.821 9	23 013	0.620 9	17 385
净现值			30 650		12 140

由表 5-6 计算结果可知,如果不进行折现率调整,两个项目差不多,A 项目比较好;调整以后,两个项目有明显差别,B 项目要好得多。

(二)肯定当量法

1. 肯定当量法的基本思路

先用一个肯定当量系数 α_t,把有风险的现金流量调整为无风险的现金流量,然后用无风险的贴现率去计算净现值,以便用净现值法的规则判断投资项目的可取程度。计算公式为:

$$NPV = \sum_{t=0}^{n} \frac{\alpha_t \cdot CFAT_t}{(1+i)^t} \tag{5-12}$$

式中:α_t——第 t 年现金流量的肯定当量系数,它的取值在 0~1;

i——无风险的贴现率;

$CFAT_t$——第 t 年税后现金流量。

2. 肯定当量系数

肯定当量系数是指不肯定的一元现金流量期望值,相当于使投资者满意的、肯定的金额,它可以把各年不肯定的现金流量换算成肯定的现金流量。其计算公式为:

$$\alpha_t = \frac{\text{肯定的现金流量}}{\text{不肯定的现金流量期望值}}$$

肯定当量系数的确定:

(1)根据风险程度(标准离差率)和肯定当量系数之间的对照关系换算。

(2)根据风险报酬率和无风险报酬率之间的函数关系换算,换算公式为:

$$\alpha_t = \frac{(1+i)^t}{(1+K)^t} \tag{5-13}$$

(3)由经验丰富的分析人员主观判断。

【例 5-11】 当前的无风险报酬率为 4%。公司有两个投资机会,有关资料如表 5-7 所示。

肯定当量法分析(单位:元)　　表 5-7

年限	现金流入量	肯定当量系数	肯定现金流量	现值系数(4%)	未调整现值	调整后现值
C 项目							
0	-40 000	1	-40 000	1.000 0	-40 000	-40 000
1	13 000	0.9	11 700	0.961 5	12 500	11 250
2	13 000	0.8	10 400	0.924 6	12 020	9 616
3	13 000	0.7	9 100	0.889 0	11 557	8 090
4	13 000	0.6	7 800	0.854 8	11 112	6 667
5	13 000	0.5	6 500	0.821 9	10 685	5 342
净现值					17 874	965
D 项目							
0	-47 000	1	-47 000	1.000 0	-47 000	-47 000
1	14 000	0.9	12 600	0.961 5	13 461	12 115
2	14 000	0.8	11 200	0.924 6	12 944	10 356
3	14 000	0.8	11 200	0.889 0	12 446	9 957
4	14 000	0.7	9 800	0.854 8	11 967	8 377
5	14 000	0.7	9 800	0.821 9	11 507	8 055
净现值					15 325	1 860

调整前 C 项目的净现值较大，调整后 D 项目的净现值较大。不进行调整，就可能导致错误的判断。

（三）风险调整贴现率法和肯定当量法的比较

风险调整贴现率法和肯定当量法，都是投资风险分析的方法。两者主要的区别是：肯定当量法是用调整净现值公式中的分子的办法来考虑风险；风险调整贴现率法是用调整净现值公式中分母的办法来考虑风险。风险调整折现率比肯定当量系数容易估计，但用单一的折现率同时完成风险调整和时间调整，可能夸大远期现金流量的风险。肯定当量法的优点是，对时间价值和风险价值分别进行调整，理论上受到好评，克服了风险调整贴现率法夸大远期风险的缺点，可以根据各年不同的风险程度，分别采用不同的肯定当量系数，其缺点是如何合理确定当量系数是个问题。

三、企业资本成本作为工程项目折现率的条件

使用企业当前的资本成本作为项目的折现率，应具备两个条件：一是项目的风险与企业当前的平均风险相同；二是公司继续采用相同的资本结构为新项目筹资。

（一）加权平均成本与权益资本成本

计算项目的净现值有两种办法：一种是实体现金流量法，即以企业实体为背景，确定项目对企业现金流量的影响，以企业的加权平均成本为折现率；另一种是股权现金流量法，即以股东为背景，确定项目对股权流量的影响，以股权资本成本作为折现率。

下面用表 5-8 来比较这两种方法的区别。

实体现金流量法和股权现金流量法的比较　　　　　　　　　表 5-8

区别项目	实体现金流量法	股权现金流量法
净现值	$\sum_{t=1}^{n}\dfrac{\text{实体现金流量}}{(1+K_w)^t}-\text{全部原始投资}$	$\sum_{t=1}^{n}\dfrac{\text{股东现金流量}}{(1+K_s)^t}-(\text{全部原始投资}-\text{债权人投资})$
营业现金净流量	①经营收入 − 经营付现成本 − 所得税 ②经营收入 − (经营成本 − 折旧) − 所得税 = EBIT + 折旧 − 所得税 = EBIT + 折旧 − EBIT × T = EBIT × (1 − T) + 折旧 ③经营收入 × (1 − T) − 经营付现成本 × (1 − T) + 折旧 × T	①经营收入 − 经营付现成本 − 利息 − 所得税 ②经营收入 − (经营成本 − 折旧) − 利息 − 所得税 = EBIT + 折旧 − 所得税 − 利息 = EBIT + 折旧 − (EBIT − I) × T − I = EBIT × (1 − T) + 折旧 − I × (1 − T) ③经营收入 × (1 − T) − 经营付现成本 × (1 − T) + 折旧 × T − I × (1 − T)
折现率	$K_w = K_s \cdot \dfrac{S}{S+B} + r \cdot (1-T) \cdot \dfrac{B}{S+B}$	$K_s = R_f + \beta_l \cdot (R_m - R_f)$

注：K_w 表示加权平均资本成本；K_s 表示股东要求的报酬率；EBIT 表示息税前利润；I 表示利息费用；T 表示所得税税率；r 表示负债的利率；R_f 表示无风险报酬率；R_m 表示市场平均报酬率；β_l 表示含有财务杠杆公司的 β 值；B 表示公司的负债额；S 表示公司的权益额。

从表 5-8 可以看出，两种评价方法的主要区别表现在以下几个方面。

1. 营业现金流量的内涵不同

（1）利息支出处理不同：在实体现金流量法下，利息既不是现金流出，也不能抵减所得税；

在股东现金流量法下,利息既要作为现金流出,又要抵减所得税。

(2)所得税的内容不同:在实体现金流量法下,所得税指的是"$EBIT \times T$",即息税前利润×所得税税率;在股东现金流量法下,所得税指的是"$(EBIT - I) \times T$",即税前息后利润×所得税税率。

(3)借款本金归还的处理不同:在实体现金流量法下,借款本金归还不是现金流出;在股东现金流量法下,借款本金归还是现金流出,但没有抵税作用。

2. 所采用的折现率不同

在实体现金流量法下,由于只考虑投资项目自身的经营风险而不考虑企业为投资项目筹资所带来的财务风险,因而一般用企业或投资项目的加权平均资本成本作为折现率;在股东现金流量法下,不仅要考虑投资项目自身的经营风险,同时还要考虑企业为投资项目筹资所带来的财务风险,因而一般用股东要求的报酬率作为折现率。

3. 原始投资额不同

在实体现金流量法下,进行投资项目分析时的原始投资额即为该投资项目的总投资额(即全部原始投资),它既包括企业的自有资金,也包括企业为投资项目筹措的资金(负债等筹措的资金);在股东现金流量法下,进行投资项目分析时的原始投资额为股东所投入的资金额,不考虑负债筹措的资金(即全部原始投资-债权人的投资)。

关于实体现金流量法和股权现金流量法还需要说明以下几点:

(1)两种方法计算的净现值没有实质区别。如果实体现金流量折现后为零,则股权现金流量折现后也为零;如果实体现金流量折现后为正值,股权现金流量折现后也为正值。

(2)折现率应当反映现金流量的风险。股权现金流量的风险比实体现金流量大,它包含了公司的财务风险。实体现金流量不包含财务风险,比股东的现金流量风险小。

(3)增加债务不一定会降低加权平均成本。如果市场是完善的,增加债务比重并不会降低加权平均成本,因为股东要求的报酬率会因财务风险增加而提高,并完全抵消增加债务的好处。即使市场不够完善,增加债务比重导致的加权平均成本降低,也会大部分被权益成本增加所抵消。

(4)实体现金流量法比股权现金流量法简洁。因为股东要求的报酬率不但受经营风险的影响,而且受财务杠杆的影响,估计起来十分困难。不如把投资和筹资分开考虑,首先评估项目本身的价值而不管筹资的方式如何,如果投资项目有正的净现值,再去处理筹资的细节问题。筹资只是如何分配净现值的问题,主要是利息减税造成的股东和政府之间的分配问题。

(二)项目风险与企业当前资产的平均风险相同

用当前的资本成本作为折现率,隐含了一个重要假设,即新项目是企业现有资产的复制品,它们的风险相同,要求的报酬率才会相同。这种情况会经常出现,例如固定资产更新、现有生产规模的扩张等。

如果新项目与现有项目的风险有较大差别,必须小心从事。例如,某公司是个传统建筑行业企业,其风险较小,假设它拟进入软件开发产业。在评价其软件开发产业项目时,使用公司目前的资本成本作折现率就不合适了。新项目的风险和现有资产的平均风险有显著差别。只有当新项目的风险与现有资产的风险相同时,企业的资本成本才是合适的接受标准。对其他的风险投资,无论比现有资产风险高或低,资本成本都不是合适的标准。但是,公司当前的资本成本是我们进一步调整的基石,具有重要的实际意义。

(三)继续采用相同的资本结构为新项目筹资

所谓企业的加权平均资本成本,通常是根据当前的数据计算的,包含了资本结构因素。如果假设市场是完善的,资本结构不改变企业的平均资本成本,则平均资本成本反映了当前资产的平均风险。或者说,可以把投资和筹资分开,忽略筹资结构对平均资本成本的影响,先用当前的资本成本评价项目,如果通过了检验,再考虑筹资改变资本结构带来的财务影响。

如果承认资本市场是不完善的,筹资结构就会改变企业的平均资本成本。例如,当前的资本结构是债务为50%,而新项目所需资金全部用债务筹集,将使负债上升至80%。由于负债比重上升,股权现金流量的风险增加,它们要求的报酬率会迅速上升,引起企业平均资本成本上升;与此同时,扩大了成本较低的债务筹资,会引起企业平均资本成本下降。这两种因素的共同作用,使得企业平均资本成本发生变动。因此,继续使用当前的平均资本成本作为折现率就不合适了。

总之,在等风险假设和资本结构不变假设明显不能成立时,不能使用企业当前的平均资本成本作为新项目的折现率。

四、工程项目系统风险的估计

(一)项目风险的类别

在项目分析中,项目的风险可以从三个层次来看待。

1. 项目的特有风险

特有风险是指项目本身的风险,它可以用项目预期收益率的波动性来衡量。通常,项目的特有风险不宜作为项目资本预算时风险的度量。因为有风险项目组合在一起后,单个项目的大部分风险可以在企业内部分散掉。

2. 项目的公司风险

项目的公司风险是指项目给公司带来的风险。项目的公司风险,可以用项目对于企业未来收入不确定的影响大小来衡量。考虑新项目自身特有的风险可以通过与企业内部其他项目和资产的组合而分散掉一部分,因此应着重考察新项目对企业现有项目和资产组合的整体风险可能产生的增量。

3. 项目的市场风险

项目的市场风险是指新项目给股东带来的风险。从股东角度来看,项目特有风险被公司资产多样化分散后剩余的公司风险中,有一部分能被股东的资产多样化组合而分散掉,从而只剩下任何多样化组合都不能分散掉的系统风险。

由此可见,唯一影响股东预期收益的是项目的系统风险,而这也是理论上与项目分析有关的风险度量,如图5-1所示。

(二)项目系统风险的估计

工程项目系统风险的估计,比企业系统风险的估计更为困难。股票市场提供了股价,为计

算企业的 β 值提供了数据,而项目没有充分的交易市场,没有可靠的市场数据,可采用可比公司法来解决问题。

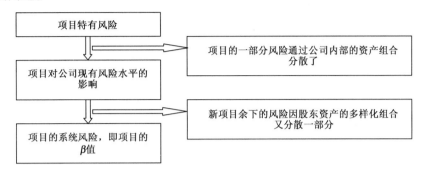

图 5-1　项目特有风险分析图

可比公司法是寻找一个经营业务与待评估项目类似的上市企业,以该上市企业的 β 推算项目的 β,这种方法也称为"替代公司法"。

运用可比公司法,应该注意替代公司的资本结构已经反映在其 β 值之中,如果替代企业的资本结构与项目所在企业的资本结构显著不同,那么,在估计项目的 β 值时,应该针对资本结构差异作出相应的调整。

调整的基本步骤如下。

1. 卸载可比公司财务杠杆

根据可比公司股东权益波动性(一般为股价的波动)估计的 β 值,是含有财务杠杆的 β 值。可比公司的资本结构与项目所在公司(即目标公司)不同,要将资本结构因素排除,确定可比公司不含财务杠杆的 β 值。该过程通常叫"卸载财务杠杆"。用公式表示为:

$$\beta_u = \beta_l \div \left[1 + (1 - T) \times \frac{B}{S}\right] \tag{5-14}$$

式中:β_u——无负债公司的 β 值,即不含财务杠杆的公司 β 值;

　　β_l——负债公司的 β 值,即含有财务杠杆公司的 β 值;

　　T——公司所得税税率;

　　B——公司的负债额;

　　S——公司的权益额。

卸载可比公司财务杠杆后,公司没有财务风险。或者说,此时股东权益的风险与资产的风险相同,股东只承担经营风险,即资产的风险。

2. 加载目标公司财务杠杆

根据目标公司的资本结构调整 β 值,该过程称"加载财务杠杆"。加载财务杠杆使用的公式是:

$$\beta_l = \beta_u \times \left[1 + (1 - T) \times \frac{B}{S}\right] \tag{5-15}$$

式中:β_l——加载财务杠杆后目标公司的 β 值;

　　其他字母的含义同前。

3. 根据得出的目标公司的 β_l 计算股东要求的报酬率

$$K_s = R_f + \beta_l \cdot (R_m - R_f) \tag{5-16}$$

式中：K_s——股东要求的报酬率；
   β_l——目标公司的 β 值；
   R_f——无风险利率；
   R_m——市场平均报酬率。

如果使用股东现金流量法计算净现值，K_s 就是适宜的折现率。

4. 计算目标公司的加权平均资本成本

如果使用实体现金流量法计算净现值，还需要计算加权平均资本成本，其计算公式为：

$$K_w = r \cdot (1 - T) \cdot \frac{B}{B+S} + K_s \cdot \frac{S}{B+S} \tag{5-17}$$

式中：K_w——加权平均资本成本；
   r——负债利率；
   其他字母的含义同前。

尽管可比公司法还有许多需要完善的地方，但它在估算项目系统风险时还是比较有效的。

本章思考题

1. 简述现金流量和会计利润的联系与区别。
2. 试述非贴现评价法的指标及其主要缺陷。
3. 简述净现值、获利指数、内含报酬率的内在联系。
4. 风险调整贴现率法应用的主要步骤有哪些？
5. 风险调整贴现率法和肯定当量法有何不同？各有何优缺点？
6. 简述企业资金成本作为工程项目折现率的条件。

本章练习题

1. ABC 公司准备购入一台工程设备以扩充生产能力。现有甲、乙两个方案可供选择，甲方案需一次性投资 40 000 元，使用寿命为 5 年，5 年后设备无残值，5 年中每年实现销售收入为 48 000 元，付现成本为 30 000 元。乙方案需投资 55 000 元，使用寿命也为 5 年，第 5 年年末预计净残值为 5 000 元，5 年中每年实现的销售收入为 60 000 元，付现成本第一年为 35 000 元，以后随着设备陈旧，逐年将增加设备的维修费用 1 000 元，另需垫支营运资金 4 000 元。假设两方案均按直线法计提折旧，公司的所得税税率为 40%。

要求：计算甲、乙两个方案的现金净流量。

2. 某公司拟新购一台价值 16 000 元的设备，预计可使用 3 年，届时有残值 1 000 元，按直线法计算折旧。设备投入运行后每年可增加的销售收入分别为 10 000 元、20 000 元和 15 000 元，除折旧以外每年增加的费用分别为 5 000 元、10 000 元和 6 000 元。企业所得税税率为 33%，要求的最低报酬率为 8%，目前年税后利润为 20 000 元。

要求:

(1)假设公司经营无其他变化,预测未来3年每年的税后利润;

(2)判定该投资方案的可行性。

3.某企业两个投资项目的现金流量如习表 5-1 所示,这两个项目的投资必要收益率均为 12%。

投资项目现金流量计算表(单位:万元)　　　　　　　　　　　　　　　　习表 5-1

项目 \ 年限	0	1	2	3	4	5
甲项目						
固定资产投资	-60					
营业现金流量		20	20	20	20	20
现金流量合计	-60	20	20	20	20	20
乙项目						
固定资产投资	-80					
垫支营运资金	-20					
营业现金流量		35	28	25	18	15
固定资产残值						10
营运资金回收						20
现金流量合计	-100	35	28	25	18	45

要求:

(1)分别计算两个项目的投资回收期。

(2)分别计算两个项目的净现值。

(3)分别计算两个项目的获利指数。

(4)分别计算两个项目的内部收益率。

(5)如果这两个项目是互相独立的,是否应改选择。

(6)如果这两个项目是互相排斥的,应如何选择。

4.泰安公司投资 185 000 元购入一台新设备。该设备预计净残值为 5 000 元,可使用 4 年,按直线法计提折旧。设备投入使用后预计每年增加的收入和付现成本如习表 5-2 所示。

现金流量预测(单位:元)　　　　　　　　　　　　　　　　习表 5-2

项目 \ 年限	1	2	3	4
增加的收入	200 000	300 000	150 000	120 000
增加的付现成本	150 000	220 000	80 000	60 000

已知:该公司所得税税率为 30%,无风险收益率为 8%,β 系数为 0.5,市场平均投资收益率为 12%。

要求:

(1)预测未来 4 年每年的税后利润及现金净流量;

(2)计算在无风险的条件下,该投资方案的净现值;

(3)进行该投资方案的风险分析,计算风险调整后的净现值。

5. W 公司正考虑购买一套大型设备以提高生产能力,投资 200 万元后预计在未来各年该设备的使用给企业带来的期望现金净流量和财务分析人员确定的确定等值系数如习表 5-3 所示,无风险收益率为 6%。

期望现金净流量表(单位:万元)　　　　　　习表 5-3

年限	1	2	3	4	5	6
NCF	40	50	80	60	60	40
确定等值系数	0.9	0.8	0.65	0.6	0.5	0.45

要求:对该项目的可行性进行评价。

第六章 工程固定资产管理

本章导读： 工程施工企业的施工生产经营能力取决于企业拥有的固定资产的数量和质量。本章在介绍固定资产概念、分类与计价方法的基础上，重点阐述了施工机械设备需用量和生产设备需用量的预测方法，以及固定资产需用量计划的编制方法，对固定资产折旧方法和固定资产利用效果评价等内容也进行了简要介绍。这些内容将为工程财务人员合理确定固定资产投资规模，以及有效地开展固定资产的日常管理工作提供帮助。

第一节 固定资产概述

一、固定资产的概念与特征

2006年颁布的《企业会计准则》对固定资产的概念作了如下表述：固定资产是指同时具有下列特征的有形资产：

(1) 为生产商品、提供劳务、出租或经营管理而持有；
(2) 使用寿命超过一个会计年度。

从固定资产的定义来看，固定资产具有以下三个特征：

(1) 固定资产是为生产商品、提供劳务、出租或经营管理而持有。企业持有固定资产的目的是为了生产商品、提供劳务、出租或经营管理，即企业持有的固定资产是企业的劳动工具或手段而不是用于出售的产品。其中"出租"的固定资产，是指企业以经营租赁方式出租的机器设备类固定资产，不包括以经营租赁方式出租的建筑物，后者属于企业的投资性房地产，不属于固定资产。

(2) 固定资产的使用寿命超过一个会计年度。固定资产的使用寿命，是指企业使用固定资产的预计期间，或者该固定资产所能生产产品或提供劳务的数量。通常情况下，固定资产的使用寿命是指使用固定资产的预计期间，例如自用房屋建筑物的使用寿命，表现为企业对该建筑物的预计使用年限。对于某些机器设备或运输设备等固定资产，其使用寿命表现为以该固定资产所能生产产品或提供劳务的数量，例如，汽车或飞机等，按其预计行驶或飞行里程估计使用寿命。固定资产使用寿命超过一个会计年度，意味着固定资产属于非流动资产，随着使用和磨损，通过计提折旧方式逐渐减少账面价值。对固定资产计提折旧，是对固定资产进行后续计量的重要内容。

(3) 固定资产是有形资产。固定资产具有实物特征，这一特征将固定资产与无形资产区别开来。有些无形资产可能同时符合固定资产的其他特征，如无形资产为生产商品、提供劳务而持有,使用寿命超过一个会计年度,但是,由于其没有实物形态,所以,不属于固定资产。

固定资产在经济上的意义是劳动资料——劳动者用来影响和改变劳动对象的手段,它能连续在若干施工生产周期中发挥作用而不改变其原有的实物形态,直到它不能使用或在经济上不宜使用,才需要进行实物更新。劳动资料在施工生产过程中,有些是直接参加劳动过程,起着把劳动者的劳动传导到劳动对象上去的作用,如机器设备和生产工具等;有些在施工生产过程中起着辅助的作用,如运输工具等;有些则作为进行施工生产的必要条件而存在,如房屋、建筑物等。劳动资料和劳动对象在企业再生产过程中所起的作用是不同的。劳动对象是劳动者生产物质财富而以劳动加于其上的一切东西,它直接构成工程(产品)的实体,因此它只能在一个施工生产周期中发挥作用。劳动资料则不同,它进入企业的施工生产过程后,不改变其实物形态,也不构成工程(产品)的实体,它能够在多个施工生产周期中可以长期发挥作用,长期保持原有的实物形态,但其价值则随着企业施工生产经营活动而逐渐地转移到工程(产品)成本中去,并构成工程(产品)价值的一个组成部分。

在实际工作中,不是把所有的劳动资料都列作固定资产。列作固定资产的劳动资料一般要同时具备两个条件:一是使用年限在一年以上;二是单位价值在规定的金额以上。不同时具备以上两个条件的劳动资料列作低值易耗品。

为了便于施工企业明确划分固定资产与低值易耗品,《施工、房地产开发企业财务制度》对固定资产的概念作了进一步的描述,该制度规定:"固定资产是指使用期限超过一年的房屋及建筑物、机器、机械、运输工具以及其他与生产经营有关的设备、机器等。不属于生产经营主要设备的物品,单位价值在2 000元以上,并且使用期限超过两年的,也应当作为固定资产"。这一定义从属于企业生产经营主要设备和不属于企业生产经营主要设备两个方面对固定资产分别作了具体界定。属于企业生产经营主要设备的物品,使用期限在一年以上,不论其价值大小都应列作固定资产;不属于企业生产经营主要设备(包括企业生产经营非主要设备和非生产经营设备)的各种物品,单位价值在2 000元以上的,使用期限超过两年的,也应当列作固定资产。不同时具备这两个条件的物品,应当列作低值易耗品。

二、固定资产的分类和计价

(一)固定资产的分类

对固定资产进行合理的分类,是管理好固定资产的前提条件。分类标准有以下几种。

1. 按经济用途划分

按经济用途可以将全部固定资产分为生产用固定资产和非生产用固定资产两大类。

生产用固定资产是指施工生产单位和为施工生产服务的行政管理部门使用的各种固定资产。具体包括:房屋及建筑物、施工机械、运输设备、生产设备以及试验设备和其他生产用固定资产。非生产用固定资产是指非生产单位使用的各种固定资产。这类固定资产还可细分为:公用事业用固定资产、文化生活设施用固定资产等。固定资产按经济用途分类,可以反映出企业生产用和非生产用固定资产的比重,便于分析企业固定资产的技术构成,从而促使企业合理配置固定资产,充分发挥出固定资产的效能。

2. 按使用情况划分

按使用情况可以将全部固定资产分为使用中的固定资产、未使用的固定资产和不需用的固定资产三大类。

使用中的固定资产是指正在使用中的生产经营用和非生产经营用的固定资产。由于季节性生产和大修理等原因暂时停用以及存放在车间备用的机器设备,仍属于使用中的固定资产。未使用的固定资产是指尚未使用的新增固定资产,调入尚待安装的固定资产,进行改建、扩建的固定资产,以及经批准停止使用的固定资产。不需用固定资产是指不适合本企业施工生产需要,准备处理的固定资产。这种分类办法可以表明使用中的固定资产在全部固定资产中所占的比重,从而分析固定资产的有效利用程度,以便促进企业合理组织和调配现有的生产能力,发挥企业现有固定资产的作用;另外,这种分类办法也是计提固定资产折旧的依据。因为现行财务制度规定,除房屋、建筑物以外,使用中的固定资产才计提折旧,未使用和不需用的固定资产不计提折旧。

3. 按所有权划分

按所有权可以将全部固定资产分为自有固定资产和租入固定资产两大类。

自有固定资产是企业所有者投资形成的固定资产和企业经营其间购建的固定资产,它可进一步细分为自用固定资产和租出固定资产两类。租入固定资产是指企业按照租约使用出租单位的固定资产。这种分类办法可以了解固定资产的隶属情况。

上述固定资产的各种分类方法,都有一定的目的性。在实际工作中,企业的全部固定资产是结合以上三种分类方法进行分类的,一般分为以下七大类:

(1)生产用固定资产;

(2)非生产用固定资产;

(3)租出固定资产;

(4)未使用固定资产;

(5)不需用固定资产;

(6)融资租入固定资产;

(7)接受捐赠固定资产等。

(二)固定资产的计价

反映固定资产数量的指标,有实物量指标和货币量指标两种,反映固定资产的实物数量,是为了确定固定资产的生产能力,并从实物数量方面反映固定资产的增减变动情况,便于账实核对。但按实物计量单位反映的固定资产数量,不能汇总计算。因此,还必须利用货币计量单位综合反映固定资产的数量。固定资产的计价是以货币为计量单位来计算固定资产的价值。其计价方法通常有以下三种。

1. 原始价值

固定资产的原始价值是指企业购置或建造某项固定资产时所发生的全部货币支出,简称原值。它一般包括实际支付的买价、包装费、运杂费和安装费等。这种计价方法反映了固定资产的原始投资,是计算固定资产折旧和考核固定资产利用效果的重要依据。由于固定资产的原值具有客观性和可验证性,所以企业的固定资产普遍采用原值计价。但这种计价方法也有明显的缺陷,当经济环境和社会物价水平发生变化时,它不能反映固定资产的真实价值。因此,固定资产除了采用原值作为基本的计价方法外,还必须采用其他计价方法。

2. 重置价值

固定资产的重置价值是指在当前的生产条件和市场条件下，重新购建某项固定资产所需要的全部货币支出。这种计价方法比较真实地反映了固定资产的现时价值。将重置价值与原始价值比较，可以了解技术和经济的发展情况。但固定资产的重置价值是经常变化的，具体计量操作相当复杂。因此，这种计价方法只有在企业进行财产清查时，发现盘盈的固定资产或接受捐赠的固定资产，无法确定其原始价值时才采用。但国家要求企业对固定资产进行价值重估时，也可采用重置价值计价。

3. 折余价值

固定资产的折余价值是指固定资产的原始价值或重置价值减去已提折旧后的净额，又称净值。它反映固定资产的现有价值。通过净值可以反映企业固定资产的实际占有额，将净值与原值对比，还可以了解固定资产的新旧程度。这种计价方法主要用于计算盘盈、盘亏、毁损固定资产的溢余或损失。

三、固定资产的管理原则

1. 维持固定资产再生产能力

固定资产是企业的主要劳动资料，它的数量和技术状况标志着企业的生产能力。为了保证企业生产经营活动的正常进行，必须维持固定资产的再生产能力。为此要严密组织固定资产的收入、发出和保管工作。全面、正常、及时地反映固定资产的增减变化，定期对固定资产进行清查，做到账卡、账实相符，保证固定资产的完整。另外，要正常计提固定资产折旧，及时补偿固定资产的损耗价值，保证固定资产更新的资金来源。

2. 提高固定资产利用效率

企业还应该了解和分析固定资产的保管、维修和使用情况，挖掘固定资产使用方面的潜力，使固定资产发挥最大的经济效果。在不增加或减少投资的条件下，提高企业的生产能力。

3. 合理计划固定资产实际需用量

只有在保证企业生产经营正常需要的前提下，合理占用固定资产，才能为管好固定资产、提高固定资产利用效率创造条件。如果企业对固定资产心中无数，或者对固定资产需用量计划得不合理，固定资产管理的各个环节就会失去可靠的依据。各类固定资产的数量配备不合理，不仅不能保证生产的正常需要，而且浪费资金，影响固定资产利用效益的提高。

第二节　固定资产需用量的预测与计划

工程施工企业要搞好固定资产管理，提高固定资产利用效率，必须正确预测固定资产需用量，编制固定资产需用量计划。这样，一方面可以使企业发现完成施工生产任务所需机械设备的不足状况，以便及时加以补充；另一方面可以发现超过施工生产任务所需的多余机械设备，以便及时加以调配处理，从而使企业固定资产保持合理的占用水平。

一、固定资产需用量的预测

(一)预测固定资产需用量的原则

1. 以现有的固定资产为基础

预测固定资产需用量工作,是在对企业现有固定资产实行全面清查的基础上进行的。只有摸清家底,掌握现有固定资产对完成施工生产任务的保证程度,才能在此基础上确定各类固定资产增减的数量。固定资产的全面清查工作包括三个方面:

(1)清查固定资产的实有数量。

(2)清查固定资产的质量。对机械设备要根据国家规定的技术质量标准,逐项进行鉴定,把所有机械设备分为"完好"、"带病运转"、"停机待修"、"待调配处理"、"待报废"等几项。

(3)清查固定资产的生产能力。要根据各类机械设备的技术规范、能开班次和班台产量定额,分别查明单台机械设备的生产能力,或完成某项工种工程(产品)有关机械设备的综合生产能力,并计算机械设备的利用率。

2. 以工程施工生产任务为依据

在预测固定资产需用量时,应以企业计划年度的工程施工生产任务为计算依据。也就是说,固定资产需用量的多少,应以保证完成企业计划年度的施工生成任务为前提。需要加以说明的是,对那些由于客观原因,施工生产任务暂时不足的企业,应按正常施工生产任务的需要,确定其需用量。

3. 必须同挖潜、革新、改造相结合

预测固定资产需用量,既要保证生产的需要,又要减少资金占用,把企业的机械设备潜力挖掘出来。要弄清现有机械设备的薄弱环节,采取技术革新和组织措施改造老机械设备,还要考虑采用新技术的可能性。要尽可能地采用先进的科学技术成果,不断提高企业生产技术的现代化水平。

(二)固定资产需用量的预测方法

预测固定资产需用量应注意结合企业具体情况,先重点后一般。在工程施工企业的全部固定资产中,施工机械(船舶)、运输设备、生产设备是企业从事施工生产活动的主要劳动资料,它们的数量多,构成复杂,占用资金也多,因此,应重点做好这些设备的预测工作。

1. 施工机械设备需用量的预测

施工企业要完成一定的生产任务,必须配备一定数量的施工机械和运输设备。如要完成一定数量的土方工程,就要有相当数量的挖土机、推土机、运土汽车等;要完成一定数量的混凝土工程,就要有相当数量的混凝土搅拌机、机动翻斗车等。只有这些施工机械设备与工种工程(如土方工程、混凝土工程等)保持合理的比例关系,才能充分发挥机械设备的效能,提高其利用效果。

预测施工机械设备需用量的基本方法,是将根据企业计划年度施工任务计算的年度工种工程量与施工机械设备单位能力的年产量定额进行对比,预计完成计划工程任务所需施工机械设备的数量。计算公式如下:

$$某项施工机械设备需用量 = \frac{年度工种工程量}{该项施工机械设备单位能力年产量定额} \tag{6-1}$$

式中,年度工种工程量的确定,要先根据企业施工任务的特点和以往年度历史资料,测算每万元建筑安装工作量的主要实物工程量,再根据工程任务大小计算主要工种工程实物量。

【例6-1】 某工程公司根据承担的工程任务和以往年度的历史资料,测算出每万元建筑安装工作量的土方工程量为100m³,其中挖土工程量为80m³,还土工程量为20m³,土方平均运距为2km,每立方米土平均重1.8t。该企业计划年度的工程任务为2 000万元。计算土方工程量。

挖土:2 000万元 × 80m³/万元 = 160 000m³

还土:2 000万元 × 20m³/万元 = 40 000m³

合计 200 000m³

假定挖出土方需要全部运出,则土方运输量为:

$$200\ 000m^3 \times 1.8t/m^3 \times 2km = 720\ 000t \cdot km$$

将挖土工程量与挖土机的单位能力年产量定额进行对比,就可以计算挖土机的需用量;将土方运输量与自卸汽车的单位能力年产量定额进行对比,同样可以计算自卸汽车的需用量。如1m³斗容量以下单斗挖土机单位能力年挖土量定额为40 000m³斗容量,自卸汽车单位能力年运输量定额为10 000t·km/t,那么:

$$挖土机需用量 = \frac{160\ 000m^3}{40\ 000m^3/m^3\ 斗容量} = 4m^3\ 斗容量$$

$$自卸汽车需用量 = \frac{720\ 000t \cdot km}{10\ 000t \cdot km/t} = 72t$$

将挖土机和自卸汽车需用量与公司现有数量进行比较,就可以确定需要增加或减少的数量。如该公司现有挖土机和自卸汽车如下:

单斗挖土机:

0.5m³斗容量　　　5台　　　　　计2.5m³斗容量

0.3m³斗容量　　　4台　　　　　计1.2m³斗容量

合计　　　　　　　　　　　　　3.7m³斗容量

自卸汽车:

8t　　　　　　3辆　　　　　计24t

3.5t　　　　　16辆　　　　计56t

合计　　　　　　　　　　　　80t

需要增加单斗挖土机的数量:

$$4m^3\ 斗容量 - 3.7m^3\ 斗容量 = 0.3m^3\ 斗容量$$

需要较少自卸汽车的数量:

$$80t - 72t = 8t$$

即需要增加0.3m³斗容量的单斗挖土机一台,需要减少8t的自卸汽车一辆。用以上同样的方法,可以对其他类型的施工机械设备需用量进行预测。

最后需要加以说明的是,在预测施工机械设备需用量时,要根据企业以往年度机械设备生产能力的利用情况,以及计划年度采用的各种提高机械设备利用率的措施,充分挖掘潜力,不断提高机械设备单位能力年产量定额。另外,各种施工机械设备之间应保持配套,只有这样,才能使施工机械设备充分发挥作用,从而不断提高其利用效果。

2. 生产设备需用量的预测

工程施工企业的附属生产单位(如木材加工厂、预制构件厂、机修厂等),生产设备是其主要的劳动资料,因此,应做好生产设备需用量的预测工作。

预测生产设备需用量的基本方法是将计划年度生产任务与单台设备生产能力进行对比,预计完成计划年度生产任务所需生产设备数量。其计算公式为:

$$某项生产设备需用量 = \frac{计划生产任务(实物量或台时数)}{单台设备生产能力(实物量或台时数)} \quad (6-2)$$

式中,计划生产任务和单台设备生产能力既可以按实物量指标计算,也可以按台时指标计算。如果附属生产单位生产单一产品,可以按实物量指标进行计算,即计划生产任务用年度计划产量表示,单台设备生产能力用单台设备年产量表示;如果附属生产单位生产多种产品,一般不采用实物量指标而采用台时指标进行计算,即计划生产任务要用计划任务定额总台时表示,单台设备生产能力用单台设备全年有效台时表示。

(1)计算计划任务定额总台时

$$计划任务定额总台时 = \Sigma(计划产量 \times 单位产品定额台时 \times 定额改进系数)$$

①计划产量。计划产量以生产计划确定的各种产品的计划产量为依据。如果产品品种不多时,可以直接按各种产品的计划产量计算;如果产品的品种规格很多,可以按产品结构或工艺相近等因素,将产品进行适当分类,每类选择一种规格的产品为代表产品,然后以各种产品的加工台时的比例,将各种不同规格的产品产量换算成代表产品的产量,作为计算计划任务定额总台时的计划产量。

②单位产品定额台时。单位产品定额台时是按现行定额所规定的加工单位产品的时间。

③定额改进系数。定额改进系数是指计划年度估计新定额与现行定额之比。由于现行定额制订后,并不是每年都进行修订,在执行过程中,由于采用新技术和提高劳动生产率,计划年度定额应较现行定额有所改进,计划年度改进后的定额叫做估计新定额。估计新定额与现行定额的比率,称为定额改进系数,其计算公式为:

$$定额改进系数 = \frac{计划年度估计新定额}{现行定额} \times 100\% \quad (6-3)$$

【例6-2】 现行单位产品台时定额为50台时,估计计划年度采取措施可压缩为48台时,则定额改进系数的计算如下:

$$定额改进系数 = \frac{48}{50} \times 100\% = 96\%$$

由于计划年度估计新定额比现行定额先进,因而,应对按现行定额计算的计划任务定额总台时,按定额改进系数打一个折扣。

(2)计算单台设备全年有效台时

$$单台设备全年有效台时 = 全年有效工作天数 \times 轮班次数 \times 每班工作台时$$

①全年有效工作天数。非连续作业设备,按全年日历天数减去节假日及预计停机检修天

数确定;连续作业设备,按全年日历天数减去预计停机检修天数确定。

②轮班次数。轮班次数是指一天 24h 内的轮流班次。根据企业生产任务和现有人力、设备确定。

③每班工作台时。每班工作台时是指 8h 工作时间减去非工作时间。非工作时间指开工前准备、收工后分析检查、工作场地清扫、更换工作服以及工人自然需要时间等。

(3)设备生产能力与计划生产任务的平衡

设备生产能力与计划生产任务的平衡,是预测生产设备需用量的重要环节。通过平衡计算,可以了解企业生产设备能力的余缺情况,为调整设备、充分利用设备生产能力提供依据。设备生产能力余缺是通过计算设备负荷系数来确定的。设备负荷系数是指计划任务需用定额总台时与设备全年有效总台时的比率,其计算公式如下:

$$某种设备负荷系数 = \frac{计划任务需用定额总台时}{该种设备全年有效总台时} \times 100\% \tag{6-4}$$

负荷系数接近或达到 100%,表示生产能力饱和;负荷系数小于 100%,表示生产能力多余,可减少设备数量或适当增加生产任务,负荷系数大于 100%,表示生产能力不足,应增加设备数量。在此基础上,再计算各种生产设备多余或不足的台数,计算公式如下:

$$某种设备多余(+)或不足(-)的台数 = 现有某种设备台数 - \frac{计划任务需用定额总台时}{单台设备全年有效台时}$$

【例 6-3】 某工程公司附属机修厂共有各种机床 29 台,其中车床 12 台,铣床 12 台,磨床 4 台,钻床 1 台。计划年度生产任务为加工甲、乙、丙三种产品。该附属机修厂实行两班制,每班工作时间为 7.5h,全年制度工作天数为 251d,各种机床预计停机检修天数为 16d。各种产品的加工数量为:甲产品 720 件,乙产品 110 件,丙产品 11 件。各种产品在机床上加工所需定额台时如表 6-1 所示。

产品加工所需定额台时表　　　　　　　　　表 6-1

设备名称＼产品	甲产品	乙产品	丙产品	定额改进系数
车床	42	115	475	92%
铣床	37	90	400	96%
磨床	12	25	80	95%
钻床	4	11	30	90%

要求:根据以上资料,计算该附属机修厂各类机床多余或不足的数量。

首先,计算该附属生产单位计划生产任务定额台时,计算过程如表 6-2 所示。

其次,计算该附属机修厂各类设备全年有效台时。各类设备全年有效台时是在单台设备全年有效台时的基础上计算的。

单台设备全年有效台时 = (251 - 16) × 2 × 7.5 = 3 525(台时)

根据单台设备全年有效台时和现有设备台数,计算各类设备全年有效台时,计算过程如表 6-3 所示。

计划生产任务定额台时计算表 表 6-2

产品名称	甲产品		乙产品		丙产品		现行定额总台时	定额改进系数	计划任务需要定额总台时
计划产量	720 件		110 件		11 件				
现行定额台时 \ 设备名称	单位产品定额台时		单位产品定额台时		单位产品定额台时				
1	2	3 = 2×产量	4	5 = 4×产量	6	7 = 6×产量	8 = 3+5+7	9	10 = 8×9
车床	42	30 240	115	12 650	475	5 225	48 115	92%	44 266
铣床	37	26 640	90	9 900	400	4 400	40 940	96%	39 302
磨床	12	8 640	25	2 750	80	880	12 270	95%	11 657
钻床	4	2 880	10	1 100	30	330	4 310	90%	3 879
合计	—	68 400	—	26 400	—	10 835	105 635	94%	99 104

生产设备全年有效台时计算表 表 6-3

设 备 名 称	设 备 台 数	单台设备全年有效台时	生产设备全年有效总台时
1	2	3	4 = 2×3
车床组	12	3 525	42 300
铣床组	12	3 525	42 300
磨床组	4	3 525	14 100
钻床组	1	3 525	3 525
合计	29	3 525	102 225

最后,进行设备生产能力与计划生产任务的平衡,确定各类设备多余或不足的台数。

该附属机修厂各类生产设备负荷系数的计算如表 6-4 所示。

生产设备负荷系数计算表 表 6-4

设 备 名 称	设 备 台 数	全年有效总台时	计划任务需用定额总台时	设备负荷系数
1	2	3 = 2×3 525	4	5 = 4/3
车床组	12	42 300	44 266	104.65%
铣床组	12	42 300	39 302	92.91%
磨床组	4	14 100	11 657	82.67%
钻床组	1	3 525	3 879	110%
合计	29	102 225	99 104	96.95%

根据表 6-4 即可计算各类机床多余或不足的台数。

车床多余(+)或不足(−)的台数 = 12 − 44 266/3 525 = −0.6(台)

铣床多余(+)或不足(−)的台数 = 12 − 39 302/3 525 = 0.9(台)

磨床多余（+）或不足（-）的台数 = 4 - 11 657/3 525 = 0.7（台）

钻床多余（+）或不足（-）的台数 = 1 - 3 879/3 525 = -0.1（台）

以上计算结果表明，钻床的现有数量与完成计划生产任务所需数量基本适应；车床的现有数量与完成计划生产任务所需数量相比，生产能力不足，不足数量大约 1 台，应及时加以补充；铣床和磨床的现有数量与完成计划生产任务所需数量相比，生产能力多余，多余数量大约各 1 台，应及时进行调配处理。通过以上方法，设备生产能力与计划生产任务可以达到基本平衡，这样既能充分发挥现有设备的潜力，又能保证计划生产任务的完成。

二、固定资产需用量计划的编制

预测了固定资产需用量，并将完成施工生产任务所需固定资产数量与现有固定资产数量相比，即可确定计划年度应增加或减少的各类固定资产数量。在此基础上，就可以编制固定资产需用量计划。固定资产需用量计划主要包括以下几项指标：固定资产总值、固定资产平均总值、固定资产产值率和固定资产利润率等。

（一）固定资产总值

固定资产总值是指企业拥有的全部固定资产总价值，它是根据固定资产的数量和原始价值计算的。在固定资产需用量计划中，反映固定资产总值的项目一般有期初固定资产总值、增加固定资产总值、减少固定资产总值和期末固定资产总值，它们反映了计划年度企业固定资产增减变化的全貌，它们之间的关系是：

期末固定资产总值 = 期初固定资产总值 + 增加固定资产总值 - 减少固定资产总值

期初固定资产总值是指计划年初企业全部固定资产总值。如果企业在计划年初编制计划，可根据固定资产账面实际金额确定。如果在计划年度的上年（基年）第四季度编制计划，可根据基年第三季度末的固定资产账面实际金额，预计基年第四季度固定资产总值的增减变动数额确定。增加固定资产总值是指企业在计划年度增加的全部固定资产总值，包括购入的固定资产、自行建造的固定资产和投资者投入的固定资产等。减少固定资产总值是指企业在计划年度减少的全部固定资产总值，包括报废清理的固定资产、出售的固定资产和向其他单位投资转出的固定资产等。期末固定资产总值是指计划年末全部固定资产总值。

【例 6-4】 某工程公司计划年初固定资产总值为 6 000 000 元，计划年度预计固定资产增减变化如下：2 月中旬，购入 0.5m³ 斗容量挖土机一台，价值 168 000 元；3 月中旬，购入 3.5t 自卸汽车一辆，总价值 72 000 元；6 月中旬，投资者投入 0.8m³ 斗容量混凝土搅拌机一台，价值 32 000 元；6 月下旬，报废在用 0.4m³ 斗容量混凝土搅拌机一台，价值 22 000 元；8 月中旬，购买车床一台，价值 24 000 元；10 月中旬，报废 4t 载货汽车一辆，原值 30 000 元；11 月下旬，报废活动房屋一幢，原值 6 000 元。根据以上资料，试计算固定总值。

增加固定资产总值 = 168 000 + 72 000 + 32 000 + 24 000 = 296 000（元）

减少固定资产总值 = 22 000 + 30 000 + 6 000 = 58 000（元）

期末固定资产总值 = 6 000 000 + 296 000 - 58 000 = 6 238 000（元）

应当注意，在计算固定资产总值时，均不考虑固定资产增加或减少的月份，即无论是哪月增加或减少的固定资产，均按增加或减少的总值计算。

(二)固定资产平均总值

工程公司固定资产的增减变动,是在计划年度内先后发生的,它们的使用时间不一致,因此,不应该按其全部增减价值计算固定资产的占用水平,而必须根据固定资产增减的具体时间计算其平均总值。固定资产平均总值是计算固定资产利用效果指标的主要依据,其计算公式为:

$$增加固定资产平均总值 = \frac{\sum(某月份增加固定资产总值 \times 该固定资产占用月数)}{12} \quad (6-5)$$

$$减少固定资产平均总值 = \frac{\sum[某月份减少固定资产总值 \times (12 - 该固定资产占用月数)]}{12} \quad (6-6)$$

本期固定资产平均总值 = 期初固定资产总值 + 增加固定资产平均总值 − 减少固定资产平均总值

为了简化计算,增加的固定资产从次月开始计入使用,减少的固定资产当月仍视同使用。

【例 6-5】 根据【例 6-4】所提供的资料,试计算固定资产平均总值。

增加固定资产

$$平均总值 = \frac{168\,000 \times 10 + 72\,000 \times 9 + 32\,000 \times 6 + 24\,000 \times 4}{12} = 218\,000(元)$$

减少固定资产

$$平均总值 = \frac{22\,000 \times (12-6) + 30\,000 \times (12-10) + 6\,000 \times (12-11)}{12}$$

$$= 16\,500(元)$$

本期固定资产平均总值 = 6 000 000 + 218 000 − 16 500 = 6 201 500(元)

(三)固定资产利用效果指标

固定资产利用效果是指固定资产占用量与所完成的产值或提供的利润之间的对比关系,通常采用固定资产产值率和固定资产利润率指标来表示,其计算公式为:

$$计划期固定资产产值率 = \frac{计划期总产值}{计划期固定资产平均总值} \times 100\% \quad (6-7)$$

$$计划期固定资产利润率 = \frac{计划期利润总额}{计划期固定资产平均总值} \times 100\% \quad (6-8)$$

固定资产产值率表明企业使用一定数量的固定资产可以提供多少产值,提供的产值越多,说明固定资产的利用效果越好;固定资产利润率表明企业使用一定数量的固定资产可以实现多少利润,实现的利润越多,说明固定资产的利用效果越好。

【例 6-6】 根据【例 6-4】和【例 6-5】所提供的资料,假定该工程公司计划年度总产值为 20 000 000 元,利润总额为 1 060 000 元,试计算固定资产产值率和固定资产利润率。

$$固定资产产值率 = \frac{20\,000\,000}{6\,201\,500} = 322.5\%$$

$$固定资产利润率 = \frac{1\,060\,000}{6\,201\,500} = 17.1\%$$

根据以上资料,编制固定资产需用量计划如表6-5所示。

固定资产需用量计划表　　　　　　　　　　表6-5

行　次	项　目	上年预计	本年计划
1	期初固定资产总值	略	6 000 000
2	增加固定资产总值	略	296 000
3	增加固定资产平均总值	略	218 000
4	减少固定资产总值	略	58 000
5	减少固定资产平均总值	略	16 500
6	期末固定资产总值	略	6 238 000
7	本期固定资产平均总值	略	6 201 500
8	总产值(建安工作量)	略	20 000 000
9	利润总额	略	1 060 000
10	固定资产产值率	略	322.5%
11	固定资产利润率	略	17.1%
补充资料	1. 占用土地面积××平方米,其中,建筑面积××平方米; 2. 施工机械设备××台,其中,主要机械设备××台; 3. 机械设备完好率××%		

第三节　固定资产折旧

一、固定资产折旧的概念

工程公司的固定资产能够在多个生产周期中发挥作用而保持原有的实物形态,但固定资产在使用期限内要不断发生损耗。随着固定资产的不断损耗,它的功能将逐渐丧失,与此相对应,固定资产的价值会逐渐地、部分地转移到它作用的工程(产品)中去,构成工程(产品)价值的一部分。固定资产由于损耗而转移到工程(产品)中去的那部分价值,就称为固定资产折旧。固定资产逐渐转移到工程(产品)中去的那部分损耗价值,是施工生产中一部分物化劳动耗费,它构成工程(产品)成本的一个组成部分。构成工程(产品)成本的那部分固定资产损耗价值,称为折旧费。随着工程和产品价值的实现,固定资产的损耗价值将以货币形式得到补偿。可见,固定资产折旧就是对固定资产在生产经营期间损耗价值的转移及其补偿形式。

固定资产的损耗包括有形损耗和无形损耗两种形式。固定资产的有形损耗是指由于使用和自然力的作用而逐渐丧失其物理性能。有形损耗有两种:一种是由于固定资产投入施工生产过程中实际使用而发生的机械磨损;另一种是由于自然力的作用而发生的自然损耗。由于实际使用和自然力的作用而使固定资产发生的损耗是有形可见的,故成为有形损耗。影响固定资产有形损耗的两个因素,都会导致固定资产功能的衰退,使固定资产在使用期间逐渐丧失其使用价值和价值。因此,在计算固定资产折旧预计使用年限时,要全面地考察这两种有形损耗。工程公司由于常在露天施工,它的机械设备更要受到自然力的影响,在计算折旧时更好考虑自然损耗的因素。

固定资产的无形损耗是指由于社会劳动生产率不断提高和科学技术进步所引起的固定资产价值损耗。无形损耗也有两种：一种是由于社会劳动生产率的提高，使同样结构和同样效能的机械设备现在可以更便宜地再生产出来，因而使原有的机械设备的价值相对降低所造成的损失，这种无形损耗并不影响机械设备的使用效能，财务上一般也不进行重新估价，所以不构成实际的损失；一种是由于科学技术的进步，出现新的效能更高的机械设备，使原有的机械设备如果继续使用下去，不能满足企业提高产量和质量以及降低成本的要求，换句话说，在经济上已经不合算，因此必须缩短原有机械设备的使用年限，使之提前报废，从而对企业造成实际损失。这部分损失应该看做是科学技术进步条件下社会必要耗费的组成部分，它和固定资产的有形损耗一样，应当从工程（产品）价值中得到补偿。

确定固定资产的使用年限，既要考虑有形损耗，又要考虑无形损耗。固定资产从投入使用到完全散失其使用价值需要报废为止的使用年限，称为物理使用年限。固定资产物理使用年限的长短，取决于固定资产本身的物质结构、负荷程度、工作条件和维护修理等因素，必须根据这些因素合理确定固定资产的物理使用年限，这是正确计算折旧的前提。在存在无形损耗的前提下，还必须确定固定资产的经济使用年限——考虑固定资产无形损耗而确定的使用年限。显然，固定资产的经济使用年限必须比物理使用年限短。

二、固定资产折旧的计提

（一）计提折旧的固定资产范围

应该计提折旧的固定资产包括：房屋及建筑物；在用施工机械设备、运输设备、生产设备、仪器及实验设备、其他固定资产；季节性停用、修理停用的固定资产；以融资租赁方式租入的固定资产；以经营租赁方式租出的固定资产。

不计提折旧的固定资产包括：除房屋及建筑物以外的未使用、不需用的固定资产；以经营租赁方式租入的固定资产，已提足折旧继续使用的固定资产；破产、关停企业的固定资产。

按照现行制度规定，月份内开始使用的固定资产，当月不计提折旧，从下月起计提折旧；月份内减少或者停用的固定资产，当月仍计提折旧，从下月起停止计提折旧。提足折旧的逾龄固定资产不再计提折旧。提前报废的固定资产，其净损失计入企业营业外支出，不再补提折旧。

（二）固定资产折旧的方法

固定资产有不同的类别和特点，其物质条件和使用条件各不相同，导致损耗的原因也不一样，与此相对应，固定资产折旧的方法也比较多，企业应根据所拥有的固定资产的特点和使用情况，合理选择折旧方法。可供选择的折旧方法主要有以下几种。

1. 使用年限法

使用年限法又称平均年限法，它是根据固定资产的原值、预计残值和清理费用，按预计使用年限平均计算折旧的一种方法，其计算公式为：

$$某项固定资产年折旧额 = \frac{固定资产原值 - 预计残值 + 预计清理费}{预计使用年限}$$

$$= \frac{固定资产原值 - 预计净残值}{预计使用年限} \quad (6\text{-}9)$$

采用这种方法通常要考虑四个因素：

（1）折旧基数。一般用固定资产原值作为折旧基数，固定资产的重置价值也可作为折旧基数。

（2）预计残值。即固定资产在报废清理时收回的残料价值。这部分残料价值不应计入工程和产品成本，在计算折旧时预先加以估计，从固定资产原值中扣除。

（3）预计清理费用。即在撤除固定资产和处理残料时所发生的费用，它是使用固定资产必须的追加支出，应计入工程和产品成本，在计算折旧时也应预先估计，加到固定资产原值中去。预计残值减预计清理费后的余额称为预计净残值。现行制度规定，固定资产的预计净残值按固定资产原值的3%~5%确定。个别企业某些固定资产净残值比例低于3%或高于5%的，由企业自主确定，报主管财政机关备案。

（4）固定资产的使用年限。预计固定资产使用年限时，要同时考虑有形损耗和无形损耗两个因素，一般是以考虑无形损耗的经济使用年限为准。

用使用年限法计算出来的折旧额，在各个使用年份或月份中都是相等的，累计折旧额等额递增，呈直线状态，因此，使用年限法有称直线法。

在实际工作中，通常利用折旧率来计算固定资产折旧额。固定资产折旧率是指一定时期内固定资产折旧额余原值的比率，其计算公式为：

$$固定资产年折旧率 = \frac{固定资产年折旧额}{固定资产原值} \quad (6\text{-}10)$$

或：

$$固定资产折旧率 = \frac{固定资产原值 - 预计残值 + 预计清理费}{固定资产原值 \times 预计使用年限}$$

$$= \frac{1 - 预计净残值率}{预计使用年限} \quad (6\text{-}11)$$

【例6-7】 某施工机械原值168 000元，预计使用15年，预计净残值率为4%，则：

$$年折旧率 = \frac{1 - 4\%}{15} = 6.4\%$$

$$月折旧率 = \frac{6.4\%}{12} = 0.533\%$$

$$月折旧额 = 168\,000 \times 0.533\% = 895.44(元)$$

使用年限法计算简便，易于理解，是我国企业目前普遍采用的一种折旧方法。由于它是将固定资产的全部损耗价值，按其使用年限平均计算折旧，因此，这种折旧方法比较使用于常年均衡使用或基本上均衡使用的固定资产，如房屋、建筑物等固定资产折旧的计算。

2. 工作量法

工作量法是根据固定资产应计折旧总额（即原值扣除净残值）按该项固定资产在生产经营过程中所完成的工作量计算折旧的一种方法。企业固定资产所完成的工作量有多种表示方法，如用行驶的里程表示、用工作小时表示等。

（1）按照行驶里程计算折旧

工程公司的运输设备所完成的工作量一般用行驶里程表示，其折旧额的计算可采用行驶里程法。按照行驶里程计算折旧，首先应确定某项运输设备单位行驶里程的折旧额标准，然后按其实际完成的行驶里程计算折旧，其计算式为：

$$\text{单位里程折旧额} = \frac{\text{固定资产原值} \times (1 - \text{预计净残值率})}{\text{预计行驶里程总数}} \quad (6\text{-}12)$$

$$\text{月折旧额} = \text{月实际行驶里程} \times \text{单位里程折旧额}$$

【例 6-8】 某运输设备原值 200 000 元,预计使用年限 10 年,预计净残值率 4%,预计月平均行驶里程 8 000km,某月实际行驶里程 7 500km,该设备月折旧额计算如下:

$$\text{单位里程折旧额} = \frac{200\,000 \times (1 - 4\%)}{8\,000 \times 12 \times 10} = 0.2(\text{元/km})$$

$$\text{月折旧额} = 7\,500 \times 0.2 = 1\,500(\text{元})$$

(2)按工作小时计算折旧

工程公司的施工机械、生产设备等固定资产所完成的工作量都可以用工作小时来表示,这些固定资产折旧额的计算,可采用工作小时法。按工作小时计算折旧,首先应确定该项固定资产单位工作小时折旧额的标准,然后按其实际工作小时计算折旧额,计算公式如下:

$$\text{单位工作小时折旧额} = \frac{\text{固定资产原值} \times (1 - \text{预计净残值率})}{\text{预计工作小时总数}} \quad (6\text{-}13)$$

$$\text{月折旧额} = \text{月实际工作小时数} \times \text{单位工作小时折旧额} \quad (6\text{-}14)$$

【例 6-9】 某施工机械原值 400 000 元,预计使用 8 年,预计月平均工作 250h,预计净残值率 4%,该机械某月实际工作 290h,该月折旧额计算如下:

$$\text{单位工作小时折旧额} = \frac{400\,000 \times (1 - 4\%)}{250 \times 12 \times 8} = 16(\text{元/h})$$

$$\text{月折旧额} = 290 \times 16 = 4\,640(\text{元})$$

采用工作量法是把固定资产的全部损耗价值在其行驶里程或全部工作时间上平均分配,每年或每月计提的折旧额可能不同,但是单位行驶里程或单位工作小时所分摊的折旧额是相等的。这种方法比较真实地反映了固定资产的实际损耗,为计算工程或产品成本提供了准确的资料。通常适应于损耗程度同工作量的多少联系比较密切的固定资产,如施工机械、运输设备、生产设备等。

3. 定率递减法

定率递减法是根据期初固定资产的折余价值(即净值)乘以一个预先确定的折旧率来计算固定资产折旧的一种方法。随着固定资产使用年限的延长,折余价值逐年递减,在年折旧率不变的情况下,每年计提的折旧额也逐年递减,故定率递减法也称为余额递减法,其计算式为:

$$R = 1 - \sqrt[n]{S/C} \quad (6\text{-}15)$$

式中:R——年折旧率;

　　　C——固定资产原值;

　　　S——估计净残值。

【例 6-10】 某项固定资产原值为 80 000 元,预计使用年限为 5 年,估计净残值为 2 500 元,试计算各年的折旧额。

$$\text{年折旧率} = \sqrt[5]{2\,500/80\,000} = 50\%$$

各年折旧额的计算如表 6-6 所示。

按定率递减法计算折旧　　　　　　　　　　　　　表6-6

年限	折旧率	应计折旧额	累计折旧额	折余价值
0	50%			80 000（原值）
1	50%	40 000	40 000	40 000
2	50%	20 000	60 000	20 000
3	50%	10 000	70 000	10 000
4	50%	5 000	75 000	5 000
5	50%	2 500	77 500	2 500

由上可知，估计净残值不同，对计算结果影响很大。因此，实际工作中，通常用经验估计将折旧率按直线法的2倍计算，从而这种方法演变成双倍余额递减法。双倍余额递减法的计算公式为：

$$年折旧率 = \frac{2}{预计使用年限} \times 100\% \quad (6-16)$$

$$月折旧率 = \frac{年折旧率}{12} \quad (6-17)$$

$$月折旧额 = 固定资产折余价值 \times 月折旧率 \quad (6-18)$$

另外，《施工、房地产开发企业财务制度》规定，实行双倍余额递减法的固定资产，应当在固定资产使用年限到期的前2年内，将固定资产折余价值扣除净残值后的余额平均摊销。这样既可以简化核算，又可使固定资产的损耗价值全部得到补偿。

4. 年数总和法

年数总和法是根据固定资产应计折旧总额乘以一个递减分数（折旧率）来计算固定资产折旧的一种方法。这种方法和余额递减法类似，每年的折旧额也是递减的，但它计算折旧的基数不变，而折旧率则随使用年限逐年变动，是一个递减分数，该分数的分母是一常数，表示使用年限总和。例如，使用年限为5年，则使用年限总和 = 1 + 2 + 3 + 4 + 5 = 15，即分母为15。该分数的分子则逐年递减，表示固定资产尚可使用的年数，如第一年为5，第二年为4，以后各年依次为3、2、1，其计算公式为：

$$年折旧率 = \frac{预计使用年数 - 已使用年数}{预计使用年数 \times (预计使用年数 + 1)/2} \quad (6-19)$$

$$年折旧额 = (固定资产原值 - 预计净残值) \times 年折旧率 \quad (6-20)$$

【例6-11】 某项固定资产原值50 000元，预计净残值为2 000元，预计使用年限为5年，试计算各年的折旧额。

各年折旧额计算如表6-7所示。

以上我们介绍了四种计算固定资产折旧的方法，这四种方法又可以分为两大类：一类是平均折旧法，如使用年限法、工作量法等；另一类是快速折旧法，如定率递减法（双倍余额递减法）、年数总和法等。

平均折旧法是根据固定资产的应计折旧总额，按预计使用年限或完成的工作量平均计算固定资产的损耗价值。这类折旧方法可以均衡地将固定资产的价值转移到工程和产品中去，有利于保持不同时期成本的可比性，其方法也简便易行。但按平均折旧法计算的折旧额，在相同的使用时间或工作量条件下是一个相等的数额,不能如实反映固定资产在不同时期的损耗程度。

按年限总和法计算折旧 表6-7

使用年份	折旧总额	递减分数	应计折旧额	折余价值
0	48 000			50 000
1	48 000	5/15	16 000	34 000
2	48 000	4/15	12 800	21 200
3	48 000	3/15	9 600	11 600
4	48 000	2/15	6 400	5 200
5	48 000	1/15	3 200	2 000
合计	—	—	48 000	—

快速折旧法的特点是,在固定资产的使用年限内,各年的折旧额逐年递减,即前期的折旧额较多,后期的折旧额较少。快速折旧法的理论依据是:固定资产(如施工机械、运输设备、生产设备等)的生产能力是前期比较大,实现的营业收入也较多,为了使收入和成本恰当配比,要求固定资产使用的前期多提折旧,以后随着固定资产使用年限的延长,生产能力逐年下降,营业收入也逐年减少,提取的折旧额也逐年减少。更重要的是,采用快速折旧法,在固定资产投入使用的头几年就可以收回大部分投资,这样一方面可以避免无形损耗带来的风险;另一方面又可以利用收回的资金尽快地采用新技术,增强企业的竞争能力。因此,快速折旧法在西方国家的企业广泛使用。目前我国施工企业中,技术进步较快或使用寿命受工作环境影响较大的施工机械和运输设备,在报经财政部门批准后,可以实行快速折旧法。

第四节 固定资产利用效果评价

一、固定资产利用效果指标

固定资产利用效果是指固定资产占有量与它所取得的生产经营成果之间的对比关系。我们通常用产值和利润来反映固定资产的生产经营成果,因此,反映固定资产利用效果的指标一般包括固定资产产值率和固定资产利润率,此外,还有反映主要施工机械利用情况的单位能力年(季)产量等指标。

(一)固定资产产值率

固定资产产值率也叫固定资产利用率,它是反映工程公司固定资产平均总值和它所完成产值之间对比关系的一个指标,其计算公式为:

$$固定资产产值率 = \frac{计算期产值}{固定资产平均总值} \times 100\% \qquad (6-21)$$

式中的产值一般指企业自行完成的建筑安装工作量,辅助生产单位的工业性产品和作业的价值不计算在内。这是由于工程公司主要从事建筑安装工程的施工活动,它的最终产品是建筑安装工程,因此,只计算建筑安装工程的产值。至于附属生产企业的工业性产值和固定资产价值应从上式中剔除,另行计算。

固定资产产值率指标的含义是企业使用一定数量的固定资产完成了多少建筑安装工作量。使用同量的固定资产所完成的工作量越多,说明固定资产的利用效果越好;反之,则越差。在实际工作中,通常用固定资产产值率的逆指标,即百元产值占用的固定资产来反映固定资产的利用效果。百元产值占用的固定资产又称固定资产占用率,其计算公式为:

$$百元产值占用的固定资产 = \frac{固定资产平均总值}{计算期产值} \times 100 \quad (6-22)$$

百元产值占用的固定资产指标的含义是完成百元产值需要占用多少固定资产价值。完成同样数量的产值占用固定资产价值越少,说明固定资产利用效果越好;反之,则越差。

(二)固定资产利润率

固定资产利润率是反映工程公司固定资产平均总值和利润之间对比关系的一个指标,其计算公式为:

$$固定资产利润率 = \frac{利润总额}{固定资产平均总值} \times 100\% \quad (6-23)$$

固定资产利润率指标的含义是企业使用一定数量的固定资产,能取得多少利润。使用同量的固定资产取得的利润越多,表明固定资产的利用效果越好。

(三)单位能力年(季)产量

固定资产产值率和固定资产利润率指标能综合反映工程公司所有固定资产的利用效果,但不能反映各种施工机械的利用情况。为了反映各种施工机械的利用情况,还有用单位能力年(季)产量指标,其计算公式为:

$$单位能力年(季)产量 = \frac{年(季)实际产量}{年(季)机械平均能力} \quad (6-24)$$

式中,机械平均能力是指企业在年(季)度平均每天所有的机械能力,它等于企业在年(季)度内每天的机械能力之和除以日历天数。

【例6-12】 某工程公司在2011年初有挖土机5台,其中2台是$0.5m^3$斗容量的,3台是$1m^3$斗容量的。在7月1日又增添了1台$0.5m^3$斗容量的挖土机,该公司2011年度挖土机的平均能力为多少?

解:该公司2011年度挖土机的平均能力计算如下:

$$\frac{2 \times 0.5 \times 360 + 3 \times 1 \times 360 + 1 \times 0.5 \times 180}{360} = 4.25(m^3)$$

如果该公司2011年度共挖土方量$161\ 500m^3$,则挖土机的单位能力年产量为:

$$\frac{161\ 500m^3}{4.25m^3} = 38\ 000m^3/m^3$$

施工机械的单位能力年产量指标能综合地反映施工机械的利用情况,不但能反映机械的完好率和时间利用情况,而且能反映机械的利用率和能力利用情况。该指标越大,说明施工机械利用效果越好。

二、固定资产利用效果指标的分析

在评价工程公司固定资产的利用效果时,可以将不同时期的指标进行对比,以了解公司固定资产利用效果的改进情况,也可以将本公司的指标与先进公司的同质指标进行对比,以便找出差距,分析原因,寻求不断提高固定资产利用效果的途径。

在评价固定资产利用效果的指标中,一般认为,固定资产产值率指标比较具有代表性,因此,下面我们就固定资产产值率指标的有关影响因素进行分析,以便公司采取措施,挖掘潜力,进一步提高固定资产产值率。

在分析时,可以将固定资产产值率指标的计算公式作如下分解:

固定资产产值率(固定资产利用率)

$$= \frac{\text{计算期产值}}{\text{全部固定资产平均总值}}$$

$$= \frac{\text{计算期产值}}{\text{机械设备平均总值}} \times \frac{\text{机械设备平均总值}}{\text{生产用固定资产平均总值}} \times \frac{\text{生产用固定资产平均总值}}{\text{全部固定资产平均总值}}$$

= 机械设备利用率 × 机械设备在生产用固定资产中所占比重 ×

生产用固定资产在全部固定资产中所占比重　　　　　　　　　　　　　　(6-25)

由上式可知,要提高固定资产产值率,首先,必须提高机械设备利用率。在其他条件不变的情况下,机械设备利用率越高,固定资产利用效果越好;其次,要合理安排固定资产结构,即要提高生产用固定资产,特别是机械设备在全部固定资产中的比重。即使机械设备利用率保持不变,但公司提高了机械设备和生产用固定资产的比重,也能达到提高固定资产利用效果的目的。

为了提高固定资产利用效果,还必须注意以下两个问题:

(1)提高机械设备利用率主要通过两条途径:一是提高机械设备的时间利用程度,主要措施是增加开工班次,组织冬季和雨季施工,减少因气候影响而造成的停工;缩短修理时间,加强对机械设备的维护保养,延长修理间隔期等。二是提高机械设备的利用强度,即通过改进工艺方法,提高工人操作的熟练程度和技术水平等措施,提高机械设备在单位时间内的产量。

(2)要提高机械设备或生产用固定资产的比重,应积极处理不需用的固定资产,减少未使用和备用的固定资产,使公司现有的机械设备尽可能投入使用,以增强公司的施工生产能力。

本章思考题

1. 什么是固定资产? 如何对施工企业固定资产进行分类?
2. 如何预测施工机械设备的需要量?
3. 什么是固定资产折旧? 固定资产折旧方法有哪些?
4. 施工企业固定资产利用效果指标有哪些?

本章练习题

1. 某施工企业 2012 年计划工作量 3 600 万元,其他有关资料如下:

(1)根据该企业 2006 年度的历史资料,每万元工作量的混凝土搅拌量为 15m^3,每立方米混凝土质量为 2.4t。2012 年度建造工程造价比 2006 年度提高 50%。

(2)搅拌好的混凝土用 1t 机动翻斗车运送,平均运距为 1km。

(3)1t 机动翻斗车的年产量定额为 6 000t·km,每立方米斗容量混凝土搅拌机的年产量定额为 4 500m³。

(4)该企业在 2011 年度已有的施工机械设备:0.8m³ 斗容量混凝土搅拌机 6 台,0.4m³ 斗容量混凝土搅拌机 5 台,1t 机动翻斗车 12 辆。

要求:根据以上资料,计算:

(1)2012 年度混凝土搅拌机和 1t 机动翻斗车的需要量。

(2)2012 年度需要增加的混凝土搅拌机和 1t 机动翻斗车的数量。

2. 某施工企业 2011 年年末固定资产总值为 24 100 000 元,应提折旧固定资产总值为 23 900 000 元。预计 2012 年发生如下固定资产增减变动业务。

(1)2 月份出售不需用设备 1 台,原价 80 000 元。

(2)3 月份将购入热处理设备 1 套,当月要安装投产,总值为 800 000 元。

(3)4 月份按计划将报废使用设备 3 台,总值 360 000 元。

(4)5 月份将有 1 台设备停用,原值 210 000 元。

(5)6 月份按计划将购入汽车 1 辆,价值为 400 000 元,当月使用。

(6)8 月份将启用一原属未使用设备,原值 120 000 元。

(7)9 月份要购入专业设备 1 台,价值为 250 000 元,当月马上使用。

(8)11 月份计划报废使用中旧库房 1 间,原值 200 000 元。

(9)12 月份将调给联营企业使用中设备 1 台,原值 20 000 元。

该企业固定资产折旧率为 6%,预计 2012 年的总产值为 64 980 000 元,利润总额为 11 633 650 元。

要求:根据上述资料编制固定资产需用量计划和固定资产折旧计划。

第七章 证券投资管理

本章导读：证券投资即有价证券投资，它是工程施工企业进行对外投资的主要方式。本章介绍了证券投资的概念、分类及其影响因素，重点阐述了债券和股票投资的特点、内在价值评估方法、投资收益率的计算、投资风险及其防范等内容，这些都是投资者进行证券投资决策所必须掌握的基础知识。

第一节 证券投资管理概述

一、证券投资的概念

证券是多种经济权益凭证的统称，用来证明持券人有权按其券面所载内容取得应有权益的书面证明。证券可以分为有价证券和凭证证券两大类。有价证券是指具有一定的票面金额，代表财产所有权和债权，可以有偿转让的凭证，包括股票、公司债券、金融债券、国库券等等。凭证证券又称无价证券，可以进一步划分为证据证券（借据、收据等）和资格证券（机票、车船票、电影票等）。由于这类证券不能流通，所以不存在流通价值和价格。有价证券和无价证券的最大的区别是其流通性。有价证券不仅可以流通，还会在流通中产生权益的增减变化。

证券投资即有价证券投资，是指公司为获取投资收益或其他投资目的而买卖有价证券的一种投资行为。一般来说，当工程施工企业持有的现金余额超过其正常经营活动的需要量或最佳现金余额时，企业应将多余的现金进行证券投资。

相对于固定资产投资而言，证券投资的流动性大，变现能力强，少量资金也能参与投资，买卖十分方便，便于随时调用和转移资金，这为工程施工企业有效利用资金，充分挖掘资金运用的潜力提供了十分理想的途径；另外，企业通过证券投资除了可获得股利、利息、证券买卖的价差收入外，还可以通过对某些公司持股量的增加，扩大对其经营的影响或控制被投资企业。

二、证券投资的分类

根据不同的投资目的，企业可以采用不同的证券投资方式，而不同种类的有价证券会对证券投资的风险和收益产生不同的影响。

(一)有价证券的种类

有价证券的种类很多，按不同的标准可以作不同的分类。

1. 按有价证券发行主体分类

按有价证券发行主体不同，可分为政府证券、金融证券和公司证券三种。政府证券是指中央或地方政府为筹集资金而发行的证券。金融证券则是指银行或其他金融机构为筹集资金而发行的证券。公司证券又称企业证券，是指工商企业为筹集资金而发行的证券。政府证券的风险较小，收益较低；金融证券的风险和收益均高于政府证券；公司证券的风险和收益一般较高，但应视公司的规模、财务状况和其他情况而定。

2. 按有价证券所体现的权益关系分类

按有价证券所体现的权益关系，可分为所有权证券和债权证券两种。所有权证券是指证券的持有人便是证券发行单位的所有者的证券，这种证券持有人一般能参与发行单位的管理和控制，如股票是最典型的权益证券。债权证券是指证券的持有人是证券发行单位的债权人的证券，这种证券持有人一般无权对发行单位进行管理和控制，如债券是最典型的债权证券。当一个发行单位破产时，债权证券要优先清偿，而所有权证券要在最后清偿，所以，所有权证券的投资风险一般要大于债权证券的投资风险。

3. 按有价证券的收益状况分类

按有价证券的收益状况不同，可以分为固定收益证券和变动收益证券两种。固定收益证券是指在证券的票面上规定有固定收益率的证券，如一般的债券和优先股属于固定收益证券。变动收益证券是指证券的票面不标明固定的收益率，其收益状况随公司经营状况而变动的证券，如普通股股票是最典型的变动收益证券。一般来说，投资于固定收益证券的风险较低，但报酬不高；投资于变动收益证券的风险较高，但报酬较高。

4. 按有价证券的到期日分类

按有价证券的到期日的长短，可分为短期证券和长期证券两种。短期证券是指一年内到期的证券，如银行承兑汇票、商业本票、短期融资券等。长期证券是指到期日在一年以上的证券，如股票、债券等。一般来说，短期证券的投资风险小，变现能力强，但收益率相对较低；长期证券投资风险大，变现时间长，但收益率较高。

（二）可供企业投资的主要证券

金融市场上的证券很多，而其中可供企业投资的证券主要有以下几种。

1. 国库券

国库券是指政府为解决先收后支、资金临时性短缺而发行的有价证券。第二次世界大战后，各国政府发行的国库券数额激增，成为货币市场上主要的信用工具。在所有证券中，国库券的安全性最好。但因为其无风险，故其报酬率较低。

2. 短期融资券

短期融资券是由财务公司等金融机构及知名度较高的工商企业所发行的短期无担保本票，又称商业本票，其利率略高于国库券，但其变现能力较弱，购买者一般需保持至到期日，买卖不方便。短期融资券通常以贴现的方式出售，它可以直接出售，也可以由经纪人出售，期限一般在一年以内，通常 4~6 个月的为多，投资者可广泛地选择合适的到期日的短期融资券作为投资对象。

3. 可转让存单

可转让存单是指可以在证券市场上转让（出售）的在商业银行存放特定数额、特定期限的存款证明。在西方国家，这种投资工具始于 20 世纪 60 年代初期，现已成为一种重要的短期投资方式。可转让存单的利率因金融市场状况、存单到期日及发行银行的规模与财务信誉不同而不同,利率一般比国库券的利率要高。可转让存单可以流动转让,变现能力较强,其面额较大,特别适合大投资者。

4. 金融债券、公司债券和股票

金融债券是银行或其他金融机构为了广泛筹集资金,利用自身的信誉,向社会发行的一种债券。这种债券的安全性和获利性都较高,加之票面数额多样化,便于投资者选择。公司债券和股票是企业证券投资的主要对象,这两种证券均属于长期证券,但由于它们均可以在金融市场上转让,因此,也可以用于短期投资。企业财务部门进行短期投资的主要目的是配合企业对现金的需求,所以,应投资于那些风险低、变现能力强的股票和债券。

5. 证券投资基金

证券投资基金是一种利益共存、风险共担的集合证券投资方式,即通过发行基金份额,集中投资者的资金,由基金托管人托管,由基金管理人管理和运用资金,从事股票、债券等金融工具投资,并将投资收益按基金投资者的投资比例进行分配的一种间接投资方式。根据基金规模是否固定,证券投资基金可分为封闭型投资基金和开放型投资基金两种类型。

封闭型投资基金是指基金在设立时规定一个基金发行的固定数额,并在规定的时间内不再追加发行,投资者也不能赎回现金。由于封闭型投资基金的份额不能被追加、认购或赎回,投资者只能通过证券经纪商在证券交易所进行基金的买卖,因此有人又称封闭型投资基金为公开交易共同基金。封闭型投资基金在取得收益后,以股利、利息和可实现的资本利得(或损失净值)等形式支付给投资者。封闭型投资基金的单位价格虽然以基金净资产价值为基础,但更多的是随证券市场供求关系的变化而变化,或高于基金净资产价值(溢价)或低于净资产价值(折价),并不必然等于基金净资产价值。

开放型投资基金是投资人直接向基金公司或透过银行信托部买卖的共同基金,亦即投资人可以在每个交易日,依基金净值向基金公司进行买卖。由于开放型投资基金的资本总额可以随时追加,又称为追加型投资基金。开放型投资基金的买卖价格是由基金的净资产价值加一定手续费确定的,所以若估算某投资者在基金中所持有的资产价值,可以用每单位基金净资产价值与其持有的份额相乘而得。如果基金管理机构将所得股利(包括利息)、资本利得按比例用于再投资而不是将所得分配给投资者,则投资者不必购买另外的份额也可以增加其在基金中的资产价值。基金所投资的有价证券价格上升也可以增加投资者所持份额的价值。

(三)证券投资的分类

有价证券的种类是多种多样的,与此相联系,证券投资的种类也是多种多样的,根据投资对象的不同,可以将证券投资分为债券投资、股票投资、基金投资、衍生金融工具投资和组合投资等几种。

1. 债券投资

债券投资是指企业将资金投向各种债券,如购买国库券、公司债券和短期融资券等。与股票投资相比,债券投资能获得稳定收益,投资风险较低。当然,也应看到,投资于一些期限长、信用等级低的债券,也会承担较大的风险。

2. 股票投资

股票投资是指企业将资金投向其他企业所发行的股票,如购买普通股和优先股。企业投资于股票,尤其是投资于普通股票,要承担较大的风险,但在通常情况下,也会取得较高的收益。

3. 基金投资

基金投资是一种间接的证券投资方式,是指企业通过购买投资基金股份或受益凭证的方式来获取收益所进行的投资活动。基金管理公司通过发行基金份额,集中投资者的资金,由基金托管人(即具有资格的银行)托管,由基金管理人管理和运用资金,从事股票、债券等金融工具投资,然后共担投资风险、分享收益。

4. 衍生金融工具投资

衍生金融工具是金融创新的产物,也就是通过创造金融工具来帮助金融机构管理者更好地进行风险控制。目前最主要的衍生金融工具有:远期合同、金融期货、期权和互换等。衍生金融工具投资是指企业将资金投资于期货、认股权证等衍生金融工具,以规避风险、获取收益的投资活动。

5. 组合投资

组合投资又叫证券投资组合,是指企业将资金同时投资于多种证券,如同时投资于国库券、企业股票和债券等。组合投资可以有效地分散证券投资风险,是企业进行证券投资时常用的投资方式。

三、证券投资的原则

为了保证证券投资取得预期的效果,企业在选择证券时一般应遵循以下原则。

1. 效益性原则

在市场经济条件下,企业必须提高经济效益,获取更多的利润,才能实现企业总体的财务管理目标。企业在进行证券投资时,必须考虑该项投资的经济效益,以及对企业整体经济效益的影响。任何投资,都是希望获得投资报酬。所谓效益性原则,是指企业进行证券投资时,必须考虑证券投资报酬率的大小。一般来说,证券的报酬率与其风险大小成正比例关系。证券的风险越大,它的报酬率也就越高。企业财务人员与其他投资者一样,在进行证券投资时,必须在风险和报酬之间进行权衡,以便作出合理的投资决策。

2. 安全性原则

企业进行证券投资一般都会面临许多风险,并且风险与报酬总是正相关的,企业必须在风险和报酬之间权衡利弊。所谓安全性原则,是指投资能够按期收回本金和应得的投资收益。通常投资于资金雄厚的大公司证券比投资于小公司证券安全;投资于基础产业的证券比投资于高技术产业的证券安全;债权证券比所有权证券投资安全。企业在进行证券投资时,要全面考虑证券发行单位的财务状况、经营成果、行业特征以及发展前景等,以便保证证券投资的安全性。

3. 流动性原则

流动性原则要求企业投资的证券具有良好的变现能力。如果某种证券在短期内以接近市价的价格出售,则这种证券流动性较强;相反,如果某种证券在短期内无法出售,或者虽然能出售,但损失较大,则这种证券的流动性较差。企业用于证券投资的资金,一般只是暂时过剩,企业可能在不久的将来需要这笔资金,因此,进行证券投资时,必须考虑证券的变现能力,以便保证证券投资的流动性。

4. 整体性原则

企业的证券投资是企业整体经营活动的一个重要组成部分,证券投资必须服从企业的整体经营活动,证券投资的目标应与企业总的经营目标一致。尽管企业证券投资的目的有许多,但都要服从企业的整体目标。只有这样才能提高企业的整体经济效益,才能有利于企业的长期稳定发展。

四、影响证券投资的因素

企业在进行证券投资时,除了要考虑风险和收益外,还需要从下列几个方面进行分析。

(一) 宏观经济分析

宏观经济分析又称国民经济形式分析,是指从国民经济宏观角度出发,考虑一些宏观经济因素对证券投资的影响。其主要内容包括以下几个方面。

1. 国民生产总值分析

国民生产总值是反映一国在一定时期内经济发展状况和趋势的应用最广泛的综合性指标。它是一定时期内一国所生产的最终商品(包括商品和劳务)的价值之和。如果国民生产总值呈不断增长趋势,则此时企业进行证券投资一般会取得比较好的收益;反之,收益则会下降。

2. 通货膨胀分析

通货膨胀对证券投资的影响主要表现在:

(1)通货膨胀会降低投资者的实际收益水平。因为投资者进行投资时,考虑的报酬是实际报酬而不是名义报酬,名义报酬扣除通货膨胀的影响才是实际报酬。只有当实际报酬为正值时,才能增加投资者的实际购买力。

(2)通货膨胀会严重影响证券价格。在通货膨胀严重时期,投资者会将资金投放在实物资产上以实现保值,从而导致债券的市场价格下跌。通货膨胀对股市的影响比较复杂。一般来说,通货膨胀率较低时,不会对经济发展产生负面影响,反而对股票价格有推动作用。但过度的通货膨胀必然会恶化经济环境,对经济发展有极大的破坏作用,从而使股票市场价格降低。

3. 利率分析

利率是影响国民经济发展的重要因素,利率水平的高低反映着一个国家一定时期的经济状况。利率对证券投资也有重大影响:

(1)市场利率上升时,投资者自然会选择安全又有一定收益的银行储蓄,从而大量资金从证券市场转移出来,造成证券供大于求,价格下跌;反之,市场利率下调时,证券会供不应求,其价格必然上涨。

(2)市场利率上升时,企业资金成本增加,利润减少,从而企业派发的股利减少,甚至不发股利,这会使股票投资的风险增加,收益减少,从而引起股价下跌;反之,当市场利率下降时,企业利润增加,派发给股东的股利将增加,从而吸引投资者进行股票投资,引起股价上涨。

(二)行业分析

行业分析的内容包括行业的市场类型分析和行业的生命周期分析。

1.行业的市场类型分析

根据行业中拥有的企业数量、产品性质、企业控制价格的能力、新企业进入该行业的难易程度等因素,行业的市场类型可以分为四种:

(1)完全竞争;

(2)不完全竞争或垄断竞争;

(3)寡头垄断;

(4)完全垄断。

各种市场类型的特征如表7-1所示。

行业市场类型及其特征表　　　　　　　表7-1

市场类型	完全竞争	垄断竞争	寡头垄断	完全垄断
企业数量	很多	较多	很少	一个
产品差异	同质	存在着实际或观念上的差异	同质或略有差异	独特产品,不存在替代产品
企业对价格的控制能力	没有	较小	较大	很大
新产品进入的难易程度	很容易	较容易	很不容易	不可能
典型行业	农业	服装等轻工业	钢铁等重工业	公用事业

上述四种市场类型,从竞争的程度来看是依次递减的。某个行业内的竞争程度越大,则企业的产品和利润受供求关系的影响越大,即企业的经营风险越大,投资于该行业的证券风险也越大。

2.行业的生命周期分析

一般来说,行业的生命周期可分为如下四个阶段:

(1)初创期。在行业的初创期,产品的研究、开发费用很高,导致产品成本和价格都很高,但其市场需求因大众对其缺乏了解而相对较小,因而这时企业的销售收入低,盈利情况也不尽如人意。

(2)成长期。在这一阶段,随着生产技术的提高,产品成本不断降低,新产品的市场需求也不断增加,这时,新行业成长较快,利润在迅速增加。当然,随着许多企业在利润吸引下加入该行业,企业之间的竞争的激烈程度不断加剧。

(3)成熟期。经历成长期后,少数实力雄厚、管理有效的大企业生存下来并基本上控制或垄断了整个行业。每个企业都占有一定的市场份额,而且变化程度很小。这时候,行业进入成熟期。在成熟期,各企业之间的竞争逐渐由价格竞争转入非价格竞争,如提高产量质量、改善产品性能和加强售后服务等。企业的利润增长速度较成长期大为降低,但从总量上看,要比成长期大得多。由于企业所占的市场比例比较稳定,因而,企业遭受的风险较小。

(4)衰退期。经过相当长一段成熟期之后,行业会慢慢走向衰退。这主要是因为新技术不断涌现,新产品不断问世,人们的消费倾向不断发生变化所致。在衰退期,企业的数量下降、利润减少、市场逐渐萎缩。

一般来说,投资者最好不要投资初创期的行业,因为这一时期利润不太高,而风险却比较大。处于成长期的行业,风险也比较大,但利润比较高,能够吸引冒险的投资者进行投资。处于成熟期的行业,一般处于稳定发展阶段,风险小,利润比较多,是比较理想的投资选择。处于衰退期的行业,没有发展前景,投资收益率也不高,但风险很大,所以,一般不宜进行投资。

(三)企业经营管理情况分析

通过上述分析,投资者基本上可以确定投资的行业,但在同一行业中,又会有很多企业可供选择,这就必须进一步对企业的经营管理情况进行分析,具体包括以下几个方面。

(1)企业竞争能力分析。企业的竞争能力可以用销售增长率、市场占有率等几个指标进行分析。企业的竞争能力越强,企业的发展前景越好,企业的证券也就越具有吸引力。

(2)企业获利能力分析。企业的获利能力可以通过净资产收益率、总资产报酬率、销售利润率、利润增长率等指标进行分析。企业的获利能力越强,企业所发行的证券就越安全,报酬率也就越高。

(3)企业营运能力分析。企业营运能力可以通过总资产周转率、流动资产周转率、存货周转率等指标进行分析。企业营运能力越强,企业的生产经营效率越高,企业的发展前途越大,企业发行的证券也就越受投资者青睐。

(4)企业偿债能力分析。企业偿债能力可以通过流动比率、速动比率、资产负债率、利息保障倍数等指标进行分析。偿债能力是影响企业证券投资的主要因素,在进行证券投资之前,必须认真分析企业的偿债能力。

(5)企业创新能力分析。企业是否能及时地吸收并运用现代化的管理理念和方法,及时进行技术创新和管理创新,是企业能否成功的关键,因此,在进行证券投资之前,必须对企业的创新能力进行分析。

第二节　债券投资管理

一、债券投资及其特点

债券投资是指企业通过证券市场购买各种债券(如国库券、金融债券、公司债券及短期融资券等)进行的对外投资。相对于股票投资而言,债券投资一般具有以下特点:

(1)债券投资属于债权性投资。债券投资者作为债券发行公司的债权人,享有定期获取债券利息、到期收回债券本金的权利,但无权参与公司的经营管理,因此,债券投资者与发行公司之间是一种债权、债务关系,而非所有权关系。

(2)债券投资的本金安全性高。债券投资的风险小于股票投资的风险。特别是政府发行的债券,由于有国家财力作后盾,其本金的安全性非常高,通常视为无风险证券。公司债券具有规定的还本付息日,其求偿权位于股东之前,当发行公司破产时,债券投资者优先于股东分得公司的财产,因此,相对于股票投资而言,公司债券投资本金的安全性也较高。

(3)债券投资的收益较稳定。债券投资收益是指债券利息收入和债券转让的价差收入。债券的利息收入是按债券面值和票面利率计算的,债券发行者有按期支付利息的法定义务。通常情况下,债券投资者能获得较稳定的利息收入。另外,债券的价差收入取决于债券市价的变化,而债券的市价比较稳定,因此,债券价差收入也比较稳定。

(4)债券的市场价格波动较小。债券的市场价格主要取决于市场利率,而与发行公司的经营状况无关,而市场利率尽管有一定的波动性,但总体来看是比较稳定的,因此,债券市场价格波动幅度较小。

(5)债券投资的流动性好。在证券市场上,许多债券都具有较好的流动性。特别是政府及大公司发行的债券,一般都可在金融市场上迅速出售,具有较强的变现能力。

二、债券投资收益评价

企业决定是否购买一种债券,要评价其收益和风险。企业债券投资管理目标是追求高收益、低风险。这里先讨论收益的评价。

一般来说,不考虑资金时间价值的各种计算收益的方法,不能作为投资决策的依据。例如,票面利率相同的两种债券,一种是每年付息一次,到期还本,另一种是到期时一次还本付息,其实际的经济利益有很大的差别,但从票面利率上无法区分。因此,票面利率不能作为评价债券收益的标准。

评价债券收益水平的指标是债券价值和债券投资收益率。

(一)债券价值评估

债券价值评估就是确定债券的内在价值,它是债券投资者未来现金流入的现值。债券投资者未来现金流入是在一定年限内债券的利息和归还的本金,或者出售时得到的现金。将债券未来现金流入按投资者要求的必要报酬率折成现值,即为债券的内在价值,简称债券价值。投资者进行债券投资决策时,会将债券价值与债券市场价格进行比较,当债券价值大于或等于债券市场价格时,说明债券投资的预期报酬率大于或等于投资者要求的必要报酬率,债券投资是可行的;反之,当债券价值小于债券市场价格时,说明债券投资的预期报酬率小于投资者要求的必要报酬率,投资者会放弃这种债券投资。

由于不同类型的债券,在投资者持有期间所获得的现金流入的内容不同,债券价值的评估方法也不相同。目前主要有以下几种评估模型。

1. 一般情况下的债券价值评估模型

一般情况下的债券是指固定利率,定期等额支付利息,到期一次还本的债券。该类债券的价值评估模型为:

$$P = \sum_{t=1}^{n} \frac{I}{(1+K)^t} + \frac{M}{(1+K)^n} \tag{7-1}$$

式中:P——债券价值;

I——每年支付的债券利息;

K——市场利率或投资者要求的必要报酬率;

M——债券面值;

n——债券到期的年限。

【例 7-1】 某债券的面值为 1 000 元,票面利率为 10%,期限为 20 年,某企业要对这种债券进行投资,目前的市场利率为 8%,问债券价格为多少时才能进行投资?

根据上述公式得:

$$P = \sum_{t=1}^{20} \frac{1\,000 \times 10\%}{(1+8\%)^t} + \frac{1\,000}{(1+8\%)^{20}}$$
$$= 100 \times 9.818 + 1\,000 \times 0.215$$
$$= 1\,196.80(元)$$

即这种债券的价格必须低于 1 196.80 元,该企业才能进行投资。

2. 一次还本付息且单利计息的债券价值评估模型

一次还本付息且单利计息的债券,又称利随本清的债券,我国大多数债券属于这种类型。该类债券的价值评估模型为:

$$P = \frac{n \times I + M}{(1+K)^n} \tag{7-2}$$

式中符号含义同前。

【例 7-2】 某企业拟购买一种利随本清的企业债券,该债券的面值为 1 000 元,期限 5 年,票面利率为 6%,不计复利,目前的市场利率为 8%,该债券发行价格为多少时,企业才能购买?

由上述公式得:

$$P = \frac{1\,000 \times 6\% \times 5 + 1\,000}{(1+8\%)^5} = 1\,300 \times 0.681 = 885.30(元)$$

即债券价格必须低于 885.30 元,企业才能购买。

3. 贴现债券价值评估模型

贴现债券是指以贴现方式发行,没有票面利率,到期按面值偿还的债券。这种债券的价值评估模型为:

$$P = \frac{M}{(1+K)^n} \tag{7-3}$$

式中符号含义同前。

【例 7-3】 某债券面值为 1 000 元,期限为 5 年,以贴现方式发行,期内不计利息,到期按面值还本,目前的市场利率为 7%,该债券发行价格为多少时,企业才能购买?

由上述公式可得:

$$P = \frac{1\,000}{(1+7\%)^5} = 1\,000 \times 0.713 = 713(元)$$

由此可见,该债券的价格只有低于 713 元时,企业才能购买。

(二)债券投资收益率的计算

债券投资收益主要包括两部分:一部分为利息收入,它是根据债券面值和票面利率计算的;另一部分为债券价差收入,即债券到期按面值收回的金额或到期前出售债券的价款与购买债券时的投资额之差。债券投资收益率是一定时期内债券投资收益与投资额的比率,是衡量债券投资是否可行的重要指标。

由于计息方式不同,债券投资收益率的计算方法也不相同。

1. 附息债券投资收益率的计算

附息债券是指在债券券面上附有各种息票的债券。息票上标明应付利息额和支付利息的时期。息票到期时,只要将息票从债券上剪下来就可以据以领取本期利息。附息债券投资收益率的计算又可以分两种情况。

(1) 单利计息的附息债券投资收益率。附息债券一般采用单利计息方法,每期利息额均相等,在用单利计息方法计算债券投资收益率时,如果不考虑债券利息的再投资收益,则债券投资收益率的计算公式为:

$$R = \frac{P + (S_n - S_0)/N}{S_0} \times 100\% \quad (7-4)$$

式中:R——债券的年投资收益率;

S_n——债券到期时的偿还金额或到期前出售的价款;

S_0——债券的投资额(购买价格);

P——债券年利息额;

N——债券的持有年限。

【例 7-4】 某企业于 2006 年 10 月 1 日买入面值为 1 000 元的附息债券 100 张,票面利率为 8%,以发行价格每张 1 050 元买入,到期日为 2008 年 10 月 1 日。要求计算该债券到期时的投资收益率。

$$R = \frac{100 \times 1\,000 \times 8\% + (100 \times 1\,000 - 100 \times 1\,050) \div 2}{100 \times 1\,050} = 5.24\%$$

(2) 复利计息的附息债券投资收益率。企业在进行债券投资决策时,也可以采用复利计息方法,不仅要考虑债券的利息收入和价差收入,还要考虑债券利息的再投资收益。在这种情况下,债券投资收益率的计算公式为:

$$R = \sqrt[n]{\frac{S_n + P(F/A,i,n)}{S_0}} - 1 \quad (7-5)$$

式中: i——债券利息的再投资收益,一般用市场利率;

$(F/A,i,n)$——年金终值系数;

其他符号含义同前。

【例 7-5】 假定上例中,市场利率为 9%,要求用复利计息方法计算该债券的投资收益率。

$$R = \sqrt{\frac{1\,000 \times 100 + 1\,000 \times 100 \times 8\% \times (F/A,9\%,2)}{1\,050 \times 100}} - 1$$

$$= \sqrt{\frac{1\,000 + 1\,000 \times 8\% \times 2.090}{1\,050}} - 1 = 5.43\%$$

可见,采用复利计息方法计算的附息债券投资收益率高于采用单利计息方法计算的附息债券投资收益率,债券的期限越长,两者的差异越大。一般在进行债券投资决策时,最好采用复利计息方法计算的债券投资收益率,因为这种方法考虑了货币的时间价值,特别是当债券的投资期限较长时,债券利息的再投资收益就不可忽略。

2. 贴现债券投资收益率的计算

贴现债券是指券面上不附息票,发行时按规定的折扣率,以低于票面面值的价格折价发行,到期按票面面值偿还本金的债券。这种债券无票面利息,债券票面面值大于发行价格的差价就是债券利息。贴现债券的投资收益率也可以按单利和复利两种方法计算。

(1) 单利计息的贴现债券投资收益率。如果债券的投资期限较短,可以采用单利计息方法计算债券投资收益率,其计算公式为:

$$R = \frac{(S_n - S_0)/n}{S_0} \tag{7-6}$$

式中的符号含义同前。

【例 7-6】 某投资者在债券发行时购买一张面值为 1 000 元,期限为 2 年的贴现债券,其发行价格为 900 元。要求按单利计息方法计算该债券的投资收益率。

根据上面的计算公式,可得:

$$R = \frac{(1\,000 - 900) \div 2}{900} = 5.56\%$$

(2) 复利计息的贴现债券投资收益率。如果债券的投资期限较长,应采用复利计息方法计算债券的投资收益率,其计算公式为:

$$R = \sqrt[n]{\frac{S_n}{S_0}} - 1 \tag{7-7}$$

式中的符号含义同前。

【例 7-7】 如果上例中的债券采用复利计息方法,其投资收益率可计算如下:

$$R = \sqrt{\frac{1\,000}{900}} - 1 = 5.41\%$$

可见,采用复利计息方法计算的贴现债券投资收益率低于采用单利计息方法计算的贴现债券投资收益率,债券的期限越长,两者的差异越大。

三、债券投资的风险与防范

进行债券投资与进行其他投资一样,在获得未来投资收益的同时,也要承担一定的风险。风险与收益是对应的,高收益意味着高风险,低收益则意味着低风险。风险与收益是影响债券投资决策的两个基本因素。债券投资风险主要包括违约风险、利率风险、购买力风险、流动性风险和再投资风险。

(一) 违约风险

何谓违约,是指债务人未能及时偿付债券的本金或利息,或是未履行债券契约规定的义务。违约风险是指债券发行人(债务人)不能履行契约规定的义务,到期无力支付利息和偿还本金而产生的风险。违约风险是投资风险中的一种,它是由于债券发行人的财务状况发生改变所产生的。在债券市场中,大致有政府公债、金融债券和公司债三种债券。一般来说,政府公债以国家财政为担保,政府一般不会违约,所以政府公债通常被看成为无风险债券。值得一提的是,政府公债由于几乎无违约风险,与此相对应,政府公债的票面利率也很低;金融债券是由规模较大并且信誉较好的金融机构发行的,其违约风险较政府公债高,但又低于公司债券;公司债券是由一般的工商企业发行的,由于与金融机构相比,一般工商企业的规模和信誉较差,所以,公司债券的违约风险较大。为了吸引投资人购买,公司债券往往以较高的票面利率作为报酬。

形成违约风险的原因大致有以下几个方面:
(1)政治、经济形式发生重大变化;
(2)自然灾害或其他非常事故,如水灾、风灾、火灾等;
(3)企业在竞争中失败,丧失生存和发展的机会;
(4)企业经营不善,发生重大亏损;
(5)企业资金调度失灵,缺乏足够大现金清偿到期债务。

防范违约风险的最好办法是不买信用等级低的债券。按国际惯例,债券的信用等级一般分为四等十二级,从高到低分别为 AAA、AA、A、BBB、BB、B、CCC、CC、C、DDD、DD、D 十二级。一般来说,信用等级在 BBB 以上的债券具有投资价值,所以,为了规避违约风险,应尽量购买信用等级在 BBB 以上的债券。

(二)利率风险

利率风险是指因利率变动,导致债券价格变动的风险。特别是市场利率上升时,债券价格下跌,使得债券持有者的资本遭受损失。因此,投资者购买的债券到期日越长,则利率变动的可能性越大,其利率风险也相对越大。

如前所述,政府公债不存在违约风险,但这不表示投资政府公债就毫无风险,投资者承受了另一种风险,即利率风险。事实上,利率风险是投资国库债券时所承受的最主要风险。在过去的数十年中,美国长期国库债券单单是受利率风险影响,其价格的波动,最低曾跌到其票面值的 80%,最高时涨到其票面值的 120%。

由于市场利率的变动而导致债券市场价格的涨跌,使得债券持有人承受某种程度的资本风险,我们称之为利率风险。衡量债券利率风险有三个原则:

(1)承受较高利率风险的债券,其价格波动的程度较大;反之,承受较低利率风险的债券,其价格波动的程度较小。

(2)政府债券的市场价格与利率高低成反比。这是因为债券投资人如果预测利率即将下跌,债券价格就会上升,所以投资人就会开始购买政府债券,这使得价格开始上涨。如果债券投资人预测利率即将提高,债券价格便会下跌,所以投资人会将手中持有的政府债券出售,以免损失,债券价格自然就开始下跌。但是,当政府将利率提高到很高水平时,债券价格往往开始上涨,因为人们认为利率已到了顶点,纷纷开始购买政府债券;反之,如果利率已经降到很低水平,投资人已不期待政府会再调低利率时,人们开始卖出持有的债券,价格自然一路下跌。

(3)由前面的叙述可知,在高利率时期,只要利率仍有上升空间,债券价格总是跌多于涨。在低利率时期,只要利率仍有下降的空间,债券价格总是居高不下,涨多于跌。

防范利率风险的办法是分散债券的到期日。

(三)购买力风险

购买力风险又称通货膨胀风险,是指由于通货膨胀而使债券到期或出售时所获得现金的购买力减少的风险。

债券通常被称为金钱资产,因为债券发行机构承诺在债券到期时,付给债券持有人的是实质金钱,而非其他有形资产。换句话说,债券发行人在协议中,承诺付给债券持有人的利息或本金的偿还,都是按事先一定的固定金额支付,此金额不因通货膨胀而有所增加。由于通货膨胀的发生,债券持有人从投资债券中所收到的实质金钱的实际购买力是越来越低,甚至也有可能低于原先投资金额的购买力。这种在债券投资中,投资人常遇到的购买力损失,就是债券投资的购买力风险。

一般来说,在通货膨胀的情况下,固定收益证券要比变动收益证券承受更大的通货膨胀风险,因此,普通股股票被认为比公司债券和其他固定收益的证券能更好地避免通货膨胀风险。

(四)流动性风险

流动性风险又称购买力风险,是指债券持有人打算出售债券获取现金时,其所持债券不能在短期内按目前合理的市场价格出售而形成的风险。如果一种债券能在短期内按市价大量出售,则说明这种债券的流动性较强,投资于这种债券所承担的流动性风险较小;反之,如果一种债券在短期内按市价卖出很困难,则说明其流动性较差,投资者会因此而遭受损失。债券的流动性可用债券的买卖价差来衡量,买卖价差大,表明市场参与者少,有行无市,债券的流动性较差;反之,说明债券的流动性较强。为了防范流动性风险,投资者应尽量购买政府债券和一些著名大公司的债券,因为这些债券有一个活跃的市场,其流动性较强。

(五)再投资风险

再投资风险是指购买短期债券而没有购买长期债券的投资者,在市场利率下降时,可能会遭受再投资损失的风险。一般来说,短期债券的再投资风险较大,长期债券的再投资风险较小。例如,长期债券的利率为10%,短期债券的利率为8%,某投资者为了规避利率风险而选择了短期债券投资。在短期债券到期收回现金时,如果市场利率降到5%,该投资者只能找到报酬率大约为5%的投资机会进行再投资,不如当初购买长期债券,现在仍可获得10%的投资报酬率。可见,如预期市场利率下降,选择长期债券投资有利;如预期市场利率会上升,则选择长期债券投资有利。

第三节　股票投资管理

一、股票投资及其特点

股票投资是指通过认购股票,成为股票发行公司的股东,并获取股利收入或价差收入的投资活动。股票有优先股和普通股之分,优先股在通常情况下有固定的股利收入,并且优先股股东通常不参与公司的经营管理,因此,优先股投资比较接近债券投资,这里仅仅阐述普通股投资问题。普通股投资的目的主要有两种:一是获利,即作为一般的证券投资,获取股利收入和股票买卖的价差收入;二是控制,即利用购买某一公司一定数量的股票,达到控制该公司的目的。

相对于债券投资而言,股票投资有其自身的特点,主要表现在以下几个方面。

(1) 股票投资属于权益性投资。股票是代表公司所有权的凭证,股票持有者作为股票发行公司的股东,有权参与公司的经营管理。

(2) 股票投资的风险大。投资者购买股票之后,不能要求股份公司偿还本金,投资者若要收回投资,只能在证券市场上转让股份。因此,股票投资者至少面临两方面的风险:一是股票发行公司经营不善所形成的风险。如果公司经营状况良好,盈利能力强,股东可以多分股利,公司股价也会上涨;如果公司经营状况不佳,盈利能力较弱,股东就会少分甚至不分股利,公司股价也会下跌;如果公司破产,由于股东的求偿权位于债券持有人之后,因此,股东可能部分甚至全部不能收回投资。二是股票市场价格变动所形成的价差损失风险。股票价格的高低除了受公司经营状况影响外,还受政治、经济、社会等多种因素的影响,因此,股票价格经常处于变动之中,其变动幅度往往高于债券价格的变动幅度,股票投资者因此而承担更大的投资风险。

(3) 股票投资的收益高。股票投资的风险高于债券投资的风险,与此相适应,股票投资收益一般高于债券投资收益。股票投资收益的高低,取决于股票发行公司的盈利水平和整个经济环境的好坏。在经济繁荣时期,公司经营状况好,盈利水平高,股东既可以从发行公司领取高额股利,又可因股票升值而获得较高的价差收益。总体而言,股票投资的收益率高于债券投资的收益率。

(4) 股票投资收益不稳定。股票投资收益主要是公司发放的股利和股票转让的价差收入,其稳定性较差。如前所述,股利的多少取决于发行公司的经营状况和盈利能力,而股票转让的价差收入主要取决于股票市场的行情,这两部分收益都是经常变动的,因此,股票投资收益具有不稳定性,而债券投资收益就比较稳定,投资者可以定期获取固定的利息收入。

(5) 股票价格的波动性大。从上面的论述不难看出,股票价格受多种因素的影响,波动性极大。纵观国内外股市的发展历史,股价暴涨暴跌的例子屡见不鲜。这一特点决定了股票市场具有极大的投机性,投资者既可以在这个市场赚取高额利润,也可能会损失惨重,甚至血本无归。而债券的市场价格尽管也有一定的波动,但其波动性相对较小。

二、股票投资收益评价

企业在进行股票投资决策时,要评价其收益和风险。在此先阐述收益评价问题。评价股票收益水平的指标是股票价值和股票投资收益率。

(一) 股票价值评估

股票价值评估就是确定股票的内在价值,以便和股票的市价进行比较进行投资决策。当股票价值低于市价时,投资者应出售该股票;当股票价值高于市价时,投资者可以购买该股票;当股票价值等于市价时,投资者可以继续持有该股票。

1. 股票价值评估的基本方法

股票价值评估的基本原理与债券价值评估的基本原理是相同的,即股票价值是股票投资者未来现金流入的现值。股票投资者未来的现金流入包括两部分:股利收入和出售股票的预期股价收入。股票价值由各期股利现值和预期股价的现值所构成。

股票价值的一般计算公式为:

$$V = \sum_{t=1}^{n} \frac{D_t}{(1+K)^t} + \frac{V_n}{(1+K)^n} \tag{7-8}$$

式中：V——股票价值；

D_t——第 t 年的预期股利；

K——投资者要求的必要报酬率；

V_n——第 n 年后的预期股价；

n——投资者持股年数。

如果投资者永远持有股票,他只能获得一系列的股利,这些股利的现值就是股票的价值。在这种情况下,股票价值的计算公式变为：

$$V = \sum_{t=1}^{n} \frac{D_t}{(1+K)^t} \quad (7\text{-}9)$$

式中符号含义同前。

上式是股票价值评估的一般模式。它在实际应用时,面临的主要问题是如何确定投资者要求的必要报酬率,以及如何预计未来每年的股利。确定股票投资的必要报酬率的主要方法有：一是按资本资产定价模型来确定；二是根据股票历史上长期的平均收益率来确定；三是参照债券收益率,加上一定的风险报酬率来确定。股利的多少,取决于每股收益和股利支付率两个因素。对其估计的方法是历史资料的统计分析,例如,回归分析、时间序列的趋势分析等。股票价值评估的基本模式要求无限期地预计每一个年度的股利,实际上不可能做到。因此,应用的模型都是各种简化的办法,如每年股利相同或固定比率增长等。下面进一步讨论股票价值评估的应用模型。

2. 零成长股的价值评估模型

如果公司每年发放固定的股利给股东,即预期股利成长率为零,这种股票称为零成长股。零成长股的股利支付过程是一个永续年金,因此,零成长股的价值评估模型为：

$$V = \frac{D}{K} \quad (7\text{-}10)$$

式中：D——每年固定股利,其他符号含义同前。

【例7-8】 某企业准备购买一种股票,该股票每年支付固定股利1.2元/股,投资者要求的报酬率为12%,该股票价格为多少时,企业才能购买？

根据上述公式可得：

$$V = \frac{1.2}{12\%} = 10(元)$$

所以,该股票价格在10元以下时,企业才能购买。

3. 固定成长股的价值评估模型

虽然某些公司适宜采用零成长股,但对大多数公司而言,盈利与股利预期每年都会增长。各个公司的增长率可能有所不同,但就平均而言,股利增长率与名义国民生产总值的增长率（真实的国民生产总值增长率加上通货膨胀率）相同。设公司最近一次支付过的股利为 D_0,预期股利固定增长率为 g,则在第 t 年年末的股利可预测为：

$$D_t = D_0 \times (1+g)^t \quad (7\text{-}11)$$

每年股利按固定增长率成长的股票称为固定成长股。对于固定成长股的价值可按下列公式计算：

$$V = \sum_{t=1}^{\infty} \frac{D_0(1+g)^t}{(1+K)^t} \quad (7\text{-}12)$$

当 g 固定时,该公式可简化为:

$$V = \frac{D_0(1+g)}{K-g} = \frac{D_1}{K-g} \quad (7\text{-}13)$$

式中:D_1——未来第一年的股利;

其他符号含义同前。

【例 7-9】 某公司最近一次刚支付的股利为 1.85 元/股,预期每年股利固定增长率 12%,该股票的必要报酬率为 16%,则该股票的价值为:

$$V = \frac{1.85 \times (1+12\%)}{16\% - 12\%} = 51.80(元)$$

可见,该股票的市价只有低于 51.80 元,投资者才能购买。

4. 非固定成长股的价值评估模型

股利固定不变或固定成长,这是非常理想化的情形。在现实生活中,大多数公司都会随着其寿命周期的起伏而经历各种不同的成长阶段:公司早期的增长率快于宏观经济增长率;中期的增长率等于宏观经济增长率;后期的增长率慢于宏观经济增长率,甚至出现负增长。在这种情况下,要分阶段计算,才能确定股票价值。

【例 7-10】 某股份公司未来 2 年股利将高速增长,增长率为 50%,在此以后的 3 年时间内增长率为 20%,再以后将转入正常增长,增长率为 5%。如果公司上一年支付的股利是 2 元,该股票的必要报酬率为 12%。试计算该公司股票的价值。

首先,计算非正常增长期的股利及其现值。其计算过程见表 7-2。

股利及其现值计算表(单位:元) 表 7-2

年　限	股　利	现值系数(12%)	现　值
1	2×(1+50%)=3	0.893	2.68
2	3×(1+50%)=4.5	0.797	3.59
3	4.5×(1+20%)=5.4	0.712	3.84
4	5.4×(1+20%)=6.48	0.636	4.12
5	6.48×(1+20%)=7.78	0.567	4.41
合计	—	—	18.64

其次,计算非正常增长期末的股票价值,并计算该价值的现值。

由于从第 6 年开始,股利将转入正常增长,因而可利用固定成长股的价值评估模型,计算该公司股票在第 5 年年末的价值。

$$V_5 = \frac{D_6}{K-g} = \frac{7.78 \times (1+5\%)}{12\% - 5\%} = 116.71(元)$$

第 5 年年末股票价值的现值:

$$P = \frac{V_5}{(1+K)^5} = \frac{116.71}{(1+12\%)^5} = 66.17(元)$$

最后,计算该公司股票的价值:

$$V = 18.64 + 66.17 = 84.81(元)$$

通过计算可知,该公司股票价值为 84.81 元。也就是说,只要该公司股票价值低于 84.81 元,投资者就可以进行投资。

(二)股票投资收益率的计算

通过股票价值评估,投资者可以确定是否购进股票,但投资者以某一市价购入股票后,能获得多少投资收益率呢?下面讨论股票投资收益率的计算问题。

1. 不考虑时间价值因素时股票投资收益率的计算

股票投资收益率的计算,必须将股价与收益结合起来进行衡量,股票的买价即为股票的投资额,股票投资收益主要包括股利收益和股票价差收益,此外,还可能包括新股认购收益和公司无偿增资收益。在不考虑时间价值因素的情况下,股票投资收益率的计算公式为:

$$R = \frac{D + S_1 + S_2 + S_3}{P} \tag{7-14}$$

式中:R——股票投资收益率;
  P——股票购买价格;
  D——每年收到的股利;
  S_1——股价上涨的收益;
  S_2——新股认购收益;
  S_3——公司无偿增资收益。

【例 7-11】 某投资者于 2005 年 9 月 1 日以每股 12 元的价格购买 A 公司的股票 2 000 股,2006 年 2 月 10 日,收到 A 公司支付的每股 1.6 元的现金股利,2006 年 9 月 1 日将 A 公司的股票以每股 14 元的价格全部出售,则该批股票的投资收益率为:

$$R = \frac{1.6 \times 2\,000 + (14 - 12) \times 2\,000}{12 \times 2\,000} = 30\%$$

2. 考虑时间价值因素时股票投资收益率的计算

如果考虑时间价值因素,股票投资收益率应为股票投资净现值为零时的贴现率,其计算公式为:

$$P = \sum_{t=1}^{n} \frac{D_t}{(1+r)^t} + \frac{P_n}{(1+r)^n} \tag{7-15}$$

式中:P——股票的购买价格;
  P_n——股票的出售价格;
  D_t——第 t 年股利;
  r——股票投资收益率;
  n——投资年限。

【例 7-12】 某投资者在 2003 年 4 月 1 日以每股 5.1 元的价格购买 B 公司股票 100 万股,在 2004 年、2005 年、2006 年的 3 月 31 日每股各分得现金股利 0.5 元、0.6 元和 0.8 元,并于 2006 年 4 月 1 日以每股 6 元的价格将股票全部出售,试计算该股票投资收益率。

根据上述公式可得:

$$100 \times 5.1 = \frac{100 \times 0.5}{1+r} + \frac{100 \times 0.6}{(1+r)^2} + \frac{100 \times 0.8 + 100 \times 6}{(1+r)^3}$$

首先,采用逐次测试法进行测试,见表7-3。

股票投资收益率逐次测试表(单位:万元)　　　　表7-3

时间	股利及出售股票的现金流入	测试20%		测试18%		测试16%	
		系数	现值	系数	现值	系数	现值
2004年	50	0.833 3	41.67	0.847 5	42.38	0.862 1	43.11
2005年	60	0.694 4	41.66	0.718 2	43.09	0.743 2	44.59
2006年	680	0.578 7	393.52	0.608 6	413.85	0.640 7	435.68
合计	—	—	476.85	—	499.32	—	523.38

然后,采用插值法计算股票投资收益率。由于贴现率为18%时,现金流入的现值为499.32万元,比510万元小;贴现率为16%时,现金流入的现值为523.38万元,比510万元大,因此,该股票投资收益率必然介于16%与18%之间。采用插值法计算如下:

$$r = 16\% + \frac{523.38 - 510}{523.38 - 499.32} \times (18\% - 16\%) = 17.11\%$$

三、市盈率分析

前述股票价值的计算方法在理论上比较完善,但实际操作起来却有相当的难度,因为对未来股利的预计很复杂并且要求比较高,一般投资者往往很难办到。有一种粗略衡量股票价值的方法,就是市盈率分析法。它易于掌握,被许多股票投资者使用。

市盈率是指股票的每股市价与每股盈利(或每股收益)之比,即投资者对每一元利润所愿意支付的购买价格。市盈率是衡量个股和市场整体投资价值的一项重要指标,也是投资者衡量股票潜力、借以投资入市的重要依据。

1. 利用市盈率进行股票估价

市盈率可以粗略地反映股价的高低,表明投资者愿意用每股收益的多少倍来购买这种股票,是市场对该股票的评价。市盈率的计算公式为:

$$市盈率 = \frac{每股市价}{每股盈利} \quad (7\text{-}16)$$

根据上式可以推出股票市价和股票价值的计算公式,即:

$$股票市价 = 该股票市盈率 \times 该股票每股盈利$$
$$股票价值 = 行业平均市盈率 \times 该股票每股盈利$$

根据证券机构或刊物提供的同类股票过去若干年的行业平均市盈率,乘以当前的每股盈利,可以得出股票的公平价值。用它和当前市价比较,可以看出所付价格是否合理。

【例7-13】 某公司股票的每股盈利为1.8元,市盈率为15倍,行业同类股票的平均市盈率为12倍,则:

$$股票市价 = 1.8 \times 15 = 27(元)$$
$$股票价值 = 1.8 \times 12 = 21.6(元)$$

计算结果表明,市场对该股票的评价偏高,该股票的市价只有低于21.6元,投资者才可以买进。

2. 利用市盈率进行股票风险分析

一般认为,股票的市盈率比较高,表明投资者对公司的未来充满信心,愿意为每一元利润多付代价,这种股票的风险比较小。但是,当股市受到不正常因素干扰时,某些股票的市盈率被哄抬到不应有的高度,市盈率会很高。通常认为,超过20倍的市盈率是不正常的,说明公司的股价被高估了,很可能是股价下跌的前兆,风险相当大。股票的市盈率比较低,表明投资者对公司未来缺乏信心,不愿意为每一元利润多付买价,这种股票风险比较大。通常认为,市盈率在5以下的股票,其前景比较悲观。

市盈率过高或过低都不是好兆头,其平均值一般在10~11之间,市盈率在5~20之间属于比较正常的范围。投资者应分析拟投资股票的市盈率的长期变化趋势,估计其正常值,进而作出股票价值和股票风险的正确判断。需要加以说明的是,各个行业市盈率的正常值不尽相同;预期发生通货膨胀或提高利率时,市盈率会普遍下降;预期公司利润增长时,市盈率往往会上升;资本结构中负债比率高的公司,市盈率一般较低。

四、股票投资风险与防范

在证券投资中,股票投资的收益最高,与此相对应,股票的投资风险也最大。股票投资风险包括流动性风险、利率风险、购买力风险,还有经营风险、市场风险、经济风险等。这些风险从性质上可以划分为系统风险和非系统风险。

1. 系统风险

系统风险又称不可分散风险或市场风险。它是指由于某些因素给市场上所有证券造成经济损失的可能性。如宏观经济状况的变化、国家税法的变化、国家财政政策和金融政策的变化、世界能源状况的改变等都会使股票收益发生变动。这些风险影响到所有的股票,因此,不能通过股票投资组合分散掉。对投资者来说,这种风险是无法消除的,故又称不可分散风险。

2. 非系统风险

非系统风险又称可分散风险或公司特别风险。它是指由于某些因素给市场上单个证券造成经济损失的可能性。如发行公司在市场竞争中失败,发生经营亏损等都会导致该公司股票价格下跌。这种风险可以通过股票投资组合来分散,因此,又称可分散风险。

如果投资者同时购买多家公司的股票,其中某些公司的股票收益上升,另一些公司的股票收益下降,从而可以降低股票投资的非系统风险。在实际工资中,投资者只要持有10~15种股票,就能减少大部分非系统风险。因此,防范股票投资风险的最有效办法,就是建立股票投资组合。当然,不同的股票投资组合的风险分散效应不同,一般来说,股票收益之间的相关性越低,组合的风险分散效应越好。投资者在进行股票投资时,应尽量选择不同行业、不同地区的股票,以降低股票收益之间的相关性,从而有效地分散股票投资风险。

1. 何谓证券投资?影响证券投资的因素有哪些?

2. 债券投资有何特点?
3. 进行债券投资时,应考虑的风险有哪些?
4. 股票投资有何特点?
5. 何谓股票的市盈率? 它有何作用?

本章练习题

1. 某公司2010年1月1日发行5年期的债券,每张债券的面值1 000元,票面利率10%,每年年末付息一次,到期按面值偿还。要求:

(1) 假定2010年1月1日的市场利率为8%,债券的发行价格应定为多少?

(2) 假定2011年1月1日债券市价为1 088元,你期望的投资报酬率为6%,你是否愿意购买该债券?

2. 某企业于2010年1月5日以每张1 020元的价格购买A公司发行的利随本清的公司债券。该债券的面值为1 000元,期限为3年,票面利率为10%,不计复利。购买时市场利率为8%。要求:

(1) 利用债券价值评估模型分析该企业购买A公司债券是否合算。

(2) 如果该企业于2011年1月5日将债券以1 130元的市价出售,计算该债券的投资收益率。

3. 某公司股票的β值为1.5,市场全部股票的平均收益率为12%,无风险收益率为4%。公司今年每股股利0.4元,未来2年以15%的速度高速成长,而后以8%的速度转入正常成长。请计算该股票的必要报酬率和该股票的价值。

4. 预计某公司明年的税后利润为1 000万元,发行在外的普通股500万股。要求:

(1) 假定该公司股票的市盈率为12倍,计算其股票价格。

(2) 预计该公司盈余的60%将用于发放现金股利,股票获利率(股利/股价)为4%,计算其股票价格。

(3) 假定该公司成长率为6%,股票的必要报酬率为10%,预计该公司盈余的60%将用于发放现金股利,用固定成长股票估价模型计算其股票价格。

第八章 工程营运资本管理

本章导读：工程营运资本是指为满足工程施工企业日常业务活动所需要的资金，它由流动资产和流动负债构成。营运资本管理主要包括流动资产管理和流动负债管理。通过本章的学习，应达到以下目标：理解营运资本的概念和特征，了解现金、应收账款和存货的日常管理，掌握最佳现金持有量的确定，熟悉应收账款的各种成本、信用政策，掌握存货的经济批量及扩展式的确定。

第一节 营运资本概述

一、营运资本的概念

营运资本的概念有狭义和广义之分。广义的营运资本是指企业的流动资产总额，这个概念主要在研究企业资产的流动性和周转状况时使用。狭义的营运资本是指企业的流动资产减去流动负债后的余额，也称净营运资本。如果流动资产等于流动负债，则占用在流动资产上的资金是由流动负债融资；如果流动资产大于流动负债，则与此相对应的"净流动资产"要以长期负债或所有者权益的一定份额为其资金来源。由于净营运资本可作为企业非流动资产投资和用于清偿非流动负债的资金来源，所以，狭义的营运资本概念主要在研究企业的偿债能力和财务风险时使用。

二、营运资本的特点

由于营运资本包括流动资产与流动负债，因此，营运资本的特点可以从以下两个方面来分析。

（一）流动资产的特点

与非流动资产相比，流动资产具有如下特点：

（1）投资回收期短。投资于流动资产的资金一般可在一年或一个营业周期内收回，对企业影响的时间比较短。

（2）较强的流动性。流动资产相对于固定资产等长期资产来说，比较容易变现，这对于财务上满足临时性资金需求具有重要意义。

（3）占用形态的并存性。流动资产在循环周转过程中，各种不同形态的流动资产在空间上同时并存，在时间上依次继起。因此，合理地配置流动资产各项目的比例，是保证流动资产得以顺利周转的必要条件。

（4）占用量的波动性。流动资产易受到企业内外环境的影响,其资金占用量的波动往往很大,财务人员应有效地预测和控制这种波动,以防止其影响企业正常的生产经营活动。

(二) 流动负债的特征

与非流动负债相比,流动负债具有如下特点:

（1）获得资金的速度快。申请短期借款往往比申请长期借款更容易、更便捷,通常在较短时间内就可获得。

（2）获得资金后企业弹性大。与长期债务相比,短期贷款给债务人更大的灵活性。

（3）资金成本相对较低。在正常情况下,短期负债筹资所发生的利息支出低于长期负债筹资的利息支出。

（4）偿还风险相对较大。尽管短期债务的成本低于长期债务,但其风险却高于长期债务。

三、营运资本的周转

(一) 营运资本周转的主要特征

营运资本周转,是指施工企业的营运资本从现金投入施工生产经营开始,到最终转化为现金为止的过程。营运资本周转特征可概括为以下几个方面。

（1）运动性,即营运资本周转体现为一种依托于实物流动的价值运动。

（2）物质性,即营运资本周转体现为一种物质资产的消失和另一种物质资产的生成,是资本赖以存在的物质形态的变化。

（3）补偿性,即营运资本周转是一个资本不断被消耗而又不断地获得补偿的过程。

（4）增值性,即营运资本周转不仅仅是一种形态向另一种形态的简单过渡,而同时又是一个价值增值过程。

(二) 营运资本周转的内在要求

（1）空间上的合理并存。即企业营运资本的各项目应同时并存,并在各经营环节合理配置,使资本分布结构处于一种良好状态。

（2）时间上的依次继起。即企业营运资本各项目、各环节之间的转换应顺畅和迅速,以便加速营运资本周转。

（3）消耗的足额补偿。即营运资本周转过程中的耗费应及时地予以补偿,既包括货币形式的补偿,更包括实物形态和生产能力的补偿。

四、营运资本政策

营运资本管理首先应解决好流动资产与长期资产的结构比例,即营运资本投资政策；流动负债与长期资产的结构比例,即营运资本融资政策,以及营运资本投资政策与融资政策组合等问题。

(一) 营运资本投资政策

营运资本投资政策就是要解决在既定的总资产水平下,流动资产与固定资产及无形资产等长期资产之间的比例关系。这一关系可由流动资产占总资产的百分比来表示。营运资本投资政策类型主要有三种:配合型投资政策、激进型投资政策和稳健型投资政策。

1. 配合型投资政策

配合型投资政策是指企业流动资产占总资产的比例比较适中,流动资产在保证正常需要的情况下,再适当增加一定的保险储备。

2. 激进型投资政策

激进型投资政策是指企业流动资产占总资产的比例相对较少,流动资产一般只能满足正常需要,不安排或只安排很少的保险储备。

3. 稳健型投资政策

稳健型投资政策是指企业流动资产占总资产的比例相对较大,除正常需要量及基本保险储备量外,再增加一定的额外储备量。

不同营运资本投资政策下的风险与收益水平有着明显的不同,可概括为表8-1。

各营运资本投资政策下收益和风险的水平 表8-1

不同营运资本投资政策	收 益 水 平	风 险 水 平
激进型	高	高
配合型	一般	一般
稳健型	低	低

一般来说,不存在一种适用于所有企业的单一的最优营运资本投资政策。企业应根据自身实情,结合其对风险与收益的偏好程度,作出选择。

(二) 营运资本融资政策

营运资本融资政策是指如何安排永久性流动资产和临时性流动资产的资金来源问题的政策,它是公司的重要财务政策之一。

从营运资本与长、短期资金来源的配合关系看,并依其风险和收益的不同,营运资本融资政策类型主要有三种:配合型融资政策、激进型融资政策和稳健型融资政策。

1. 配合型融资政策

配合型融资政策是指临时性短期负债融通临时性流动资产的资金需要,永久性流动资产和固定资产,则由长期负债、自发性负债和权益资本作为资金来源。配合型融资政策的特点是:将资产与负债的期间相互配合,以降低企业不能偿还到期债务的风险,并尽可能降低企业的资金成本。但是在企业的经济活动中,由于各类资产使用寿命的不确定性,往往做不到资产与负债的完全配合。在企业的生产经营高峰期内,一旦企业的销售和经营不理想,未能取得预期的现金收入,便会面临偿还临时性负债的困难。因此,配合型融资政策是一种理想的、对企业有着较高资金使用要求的营运资金融资政策。

2. 激进型融资政策

激进型融资政策是指临时性短期负债不但融通临时性流动资产的资金需要,还解决部分永久性流动资产的资金需要,另一部分永久性流动资产和固定资产,则由长期负债、自发性负债和权益资本作为资金来源。激进型融资政策是一种风险性和收益性均较高的营运资金筹集政策。

3. 稳健型融资政策

稳健型融资政策是指临时性短期负债只融通部分临时性流动资产的资金需要，另一部分临时性流动资产和永久性资产（包括永久性流动资产和固定资产），则由长期负债、自发性负债和权益资本作为资金来源。稳健型融资政策是一种风险性和收益性均较低的营运资本融资政策。

不同营运资本融资政策下的风险与收益水平有着明显的不同，可概括为表8-2。

各营运资本融资政策下收益和风险的水平　　　　　表8-2

不同营运资本融资政策	收益水平	风险水平
激进型	高	高
配合型	一般	一般
稳健型	低	低

一般来说，也不存在一种适用于所有企业的单一最优营运资本融资政策。企业应根据自身实情，结合其对风险与收益的偏好程度，作出选择。

（三）营运资本投资政策与融资政策的组合

根据上面对营运资本投资政策与融资政策的分析，可以得出几种营运资本的政策组合，见表8-3。

营运资本投资与融资政策的组合　　　　　表8-3

投资政策	融资政策	营运资本融资政策		
		激进	配合	稳健
营运资本投资政策	激进	最激进	激进	配合
	配合	激进	配合	稳健
	稳健	配合	稳健	最稳健

不同营运资本政策组合下的风险与收益水平也有着明显的不同，可概括为表8-4。

各营运资本政策组合下收益和风险的水平　　　　　表8-4

不同营运资本政策组合	收益水平	风险水平
最激进	最高	最高
激进	较高	较高
配合	一般	一般
稳健	一般	一般
最稳健	低	低

第二节　流动资产管理

一、现金管理

这里所指现金包括企业的库存现金、银行存款和其他货币资金。

(一)公司持有现金的动机

公司持有一定数量的现金,主要基于下列动机:

(1)支付动机。支付动机又称交易动机,是指公司为了满足施工生产经营活动中的各种支付需要而保持的现金。这是企业持有现金的主要动机。公司在施工生产经营过程中,购买材料、支付工资、缴纳税金、偿还到期债务、派发现金股利等都必须用现金支付。由于企业每天的现金收入与支出在时间和数量上,通常存在一定程度的差异,因此,企业持有一定数量的现金余额以应付频繁支出是十分必要的。

(2)预防动机。预防动机是指企业为应付意外事件而必须保持一定数量的现金的需要。如企业承揽一项工程项目需预付一定数额的保证金。

(3)投机动机。投机动机是指企业持有一定量现金以备满足某种投机行为的现金需要。如证券市场上购买股票就是典型的投机行为。还有市场上可能出现的良好的投资机会,如遇有廉价原材料或其他资产供应的机会,便可用手头持有的现金大量购入。

(4)其他动机。企业除了以上三项原因持有现金外,也会基于满足将来某一特定要求或者为在银行维持补偿性余额等其他原因而持有现金。

总之,公司在确定企业现金余额时,一般应综合考虑以上各方面的持有动机。

(二)现金管理的目的

现金管理的目的是在保证企业施工生产经营所需要现金的同时,节约使用资金,并从暂时闲置的现金中获得最多的利息收入。因此,现金管理应力求做到既能保证公司正常交易的现金需要,又不使企业有过多的现金闲置。

(三)最佳现金持有量的确定

基于公司持有现金动机的需要,必须保持一定数量的现金余额。对如何确定公司最佳现金持有量,经济学家们提出了许多模式,常见模式主要有成本分析模式、存货模式、现金周转期模式、因素分析模式和随机模式。

1. 存货模式

存货模式的基本原理来自存货的经济批量模式,该模式最早由美国财务学家鲍曼于1952年提出,因此也称鲍曼模式。其应用前提包括:

(1)企业一定时期内收入与支出的现金流量均匀、稳定且可以预测;

(2)现金多余或不足时均可以通过有价证券等短期投资予以转化,即现金多余时,可投资于有价证券;现金不足时,可出售有价证券。

存货模式需要计算出使现金持有总成本最小的现金持有量。现金持有总成本主要包括:

(1)持有现金的机会成本,通常是有价证券的利率。它与持有现金的余额成正比。

(2)现金与有价证券转换的固定成本,如经纪人费用、税金及其他管理成本。假设它们只与交易的次数有关,而与持有现金的余额无关。

一般来说,现金持有量越大,持有现金的机会成本就越高,但其转换成本就越低;反之,现金持有量越小,持有现金的机会成本就越低,但其转换成本就越高。

通过上述分析,可以得到:

$$TC = \frac{N}{2} \times i + \frac{T}{N} \times b \qquad (8\text{-}1)$$

式中：TC——总成本；
  N——现金持有量；
  i——持有现金的机会成本，即有价证券的利率；
  b——每次转换成本。

对上式求一阶导数，则有：

$$N = \sqrt{\frac{2Tb}{i}} \qquad (8\text{-}2)$$

【例 8-1】 振华公司预计每月需要现金 50 000 元，现金与有价证券的转换成本为每次 10 元，有价证券的月利率为 1%，则：

$$N = \sqrt{\frac{2 \times 50\,000 \times 10}{1\%}} = 10\,000(元)$$

即现金持有量为 10 000 元，平均现金持有量为 5 000 元（10 000/2），现金转换次数为 5 次（50 000/10 000），现金持有总成本为 100 元（$\sqrt{2 \times 50\,000 \times 10 \times 1\%}$）。

2. 现金周转期模式

现金周转期模式是从现金周转的角度出发，根据现金的周转速度来确定最佳现金持有量。

（1）现金周转期

现金周转期是指从现金投入施工生产经营开始，到最终转化为现金的过程。这个过程经历三个周转期：

①存货周转期。将原材料转化成产成品并出售所需要的时间。

②应收账款周转期。指将应收账款转换为现金所需要的时间，即从产品销售到收回现金的期间。

③应付账款周转期。从收到尚未付款的材料开始到现金支出之间所用的时间。

现金周转期的计算公式：

  现金周转期 = 存货周转期 + 应收账款周转期 − 应付账款周转期

（2）最佳现金持有量

最佳现金持有量的计算公式可表述如下：

$$\text{最佳现金持有量} = \frac{\text{公司年现金需求总额}}{360} \times \text{现金周转期} \qquad (8\text{-}3)$$

【例 8-2】 凯旋股份有限公司预计计划年度存货周转期为 120d，应收账款周转期为 80d，应付账款周转期为 70d，预计全年需要现金 1 400 万元，求最佳现金持有量是多少？

  现金周转期 = 120 + 80 − 70 = 130(d)

$$\text{最佳现金持有量} = \frac{1\,400}{360} \times 130 \approx 505.56(万元)$$

但是该方法能够成立，是基于以下几点假设：

①假设现金流出的时间发生在应付款支付的时间。事实上，原材料的购买发生在生产与销售过程中，因此，该假设的结果是过高估计最低现金持有量。

②假设现金流入等于现金流出,即不存在着利润。
③假设公司的购买—施工生产—销售过程在一年中持续稳定地进行。
④假设公司的现金需求不存在着不确定因素,这种不确定因素将影响公司现金的最低持有量。

如果上述假设条件不存在,则求得的最佳现金余额将发生偏差。

3.成本分析模式

成本分析模式是根据现金的有关,分析预测其总成本最低时现金持有量的一种方法。

(1)公司持有现金的成本

公司持有现金的成本一般包括三种,即持有成本、转换成本和短缺成本。

①现金的持有成本,是指公司因保留一定现金余额而增加的管理费用及丧失的再投资收益。实际上,现金持有成本包括持有现金的机会成本和管理成本两部分。

持有现金的机会成本,是指公司把一定的资金投放在现金资产上所丧失的投资收益,它与现金持有量成正比,其计算公式如下:

$$持有现金的机会成本 = 现金持有量 \times 机会成本率$$

现金管理成本是对企业置存的现金资产进行管理而支付的代价,包括建立、执行、监督、考核现金管理内部控制制度的成本,编制执行现金预算的成本以及相应的安全装置购买、维护成本等。现金管理成本是一种固定成本,它与现金持有量之间无明显的比例关系。

②现金的转换成本,是指企业用现金购入有价证券以及转让有价证券换取现金时付出的交易费用,即现金同有价证券之间相互转换的成本。如委托买卖佣金、委托手续费、证券过户费、实物交割手续费等。

③现金的短缺成本,是指企业由于缺乏必要的现金资产,而无法应付各种必要的开支或抓住宝贵的投资机会而造成的损失。现金的短缺成本随现金持有量的增加而下降,随现金持有量的减少而上升,即与现金持有量成反比例关系。

(2)运用成本分析模式确定最佳现金持有量应考虑的成本

运用成本分析模式确定最佳现金持有量,只考虑因持有一定量的现金而产生的持有成本及短缺成本,而不予考虑转换成本。

(3)确定最佳现金持有量

最佳现金持有量的确定,如图8-1所示。

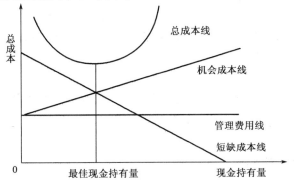

图8-1 最佳现金持有量

从图 8-1 可以看出,由于各项成本同现金持有量的变动关系不同,使得总成本线呈抛物线形,抛物线的最低点,即为成本最低点,该点所对应的现金持有量便是最佳现金持有量,此时总成本最低。

(4)运用成本分析模式确定最佳现金持有量的步骤。

第一步,根据不同现金持有量测算并确定有关成本数值;

第二步,按照不同现金持有量及有关成本资料编制最佳现金持有量测算表;

第三步,在测算表中找出总成本最低的现金持有量,即最佳现金持有量。

【例 8-3】 某公司有四种现金持有方案,各方案有关成本资料如表 8-5 所示。

现金持有备选方案表(单位:万元)　　　　表 8-5

方　案	A	B	C	D
现金持有量	15 000	25 000	35 000	45 000
管理成本	3 000	3 000	3 000	3 000
机会成本率	10%	10%	10%	10%
短缺成本	8 500	4 000	3 500	0

要求:计算该公司的最佳现金持有量。

根据表 8-5 编制公司最佳现金持有量测算表,见表 8-6。

公司最佳现金持有量测算表(单位:万元)　　　　表 8-6

方案及现金持有量	机会成本	管理费用	短缺成本	总成本
A(15 000)	15 000×10% = 1 500	3 000	8 500	13 000
B(25 000)	25 000×10% = 2 500	3 000	4 000	9 500
C(35 000)	35 000×10% = 3 500	3 000	3 500	10 000
D(45 000)	45 000×10% = 4 500	3 000	0	7 500

通过表 8-6 分析比较各方案的总成本可知,D 方案的总成本最低,因此,企业持有 45 000 万元的现金时,各方面的总代价最低,45 000 万元为现金最佳持有量。

4. 因素分析模式

因素分析模式是根据上年现金占用额和有关因素的变动情况,来确定最佳现金余额的一种方法。其计算公式如下:

最佳现金余额 =(上年的现金平均占用额 − 不合理占用额)×(1 ± 预计营业收入变化的%)

【例 8-4】 M 公司 2011 年度平均占用现金为 3 000 万元,经分析,其中有 80 万元的不合理占用额,2012 销售收入预计较 2011 年增长 15%。则 2012 年最佳现金持有量为多少?

M 公司 2012 年最佳现金持有量为:

(3 000 − 80)×(1 + 15%) = 3 358(万元)

因素分析模式考虑了影响现金持有量高低的基本因素,计算比较简单。但是这种模式假设现金需求量与营业量呈同比例增长,在现实中有时情况并非完全如此。因此,财务人员在采用此模式时应多加注意。

(四)现金收支的日常管理

公司提高现金收支日常管理效率的方法主要有三种。

(1) 加速现金回收。在分析公司收款、发票寄送、支票邮寄、业务处理、款项到账等流程的前提下,采用银行存款箱制度和集中银行制等现金回收方法,尽可能缩短收款浮账时间。所谓收款浮账时间是指收款被支票邮寄流程、业务处理流程和款项到账流程所占用的收账时间的总称。

(2) 严格控制现金的支出。在不影响公司商业信誉的前提下,尽可能地推迟应付款项的支付期,充分利用供货方所提供的信用优惠,利用现金浮游量等手段。所谓现金浮游量是指企业从银行存款账户上开出的支票总额超过其银行存款账户的余额。

(3) 力争现金流入与现金流出同步。公司要在合理安排供货和其他现金支出,有效地组织销售和其他现金流入,使现金流入与现金流出的波动基本一致。

二、应收账款管理

(一) 应收账款存在的原因

应收账款存在的原因主要是赊销,即公司给客户提供了商业信用。这样,公司的一部分资金就被顾客占用,由此发生一定的应收账款成本。不过赊销可以给公司带来两大好处:

(1) 增加公司的销售量。通过赊销能为顾客提供方便,从而扩大公司的销售规模,提高公司产品的市场占有率。

(2) 减少公司的存货。公司应收账款增加意味着存货的减少,而存货减少可以降低与存货相关的成本费用,如存货储存成本、保险费用和存货管理成本等。公司管理人员应当权衡增加赊销的报酬与成本,作出正确的选择。

(二) 应收账款的成本

(1) 机会成本。应收账款的机会成本是指因资金投放在应收账款上而失去的其他收入,如投资于有价证券便会有投资收益。这一成本的大小通常与企业维持赊销业务所需要的资金数量(即应收账款投资额)、资本成本率有关。其计算公式为:

$$应收账款的机会成本 = 维持赊销业务所需要的资金 \times 资金成本率 \qquad (8-4)$$

资金成本率一般可按有价证券利息率来计算。维持赊销业务所需要的资金数量可按下列步骤计算:

$$维持赊销业务所需要的资金 = 平均每日赊销额 \times 平均收账天数 \times 变动成本率$$
$$= 应收账款平均余额 \times 变动成本率 \qquad (8-5)$$

在上述分析中,假定企业的成本水平保持不变(即单位变动成本不变,固定成本总额不变),因此随着赊销业务的扩大,只有变动成本随之上升。

【例 8-5】 振华公司预测 2008 年的赊销收入净额为 3 600 万元,应收账款周转期(或收账天数)为 60d,变动成本率为 75%,资金成本率为 10%,则应收账款机会成本为:

$$应收账款周转率 = 360/60 = 6(次)$$
$$应收账款平均余额 = 3\ 600/6 = 600(万元)$$
$$维持赊销业务所需要的资金 = 600 \times 75\% = 450(万元)$$
$$应收账款的机会成本 = 450 \times 10\% = 45(万元)$$

在正常情况下,应收账款的周转率越高,一定数量资金所维持的赊销额就越大。应收账款周转率越低,维持相同赊销额所需要的资金量就越大。而应收账款机会成本在很大程度上取决于企业维持赊销业务所需要资金的多少。

(2)管理成本。应收账款的管理成本是指对应收账款管理的各项费用,主要包括对客户资信调查费用、应收账款账簿记录费用、收账费用以及其他费用等。

(3)坏账成本。应收账款的坏账成本是指应收账款因故不能收回而发生的损失。坏账成本一般与应收账款发生的数额成正比。

(三)信用政策

信用政策,即应收账款的管理政策,包括信用标准、信用条件和收账政策。

1.信用标准

信用标准是公司用来衡量客户是否有资格享有商业信用的基本条件,也是客户要求赊销所应具备的最低条件。西方企业通常用预期的坏账损失率作为标准。

如果公司制定的信用标准过低,就会有利于企业扩大销售,提高产品的市场占有率,但坏账损失风险和收账费用将因此而大大增加;如果公司信用标准过分苛刻,许多因信用品质达不到设定标准的客户被拒之于公司门外。这样虽然能降低违约风险及收账费用,但这会严重影响公司产品销售,延误公司市场拓展的机会。

通常制定公司信用标准,应从三个基本方面入手。

(1)充分了解同行业竞争对手的情况。同业竞争对手采用什么信用标准是公司制定信用标准的必要参照系。可能从竞争对手的具体做法上了解对手正在或将采取何种竞争策略,从而有利于公司制定出不至于使自己丧失市场竞争优势的、切合实际的、具有竞争性的信用标准。如果不考虑同业对手的做法,有可能使公司信用标准不适当而陷入困境。信用标准过高会失去市场竞争优势,信用标准过低又会使企业背负沉重的财务负担。

(2)考虑公司所能承受违约风险的能力。如果公司具有较强的违约风险承担能力,就应设定较低的信用标准来提高公司的市场竞争力,多争取客户,广开销售渠道;反之,公司承担违约风险的能力较为脆弱,就只能选择较为严格的信用标准,以尽可能地降低违约风险程度。

(3)认真分析和掌握客户的资信程度。制定公司信用标准,通常是在调查、了解和分析客户资信情况后,确定客户的坏账损失率的高低,给客户信用作出评估,再在此基础上决定是否给客户提供赊销,提供多少赊销。

对客户进行信用评估时,一般从5个方面进行,称作5C评估法。

①品德,即客户的信誉,是指客户履行按期偿还货款的诚意、态度及赖账的可能性。

②能力,是指客户偿还债务的能力。

③资本,是指客户的财务实力,主要根据资本金和所有者权益的大小来判断,表明客户可以偿还债务的背景和最终保证。

④抵押品,是提供作为授信安全保证的资产。这对于不知底细或信用状况有争议的客户尤为重要。客户提供的抵押品越充足,信用安全保障就越大。

⑤条件,是指可能影响客户付款能力的经济环境。主要了解在经济状态发生变化时或一些特殊的经济事件发生时,会对客户的付款能力产生什么影响。对此,应着重了解客户以往在困境时期的付款表现。

要对客户进行信用评价,首先要了解客户的信用状况,而要了解客户的信用状况,就需要有一定的信息渠道。调查了解客户信用状况的信息渠道主要有三条:一是通过与客户有经济往来的各个企业和机构的调查访问来了解客户的信用状况;二是借助一些中介机构,如社会调查机构、信用分析机构来了解客户的信用状况;三是在合法和得到许可的情况下,从客户的开户银行了解有关资料。

2. 信用条件

信用条件是指企业要求顾客支付赊销款项的条件,包括信用期限、折扣期限与现金折扣(率)三项。信用条件的基本表现方式如"$3/10, n/30$",意思是:若客户能够在发票开出后的 10d 内付款,可以享受 3% 的现金折扣;如果放弃折扣优惠,则全部款项必须在 30d 内付清。在此,30d 为信用期限,10d 为折扣期限,3% 为现金折扣(率)。信用期限是企业为顾客规定的最长付款时间。折扣期限是为顾客规定的可享受现金折扣的付款时间。而现金折扣是指当顾客提前付款时给予的优惠。

公司给予客户提供优惠的信用条件,能够增加销售量。这是因为越优惠的信用条件,客户将来付款的现值就越小,相当于销售价格也就越低。但也会带来额外的负担,使应收账款数额增大,增加应收账款的机会成本、坏账成本和现金折扣成本。因此,公司要综合考虑成本与收益的比率关系,来确定合理的信用条件。在大多数情况下,信用条件对所有客户应一视同仁。企业在制定信用条件时,应充分考虑一些客观因素对它的影响。

【例 8-6】 振华公司预测的年度赊销收入净额为 2 400 万元,其信用条件是:$n/30$,变动成本率为 65%,资金成本率(或有价证券利息率)为 20%。假设企业收账政策不变,固定成本总额不变。该企业准备了三个信用条件的备选方案:A 维持 $n/30$ 的信用条件;B 将信用条件放宽到 $n/60$;C 将信用条件放宽到 $N/90$。各备选方案估计的赊销水平、坏账百分比及收账费用等有关资料如表 8-7 所示。

信用条件备选方案表(单位:万元)　　　　　　　　　　表 8-7

项 目	A 方案($n/30$)	B 方案($n/60$)	C 方案($n/90$)
年赊销额	2 400	2 640	2 800
应收账款周转率(次数)	12	6	4
应收账款平均余额	2 400/12 = 200	2 640/6 = 440	2 800/4 = 700
维持赊销业务所需资金	200 × 65% = 130	440 × 65% = 286	700 × 65% = 455
坏账损失/年赊销额	2%	3%	5%
坏账损失	2400 × 2% = 48	2640 × 3% = 79.20	2800 × 5% = 140
收账费用	24	40	56

根据上表资料,可计算有关指标如表 8-8 所示。

信用条件分析评价表　　　　　　　　　　表 8-8

项 目	A 方案($n/30$)	B 方案($n/60$)	C 方案($n/90$)
年赊销额	2 400	2 640	2 800
变动成本	2 400 × 65% = 1 560	2 640 × 65% = 1 716	2 800 × 65% = 1 820

续上表

项目	A方案(n/30)	B方案(n/60)	C方案(n/90)
信用成本前收益	840	924	980
信用成本:			
应收账款的机会成本	130×20%=26	286×20%=57.20	455×20%=91
坏账损失	48	79.20	140
收账费用	24	40	56
小计	98	176.40	287
信用成本后收益	742	747.60	693

根据表8-8资料所示,在A、B、C三个方案中,B方案的获利(747.60)最大,因此,在其他条件不变的情况下,B方案最佳。

【例8-7】 接【例8-6】,如果振华公司选择了B方案,但为了加速应收账款的回收,决定将赊销条件改为"2/10,1/20,n/60"(D方案),估计约有60%的客户(按赊销额计算)会利用2%的折扣,15%的客户将利用1%的折扣。坏账损失降为2%,收账费用降为30万元,根据上述资料,有关指标计算如下:

应收账款的周转期 = 60%×10+15%×20+25%×60 = 24(d)

应收账款周转率 = 360/24 = 15(次)

应收账款平均余额 = 2 640/15 = 176(万元)

维持赊销业务所需要的资金量 = 176×65% = 114.40(万元)

应收账款的机会成本 = 114.4×20% = 22.88(万元)

坏账损失 = 2 640×2% = 52.80(万元)

现金折扣 = 2 640×(2%×60%+1%×15%) = 35.64(万元)

根据上述资料,进行信用条件分析决策,如表8-9所示。

信用条件分析决策表(单位:万元)   表8-9

项目	B方案(n/60)	D方案(2/10,1/20,n/60)
年赊销额	2 640	2 640
减:现金折扣		35.64
年赊销净额	2 640	2 604.36
减:变动成本	1 716	1 716
信用成本前收益	924	888.36
减:信用成本		
应收账款的机会成本	57.20	22.88
坏账损失	79.20	52.80
收账费用	40	30
小计	176.40	105.68
信用成本后收益	747.60	782.68

从表8-9可知,实行现金折扣后,企业的收益增加了35.08万元(782.68～747.60)。因此,企业最终应选择D方案。

由于我国目前社会信用的程度普遍较低,相当数量的企业或单位不能严格信守合同契约,再加上某些商品的定价还不是十分科学,使信用条件的制定和适用尚存在一些困难。

3. 收账政策

收账政策是指公司为催收过期的应收账款所应遵守的原则、程序、对策和方法。

(1)区别客户实际情况,制定因人而异的收账政策。运用统计分析的方法,对过去历年拖欠账款客户的情况进行分类,对不同类型的客户采用不同的对策,从而明确在什么情况下发信,什么情况下打电话,什么情况下派人催收,什么情况下起诉打官司,以及各种情况下应采取的收款策略。

(2)将回款责任与销售人员个人利益挂钩。促使销售人员在产品销售之后,及时地催收货款。

(3)改变和调整企业经营观念、经营方式,提供能满足消费者及用户不断变化的需求。长时间拖欠应收账款,不能及时回收,不能看成仅仅是销售部门的问题。它与企业整个生产经营活动密切相关。如果企业的产品质量低劣,不适销对路,即使派出更多的人去催讨货款,也不会有成效。因此,企业要从根本上防止坏账损失,就必须不断地调整企业产品设计观念、经营观念和经营方式,时刻瞄准消费者及用户多样化、个性化的需求,不断提供令消费者及用户满意的服务和产品,增进社会福利,使消费者剩余最大化。

三、存货管理

存货是公司备供销售或者生产耗用而储备的各种物资,包括在产品、半成品、原材料、燃料、低值易耗品、包装物等。

(一)存货成本

存货成本主要包括取得成本、储存成本和短缺成本三部分。

1. 存货的取得成本

存货的取得成本,又称存货的进货成本,由购置成本和进货费用两部分组成。

(1)购置成本或称进价成本,是指存货本身的价值,只与购买总量和单价有关,是数量与单价的乘积,可视为固定成本,属于决策无关成本。因此所建立的存货模型对其不加考虑。

(2)进货费用又称订货成本,是公司为组织进货而开支的费用,主要有办公费、差旅费、邮资、电话电报费、运输费、检验费、入库搬运费等支出。

2. 存货的储存成本

存货的储存成本,是指企业为持有存货而发生的费用,包括存货占用资本的资本成本、存货的保险费、存货的财产税、建筑物与设备的折旧费与财产税、仓库职工工资与福利费、仓库的日常办公费与运转费、存货残损霉变损失等。储存成本按照与储存数额的关系可分为固定性储存成本和变动性储存成本。

3. 存货的短缺成本

存货的短缺成本,是指公司存货不足,无法满足生产和销售需求时发生的费用和损失,包括：

（1）材料供应中断所造成的生产进度中断损失、紧急采购代用材料而发生的额外购入成本；

（2）成品供应中断导致延迟交货所承担的罚款及因此而发生的顾客信誉损失与其他一切费用；

（3）公司因存货不足而丧失销售机会的损失等。

（二）存货规划

公司的存货规划，是指在确定公司占用资金数额的基础上，编制存货资本计划，以便合理配置存货资金的占用数量，节约使用公司存货资本。公司存货资金数额的测算是存货规划中最重要的内容，其具体测算方式分两类：

（1）从总体上测算公司存货资金数额；

（2）分别测算各公司生产过程中各阶段的存货资金占用情况，即分别测算储备资金、生产资金和产成品资金等的占用情况。

存货规划的方法与步骤简要叙述如下。

1. 确定存货资金占用额的基本方法

公司确定存货资金占用额的基本方法有周转期计算法、因素分析法、比例计算法等。

（1）周转期计算法。周转期计算法又称定额日数法，是根据各种存货平均每天周转额和存货资金周转日数来确定占用资金数额，具体计算公式为：

$$存货资金占用额 = 平均每天周转额 \times 资金周转日数 \qquad (8-6)$$

这种方法通常适用于对原材料、在产品和产成品等存货资金占用数额的测定。

（2）因素分析法。因素分析法是以上一年资本实际占用额为基础，分析计划年度各项变动因素，加以调整后核定其占用资金的数额。计算公式是：

$$存货资金占用额 = (上年存货资金平均占用额 - 不合理占用额) \times (1 \pm 计划年度营业额增减\%) \times (1 - 计划年度存货资金周转加速率) \qquad (8-7)$$

这种方法主要适用品种繁多、规格复杂和价格较低的材料物资；对于供、产、销数量变化不大的中小企业，也可用此法来匡算全部存货资金占用数额。

（3）比例计算法。比例计算法是指根据存货资金和有关因素之间的比例关系，来测定公司存货资金的占用额。以销售收入资金率法为例进行说明，其计算公式为：

$$存货资金数额 = 计划年度商品销售收入总额 \times 计划销售收入存货资金率 \qquad (8-8)$$

$$计划销售收入存货资金率 = \frac{上年存货资金平均余额 - 不合理占用额}{上年实际销售收入} \times (1 - 计划年度资金周转加速率) \qquad (8-9)$$

2. 储备资金占用额的测算

储备资金是指公司从用现金购买各项材料物资开始，到把它们投入生产为止的整个过程所占用的资金。公司储备资金包括的项目很多，现以原材料为例，说明其资金占用数额的测定方法。

原材料资金数额的大小，取决于计划期原材料平均每日耗用量、原材料计划价格、原材料

的资金周转日数三个基本因素,其计算公式为:

原材料资金占用额＝原材料平均每日耗用量×原材料计划价格×原材料资金周转日数

(8-10)

3. 生产资金占用额的测算

公司的生产资金是指从原材料投入生产开始,直至产品制成入库为止的整个过程所占用的资金,主要是指在产品所占用的资金,其计算公式为:

在产品资金占用额＝每日平均产量×产品单位计划生产成本×在产品成本系数×生产周期

(8-11)

其中,在产品成本系数要区别具体情况而确定。

4. 产成品资金占用额的测算

公司的产成品资金是指产成品从制成入库开始,直到销售取得货款或结算货款为止的整个过程所占用的资金。产成品资金占用额的测算公式为:

产成品资金占用额＝每日平均产量×产成品单位计划生产成本×产成品资金周转日数

(8-12)

公司根据上述方法在分别测定储备、生产、产成品资金占用数后,即可汇总编制存货资金计划表,并据此确定公司存货占用资金额。

(三) 存货控制的基本方法

确定最佳的存货水平,并对之实施有效地控制,是存货管理的关键。存货控制的基本方法主要有经济批量控制法和 ABC 控制法等。

1. 经济批量控制法

经济批量控制可通过建立经济批量模型来实现。

(1) 经济批量的概念。经济批量是经济进货批量的简称,是能使一定时期存货的总成本达到最低点的进货数量。

(2) 决定存货经济批量的成本因素。主要有前述存货成本中的变动性进货费用(简称进货费用)、变动性储存成本(简称储存成本)以及允许缺货时的存货短缺成本。

(3) 基本经济进货批量模型的假设前提:

①公司一定时期的存货总量能准确地预测;

②存货耗用量或者销售量比较均衡;

③存货价格稳定,且不存在数量折扣,进货日期完全由公司自行决定;

④当公司仓库存货量降为零时,下一批存货都能立即一次到位;

⑤仓库条件及所需要现金不受限制;

⑥不允许出现缺货情形;

⑦所需存货市场供应充足,不会因买不到所需存货而影响其他方面。

(4) 存货成本项目与进货批量的变动关系。存货成本项目与进货批量的变动关系如图 8-2 所示。

不同的存货成本项目与进货批量呈现着不同的变动关系。增加进货批量,减少进货次数,虽然有利于降低进货费用与存货短缺成本,但同时会影响储存成本的提高;而减少进货批量,

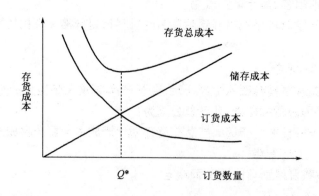

图 8-2　存货经济批量图

增加进货次数,在影响储存成本降低的同时,会导致进货费用与存货短缺成本的提高。由此可见,企业组织进货过程中要解决的主要问题,则是如何协调各项成本之间的关系,使存货总成本保持最低水平。如前述假设前提,公司不存在存货的短缺成本。因此,与存货订购批量、批次直接相关的就只有进货费用和储存成本了。如图 8-2 所示,储存成本随订货规模的上升而提高,而订货成本(即进货费用)则相反,存货总成本在储存成本线与订货成本线相交的那一点 Q^* 达到了最小。可见,订货成本(即进货费用)与储存成本总和最低水平下的进货批量,就是经济进货批量。

(5)经济进货批量模型。根据上述存货成本项目与进货批量的变动关系可得到:

存货总成本 = 变动订货成本 + 变动储存成本 = 单位订货成本 ×

$$\frac{一定时期存货需求总量}{每次订货量} + 一定时期单位存货的储存成本 \times \frac{每次订货量}{2} \tag{8-13}$$

即

$$TC = E \cdot \frac{S}{Q} + K \cdot \frac{Q}{2} \tag{8-14}$$

式中:TC——存货总成本;
　　 E——平均每次进货费用;
　　 S——一定时期存货需求总量;
　　 Q——每次订货量;
　　 K——一定时期单位存货的(变动性)储存成本。

对上述公式求导。因为一阶导数为零的点是方程的极值点,所以就能求出经济定货量,即 Q^*:

$$TC' = \frac{K}{2} - \frac{ES}{Q^2} = 0 \tag{8-15}$$

$$Q^* = \sqrt{\frac{2ES}{K}} \tag{8-16}$$

经济进货批量下的总成本:

$$TC^* = \sqrt{2SEK} \tag{8-17}$$

经济进货批量的平均占用资金：

$$W = Q^* \cdot \frac{P}{2} = P \cdot \sqrt{\frac{ES}{2K}}（注：P 是存货的单位买价） \quad (8-18)$$

年度最佳进货批次：

$$N^* = \frac{S}{Q^*} = \sqrt{\frac{SK}{2E}} \quad (8-19)$$

【例 8-8】 GH 公司预计年耗用 A 材料 6 000kg，单位采购成本为 15 元，单位储存成本 9 元，平均每次进货费用为 30 元，假设该材料不会缺货，试计算：

（1）A 材料的经济进货批量；
（2）经济进货批量下的总成本；
（3）经济进货批量的平均占用资金；
（4）年度最佳进货成本。

根据题意可知：$S = 6\,000\text{kg}, P = 15$ 元，$K = 9$ 元，$E = 30$ 元。

（1）A 材料的经济进货批量：

由公式 $Q^* = \sqrt{\frac{2ES}{K}}$ 得：

$$Q^* = \sqrt{\frac{2 \times 30 \times 6\,000}{9}} = 200(\text{kg})$$

（2）经济进货批量下的总成本：

$$TC^* = \sqrt{2 \times 6\,000 \times 30 \times 9} = 1\,800（元）$$

（3）经济进货批量的平均占用资金：

$$W = Q^* \cdot \frac{P}{2} = 200 \times \frac{15}{2} = 1\,500（元）$$

（4）年度最佳进货成本：

$$N^* = \frac{S}{Q^*} = \frac{6\,000}{200} = 30（次）$$

上述计算表明，当进货批量为 200kg 时，进货费用与储存成本总额最低。

需要指出的是，上述介绍的经济进货批量模型是建立在严格的假设前提之上的，这些假设有些与现实并不相符，如实际工作中，通常存在数量优惠即价格折扣以及允许一定程度的缺货等情形，公司理财人员必须同时结合价格折扣及缺货成本等不同的情况具体分析，灵活运用经济进货批量模型。

2. ABC 控制法

ABC 控制法是意大利经济学家巴雷特于 19 世纪首创的，其分清主次，抓住重点的中心思想已广泛用于存货管理、成本管理与生产管理。

（1）ABC 分类管理、控制存货的含义。所谓 ABC 控制法，也叫 ABC 分类管理法，就是按照一定的标准，将企业的存货划分为 A、B、C 三类，分别实行分品种重点管理、分类别一般控制和按总额灵活掌握的存货管理、控制的方法。

（2）ABC 分类管理的目的。ABC 分类管理的目的在于使企业分清主次，突出重点，以提高存货资金管理的整体效果。

（3）存货 ABC 分类的标准。分类标准主要有两个：第一是金额标准；第二是品种数量标准。第一个标准是最基本的，而第二个标准仅作参考。

（4）存货按 ABC 分类的基本特点。属于 A 类的存货，金额巨大，但品种数量较少，一般来说，其品种数占全部存货总品种数的 10% 左右，而价值最高可达 70% 左右；属于 C 类的存货，品种繁多，但金额却很小的项目，通常，这类存货的品种数占 70%，而价值却只占 10% 左右；而 B 类存货则介于两者之间，品种数与价值都在 20% 左右。三类存货在品种数与价值量上的特点，可以从图 8-3 看出。

（5）存货按 ABC 分类的管理方法。A 类存货占用企业绝大多数的资金，只要能够控制好该存货，一般不会出现什么大问题。但由于 A 类存货品种数量少，企业完全有能力按品种进行管理。因此，A 类存货应按品种重点管理和控制，实行最为严格的内部控制制度（如定期盘点的间隔期最短），逐项计算各种存货的经济订货量与再订货点，并经常检查有关计划和管理措施的执行情况，以便及时纠正各种偏差；对 B 类存货，由于金额相对较小，而品种数量远多于 A 类存货，因此，不必像 A 类存货那样严格管理，可通过分类别的方式进行管理和控制；至于 C 类存货管理可采用较为简化的方法，只要把握一个总金额就完全可以了，所以，对 C 类存货只要进行一般控制和管理。

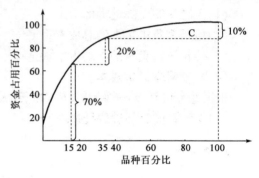

图 8-3　存货 ABC 分类图

第三节　流动负债管理

一、商业信用

1. 商业信用的形式

商业信用是指买方以延期付款方式或卖方以预收账款方式而获得的一笔暂时可直接支配的资金的一种直接借贷关系。在制造业和商品流通业，商业信用占流动负债的 40% 左右（它是公司筹集短期资金的一种重要手段）。施工企业利用商业信用融资，一般有以下几种形式：

（1）应付账款

应付账款是指企业购买货物暂未付款而欠对方的款项，即卖方允许买方在购货后一定时期内支付货款的一种形式。对买方来说，延期付款等于向卖方借用资金购进商品，可以满足短期资金的需要。而对卖方来说，利用这种形式进行促销。

应付账款可以分为免费信用、有代价信用和展期信用。免费信用即买方企业在规定的折扣期内享受折扣而获得的信用；有代价信用即买方企业放弃折扣付出代价而获得的信用；展期信用即买方企业超过规定的信用期推迟付款而强制获得的信用。

①应付账款的成本。倘若买方企业购买货物后在卖方规定的折扣期内付款，便可以享受免费信用，这种情况下企业没有因为享受信用而付出代价。如果买方企业放弃折扣，则会发生

应付账款的成本。

【例 8-9】 某施工企业按"2/10, n/30"的信用条件购入货物 100 万元。如果该企业在 10d 内付款,便享受了 10d 的免费信用期,并获得折扣 2 万元（100×2%）,免费信用额为 98 万元（100－2）。如果买方企业放弃折扣,在 10d 后（不超过 30d）付款,该企业便要承受因放弃折扣而造成的隐含利息成本。放弃现金折扣成本的计算公式为：

$$放弃现金折扣成本 = \frac{折扣百分比}{1-折扣百分比} \times \frac{360}{信用期限-折扣期限} \times 100\% \quad (8-20)$$

$$该企业放弃折扣多负担的成本 = \frac{2\%}{1-2\%} \times \frac{360}{30-10} \times 100\% = 36.73\% \quad (8-21)$$

这表明,放弃现金折扣的成本与折扣百分比的大小、折扣期的长短同方向变化,与信用期的长短呈反方向变化。可见,如果买方企业放弃折扣而获得信用融资,其代价较高。只要公司筹资成本不超过 36.73%,就应当在第 10d 付款。

然而,企业在放弃折扣的前提下,推迟付款的时间越长,其成本就会越小。如果企业延至第 40d 付款,其成本计算为：

$$该企业延期付款的成本 = \frac{2\%}{1-2\%} \times \frac{360}{40-10} = 24.49\%$$

② 利用现金折扣的决策。在附有信用条件的情况下,因为获得不同信用要负担不同的代价,买方企业便要在利用哪种信用之间作出决策,并在决策过程中要考虑以下问题：

如果能以低于放弃折扣的隐含利息成本（实质上是一种机会成本）的利率借入资金,便应在现金折扣期内用借入的资金支付货款,享受现金折扣。

如果折扣期内将应付账款用于短期投资,所得的投资收益高于放弃折扣的隐含利息成本,则应放弃折扣而去追求更高的收益。

如果企业因缺乏资金而欲展延付款期,则需在降低了的放弃折扣成本与展延付款带来的信用损失之间作出选择。

如果面对两家以上提供不同信用条件的卖方,应通过衡量放弃折扣成本的大小,选择信用成本最小的一家。

（2）应付票据

应付票据是公司根据购销合同进行延期付款的商品交易而签发和承兑的商业汇票,包括商业承兑汇票和银行承兑汇票。对于购货方来讲,应付票据类似于应付账款,不同之处主要在于它将所欠货款以票据形式确定下来。

（3）预收账款

采用预收账款这种信用形式,销货方预先向购货方收取一部分或全部货款,而将商品推迟到以后某个时间交付。对于施工企业来说,预收账款即为预收工程款。施工企业利用预收工程款购买材料和支付各项开支,实际上是为施工企业提供了一笔借款。由于工程项目的建设期长,工程造价高,预收工程款的交易方式十分普遍。

2. 商业信用筹资的优缺点

（1）商业信用筹资的优点

① 筹资便利。利用商业信用融资非常方便,这是由于商业信用与商品买卖同时进行,属于

一种自然融资,不用做非常正规的安排。

②筹资成本低。如果没有现金折扣或企业不放弃现金折扣,则利用商业信用集资没有实际成本。

③限制条件少。如果企业利用银行借款筹资,银行往往对贷款的使用规定一些限制条件,而商业信用则限制较少。

(2)商业信用筹资的缺点

商业信用的期限一般较短,如果企业取得现金折扣,则时间会更短,如果放弃现金折扣,则要付出较高的资金成本。

二、短期借款

在企业的短期资金来源中,从银行取得短期借款是主要渠道之一。

短期借款是指借款期在1年以内(含1年)的借款,包括经营周转借款和临时借款。经营周转借款是企业为满足生产经营正常循环周转的需要而向银行取得的借款。企业经营周转借款主要根据财务计划、计划年度需要追加筹集的短期借款额来确定。临时借款是指为解决资金临时出现的周转困难而向银行取得的借款。企业在生产经营过程中,资金占用量经常会发生波动、出现资金需求的高峰点。为了确保生产经营的正常进行,企业对临时性资金需要一般均通过银行借款来满足。临时借款主要解决的资金问题如下:

(1)企业的原材料季节性储备、产品的生产和销售以及运输等受季节性影响所引起的超量资金需要。

(2)企业超计划生产、销售短线产品和市场适销产品所引起的超量资金需要。

(3)因企业偶然性原因而引起的临时资金需要,如国外进口物资提前或集中到货,产品价格尚未确定或暂时缺少包装材料形成的超计划物资储备,原材料或产品价格变化而引起的资金变化等。

银行向企业发放的临时贷款,期限一般在3个月以内,最长不超过6个月。

以上所述的经营周转借款和临时借款,与自动生成资金不同,它必须由企业同银行进行协商并签署合同才能取得。这种借款具有自动清偿的特点,即在季节性销售高潮末期,许多存货和应收账款会转化为现金,需要偿还借款的资金将自动地产生。换言之,企业利用短期借款所进行的生产经营活动,实质上就是一个偿还该借款的机制。所以,对银行来说,企业短期借款的风险较小。

本章思考题

1. 银行借款往往有哪些信用条件?
2. 商业信用有哪几种形式?利用商业信用筹资有何优缺点?
3. 简述企业持有现金的动机。
4. 简述现金管理的目的和内容。
5. 简述现金收入与现金支出的内容。
6. 简述应收账款的功能和成本。

7. 简述如何制定应收账款政策。
8. 简述存货的功能和成本。

本章练习题

1. 某企业预计全年现金需求量为 20 000 元，其收支情况比较稳定。现金与有价证券的转换成本每次为 400 元，有价证券利率为 10%。试计算最佳现金持有量、最低现金管理成本及证券变现次数。

2. 某企业拟采购一批零件，供应商规定的付款条件如下：2/10,1/20,n/30，每年按 360d 计算，要求：

(1) 假设银行短期贷款利率为 15%，计算放弃现金折扣的成本（比率），并确定对该公司最有利的付款日期和价格。

(2) 假设目前短期投资报酬率为 40%，确定对该公司最有利的付款日期。

3. 某企业计划年度销售收入为 3 600 万元，全部采用商业信用方式销售。现金折扣条件为"2/10,1/20,n/30"。预计客户在 10d 内付款的比率为 50%，20d 内付款的比率为 30%，超过 20d 但在 30d 内付款的比率为 20%。同期有价证券年利率为 8%，变动成本率为 60%。要求根据资料计算：

(1) 企业收款平均间隔天数；
(2) 每日信用销售额；
(3) 应收账款平均余额；
(4) 应收账款机会成本。

4. 假设某企业应收账款原有的收账政策和拟改变的收账政策如习表 8-1 所示。

企业的收账政策　　　　　　　　　　　　　　　　　　　　　习表 8-1

项　　目	现行收账政策	拟改变的收账政策
年收账费用（万元）	8	10
平均收账期（天）	45	32
坏账损失率（%）	3	2
赊销额（万元）	200	200
变动成本率（%）	60	60

假设资金利润率为 8%，要求：计算原收账政策和拟改变的收账政策的有关指标并进行决策。

5. 某企业年需用甲材料 250 000kg，单价 10 元/kg，每次进货费用为 320 元/次，单位存货的年储存成本为 0.1 元/kg。试计算：

(1) 该企业的经济订货量；
(2) 经济进货量平均占用资金；
(3) 经济进货量的存货相关总成本。

第九章 工程成本管理

本章导读：工程成本管理是对工程施工企业资金耗费的管理，具体包括工程成本的预测与计划、工程成本控制、工程成本的分析与考核等内容。工程成本预测是编制工程成本计划的基础，工程成本计划是工程成本控制的标准和依据，而工程成本的分析与考核是对工程成本控制的效果进行总结与评价，并为以后的工程成本预测提供数据资料。

第一节　工程成本管理概述

一、工程成本的概念

工程成本是工程项目成本的简称，是指施工企业以工程项目作为成本核算对象所确定的成本，是在施工过程中所耗费的生产资料转移价值和劳动者的必要劳动所创造的价值的货币形式。亦即，某工程项目在施工中所发生的全部生产费用的总和，包括所消耗的主、辅材料，构配件，周转材料的摊销费或租赁费，施工机械的台班费或租赁费，支付给生产工人的工资、奖金以及项目经理部（或分公司、工程处）为组织和管理工程施工所发生的全部费用支出。工程项目成本不包括劳动者为社会所创造的价值（如税金和计划利润），也不应包括不构成工程项目价值的一切非生产性支出。工程项目成本是施工企业的主要产品成本，一般以项目的单位工程作为成本核算的对象，通过各单位工程成本核算的综合来反映工程项目成本。

在工程项目管理中，最终是要使项目达到质量高、工期短、消耗低、安全好等目标，而成本是这四项目标经济效果的综合反映。因此，工程项目成本管理是工程项目管理的核心。

研究工程项目成本，既要看到施工生产中的耗费形成的成本，又要重视成本的补偿，这才是对工程项目成本的完整理解。工程项目成本是否准确客观，对企业财务成果和投资者的效益影响很大。成本多算，则利润少计，可分配利润就会减少；反之，成本少算，则利润多计，可分配的利润就会虚增而实亏。因此，要正确计算工程项目成本，就要进一步改革成本核算制度。

二、工程成本的内容

工程项目在施工中所发生的全部生产费用，如消耗的主、辅材料，构配件，周转材料的摊销费或租赁费，施工机械的台班费或租赁费，支付给生产工人的工资、奖金以及项目经理部一级为组织和管理工程施工所发生的全部费用支出构成了项目的成本，明确项目成本的构成，对施工项目成本的计划管理和控制将有着极大的作用。

工程项目成本按直接成本和间接成本划分，其各项费用构成如下。

1. 直接成本

直接成本,是指施工过程中耗费的、构成工程实体和有助于工程形成的各项费用,包括人工费、材料费、机械使用费和其他直接费用。

(1)人工费。人工费是指直接从事建筑安装工程施工的生产工人开支的各项费用,包括基本工资、工资性津贴、生产工人辅助工资、职工福利费和生产工人劳动保护费。

(2)材料费。材料费是指施工过程中耗用的、构成工程实体的原材料、辅助材料、构配件、零件、半成品的费用和周转使用材料的摊销(或租赁)费用。

(3)施工机械使用费。施工机械使用费是指使用施工机械作业所发生的机械使用费,以及机械安装、拆卸和进出场费用。

(4)其他直接费用。其他直接费用是指直接费以外施工过程中发生的其他费用,包括:冬雨季施工增加费,夜间施工增加费,仪器仪表使用费,特殊工种培训费,材料二次搬运费,临时设施摊销费,生产工具用具使用费,检验试验费,工程定位复测、工程点交、场地清理费用,以及特殊地区施工增加费等费用。

2. 间接成本

间接成本是指为施工准备、组织施工生产和管理所需费用,包括现场管理费、企业管理费、财务费用和其他费用。

(1)现场管理费。现场管理费包括现场管理人员的基本工资,工资性津贴,职工福利费,劳动保护费等,以及办公费,差旅交通费,固定资产使用费,工具用具使用费,保险费,工程保修费,工程排污费和其他费用。

(2)企业管理费。企业管理费是指施工企业为组织施工生产经营活动所发生的管理费用,包括:管理人员的基本工资,工资性津贴及按规定标准计提的职工福利费,差旅交通费,办公费,固定资产折旧和修理费,工具用具使用费,工会经费,职工教育经费,劳动保险费,职工养老保险费和待业保险费,财产和车辆保险费,各种税金和其他费用等。

(3)财务费用。财务费用是指企业为筹集资金而发生的各项费用,包括企业经营期间发生的短期贷款利息净支出,汇兑净损失,调剂外汇手续费,金融机构手续费,以及企业筹集资金发生的其他财务费用。

(4)其他费用。其他费用是指按规定支付工程造价(定额)管理部门的定额编制管理费和劳动定额管理部门的定额测定费,以及按有关部门的规定支付的上级管理费。

三、工程成本的种类

为了明确认识和掌握工程项目成本的特性,搞好成本管理,根据工程项目管理的需要,可从不同的角度进行考察,将工程项目成本划分为不同的形式。

按照工程项目的特点和管理要求,工程项目成本可分为预算成本、计算成本和实际成本。

(1)预算成本。预算成本是指施工企业根据施工图纸或工程量清单,利用工程量计算规则、预算定额以及取费标准等计算出来的工程项目成本。预算成本以施工图预算为基础,反映了社会或企业的平均成本水平。预算成本是计算工程造价的主要依据。

(2)计划成本。计划成本是指项目经理部根据项目管理目标责任书的要求,结合工程项目的技术特征、自然地理环境、劳动力素质、设备情况等确定的工程项目成本。计划成本以施工预算为基础,反映了社会或企业的平均先进水平,是控制项目成本支出的标准和成本管理的目标。

(3)实际成本。实际成本是指在项目施工过程中实际发生的,并可按一定的成本核算对象进行归集的各项支出费用的总和。实际成本受工程项目的技术水平、管理水平、组织措施等因素影响,是项目各种消耗的综合反映。

上述各项成本既有联系又有区别。将项目的实际成本与预算成本对比,可以反映项目的经济效益。将项目的实际成本与计划成本对比,可以反映成本计划的执行情况。

按工程项目成本费用目标,工程项目成本可分为生产成本、质量成本、工期成本和不可预见成本。

(1)生产成本。生产成本是指完成某工程项目所必须消耗的费用。工程项目部进行施工生产,必然要消耗各种材料和物资,使用的施工机械和生产设备也要发生磨损,同时还要对从事施工生产的职工支付工资,以及支付必要的管理费用等,这些耗费和支出,就是工程项目的生产成本。

(2)质量成本。质量成本是指工程项目部为保证和提高工程产品质量而发生的一切必要费用,以及因未达到质量标准而蒙受的经济损失。一般情况下,质量成本分为以下四类:工程项目内部故障成本(如返工、停工、降级、复检等引起的费用)、外部故障成本(如保修、索赔等引起的费用)、质量检验费用和质量预防费用。

(3)工期成本。工期成本是指施工项目部为实现工期目标或合同工期而采取相应措施所发生的一切必要费用以及工期索赔等费用的总和。

(4)不可预见成本。不可预见成本是指工程项目部在施工生产过程所发生的除生产成本、工期成本、质量成本之外的成本,诸如扰民费、资金占用费、人员伤亡等安全事故损失费、政府部门罚款等不可预见的费用。此项成本可发生,也可不发生。

第二节　工程成本的预测与计划

工程成本预测与计划是工程项目成本的事前控制,或称工程成本的主动控制,是在研究所掌握成本资料的基础上,对工程项目成本进行预算和估算、分析、研究,制订降低成本措施的方向和途径,并通过成本计划的编制作出成本控制的安排。

一、工程成本预测

(一)工程成本预测及其意义

工程成本预测是指通过取得的历史数据资料,采用经验总结、统计分析和数学模型的方法对成本进行推测和判断。通过工程成本预测,可以为施工企业投标报价决策和项目管理部门编制成本计划提供数据,有利于及时发现问题,找出工程项目成本管理中的薄弱环节,采取针对性措施降低成本。科学的成本预测需要预测结果具有近似性,预测结论具有可修正性。

在建筑市场竞争日益激烈的情况下,工程成本预测是当前施工企业进行成本事前控制所面临的一个重要课题,这也是建立工程成本保证体系的首要环节。通过工程成本预测,可以为工程项目部组织施工生产、编制成本计划等提供数据。

工程成本预测是工程项目部编制成本计划的基础。工程项目部要编制出正确可靠的工程施工成本计划,必须遵循客观经济规律,从实际出发,对工程项目未来实施作出科学的预测。在编制成本计划之前,要在搜集、整理和分析有关工程项目成本、市场行情和施工消耗等资料基础上,对项目进展过程中的物价变动等情况和工程项目成本作出符合实际的预测。这样才能保证工程项目成本计划不脱离实际,切实起到控制工程项目成本的作用。

工程成本动态预测是项目管理的重要环节。成本动态预测在分析项目施工过程中各种经济与技术要素对成本升降影响的基础上,推算其成本水平变化的趋势及其规律性,并根据工程项目的进展情况,对预测结果不断作出改进。它是预测和分析的有机结合,是事前控制与事中控制的结合。通过成本动态预测,有利于及时发现问题,找出工程项目成本管理中的薄弱环节,通过采取措施动态地控制成本。

加强成本预测有利于项目全过程成本控制的实施。传统的成本管理大多以事后成本核算、成本分析为主,企业经过分析后发现问题,再进行局部调整修订,但这样做使成本降低幅度受到了限制。推行成本预测,能够使成本管理在事前可得到控制。目前,国外所采用的预测方案设计、开展价值工程等都是成本事前控制的好方法。国外资料也已充分证明,价值工程可以使成本大幅度降低。因为价值工程从方案设计开始,到生产过程及事后分析、考核都有新的标准、新的突破,各环节抓住重点控制成本,因此实现了成本的全过程控制。对于施工项目,应从预测方案的设计开始,利用价值工程做好成本预测方案,使成本控制形成一个完整的、超前的控制系统。

成本预测是增强企业竞争力和提高企业经济效益的主要手段。成本预测使成本计划与其他各专业计划协调一致。成本指标是综合性指标,企业的各种技术经济指标都会直接或间接地影响成本指标。只有通过预测才能了解各项技术经济指标的变动程度及其对成本指标的影响,使成本管理建立在客观平衡的基础之上。

(二)工程成本预测的程序与内容

预测就是对事物的未来进行科学的预计和推测,探索事物未来的发展趋势,使人们产生有目的的行为。预测提供的信息不可能完全准确,必然带有一定的近似性,但它可使事物发展的不确定性趋于最小。预测把过去和将来视为一个整体,通过对过去资料的科学分析,找出事物的内部规律,从而推测出事物的未来发展情况。

1. 工程成本预测的程序

工程成本预测的程序一般包括以下几个环节。

(1)环境调查。环境调查包括市场需求量、成本水平及技术发展情况的调查。其目的是了解施工项目的外界环境对项目成本的影响。

(2)收集资料。收集资料主要包括:企业下达的有关成本指标,历史上同类项目的成本资料,项目所在地成本水平,施工项目中与成本有关的其他预测资料(如计划、材料、机械台班等)。

(3)选择预测方法,建立预测模型。选择预测方法时,应考虑到时间、精度上的要求,如定性预测多用于10年以上的预测,而定量预测则多用于10年以下的中期和短期预测。另外,还应根据已有数据的特点,选择相应的模型。

(4)成本预测。成本预测是根据选定的预测方法,依据有关的历史数据和资料,推测工程项目的成本情况。

(5)预测结果分析。通常,利用模型进行预测的结果只是反映历史的一般发展情况,并不能反映可能出现的突发性事件对成本变化趋势的影响,况且预测模型本身也有一定的误差。因此,必须对预测结果进行分析。

(6)确定预测结果,提出预测报告。根据预测分析的结论,最终确定预测结果,并在此基础上提出预测报告,确定目标成本,作为编制成本计划和进行成本控制的依据。

2. 工程成本预测的内容

成本预测的内容是由成本指标内容、客观环境的变化及与其他经济技术指标的关系决定的。它涉及企业施工生产的组织、施工工艺技术的实施及经营管理的改进等各个方面。成本预测一般可从以下方面进行。

(1)在制订方案过程中预测计划期降低成本目标。企业在制定降低成本计划过程中一般要通过企业内外的调查和研究。如对基本建设的投资方向和规模,建设项目内容,工程结构和建筑工艺技术和变化,资源供应。原材料价格和建筑产品价格的变化,国家有关规章制度的变化,市场竞争条件的变化,以及企业内部组织、人员、机械设备、建筑构件生产工业化等方面的变化对成本的影响进行分析研究,在调查研究的基础上发挥企业长处,确定发展方向及目标,协调内部各部门的活动,从开拓业务、革新技术、增加盈利出发,制定相应的降低成本措施和进行成本降低预测。它可以是同一计划目标的几种不同方案的成本预测,也可以是某项措施的成本预测。

(2)在方案(或计划)的实施过程中进行中期成本预测。中期成本预测是计划实施阶段目标成本预测的继续和发展。在前阶段中,通过成本预测和决策制定了成本计划,但在计划执行过程中,通过对前阶段降低成本效益的检查,发现本方案还有一些缺点和问题及新的成本变动趋势,然后针对后阶段成本升降情况进行预测,并提出相应的改进措施,以确保降低成本目标的实现。

(3)在日常管理中预测成本水平及其变动趋势。在日常管理中,工程量、工作量、工程结构、工程质量、劳动力组合、材料代用、营销运作及市场物价等都有可能发生变动,从而影响成本的变动。因此,在日常工作中必须及时捕捉有关经济信息,通过对有关经济技术指标变动情况进行分析,预测成本变动趋势,以利于加强日常的成本控制。

(4)在新产品、新技术、新工艺的开发和试制过程中预测其高效能、低成本的经济效益。成本预测是成本管理的一个重要环节。成本预测质量的高低,准确程度如何,不仅会对成本决策的正确性产生重大的影响,而且还会影响到生产、营销等方面的预测和决策。

(三)工程成本预测的基本方法及其应用

1. 用盈亏平衡分析法预测降低成本目标

企业的工程降低成本目标,也就是计划成本降低率。其计算公式为:

$$\text{计划成本降低率} = \frac{\text{工程预算成本} - \text{工程目标成本}}{\text{工程预算成本}} \times 100\% \tag{9-1}$$

在已经确定工程任务的条件下,工程预算成本是可知的。所以要确定计划成本降低率,就应预测工程目标成本,即计划成本。

预测工程目标成本可以应用盈亏平衡分析的方法。即以上年度的实际成本资料作为预算的主要依据,按客观存在的成本与产量的依存关系,把成本分为固定成本和变动成本两大类,在分析研究上年度固定成本和变动成本情况的基础上,结合工程项目计划期的实际情况及要采取的技术组织措施,确定计划年度固定成本和变动成本水平,并预测计划期在一定产量下的最优目标成本。

预测的步骤和方法如下:

(1)将上年度的实际成本划分为固定成本和变动成本。

(2)计算上年度变动成本率、边际利润和边际利润率。

$$变动成本率 = \frac{变动成本}{预算成本} \times 100\% \tag{9-2}$$

$$边际利润 = 预算成本 - 变动成本 \tag{9-3}$$

$$边际利润率 = \frac{边际利润}{预算成本} \times 100\% \tag{9-4}$$

预算成本减去变动成本后的余额称为边际利润,它是用来补偿固定成本和为企业提供施工利润的。如果边际利润与固定成本相等,则企业不盈不亏;若边际利润大于固定成本,则为盈利;反之,则为亏损。

边际利润的意义是它表明了能为企业提供经营利润的能力,所以边际利润又称边际贡献、贡献毛利或创利额。边际利润的多少和边际利润率的高低,对获取施工利润具有重要作用。

(3)假定计划年度固定成本与上年度相同(实际中因客观和主观的某些原因可能有所升降),预测计划年度的保本点。

$$保本点 = \frac{固定成本}{边际利润率} \times 100\% \tag{9-5}$$

保本点是企业的盈亏平衡点,它表明在这一点上企业既无利润,也不亏损,即刚好够本。通过保本点的预测可以预知企业必须完成的预算工作量。

(4)在工程任务确定的条件下,预测计划年度目标成本和计划成本降低率。

$$目标成本 = 固定成本 + 计划年度预算成本 \times 变动成本率 \tag{9-6}$$

$$计划成本降低率 = \frac{计划预算成本 - 目标成本}{计划预算成本} \times 100\% \tag{9-7}$$

【例9-1】 某工程项目上年度成本报表中,预算成本3 700万元,实际成本3 480万元。在实际成本中,划分固定成本为955万元,变动成本为2 525万元。该项目计划年度已确定工程预算成本为3 800万元,固定成本基本和上年度相同,试计算本年度保本点、目标成本及计划成本降低率。

首先,计算上年度变动成本率、边际利润、边际利润率。

$$变动成本率 = \frac{2\ 525}{3\ 700} \times 100\% = 68.24\%$$

$$边际利润 = 3\ 700 - 2\ 525 = 1\ 175(万元)$$

$$边际利润率 = \frac{1\,175}{3\,700} \times 100\% = 31.76\%$$

其次,预测计划年度保本点。

$$保本点 = \frac{955}{0.317\,6} = 3\,007(万元)$$

这说明,计划年度必须完成预算成本 3 007 万元才能保本,不亏损。如果超过 3 007 万元就能盈利,每超过 100 万元,盈利 31.76 万元。

最后,预测计划年度目标成本和计划成本降低率。

$$目标成本 = 955 + 3\,800 \times 68.24\% = 3\,548(万元)$$

$$计划成本降低率 = \frac{3\,800 - 3\,548}{3\,800} \times 100\% = 6.63\%$$

2. 技术措施效果预测

在确定了降低成本的技术组织措施后,可以根据有关因素与成本的关系预测影响成本升降的程度。

(1) 劳动生产率提高和平均工资增加对工程成本的影响程度:

$$工程成本降低率 = \left(1 - \frac{1 + 平均工资增长率}{1 + 劳动生产率提高率}\right) \times 人工费占工程成本的比重 \quad (9\text{-}8)$$

(2) 完成工作量增长,使固定费用相对节约对工程成本的影响程度:

$$工程成本降低率 = \left(1 - \frac{1}{生产增长率}\right) \times 固定费用占工程成本的比重 \quad (9\text{-}9)$$

(3) 施工管理费节约对工程成本的影响程度:

$$工程成本降低率 = \left(1 - \frac{1 - 施工工程管理费降低率}{1 + 完成工程工作量的增长率}\right) \times 施工管理费占工程成本的比重 \quad (9\text{-}10)$$

(4) 材料消耗降低对工程成本的影响程度:

$$工程成本降低率 = 材料消耗降低率 \times 材料费占工程成本的比重 \quad (9\text{-}11)$$

(5) 减少废品、返工损失对工程成本的影响程度:

$$工程成本降低率 = 废品返工损失降低率 \times 废品返工损失占工程成本的比重 \quad (9\text{-}12)$$

机械使用费和其他直接费的节约额,也可以根据要采取的措施计算出来。

将以上各项成本降低率相加,就可测算出总的成本降低率。

【例 9-2】 某工程项目预测的计划成本降低率为 6.63%。经初步分析研究,确定计划年度影响工程成本变动的各项因素分别是:计划年度完成工作量增长 2.7%,生产工人劳动生产率提高 10%,生产工人平均工资增长 8%,材料消耗降低 6%,机械使用费降低 8%,其他直接费降低 5%,施工管理费降低 11%。

另外,该工程项目管理成本项目的比重为:人工费占 11%,材料费占 66%,机械使用费占 6%,其他直接费占 4%,施工管理费占 13%。

计划年度该工程预算成本为 3 800 万元,试分析是否满足降低成本目标。

分析: 由于劳动生产率提高超过平均工资增长使成本降低:

$$成本降低率 = 0.11 \times \left(1 - \frac{1 + 0.08}{1 + 0.10}\right) = 0.2\%$$

成本降低额 = 3 800 × 0.002 = 7.6(万元)

由于材料消耗降低使成本降低：

成本降低率 = 0.66 × 0.06 = 3.96%

成本降低额 = 3 800 × 0.039 6 = 150.48(万元)

由于机械使用费降低使成本降低：

成本降低率 = 0.06 × 0.08 = 0.48%

成本降低额 = 3 800 × 0.004 8 = 18.24(万元)

由于其他直接费降低而使成本降低：

成本降低率 = 0.04 × 0.05 = 0.2%

成本降低额 = 3 800 × 0.002 = 7.6(万元)

由于生产增长、管理费节约使成本降低：

$$成本降低率 = 0.13 \times \left(1 - \frac{1 - 0.11}{1 + 0.027}\right) = 1.73\%$$

成本降低额 = 3 800 × 0.017 3 = 65.74(万元)

总的成本降低率为6.57%，已基本满足降低成本目标6.63%的要求，这时预计工程总成本降低额为249.66万元。根据上述预测可着手编制成本计划。

3. 单位工程成本预测

建筑安装工程一般是单件、小批量生产，具有工期长、造价高、结构各异等特点，特别是工期长对工程成本的影响尤为突出。因此不仅要作综合工程成本预测，而且还要对单位工程成本进行预测。

单位工程成本预测是在一定期间(通常指1年)综合工程成本预测的基础上进行的，但与综合工程成本预测有很大的不同。在综合工程成本预测中，运用业务量与成本变动的关系进行预测，主要是分析在一定时期内增加生产的可能性，从而达到降低成本的目的。在单位工程成本预测中，则无增产这一概念，因为单位工程的工作量是不变的，而与之相适应的工期长短则是引起单位工程成本升降的突出问题。在单位工程成本预测中，工期过长或过短都会引起成本上升。因此，单位工程成本预测要以工期预测为目标，达到实际成本与工期的最优组合。应该看到，单位工程成本预测虽与增产不发生直接的联系，但是，在一定程度上缩短工期却意味着可争取完成更多的工作量。毋庸置疑，工期预测对增产是具有积极作用的。

单位工程成本预测主要有保本工期预测和单位工程目标工期预测两个方面。

(1)保本工期预测

在综合工程成本预测中，业务量(工作量)与成本的变动关系是变动成本随业务量的增减而变动，固定成本则在一定的业务量范围内相对固定不变。但是，在单位工程成本预测中，业务量与成本的关系则起相反的作用。由于单位工程的业务量是不变的，变动成本总额也基本不变；而一定时期内企业的固定成本总额不变，但分配到单位工程上的固定成本则是随工期的长短而作相应的变动。一般是工期越长，工效下降，分配费用增加，成本越高；工期越短，工效提高，分配费用减少，成本越低。因此，单位工程保本工期应以分配的固定成本与单位工程应负担的固定成本相当为原则。

单位工程保本工期计算公式为：

$$\text{单位工程保本工期(月)} = \frac{\text{单位工程预算成本} - \text{单位工程变动成本}}{\text{人月固定成本} \times \text{施工人数}} \quad (9\text{-}13)$$

式中,单位工程预算成本即签订单位工程合同的预算成本;单位工程变动成本包括直接材料、直接工资、变动机械费和其他直接费等项;人月固定成本是指按建筑安装工程生产人员标准定员平均每人每月应负担的固定成本,计算公式为:

$$\text{人月固定成本} = \frac{\text{预算计划期内固定成本总额}}{\text{建筑安装生产人员平均人数} \times 12} \quad (9\text{-}14)$$

施工人数是指该单位工程按人员定额配备的施工生产人数。

$$\text{单位工程月固定成本} = \text{人月固定成本} \times \text{施工人数}$$

【例9-3】 某建筑工程公司承建某单位工程,该工程预算成本为900万元,合同工期为7个月。经测算,该工程变动成本为660万元,人月固定成本为2 500元,施工生产人数为120人,试计算该工程的保本工期。

分析:

$$\text{工程的保本工期} = \frac{900 - 660}{0.25 \times 120} = 8(\text{月})$$

保本工期超过合同工期1个月,是一个节(约)超(支)平衡点,如再超工期,将会引起成本超支。

(2)单位工程目标工期及单位工程目标成本降低额预测

缩短工期是取得单位工期降低成本经济效益的关键。但是,并不是工期越短,成本就越低。工期越短,在较短期内要完成较多的工作量,必然会因出现增人员、拼设备、增添施工临时设施和增加施工费用等措施而导致成本上升。因此,必须处理好成本、工期、质量三方面的经济关系,而不是一味地追求缩短工期。目标工期预测应是在保证工程质量、挖掘内部节约潜力和提高劳动生产率的基础上,取得工期和成本的最优组合。它们的计算公式为:

$$\text{单位工程目标工期} = \frac{\text{单位工程预算成本} - \text{单位工程变动成本} + \text{预算单位工程成本降低额}}{\text{人月固定成本} \times \text{施工人数}}$$

$$(9\text{-}15)$$

单位工程目标成本降低额 =(预算成本总额 - 固定成本总额)- 工程月固定成本 × 目标工期 (9-16)

或: 单位工程目标成本降低额 = 工程月固定成本 ×(保本工期 - 目标工期) (9-17)

在【例9-3】中,如预测该单位工程比合同工期提前一个半月完工,则单位工程成本降低额及目标工期计算为:

$$\begin{aligned}\text{单位工程目标成本降低额} &= 900 - 660 - 30 \times 5.5 \\ &= 30 \times (8 - 5.5) = 75(\text{万元})\end{aligned}$$

$$\text{单位工程目标工期} = \frac{900 - (660 + 75)}{0.25 \times 120} = 5.5(\text{月})$$

二、工程成本计划

(一)工程项目成本计划的编制程序

编制成本计划的程序,因项目的规模大小、管理要求不同而不同,大中型项目一般采用分级编制的方式,即先由各部门提出部门成本计划,再由项目经理部汇总编制全项目工程的成本计划;小型项目一般采用集中编制方式,即由项目经理部先编制各部门成本计划,再汇总编制全项目的成本计划。无论采用哪种方式,其编制的基本程序如下。

1. 搜集和整理资料

广泛搜集资料并进行归纳整理是编制成本计划的必要步骤。所需搜集的资料也即是编制成本计划的依据。这些资料主要包括:

(1)国家和上级部门有关编制成本计划的规定。

(2)项目经理部与企业签订的承包合同及企业下达的成本降低额、降低率和其他有关技术经济指标。

(3)有关成本预测、决策的资料。

(4)施工项目的施工图预算、施工预算,施工组织设计资料。

(5)施工项目使用的机械设备生产能力及其利用情况。

(6)施工项目的材料消耗、物资供应、劳动工资及劳动生产率等计划资料,计划期内的物资消耗定额、劳动工时定额、费用定额等资料。

(7)以往同类项目成本计划的实际执行情况及有关技术经济指标完成情况的分析资料。

(8)同行业同类项目的成本、定额、技术经济指标资料及增产节约的经验和有效措施。

(9)本企业的历史先进水平和当时的先进经验及采取的措施。

(10)国外同类项目的先进成本水平情况等资料。

此外,还应深入分析当前情况和未来的发展趋势,了解影响成本升降的各种有利和不利因素,研究如何克服不利因素和降低成本的具体措施,为编制成本计划提供丰富具体可靠的成本资料。

2. 分解目标成本

在掌握了丰富的资料,并加以整理分析,特别是在对前期成本计划完成情况进行分析的基础上,根据有关设计、施工等计划,按照工程项目应投入的物资、材料、劳动力、机械、能源及各种设施等,结合计划期内各种因素的变化和准备采取的各种增产节约措施,进行反复测算、修订、平衡后,估算生产费用支出的总水平,进而提出全项目的成本计划控制指标,最终确定目标成本。确定目标成本后把目标分解落实到各相关部门、班组,大多采用工作分解法。

工作分解法又称工程分解结构,在国外被简称为WBS,它的特点是以施工图设计为基础,以本企业作出的项目施工组织设计及技术方案为依据,以实际价格和计划的物资、材料、人工、机械等消耗量为基准,估算工程项目的实际成本费用,据以确定各工作的成本的分项或工序,然后按分项自下而上估算、汇总,从而得到整个工程项目的估算。估算汇总后还要考虑风险系数与物价指数,对估算结果加以修正。WBS的结构形式如图9-1所示,演绎成目标成本的分解如图9-2所示。

利用上述WBS系统在进行成本估算时,工作划分得越细、越具体,价格的确定和工作量估计越容易,工作分解自上而下逐级展开,成本估算自下而上,将各级成本估算逐级累加,便得到整个工程项目的成本估算。在此基础上分组分类计算的工程项目的成本,既是投标报价的基础,又是成本控制的依据,也是和甲方工程项目预算进行比较和盈利水平估计的基础。成本估算的公式如下:

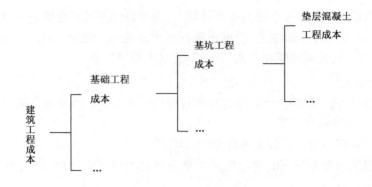

图 9-1　WBS 分解实例

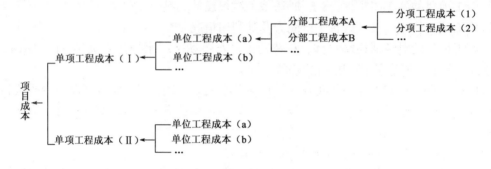

图 9-2　目标成本分解图

$$估算成本 = 可确认单位的数量 \times 历史成本 \times 现在市场因素系数 \times 未来物价上涨系数 \tag{9-18}$$

式中,可确认单位的数量是指钢材吨数、木材的立方米数、人工的工时数等;历史成本是指基准年的单位成本;现在市场因素系数是指从基准年到现在的物价上涨指数;将来物价上涨系数是预测从现在到工程施工时的物价上涨指数。

3. 编制成本计划草案

对大中型项目,经项目经理部批准下达成本计划指标后,各职能部门应充分发动群众进行认真的讨论,在总结上期成本计划完成情况的基础上,结合本期计划指标,找出完成本期计划的有利和不利因素,提出挖掘潜力、克服不利因素的具体措施,以保证计划任务的完成。为了使指标真正落实,各部门应尽可能将指标分解落实下达到各班组及个人,使得目标成本的降低额和降低率得到充分讨论、反馈、再修订,使成本计划既能切合实际,又成为大家共同奋斗的目标。

各职能部门也应认真讨论项目经理下达的费用控制指标,拟订具体实施的技术经济措施方案,编制各部门的费用预算。

4. 综合平衡,编制正式的成本计划

在各职能部门上报了部门成本计划和费用预算后,项目经理部首先应结合各项技术经济措施,检查各计划和费用预算是否合理可行,并进行综合平衡,使各部门计划和费用预算之间相互协调、衔接;其次要从全局出发,在保证企业下达的成本降低任务和本项目目标成本实现的情况下,以生产计划为中心,分析研究成本计划与生产计划、劳动工时计划、材料成本与物资供应计划、工资成本与工资基金计划、资金计划等的相互协调平衡。经反复讨论多次综合平衡,最后确定的成本计划指标,即可作为编制成本计划的依据,项目经理部正式编制的成本计划,上报企业有关部门审定后即可正式下达各职能部门执行。

上述项目施工成本计划的编制程序如图9-3所示。

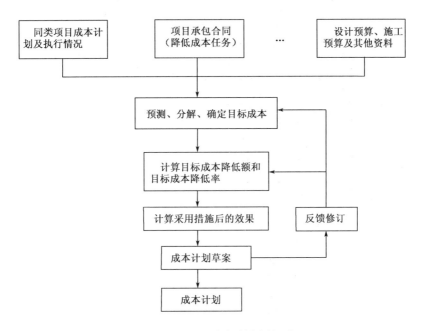

图9-3 施工项目成本计划编制程序

(二)施工项目成本计划的编制方法

施工项目成本计划工作主要是在项目经理负责下,在成本预测、决策基础上进行的。编制中的关键前提——确定目标成本,这是成本计划的核心,是成本管理所要达到的目的。成本目标通常以项目成本总降低额和降低率来定量地表示。项目成本目标的方向性、综合性和预测性,决定了必须选择科学的成本计划编制方法。

1. 施工图预算与施工预算对比法

在概、预算编制力量较强,定额比较完备的情况下,特别是施工图预算与施工预算编制经验比较丰富的施工企业,工程项目的成本计划可通过施工图预算与施工预算对比产生。所谓施工图预算,就是以施工图为依据,按照预算定额和规定的取费标准以及图纸工程量计算出项目成本,反映为完成施工项目建筑安装任务所需的直接成本和间接成本。施工预算是施工单位(各项目经理部)根据企业施工定额编制的,作为施工单位内部控制支出、进行经济核算的依据。

一般以施工图预算与施工预算两算对比差额与技术组织措施带来的节约来估算计划成本的降低额,计算式为:

$$\text{计划成本降低额} = \text{两算对比差额} + \text{技术组织措施计划节约额} \tag{9-19}$$

通过图9-4可以较清楚地看出成本计划与其他各种计划之间的关系。

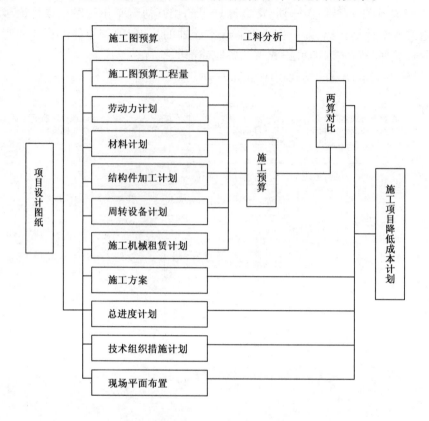

图9-4 编制降低成本计划关系图

在实际工作中,一些施工单位对这种两算对比法又作了一些修改,其步骤及公式如下:

(1)根据已有的投标、预算资料,确定中标合同价与施工图预算的总价格差,或确定施工图预算与施工预算的总价格差。

(2)根据技术组织措施计划,确定技术组织措施带来的项目节约额。

(3)对施工预算未能包容的项目,包括施工有关项目和管理费用项目,参照定额加以估算。

(4)对实际成本可能明显超出或低于定额的主要子项,按实际支出水平估算出其实际与定额水平之差。

(5)充分考虑不可预见因素、工期制约因素以及风险因素、市场价格波动因素,加以试算调整,得出一综合影响系数。

(6)综合计算整个项目的计划成本降低额,计划成本降低额 = [(1) + (2) - (3) ± (4)] × [1 + (5)]。

2. 计划成本法

施工项目成本计划也可用计划成本的方法编制,通常有以下几种方法。

(1)施工预算法

施工预算法,是指以施工图中的工程实物量,套以施工工料消耗定额,计算工料消耗量,并进行工料汇总,然后统一以货币形式反映其施工生产耗费水平。以施工工料消耗定额所计算施工生产耗费水平,基本是一个不变的常数。一个施工项目要实现较高的经济效益(即较大降低成本水平),就必须在这个常数基础上采取技术节约措施,以降低单位消耗量和降低价格等措施,来达到成本计划的目标成本水平。因此,采用施工预算法编制成本计划时,必须考虑结合技术节约措施计划,以进一步降低施工生产耗费水平。用公式表示为:

施工预算法的计划成本 = 施工预算施工生产耗费水平(工料消耗费用) − 技术节约措施计划节约额 (9-20)

【例9-4】 某施工项目按照施工预算的工程量,套用施工工料消耗定额,所计算消耗费用为470.59万元,技术节约措施计划节约额为14.37万元。计算计划成本。

分析:施工项目计划成本 = 470.59 − 14.37 = 45.622(万元)

(2)技术节约措施法

技术节约措施法是指以施工项目计划采取的技术组织措施和节约措施所能取得的经济效果为施工项目成本降低额,然后求施工项目的计划成本的方法。用公式表示为:

施工项目计划成本 = 施工项目预算成本 − 技术节约措施计划节约额(成本降低额)

(9-21)

【例9-5】 某施工项目造价为562.2万元,扣除计划利润和税金以及企业管理费,经计算其预算成本为484.82万元,该施工项目的技术节约措施节约额为28.75万元。计算计划成本。

分析:施工项目计划成本 = 484.82 − 28.75 = 456.07(万元)

(3)成本习性法

成本习性法,是固定成本和变动成本在编制成本计划中的应用,主要按照成本习性,将成本分为固定成本和变动成本两类,以此计算计划成本。具体可采用按费用分解的方法。

①材料费:与产量有直接联系,属于变动成本。

②人工费:在计时工资形式下,生产工人工资属于固定成本,因为不管生产任务完成与否,工资照发,与产量增减无直接联系。如果采用计件工资形式,其计件工资部分属于变动成本,资金、效益工资和浮动工资部分,亦应计入变动成本。

③机械使用费:其中有些费用随产量增减而变动,如燃料费、动力费等,属于变动成本。有些费用不随产量变动,如机械折旧费、大修理费、机修工、操作工的工资等,属于固定成本。此外,还有机械的场外运输费用和机械组装拆卸、替换配件、润滑擦拭等经常修理费,由于不直接用于生产,也不随产量增减成正比例变动,而是在生产能力得到充分利用、产量增长时,所分摊的费用就少些,在产量下降时,所分摊的费用就大一些,所以这些费用为介于固定成本与变动成本之间的半变动成本,可按照定比例划为固定成本与变动成本。

④其他直接费:水、电、风、汽等费用以及现场发生的材料二次搬运费,多数与产量发生联系,属于变动成本。

⑤施工管理费:其中大部分在一定产量范围内与产量的增减没有直接联系,如工作人员工资、生产工人辅助工资、工资附加费、办公费、差旅交通费、固定资产使用费、职工教育经费、上级管理费等,基本上属于固定成本。检验试验费、外单位管理费等与产量增减有直接联系,则属于变动成本范围。此外,劳动保护费中的劳保服装费、防暑降温费、防寒用品费,劳动部门都

有规定的信用标准和使用年限,基本上属于固定成本范围。技术安全措施费、保健费,大部分与产量有关,属于变动成本。工具用具使用费用中,行政使用的家具费属固定成本;工人领用工具,随管理制度不同而不同,有些企业对机修工、电工、钢筋工、车工、钳工、刨工的工具按定额配备,规定使用年限,定期以旧换新,属于固定成本;而对民工、木工、抹灰工、油漆工的工具采取定额人工数、定价包干,则又属于变动成本。

在成本按习性划分为固定成本和变动成本后,可用下式计算:

$$施工项目计划成本 = 施工项目变动成本总额 + 施工项目固定成本总额 \quad (9-22)$$

【例 9-6】 某施工项目,经过分部分项测算,测得其变动成本总额为 393.01 万元,固定成本总额 63.07 万元。计算计划成本。

分析:施工项目计划成本 = 393.01 + 63.07 = 456.08(万元)

(4)按实计算法

按实计算法,就是工程项目经理部有关职能部门(人员)以该项目施工图预算的工料分析资料作为控制计划成本的依据,根据施工项目经理部执行施工定额的实际水平和要求,由各职能部门归口计算各项计划成本。

① 人工费的计划成本,由项目管理班子的劳资部门(人员)计算。

$$人工费的计划成本 = 计划用工量 \times 实际水平的工资率 \quad (9-23)$$

式中,计划用工量 = ∑(分项工程量 × 工日定额),工日定额可根据实际水平,考虑先进性,适当提高定额。

② 材料费的计划成本,由项目管理班子的材料部门(人员)计算。

$$材料费的计划成本 = \sum(主要材料的计划用量 \times 实际价格) + \sum(装饰材料的计划用量 \times \\ 实际价格) + \sum(周转材料的使用量 \times 使用期 \times 租赁价格) + \sum(构 \\ 配件的计划用量 \times 实际价格) + 工程用水的水费 \quad (9-24)$$

③ 机械使用费的计划成本,由项目管理班子的机管部门(人员)计算。

$$机械使用费的计划成本 = \sum(施工机械的计划台班数 \times 规定的台班单价) \quad (9-25)$$

或:

$$机械使用费的计划成本 = \sum(施工机械计划使用台班数 \times 机械租赁费) + \\ 机械施工用电的电费 \quad (9-26)$$

④ 其他直接费的计划成本,由项目管理班子的施工生产部门和材料部门(人员)计算。内容包括现场二次搬运费、临时设施摊销费、生产工具用具使用费、工程定位复测费,工程交点费以及场地清理费等项费用的测算。

⑤ 间接费用的计划成本,由施工项目经理部的财务成本人员计算。一般根据施工项目管理部门的计划职工平均人数按历史成本的间接费用以及压缩费用的措施人均支出数进行测算。

3. 定率估算法

当项目过于庞大或复杂,可采用定率估算法编制成本计划。即先将工程项目分为少数几个分项,然后参照同类项目的历史数据,采用数学平均法计算分项目标成本降低率,然后算出分项成本降低额,汇总后得出整个项目成本降低额和成本降低率。确定分项目标成本降低率,可采用加权平均法或三点估算法。

(1)加权平均法

如某项工程的通风设备安装分项工程,历史参照资料见表9-1。

通风设备安装分项工程成本降低率资料表　　表9-1

年　度	建筑面积 $b(m^2)$	通风分项工程成本降低率 $a(\%)$	权数 c	降低率分类
2006	50 427	7.33	0.4	A
2007	40 115	5.42	0.5	A
2008	10 278	5.03	0.6	A
2009	33 016	8.06	0.7	B
2010	90 350	9.40	0.6	B
2011	21 500	4.05	0.7	A

将上列数据整理后,可按建筑面积加权平均,计算该分项工程成本目标降低率。

成本目标降低率 = $\sum(ab)/\sum(b)$

$= (7.33 \times 50\,427 + 5.42 \times 40\,115 + 5.03 \times 10\,278 + 8.06 \times 33\,016 +$

$\quad 9.04 \times 90\,350 + 4.05 \times 21\,500)/(50\,427 + 40\,115 + 10\,278 + 33\,016 +$

$\quad 90\,350 + 21\,500)$

$= 7.4942\%$

为了体现对近期参考值的重视程度更大一些,还可以计入年份权数。如上例可依近大远小的原则,将 2006~2011 年资料的权数 c 定为 0.4、0.5、0.6、0.7,然后加权平均。

成本目标降低率 = $\sum(abc)/\sum(bc)$

$= [7.33 \times 50\,427 \times 0.4 + 5.42 \times 40\,115 \times 0.5 + (5.03 \times 10\,278 + 9.40 \times$

$\quad 90\,350) \times 0.6 + (8.06 \times 33\,016 + 4.05 \times 21\,500) \times 0.7]/[50\,427 \times$

$\quad 0.4 + 40\,115 \times 0.5 + (10\,278 + 90\,350) \times 0.6 + (33\,016 + 21\,500) \times 0.7]$

$= 7.5262\%$

(2)三点估算法

三点估算法是在上述计算的基础上,进一步考虑了估算的可靠性,突出平均值的作用。具体步骤是:

①求出总体平均值 X(降低率)。由上文得知计算结果 $X = 7.4942\%$。

②求出落后面(低于平均值的平均值) A。本例中有 4 个工程属于落后面,其平均值为:

$A = \sum(ab)/\sum(b)$

$= (7.33 \times 50\,427 + 5.42 \times 40\,115 + 5.03 \times 10\,278 + 4.05 \times 21\,500)/(50\,427 +$

$\quad 40\,115 + 10\,278 + 21\,500)$

$= 5.9338\%$

③求出先进面(高于平均值)的平均值 B。本例中有 2 个工程属于先进面,其平均值为:

$B = \sum(ab)/\sum(b)$

$= (8.06 \times 33\,016 + 9.40 \times 90\,350)/(33\,016 + 90\,350)$

$= 9.0414\%$

④应用公式计算:

成本目标降低率 = $(A + B + 4X)/6$

$= (5.9338 + 9.0414 + 4 \times 7.4942)/6$

$= 7.492\%$

可以看出,三点估算法把总体平均值的权数扩大了4倍,使定率的把握性更大。为排除异常现象,测算时还可用去掉最高率和最低率的方法。

采用定率估算法的前提,是必须事先掌握有较充分的同类项目的成本数据,如果参照数据过少,可能导致最终结果出现偏差。

第三节　工程成本的控制与分析考核

一、工程成本控制

(一) 工程成本控制的原则、对象、内容和手段

1. 工程成本控制的原则

(1) 开源与节流相结合。工程中每发生一笔金额较大的成本费用,应检查是否有与之相对应的预算收入,是否支大于收。在成本核算中,必须进行实际成本和预算收入的对比分析,找出成本节超原因,纠正成本偏差,降低项目成本水平。

(2) 全面控制。所谓全面控制,包括两层含义,即项目成本控制是全员参与的控制,项目成本控制是全过程的控制。项目成本形成过程涉及项目组织中各部门、各单位、班组、甚至于个人的工作业绩,也与每个职工的切身利益密切相关。因此,施工成本控制不仅需要项目经理和专业成本管理人员的努力,更需要所有项目建设者的群策群力,才能收到预期效果。为此,要建立包括各部门、各单位的成本责任网络和班组经济核算体制,形成全员成本控制体系。

施工项目成本的形成过程,伴随着施工生产全过程。为对施工项目成本自始至终进行有效的控制,就必须随着项目施工进展的各个阶段连续进行成本控制,不能疏漏、间断和时松时紧。

(3) 动态控制。在施工项目施工准备阶段,根据外部环境条件和项目要求所确定的成本目标、成本计划、成本控制方案,是对未发生的事件进行预测基础上所得到的。而具体施工过程中各种影响因素的变化,均可能使实际成本偏离计划,为此,必须实行动态控制,根据实施状况,对出现的"例外"问题进行重点检查、深入分析,并采取相应措施,不断纠正成本形成过程中的偏差,保证最终实现成本目标。

(4) 中间控制。成本控制是全过程控制,包括施工准备阶段的成本控制,现场施工阶段的成本控制及竣工阶段的成本控制,而在施工准备阶段仅仅是预测计划,竣工阶段成本显然已成定局,所发生的偏差已不可能纠正,因此,整个控制工作的重点应放在中间阶段,即具体现场施工阶段。

(5) 目标管理。成本目标管理是把计划的目标、任务、措施等加以分解,从纵、横向分别落实到执行计划的部门、单位甚至个人,形成一个目标成本体系,实现纵向一级保一级,横向关联部门明确责任,加强协作,使项目进展中每个参与单位、部门均承担各自成本控制的责任,并坚决执行。同时,不断对目标执行结果进行检查,评价目标和修正目标,形成成本目标管理的PDCA(计划—实施—检查—处理)循环。

(6) 厉行节约。节约人力、物力、财力的消耗,是提高经济效益的核心,也是成本控制的最基本的原则。为此,要严格执行成本开支范围、标准及财务制度,对各项成本费用的支出进行

限制和监督;提高施工项目科学管理的水平,优化施工方案,提高生产效率,节约人、财、物的消耗;采取预防成本失控的措施,防止浪费的发生。

(7)责、权、利相结合。在项目施工过程中,项目经理、工程技术人员、管理人员及各单位和生产班组都对成本控制负有一定责任,从而形成整个项目的成本控制责任网络;与此同时,各部门、单位、班组还应享有相应的成本控制权力,即在规定范围内决定某些费用的使用,以行使对项目成本的实质性控制;最后,项目经理还要定期检查和考评各层次成本控制的业绩,并与工资分配挂钩,实行奖罚。只有责、权、利相结合的成本控制,才是真正的工程成本控制。

2. 工程成本控制的对象和内容

(1)以施工项目成本形成过程为控制对象

对项目成本全过程控制的具体内容包括以下几个方面。

①工程投标阶段:根据工程概况和招标文件,对项目成本进行预测,提出投标决策建议。

②施工准备阶段:根据设计目标和其他资料,通过多方案技术经济评价,选择经济合理、先进可行的施工方案,编制实施性施工组织设计、具体的成本计划及成本控制措施,对项目成本进行事前控制。

③施工阶段:根据施工预算、各种消耗定额费用开支标准和已确定的成本计划及成本控制措施,对实际发生的成本费用进行控制。

④竣工交付使用及保修期阶段:应对竣工验收费用和保修费用进行控制。

(2)以施工项目的职能部门、施工队和施工班组为成本控制对象

日常所发生的费用,均发生在各个部门、施工队和施工班组,为此,应以部门、施工队、班组作为成本控制对象,既要接受项目经理和企业相关部门的指导、监督、检查和考评,他们自己也应对自己承担的责任成本进行自我控制。

(3)以分部分项工程作为项目成本的控制对象

工程项目可分为许多分部分项工程,其项目成本也分布于每一个分部分项工程中,每一个分部分项工程成本控制的好坏均会对整个项目成本产生影响,为此,应以分部分项工程作为项目成本控制对象,根据项目管理的技术素质和技术组织措施,编制施工预算,作为对分部分项工程成本控制的依据。

3. 工程成本控制的手段

(1)计划控制。即用计划手段对施工项目成本进行控制。首先对施工项目的成本进行预测和决策,再设计降低成本的技术组织措施。在此基础上,编制降低成本计划,形成计划成本,作为施工过程中成本控制的标准。

(2)预算成本控制。预算是在施工前根据工程规模、种类、定额、标准及预期利润要求计算的交易价格,也可称为估算或承包价格。它作为收入的最高限额,减去预期利润,得到工程预算成本,可用做成本的控制标准。用于控制的预算成本分为包干预算控制和弹性预算控制。

(3)会计控制。会计控制是以会计方法为手段,以记录实际发生的经济业务及证明经济业务发生的合法凭证为依据,对成本支出进行核算和监督;从而发挥成本控制作用。此方法系统性强,严格、具体,计算准确,政策性强,是必需的成本控制方法。

(4)制度控制。成本制度控制是通过制定成本管理制度,对成本控制作出具体控制,明确行动准则,用以指导和约束管理人员和工人的工作行为,达到控制成本的目的。如成本管理责

任制、成本管理制度、定额管理制度、资源管理制度等,均与成本控制有关。

以上各种手段在同一项目上,是同时用来进行成本控制的。

(二)工程成本控制的方法

成本控制的方法很多,各有其长处和适用范围,应根据工程项目的具体情况选择使用。

1. 以施工图预算控制成本支出

在工程成本控制中,可按施工图预算,实行以收定支,具体处理方法如下:

(1)人工费控制。项目经理部与施工队签订劳务合同时,应将人工费单价定得低于对外承包合同中签订的人工费单价,其余留部分考虑用于定额外人工费和关键工序的奖励费等,以保证人工费不超支。

(2)材料费控制。对材料成本进行控制的过程中,"三材"价格随行就市,地方材料的采购成本用其预算价格控制;材料消耗数量通过"限额领料单"控制。当市场价格大幅上涨,发生预算价格与市场价格严重背离而使采购成本失控时,应向定额管理部门反映,同时争取要求业主按实补贴。

(3)周转材料使用费控制。由于周转材料的预算使用费与实际使用费计算方法不同,因此,只能以周转材料预算收费的总量来控制实际使用费的总量。

(4)施工机械使用费控制。由于机械实际利用率低于预算定额的取定水平,而且预算定额所设定的施工机械原值和折旧率有很大滞后,因而使施工图预算的机械使用费往往小于实际发生的机械使用费,使机械费超支。因此,若取得业主同意,可在承包合同中规定一定的机械费补贴,从而可用施工图预算的机械使用费和增加的机械费补贴来控制机械费支出。

(5)构件加工费和分包工程费控制。构件加工与分包均要用经济合同来明确双方的权利和义务,签订合同时,必须坚持以施工图预算控制合同金额,不允许合同金额超过施工图预算。

2. 以施工预算控制人力和物资资源的消耗

资源消耗数量的货币表现就是成本费用,因此,控制资源消耗,也就等于控制了成本费用。用施工预算控制资源消耗的实施步骤如下。

(1)在项目开工前,根据设计图纸计算工程量,并按照企业定额或统一的施工预算定额编制整个工程项目或分阶段的施工预算,作为指导和管理施工的依据。若遇设计或施工方法变更,应由预算员对施工预算做统一调整。

(2)对生产班组的任务安排,应严格按施工预算签发施工任务单和限额领料单,并向工人进行技术交流。

(3)在施工任务执行过程中,生产班组应根据实际完成的工程量和实耗人工、材料做好原始记录,作为施工任务单和限额领料单的结算依据。

(4)任务完成后,根据回收的施工任务单和限额领料单进行结算,并按结算内容支付报酬(包括奖金)。

为保证施工任务单和限额领料单的正确性,要求对其执行情况进行认真检查、验收和逐项对比,为此,在签发施工任务单和限额领料单时要按照施工预算的统一编号对每一分项工程工序名称进行编号,以便对号检索对比,分析节超。其比较表的形式见表9-2。

分部分项工程实际消耗与施工预算对比表 表9-2

分项工程编号	分项工程工序名称	单位	名称规格单位	工程量	人工（人日）	水泥32.5级(t)	水泥4.25级(t)	钢筋32mm	…
			预算 实际 节超						

3. 建立资源消耗台账，实行资源消耗的中间控制

资源消耗台账属于成本核算的辅助记录，它包括人工耗用台账、材料耗用台账、结构构件耗用台账、周转材料使用台账、机械使用台账等，分别记录各种资源的控制量、每月实际耗用数及逐月实际耗用的累计数等。

项目财务成员应于每月初根据资源消耗台账的记录，分别填制各种资源的消耗情况信息表，向项目经理和相关部门反馈。

当项目经理和相关部门收到各种资源情况信息表后，应立即根据本月资源消耗数，联系本月实际完成工作量，分析资源消耗水平和节超原因。对有节约的资源应继续从总量上控制以后的资源消耗，保证最终有所节约；对已超支的资源，应根据分析的原因，制订资源节约使用的措施，分别落实到有关人员和生产班组。

4. 建立项目月度财务收支计划制度，以用款计划控制成本费用支出

（1）以月度计划产值作为当月财务收入计划，同时由项目各部门根据月度施工作业计划的具体内容编制本部门的用款计划。

（2）项目财务成本员根据各部门的月度用款计划进行汇总、平衡、调度，同时提出具体实施意见，经项目经理审批后执行。

（3）在月度财务收支计划执行过程中，项目财务成本员应根据各部门的实际用款做好记录，并于下月初反馈给相关部门，由各部门自行检查分析节超原因，总结经验教训。对超支幅度大的部门，应以书面分析报告分送项目经理和财务部门，以便采取针对性措施。

5. 建立项目成本审核签证制度，控制成本费用支出

建立以项目为中心的成本核算体系，所有经济业务，不论对内、对外均要与项目直接对口。所发生的经济业务，必须由有关项目管理人员审核，最后经项目经理签订后支付。这是项目成本控制的最后一关，应十分重视。

审核成本费用支出的依据主要有：国家规定的成本开支范围，国家和地方规定的费用开支标准和财务制度，内外部经济合同等。对于一些金额较小的经济业务也可授权财务部门或业务主管部门代为处理。

6. 控制质量成本

质量成本是指项目为保证和提高质量而支出的一切费用和未达到质量标准而产生的一切损失费用之和，包括控制成本和故障成本。控制成本又包括预防成本和鉴定成本，属质量保证费用，与质量水平成正比；故障成本包括内部和外部的故障成本，属损失性费用，与质量水平成反比。

控制质量成本，首先要进行质量成本核算，即将施工过程中发生的质量成本费用，按预防成本、鉴定成本、内部故障成本和外部故障成本的明细科目归集，然后计算各个时期各项质量成本的发生情况，然后根据质量成本核算的资料进行归纳、比较和分析，主要分析质量成本总额的构成内容和构成比例、质量成本各要素间的比例、质量成本占预算成本的比例等。

最后,根据以上分析资料,对影响质量成本较大的关键因素,采取有效措施,进行质量成本控制。

7. 坚持现场管理标准化,堵塞浪费漏洞

现场管理标准化范围广,但其中现场平面布置管理和现场安全生产管理一旦出现失误就会造成损失和浪费。

首先,若不重视现场平面布置管理,必然造成人力、物力的浪费。例如,材料构件不按规定地点堆放,就可能造成二次搬运;周转材料若不整修、不堆放整齐,就可能引起损坏、变形、报废;任意断水、断电、断路均会影响施工进行,严重的可能造成质量事故。可以说,由此引起的问题和浪费数不胜数,为此,施工项目一定要强化现场平面布置,堵塞一切可能发生的漏洞。

而现场安全生产管理得不好,一旦出现事故,造成人员伤亡、机械损坏等均会产生重大经济损失,影响正常施工,有时造成的损失是无法估量的,为此必须加强安全生产管理,减少和避免不必要的损失。

8. 坚持"三同步"核算,防止项目成本盈亏异常

项目经济核算的"三同步"是指统计核算(产值统计)、业务核算(资源消耗统计)、会计核算(成本会计核算)的"三同步"。根据项目经济活动规律,完成多少产值、消耗多少资源、发生多少成本,三者应该同步,否则,项目成本就势必出现盈亏异常。

"三同步"检查方法如下。

(1)时间同步:即产值统计、资源消耗统计、成本核算的时间必须统一。

(2)分部分项工程直接费的同步:即产值统计是否与施工任务单的实际工程量和形象进度相符,资源消耗统计是否与施工任务单的实耗人工和限额领料单的实耗材料相符;机械和周转材料的租费是否与施工任务单的施工时间相符。若不符,应查明原因,予以纠正,直至同步。

(3)其他费用的同步:即通过统计报表与财务付款逐项核对是否同步,并查明原因。

9. 用成本分析表控制项目成本

用于成本分析控制手段的成本分析表,包括月度直接成本分析表、月度间接成本分析表和最终成本控制报告表。

(1)月度直接成本分析表

该表主要反映分部分项工程实际完成的实物量和成本相对应的情况,与预算成本和计划成本相对比的实际偏差和目标偏差,为分析引起偏差的原因和确定纠偏措施提供依据。月度直接成本分析表的形式如表9-3所示。

月度直接成本分析表   表9-3

项目名称_____   年　月   单位:

分项工程编号	分项工程名称	实物单位	实物工程量				预算成本		计划成本		实际成本		实际偏差		目标偏差	
			计划		实际		本月	累计	本月	累计	本月	累计	本月	累计	本月	累计
			本月 1	累计 2	本月 3	累计 4	5	6	7	8	9	10	11=5-9	12=6-10	13=7-9	14=8-10

(2)月度间接成本分析表

该表主要反映间接成本的发生及与预算、计划成本相对比的实际偏差和目标偏差,为分析引起偏差的原因和确定纠偏措施提供依据。此外,可通过间接成本占产值的比例来分析支出水平。月度间接成本分析表的形式如表9-4所示。

月度间接成本分析表　　　　　　　　　　　　　表9-4

项目名称_____　　　　　　　年　　月　　单位:

间接成本编号	间接成本项目	产值		预算成本		计划成本		实际成本		实际偏差		目标偏差		占产值的比例(%)	
		本月 1	累计 2	本月 3	累计 4	本月 5	累计 6	本月 7	累计 8	本月 9=3-7	累计 10=4-8	本月 11=5-7	累计 12=6-8	本月 13=7/1	累计 14=8/2

(3)最终成本控制报告表

通过已完成实物进度、已完产值和已完累计成本,联系尚需完成的实物进度,尚可上报的产值和还将发生的成本,进行最终的成本预测,以检验实现成本目标的可能性,并对项目成本控制提出新要求。最终成本控制报告表的形式如表9-5所示。

最终成本控制报告表　　　　　　　　　　　　　表9-5

项目名称_____　　　　　　　年　　月　　单位:

进度	已完主要实物进度					到竣工尚有主要实物进度					
造价	预算造价	元		已完累计产值	元	到竣工尚可报产值		元		预测最终工程造价	
		到本月为止的累计成本				预算到竣工还将发生的成本				最终成本预测	
成本项目		预算成本	实际成本	降低额	降低率	预算成本	实际成本	降低额	降低率	预算成本	实际成本	降低额	降低率
甲		1	2	3=1-2	4=3/1	5	6	7=5-6	8=7/5	9=1+5	10=2+6	11=9-10	12=11/9
一、直接成本													
1.人工费													
2.材料费													
其中:结构件周转材料费用													
3.机械使用费													
4.其他直接费													
二、间接成本													
1.现场管理人员工资													

续上表

进度	已完主要实物进度					到竣工尚有主要实物进度					
造价	预算造价	元		已完累计产值	元		到竣工尚可报产值	元		预测最终工程造价	
成本项目	到本月为止的累计成本					预算到竣工还将发生的成本				最终成本预测	
	预算成本	实际成本	降低额	降低率	预算成本	实际成本	降低额	降低率	预算成本	实际成本	降低额	降低率
2. 办公费												
3. 差旅交通费												
4. 固定资产使用费												
5. 物资消耗费												
6. 低值易耗品摊销费												
7. 财产保险费												
8. 检验试验费												
9. 工程保修费												
10. 工程排污费												
11. 其他												
合计												

二、工程成本的分析与考核

(一) 工程成本的分析

工程项目的成本分析,即是根据统计核算、业务核算和会计核算提供的资料,对项目成本的形成过程和影响成本升降的因素进行分析,以寻求纠正成本偏差或进一步降低成本的途径,同时,通过对账簿、报表的分析抓住成本实质,提高项目成本的透明度和可控性,为加强成本控制创造条件。

工程项目成本分析要实事求是,坚持用数据说话的原则,注意实效,及时发现问题,分析产生问题的原因,并提出解决问题的办法,真正为生产经营服务。

成本分析所采用的基本方法有比较法、因素分析法、差额计算法、比率法等,应根据实际情况加以选用,现分述如下。

1. 比较法

比较法是通过对技术经济指标的对比,分析差异产生的原因,进行分析的方法。一般可以将实际指标与目标指标对比、本期实际指标与上期实际指标对比、与本行业平均水平或先进水平对比等来进行。

【例 9-7】 某项目本年节约材料的目标为 100 万元,实际节约 120 万元,上年节约 95 万元,本企业先进水平节约 130 万元,根据上述资料编制分析表,见表 9-6。

实际指标与目标指标、上期指标、先进水平对比表（单位：万元）　　　表9-6

指标	本年计划数	上年实际数	企业先进水平	本年实际数	差异数		
					与计划比	与上年比	与先进比
材料节约额	200	190	260	240	40	50	-20

2. 因素分析法

因素分析法又称连环替换法，用以分析各种因素对总结果形成的影响程度。分析时，先假定众多因素中的一个因素发生了变化，其他因素不变，然后逐个替换，并分别比较计算结果，以确定各个因素对总结果的影响程度。

【例9-8】 某工程浇筑混凝土，目标成本为 364 000 元，实际成本为 383 760 元，比目标成本增加 19 760 元，根据表9-7资料，用因素分析法分析其成本增加的原因。

商品混凝土目标成本与实际成本对比表　　　表9-7

项　　目	计　　划	实　　际	差　　额
产量(m^3)	500	520	+20
单价（元）	700	720	+20
损耗率（%）	4	2.5	-0.5
成本（元）	364 000	383 760	+19 760

（1）分析对象：混凝土成本。实际成本与目标成本的差额为 19 760 元。
（2）该指标由产量、单价、损耗率三个因素构成。
（3）以目标数 364 000（500×700×1.04）为分析替换的基础。
（4）产量替换：520×700×1.04 = 378 560（元）
　　单价替换：520×720×1.04 = 389 376（元）
　　损耗率替换：520×720×1.025 = 383 760（元）
（5）差额分析

第一次替换与目标值的差额：378 560 - 364 000 = 14 560（元）
第二次替换与第一次替换的差额：389 376 - 378 560 = 10 816（元）
第三次替换与第二次替换的差额：383 760 - 389 376 = -5 616（元）

产量增加使成本增加了 14 560 元，单价提高使成本增加了 10 816 元，而损耗率下降使成本减少了 5 616 元。三种因素的综合影响为：14 560 + 10 816 - 5 616 = 19 760（元）

3. 差额计算法

差额计算法是因素分析法的简化，它是利用各因素的目标值与实际值的差额来计算其对成本的影响程度。

【例9-9】 某施工项目某月的实际成本降低额比目标值高了 2.4 万元，如表9-8所示。

成本降低的计划与实际数对比表　　　表9-8

项　　目	计　　划	实　　际	差　　异
预算成本（万元）	300	320	+20
成本降低率（%）	4	4.5	+0.5
成本降低额（万元）	12	14.4	+2.4

分析预算成本和成本降低率对成本降低额的影响程度。
(1)预算成本增加对成本降低额的影响：
$$(320-300)\times 4\% = 0.8$$
(2)成本降低率提高对成本降低额的影响：
$$(4.5\% - 4\%)\times 320 = 1.6$$
两者合计影响：
$$0.8 + 1.6 = 2.4$$

4. 比率法

比率法是用两个或两个以上的指标计算它们之间的百分比，来进行分析的方法。常用的比率主要有构成比率和相关比率。

(1)构成比率

构成比率是指某项财务指标各构成部分占总体的百分比。

$$构成比率 = \frac{部分}{总体} \times 100\%$$

构成比率可以显示总体的内部构成情况，便于分清主次因素，突出分析工作的重点。

(2)相关比率

某个项目和与其有关但又不同的项目加以对比所得的比率，反映有关经济活动的相互关系。如流动比率的计算中流动资产与流动负债是不同的项目，但两者之间有一定的联系，计算出来的结果可以反映企业的短期偿债能力。

工程项目成本分析包括以下内容。

1. 随项目施工进展而进行的成本分析

(1)分部分项工程成本分析

分部分项工程成本分析是通过预算成本、计划成本和实际成本的"三算"对比，计算实际偏差和目标偏差，分析偏差产生的原因，寻求今后分部分项工程成本的节约途径。

(2)月(季)度成本分析

通过实际成本与预算成本的对比，分析当月(季)成本降低水平，通过累计实际成本与累计预算成本对比，分析累计成本降低水平，预测实现项目成本目标的前景；通过实际成本与计划成本的对比，分析成本计划落实情况及成本控制过程中的问题，采取措施，保证成本计划的落实；通过对各成本项目的成本分析，确定成本总量的构成比例和成本管理的薄弱环节；通过主要技术经济指标的实际与计划对比，分析产量、工期质量、"三材"节约率和机械利用率对成本的影响；通过对技术组织措施执行效果的分析，寻求更有效的节约途径；分析其他有利条件和不利条件对成本的影响。

(3)年度成本分析

依据年度成本报表，采用与月(季)度成本分析一致的方法，对年度成本进行综合分析，总结一年来成本控制的成绩与不足，针对下一年度的施工进展状况规划切实可行的成本管理措施。

(4)竣工成本的综合分析

若施工项目包含几个单位工程，而且每个单位工程均是单独进行成本核算的，此施工项目的竣工成本分析应以各单位工程竣工成本分析资料为基础,再加上项目经理部的经营效益,进行综合分析。其内容包括竣工成本分析、主要资源节超对比分析、主要技术节约措施及经济效果分析。

2. 按成本项目进行的成本分析

(1) 人工费分析

项目经理部除按合同支付劳务费以外,还可以用实物工程量增减而调整人工和人工费,支付定额人工以外的估工工资及各种奖励费用。因此,项目经理部应根据上述人工费的增减,结合劳务合同管理进行分析。

(2) 材料费分析

①主要材料和结构费用分析:此项费用主要受价格和消耗数量的影响,其影响程度可用下式计算:

$$因材料价格变动对材料费的影响 = (预算价格 - 实际单价) \times 消耗数量 \quad (9\text{-}27)$$

$$因消耗数量变动对材料费的影响 = (预算用量 - 实际用量) \times 预算价格 \quad (9\text{-}28)$$

②周转材料使用费分析:在实行周转材料内部租赁制的情况下,项目周转材料费的节约与超支,决定于周转材料的周转利用率和损耗率,可用下式计算:

$$周转利用率 = \frac{实际使用数 \times 租用期内的周转次数}{进场数 \times 租用期} \times 100\% \quad (9\text{-}29)$$

$$损耗率 = \frac{退场数}{进场数} \times 100\% \quad (9\text{-}30)$$

③材料采购保管费分析:此项费用属材料的采购成本,一般随材料采购数量增加而增加,为此计算下列指标,用做前后期材料采购保管费的对比分析,可用下式计算:

$$材料保管费支用率 = \frac{计算期实际发生的采购保管费}{计算期实际采购的材料总值} \times 100\% \quad (9\text{-}31)$$

④材料储备资金分析:材料储备资金根据日平均用量、材料单价和储备天数计算,一般采用连环替代法分析。

(3) 机械使用费分析

影响机械使用费的因素主要是机械的完好率和利用率,可用下式计算:

$$机械完好率 = \frac{报告期机械完好台班数 + 加班台班数}{报告期制度台班数 + 加班台班数} \times 100\% \quad (9\text{-}32)$$

$$机械利用率 = \frac{报告期机械实际工作台班数 + 加班台班数}{报告期制度台班数 + 加班台班数} \times 100\% \quad (9\text{-}33)$$

(4) 其他直接费分析

此项费用分析主要通过预算与实际数的比较进行,若无预算数,可用计划数替代。

(5) 间接成本分析

间接成本分析也是通过预算(计划)数与实际数比较来进行。

3. 针对特定问题和成本有关事项的分析

(1) 成本盈亏异常分析

检查成本盈亏异常的原因,应从经济核算的"三同步"入手,通过以下5个方面的对比分析来实现。

①产值与施工任务单的实际工程量的形象进度是否同步；
②资源消耗与施工任务单实耗人工、限额领料单的实耗材料、当期租用的周转材料和施工机械是否同步；
③其他费用（如材料价差、台班费等）的产值统计与实际支付是否同步；
④预算成本与产值统计是否同步；
⑤实际成本与资源消耗是否同步。

(2) 工期成本分析

工期的长短与成本的高低有着密切的关系，一般情况下，工期越长，管理费用支出越多；反之则支出越少。固定成本的支出，基本上是与工期长短成正比增减的，是进行工期成本分析的重点。

工期成本分析一般采用比较法，即将计划工期成本与实际工期成本进行比较，然后用连环替代法分析各种因素的变动对工期成本差异的影响。

【例9-10】 某施工项目合同预算造价562.20万元，其中预算成本478.95万元，合同工期13个月，根据施工组织设计测算，变动成本总额为387.14万元，变动成本率为80.83%，每月固定成本支出5.078万元，计划成本降低率为6%。假设该施工项目竣工造价不变，但在施工中采取了有效的技术组织措施，使变动成本率下降到80%，月固定成本支出降低为4.85万元，实际工期缩短到12.5个月。

首先，根据以上资料，按照以下顺序计算工期成本：

该施工项目的计划工期（又称经济工期）为：

$$计划（经济）工期 = \frac{预算成本 \times (1 - 变动成本率 - 计划成本降低率)}{月固定成本支出水平}$$

$$= \frac{478.95 \times (1 - 0.8083 - 0.06)}{5.078} = 12.42(月)$$

经济工期的计划成本 = 预算成本 × 变动成本率 + 月固定成本支用水平 × 计划工期
$$= 478.95 \times 80.83\% + 5.078 \times 12.42 = 450.20(万元)$$

实际工期成本 = 预算成本 × 实际变动成本率 + 实际月固定成本支用水平 × 实际工期
$$= 478.95 \times 80\% + 4.85 \times 12.5 = 443.79(万元)$$

实际工期成本比计划工期成本节约6.41万元（450.20 − 443.79）。

其次，按照以上工期成本资料，应用因素分析法，对工期成本的节约额6.41万元进行分析。

变动成本率的变化对实际工期成本的影响：
$$478.95 \times (0.8 - 0.8083) = -3.79(万元)$$

月固定成本支出的变化对实际工期成本的影响：
$$(4.85 - 5.078) \times 12.42 = -2.83(万元)$$

工期的变化对实际工期成本的影响：
$$4.85 \times (12.5 - 12.48) = 0.39(万元)$$

以上三项因素合计影响：6.41万元（−3.79 − 2.83 + 0.39）。

(3) 资金成本分析

进行资金成本分析通常应用"成本支出率"指标,分析资金收入中用于成本支出的比重,可用下式计算:

$$成本支出率 = \frac{计算期实际成本支出}{计算期实际工程款收入} \times 100\% \qquad (9-34)$$

(4)技术组织措施执行效果分析

技术组织措施执行效果的分析如下:

$$措施节约效果 = 措施前的成本 - 措施后的成本 \qquad (9-35)$$

但对节约效果的分析,需要联系措施的内容和措施的执行经过、执行难度来进行分析。

(5)质量成本分析

质量成本分析是根据质量成本核算的资料进行,主要进行质量成本总额的构成内容及比例分析,质量成本各要素之间的比例关系分析,质量成本占预算成本的比例分析等。

(6)其他有利和不利因素对成本影响的分析

在项目施工过程中,针对将对项目成本产生影响的各种因素进行具体分析,充分利用有利因素,对不利因素要有预见,采取措施争取转换不利因素。

(二)工程成本的考核

工程项目成本考核是施工项目成本管理的最后环节,其目的在于贯彻落实责、权、利相结合的原则,提高成本管理水平,更好地完成工程项目的成本目标。对于一次性特点的施工项目还特别要强调施工过程中的中间考核。

1. 施工项目成本考核的层次

施工项目的成本考核分两个层次:一是企业对项目经理成本管理的考核,二是项目经理对所属部门、施工队和班组的考核。

2. 施工项目成本考核的内容

(1)对施工项目经理的考核内容:项目成本目标和阶段成本目标的完成情况;以项目经理为核心的成本管理责任制落实情况;成本计划的编制落实情况;对各部门、各施工队和班组责任成本的检查和考核情况;成本管理中责、权、利相结合的执行情况。

(2)对各部门的考核内容:本部门、本岗位责任成本的完成情况和成本管理责任的执行情况。

(3)对施工队(承包队)的考核内容:对劳务合同规定的承包范围和承包内容的执行情况,劳务合同以外的补充收费情况,对班组施工任务单的管理情况,对班组完成施工任务后的考核情况。

(4)对班组的考核内容:考核班组责任成本的完成情况。

第四节 工程成本报表

工程成本报表是反映承包企业所承揽的工程项目成本及其降低情况,为企业管理部门提供成本信息的内部会计报表。工程成本报表主要包括工程成本表、竣工工程成本表、施工间接费用明细表等,按期编制成本报表是成本分析和成本考核的依据,同时也能为不同类型工程、产品积累经济技术资料。

一、工程成本表

工程成本表用以反映在月度、季度或年度内已经向发包单位办理工程价款结算的工程成本的构成及其节约或超支情况。一般可按成本项目反映本期和本年累计已经办理工程价款结算的已完工程的目标成本、实际成本、成本降低额和降低率,如表 9-9 所示。

工程成本表　　　　　　　　　　　表 9-9

编制单位:　　　　　　　　年度报告　　　　　　　单位:元

成本项目	本 期 数				累 计 数			
	预算成本	实际成本	降低额	降低率	预算成本	实际成本	降低额	降低率
人工费								
材料费								
机械使用费								
其他直接费								
间接费用								
成本合计								

值得注意的是,在施工项目成本分析中,会用到以下关于工程及工程成本的概念:作为成本计算对象的单项合同工程全部完工后,称为竣工工程;尚未竣工,但已完成预算定额规定的一定组成部分的分部分项工程,称为已完工程;虽已投入工料进行施工,但尚未完成预算定额所规定工序的分部分项工程,称为未完施工或未完工程。为了分期确定损益,在有未完工程的情况下,需要将按照成本计算对象归集的施工费用,在已完工程和未完工程之间划分。其划分是根据以下平衡公式进行的:

已完工程实际成本 = 月初未完施工实际成本 + 本月发生全部施工费用 −

月末未完施工实际成本　　　　　　　　　　　　　(9-36)

由上式可见,计算本期已完工程成本的关键是确定期末未完施工成本。在一般施工单位中,月末未完施工工程在全月工作量中所占的比重都比较小,且未完施工工程的实际成本不易求得,为了简化核算手续,通常把月末未完工程的预算成本视同其实际成本。

在工程成本表中,各栏目的含义及编制方法如下:

"预算成本"栏反映本期和本年累计已完工程的预算成本,根据已完工程结算表中预算成本,按成本项目分析加总填列。如有单独计算计入工程成本的工程费用,也要按成本项目分析计入。对投标承包的工程,应根据编制的施工图预算分析填列。

"实际成本"栏反映本期和本年累计已完工程的实际成本,根据按施工单位设置的工程施工成本明细分类账中各成本项目的本期和本年工程实际成本合计,加期初(即上期末)、年初(即上年末)未完施工(工程)盘点单中各成本项目的未完施工(工程)成本,减期末未完施工(工程)盘点单中各成本项目的未完施工(工程)成本填列。

"降低额"栏内数字根据"预算成本"栏内数字减"实际成本"栏内数字填列。出现成本超支时,应以"-"号填列。

"降低率"栏按本项目的降低额和预算成本计算填列。

为了便于编表,对本期和本年已完工程各成本项目的实际成本,可在表9-10所示的工作底稿中先行计算。

工程成本表底稿　　　　　　　　　　表9-10

项　目	人工费	材料费	机械使用费	其他直接费	工程直接费	间接费用	工程成本合计
本期工程成本合计							
加:期初未完施工成本合计							
本期已完工程实际成本							
本年工程实际成本累计							
加:年初未完施工成本合计							
减:年末未完施工成本合计							
本年已完工程实际成本							

二、单位工程竣工成本决算

竣工成本决算是确定已竣工单位工程的预算成本和实际成本,全面考核竣工工程成本降低或超支情况的主要依据。编制竣工成本决算是单位工程成本核算工作的最后阶段,做好这项工作,不仅可以综合考核工程概、预算和成本计划的执行情况,分析工程成本升降的原因,为同类工程管理积累成本资料,为企业今后参与工程的投标报价和与发包单位进行合同谈判提供参考依据;而且可以全面反映各单位工程施工的经济效果,总结各单位工程在施工生产和管理过程中的经验教训,找出存在的问题,从而促使企业改进施工和管理工作,不断降低工程成本,提高经济效益。因此,单位工程竣工后,施工企业必须及时、准确地编制竣工成本决算。

竣工成本决算的内容一般包括:竣工工程按成本项目分别反映的预算成本、实际成本及其降低额和降低率;竣工工程耗用人工、材料、机械的预算用量、实际用量及其节约或超支额、节约或超支率;竣工工程的简要分析及说明等。

编制竣工成本决算的一般程序如下:

(1)单位工程竣工后,各施工单位的预算人员应根据竣工工程的施工图预算和工程变更、材料代用等有关技术经济签证资料,及时编制单位工程竣工结算书,计算确定已竣工单位工程的全部预算成本和预算总造价,以便与发包单位办理工程价款的最终结算。

(2)单位工程竣工后,应及时清理施工现场,盘点剩余材料,对于已计入工程成本但尚未使用的剩余材料,要办理退库手续,冲减有关工程成本。

(3)检查各项施工费用是否已经正确、完整地计入竣工工程的工程成本表。凡是应计入而未计入工程成本的施工费用,应予以补计;凡是不应计入而已计入工程成本的施工费用,则应予以冲回。既要防止多计、重计或乱计施工费用,又要避免少计、漏计或转移施工费用,以保证竣工工程成本的正确无误。

(4)将工程成本表中所记录的已竣工单位工程自开工起至竣工止的施工费用进行汇总累计,正确计算竣工工程的实际成本。在此基础上,将工程实际成本与预算成本进行比较,计算工程成本降低额和降低率,编制竣工工程成本决算。

(5)将已竣工单位工程的工程成本表抽出,连同竣工结算书(包括工、料分析表)、竣工成本决算和其他有关资料合并保存,建立工程技术经济档案。

单位工程竣工决算用表如表9-11、表9-12所示。

竣工成本决算　　　　　　　　　　　　　　　表9-11

发包单位：　　　　　　开工日期：
工程名称：　　　　　　竣工日期：
建筑面积：　　　　　　　年　月　日　　　　　金额单位：

成本项目	预算成本	实际成本	降低额	降低率	简要分析及说明
人工费					
材料费					
机械使用费					
其他直接费					
间接费用					
工程成本总计					

工、料、机用量分析　　　　　　　　　　　　表9-12

项目	计量单位	实际用量	节约或超支	节约或超支率
一、人工	工日			
二、材料				
1. 钢材	t			
2. 水泥	t			
3. 木材	m³			
4. 标砖	千块			
⋮	⋮	⋮	⋮	⋮
三、机械				
1. 大型	台班			
2. 中、小型	台班			

竣工成本决算的编制方法如下：

(1)预算成本各项目,应根据预算部门提供的已竣工单位工程的预算总成本和分项预算成本数填列。

(2)实际成本各项目,应根据已竣工单位工程的工程成本表中自开工起至竣工止各成本项目的累计数填列。

(3)工程成本降低额各项目,应根据工程预算成本减去实际成本后的差额填列。相减后的结果如为正数,即为降低额;反之,则为超支额,应以"-"号表示。

(4) 工程成本降低率各项目,应根据工程成本降低额占工程预算成本的比率计算,以百分比表示。如为超支率,则应以"-"号表示。

(5) 工、料、机用量分析各项目,预算用量应根据预算部门提供的有关资料汇总填列,实际用量应根据各施工班组提供的用工台账、用料台账和使用机械台账等资料汇总填列,节约或超支量以及节约或超支率应根据预算用量和实际用量计算填列。

(6) 竣工工程的简要分析及说明,一般可列示预算总造价、单位工程量造价、单位工程量预算成本、单位工程量实际成本等,应根据有关资料分析计算填列。

竣工成本决算一般应编制一式多份,其中一份应连同竣工工程的"工程成本表"和竣工结算书等资料合并保存,建立竣工工程的技术经济档案,以备日后查阅。

三、施工间接费用明细表

施工间接费用明细表反映施工单位在一定时期内为组织和管理工程施工所发生的费用总额和各明细项目数额的报表。该表按费用项目分别"本年计划数"和"本年累计实际数"进行反映。通过本表,可以了解施工间接费用的开支情况,并为分析施工间接费用计划完成情况和节约或超支的原因提供依据。

为了反映施工单位各期施工间接费用计划的执行情况,施工间接费用明细表应按月进行编制,其格式如表9-13所示。

施工间接费用明细表　　　　表9-13

工程名称:　　　　单位:　　　　项目经理:　　　　日期:

项　　目	行　　次	本年计划数(元)	本年累计实际数(元)
工作人员工资薪金			
办公费			
固定资产使用费			
差旅交通费			
工具用具使用费			
劳动保护费			
检验试验费			
工程保养费			
财产保险费			
取暖及水电费			
排污费			
其他			
合计			

表中"本年计划数"按当期计划资料分项目填列,12月份的施工间接费用明细表按当年计划数填列;"本年累计实际数"栏可根据"工程施工—间接费用"明细账中资料填列。

本章思考题

1. 工程施工企业成本费用按经济内容可分为几种?
2. 工程成本费用管理的主要内容是什么?
3. 工程成本费用控制的原则有哪些?
4. 工程成本费用控制的内容有哪些?
5. 什么是目标成本?如何确定工程项目的目标成本?

本章练习题

1. 某施工企业2010年度实际完成施工施工产值、工程成本中的变动费用和固定费用资料如下:

施工产值　22 130 300 元
固定费用　3 500 000 元
变动费用　15 491 210 元

另外,工程造价中计划利润率为工程预算成本的7%,工程结算收入营业税税率为3%,城建税税率7%,教育费附加费率3%,2011年度计划施工产值为24 500 000元。

要求:

(1)测算2001年度工程成本降低额;

(2)如果要完成2 500 000元工程成本降低额,而固定费用总额和变动费用又不能减少的情况下,要完成多少施工产值?

2. 某施工企业历史完成的工作量与成本费用的统计资料见习表9-1。

工作量与成本费用的统计表　　　　习表9-1

年　份	工程量(万元)	成本费用(万元)
2008	12 000	14 200
2009	15 000	16 500
2010	18 500	19 600
2011	24 000	23 200

如果该开发公司2012年度确定的开发工程量为26 000万元,假定固定耗费与上年度相同,要求计算该企业2012年的目标成本。

第十章 营业收入和利润管理

本章导读:取得营业收入是工程施工企业资金运动的关键环节,它不仅关系着工程和产品成本的补偿,更关系着投资效益的实现。营业收入的取得是进行利润分配的前提。本章首先介绍了营业收入管理的意义,如何进行工程结算收入的预测和产品销售收入的预测,其次介绍了各种工程价款的结算方式,随后对营业利润的构成及预测方法进行了阐述,最后介绍了利润分配的原则和程序、相关股利政策及其支付方式等内容。

第一节 营业收入的预测

一、营业收入管理的意义

施工企业的再生产过程不同于普通工商企业,有其明显的行业特殊性。一般而言,施工企业再生产过程包括供应、施工生产和工程点交(产品销售)三个相互联系的过程。企业只有把施工生产完成的工程和产品点交(销售)出去,才能保证再生产过程的继续进行。工程点交和产品销售包含两方面含义:一是向发包建设单位点交工程和向购买单位发出产品;二是从发包建设单位和购买单位收取工程款和货款。只有同时完成这两方面的工作,才算真正实现工程点交和产品销售。明确这一点,可以促使企业既重视工程点交和产品发出,又关心工程款和货款的取得。

施工企业的营业收入的构成:

(1)工程结算收入,指企业点交工程而获得的货币收入;

(2)产品销售收入,指企业附属工业企业销售产品而获得的货币收入;

(3)其他业务收入,指企业提供机械作业、销售多余材料、转让无形资产、出租固定资产等所获得的货币收入。

在全部营业收入中,工程结算收入是最主要的组成部分。

营业收入是施工企业施工生产成果的货币表现,也是一项重要的财务指标,及时组织工程点交和产品销售,并取得工程款和销售收入,加强营业收入的管理,无论是对于企业再生产过程的顺利进行和投资者获利需要,还是对于国家税收的取得,都具有重要影响。

二、工程结算收入的预测

施工企业工程结算收入的预测,需要依据工程任务完成情况及在建工程,结合对建筑市场未来需求的调查,对计划年度工程结算收入进行预测,一般可采用本量利方法。本量利方法是在工程成本划分为变动费用和固定费用的基础上,根据工程结算收入、工程结算成本和工程结算利润三者之间的内在联系,假定已知其中两个因素,来测算另一个因素,以寻求最佳方案。这种方法既可用来测算工程结算收入,也可用来测算工程结算成本和工程结算利润。下面说明运用本量利方法预测工程结算收入的方法。

实现目标利润工程结算收入的预测,其计算公式如下:

$$实现目标利润工程结算收入 = \frac{固定费用总额 + 目标利润}{1 - 税率 - 变动费用在工程造价中的比重} \quad (10\text{-}1)$$

【例 10-1】 某施工企业计划年度变动费用在工程造价中的比重为 60%,税率为 5%,固定费用总额为 2 500 000 元,如该施工企业计划年度目标利润为 1 000 000 元,则计划年度实现目标利润工程结算收入为:

$$\frac{2\ 500\ 000 + 1\ 000\ 000}{1 - 5\% - 60\%} = 10\ 000\ 000(元)$$

三、产品销售收入的预测

如果施工企业工程任务饱满,同时地区建筑市场对产品需求量大,产销比较均衡并呈逐年上升趋势,则其附属工业企业的产品销售收入可采用基数加平均变动趋势法加以测算。这种方法是以报告年度实际销售收入为基数,加上前几年的实际平均变动趋势,即平均每年增加的产品销售收入,求得计划年度预测产品销售收入。

【例 10-2】 某施工企业附属工业企业 2011 年实际产品销售收入为 500 000 元,2007~2010 年各年增长产品销售收入分别为 40 000 元、50 000 元、60 000 元、70 000 元,则 2007~2010 年各年平均增加产品销售收入为:

$$\frac{40\ 000 + 50\ 000 + 60\ 000 + 70\ 000}{4} = 55\ 000(元)$$

2012 年计划年度预测产品销售收入为:

$$500\ 000 + 55\ 000 = 555\ 000(元)$$

当然,产品销售收入的预测也可采用本量利方法,来测算实现目标利润的产品销售收入。本量利方法的运用参见本节工程结算收入的预测内容。

第二节 工程价款的结算

工程价款结算是指承包人在工程实施过程中,依据承包合同中关于付款条款的规定和已完成的工程量,并按照规定程序向建设单位(业主)收取工程价款的一项经济活动。建筑安装工程价款的结算,与一般商品的结算和劳务供应的结算不同,它是根据建筑安装工程的特点对工程价款支付所规定的一种特殊方式的结算。

一、建筑工程价款结算的方式

我国现行的工程价款结算根据不同情况,可采取以下方式:

(1)按月结算方式。即实行旬末或月中预支,月终结算,竣工后清算的办法。跨年度竣工的工程,在年终进行工程盘点,办理年度结算。我国现行建筑安装工程价款结算中,相当一部分是实行这种按月结算方式。

(2)竣工后一次结算方式。建设项目或单项工程全部建筑安装工程的建设期在12个月以内,或者工程承包合同价值在100万元以下的工程,可以实行工程价款每月月中预支,竣工后一次结算。当年结算的工程款应与年度完成的工作量一致,年终不另清算。

(3)分段结算方式。当年开工,且当年不能竣工的单项工程或单位工程,按照工程形象进度,划分不同阶段进行结算。分段的划分标准,按合同规定。分段结算可以按月预支工程款,当年结算的工程款应与年度完成的工作量一致,年终不另清算。

(4)目标结算方式。在工程合同中,将承包工程的内容分解成不同的控制界面,以建设单位验收控制界面作为支付工程价款的前提条件。也就是说,将合同中的工程内容分解成不同的验收单元,当施工企业完成单元工程内容并经有关部门验收质量合格后,建设单位支付构成单元工程内容的工程价款。目标结款方式实质上是运用合同手段和财务手段对工程的完成进行主动控制。在目标结款方式中,对控制面的设定应明确描述,便于量化和质量控制,同时要适应项目资金的供应周期和支付频率。

之所以采用不同于普通商品的结算方式,这是因为建筑工程的施工活动有其特殊性。

首先,普通商品的生产,是按照相同的规格和质量,在特定的制造场所进行的成批生产或大量生产。但建筑工程施工由于工程具有多样性和固定性的特点,它的生产属于单件生产,各项工程在耗用材料、人工的数量和价格上并不完全相同,从而使各项工程有不同的预算造价。

其次,普通商品的生产周期较短,通常经过短时间的生产过程就可以制造完成为独立的商品。但建筑工程的施工周期较长,在一项工程没有全部竣工以前,不能发挥独立的生产使用效能。如果等到全部竣工以后再来办理结算,又会影响施工企业流动资金的周转,或者需要事先筹措一笔很大的流动资金。因此,一般都采用中间预支或中间结算的办法。

最后,普通商品在开始生产以前,并不确定买主,买主可以在商品制造完成以后自由选择购买。但建筑工程是根据建设单位的特定要求,在指定地点进行建设的。工程一经建成,不论质量好坏、造价高低,建设单位作为固定的"买方"便没有选择的余地。如果工程竣工以后,发现问题,再去返工,就比较困难了。因此,建筑工程就不可能像普通商品那样,通过销售过程的社会监督来促使企业提高产品质量,降低产品成本,改善生产经营管理;而有必要规定一定的中间验收、中间结算制度,在工程竣工以前,就由建设单位同施工企业按照工程完成的进度,检验工程质量,分次结算工程价款,并在工程价款结算中贯彻"完成多少工程给多少钱"的原则。

要在建筑工程价款结算工作中贯彻"完成多少工程给多少钱"的原则,就要对施工企业"成品"的含义,给予某些假定的条件,即在技术上达到一定成熟阶段的建筑工程,如果已经完成了工程预算定额中规定的一定组成部分的分部分项工程,就将它作为"成品"看待。这部分工程,虽不具有完整的使用价值,也不是施工企业的竣工工程,但是由于企业对这部分工程,不再需要进行任何施工活动,已可确定工程数量和质量,因此可以视同"成品"看待,与建设单位结算工程价款。

施工企业在采用按月结算工程价款办法时,要先取得各月实际完成的工程数量,并按照工程预算中的工程单价、间接费定额、计划利润率、税率等计算出已完工程的预算造价。实际完成的工程数量,应由施工单位根据有关资料和实地丈量的结果进行计算,并编制"已完工程月报表",然后按建设单位汇总编制"已完工程月报表",将各个建设单位的本月已经完工的单位工程造价汇总反映,再根据"已完工程月报表"编制"工程价款结算账单",与"已完工程月报表"一起,分送建设单位和经办银行,据以办理结算。

　　施工企业在采用分段结算工程价款办法时,要在合同规定工程部位完工的月份,根据已完工程部位的工程数量计算已完工程预算造价,按发包建设单位编制"已完工程月报表"和"工程价款结算账单"。

　　对于工期较短、能在年度内完成的单项工程或小型建设项目的建筑工程,可以采用竣工后按合同规定的工程造价或工程标价一次结算。

　　已完工程的价款,应按下列方法进行计算:

　　(1)直接费,根据实际完成的工程量和相应的预算单价计算。

　　(2)间接费,包括施工管理费和其他间接费,按直接费或定额人工费和规定的取费标准计算。但其他间接费(即临时设施费和劳动保险费)应另行计算,不据以计算税金。

　　(3)计划利润,根据直接费、间接费(包括施工管理费和其他间接费)和规定的计划利润率7%计算。

　　(4)税金,包括按直接费、施工管理费、计划利润国家规定的税(费)率计算的营业税、城市维护建设税和教育费附加。根据最新的国家税务总局关于"营改增"的规划,将在全国部分省市中,先行试点对第三产业不再征收营业税,而改为征收增值税,建筑安装行业也在此次试点的行业范围之内。

　　根据已完工程的直接费、施工管理费等间接费、计划利润和税金,就可算得已完工程的工程价款:

$$已完工程价款 = 直接费 + 施工管理费等间接费 + 计划利润 + 税金 \qquad (10-2)$$

　　如果工程采用投标方式取得,而中标工程标价高于或低于工程预算造价,则应求得工程标价占工程预算造价的百分比,并在计算已完工程价款时,按这个百分比将工程预算造价加以调整,使已完工程结算价款与工程标价相符。

　　【例10-3】 某项工程预算造价 500 000 元,而中标的工程标价为 450 000 元,则工程标价为工程预算造价的 90% $\left(\frac{450\,000}{500\,000} \times 100\%\right)$。如某月的已完工程预算造价为 100 000 元,则该月已完工程价款应按 90 000 元(100 000 × 90%)计算。这 90 000 元也就是这个月份该项已完工程的应收工程款。

　　"工程价款结算账单"是办理工程价款结算的依据。工程价款结算账单除了列明应收工程款外,还要列明应扣预收工程款、预收备料款、发包单位供应材料价款等应扣款项,算出本月实收款即结算工程款。工程价款结算账单中所列应收工程款应与随同附送的"已完工程月报表"中的工程预算造价相符。

　　"已完工程月报表"和"工程价款结算账单"的格式如表 10-1 和表 10-2 所示。

已完工程月报表 表 10-1

发包单位名称：　　　　　　　　　年　月　日　　　　　　单位:元

单项工程和单位工程名称	预算价值或标价	建筑面积	开竣工日期		实际完成数		应收临时设施费和劳动保险费	说明
			开工日期	竣工日期	至上期止已完工程累计	本期已完工程		

施工企业：　　　　　　　　　　编制日期：　年　月　日

工程价款结算账单 表 10-2

发包单位名称：　　　　　　　　　年　月　日　　　　　　单位:元

单项工程和单位工程名称	合同		本期应收工程款	应扣款项			本期实收工程款	本期应收临时设施费和劳动保险费	尚未归还预收备料款	累计已收工程款	说明
	预算价值或标价	应收临时设施费和劳动保险费		合计	预收工程款	预收备料款					

施工企业：　　　　　　　　　　财务负责人：

为了保证工程按期收尾竣工，工程在施工期间，不论工期长短，其结算价款一般不得超过承包工程价值的95%，结算双方可以在5%的幅度内协商尾款比例，并在工程承包合同中说明。尾款应专户存入银行，待工程竣工验收后清算。施工企业如已向建设单位出具履约保函或有其他保证的，可以不留工程尾款。

二、预收工程款和预收备料款的预支和归还

为了保证施工企业在工程价款结算以前所需的流动资金的需要，施工企业可以按照规定向发包单位预收工程价款和备料款。

按照现行工程价款结算办法的规定，采用按月结算工程价款的施工企业，可以在月中或旬末预收上半月或本旬工程款。采用分段结算工程价款或竣工后一次结算工程价款的施工企业，可按月预收当月工程款。施工企业在预收工程价款时，应根据实际工程进度，填制"工程价款预收账单"，分送发包单位和经办银行办理预收款手续。"工程价款预收账单"的格式如表10-3 所示。

工程价款预收账单 表 10-3

发包单位名称：　　　　　　　　　年　月　日　　　　　　单位:元

单项工程和单位工程名称	合同预算价值或标价	半月(本旬)完成数	半月(本旬)预收工程款	本月预收工程款	应扣预收款	实收款项	说明
				(分期结算、竣工后一次结算按月预支时填列)			

施工企业：　　　　　　　　　　财务负责人：

施工企业在月中、旬末或按月预收的工程价款,应在按月结算、分段结算或竣工后一次结算工程价款时,从应收工程款中扣除,并在"工程价款结算账单"中列示应扣除的预收工程款。施工企业如果自行采购储备建筑材料的,可以在与发包单位签订工程承包合同后按年度承包工程总值的一定比例向发包单位预收一定数额的备料款。在这种情况下,企业在按月结算、分段结算或竣工后一次结算工程价款时,还应扣除应归还的预收备料款。

预收备料款的作用,在于满足施工企业对主要材料、结构件的储备资金的需要。其收取额度,一般应按下列公式计算:

$$预收备料款 = 材料费占工程造价比重 \times \frac{储备天数}{360(d)} \quad (10-3)$$

$$预收备料款 = 年度承包工程总值 \times 预收备料款额度$$

按照工程价款结算办法的规定,预收备料款的额度,建筑工程一般不得超过当年建筑(包括水、暖、电、卫等)工程总值的30%。大量采用预制构件以及工期在6个月以内的工程,可以适当加大比例。安装工程一般不得超过当年安装工程总值的10%,安装材料用量较大的工程,可以适当增加。在工程用料的一部分由建设单位供应时,预收备料款应按比例少收,具体额度,由省、自治区、直辖市根据不同性质的工程和工期的长短以及投资额的大小分类确定。施工企业向发包单位预收的备料款,应在工程后期随着工程所需材料、结构件储备的减少,以抵充工程价款的形式陆续归还,到工程完工时全部归还。

预收备料款的归还时间,应当在未完工程(即尚未完工的那部分工程)主要材料、结构件需要额相当于预收备料款时开始,即:

未完工程主要材料、结构件需要额 = 预收备料款

因为:

未完工程主要材料、结构件需要额 = 未完工程价值 × 材料费比重

所以:

未完工程价值 × 材料费比重 = 预收备料款

即:

$$未完工程价值 = \frac{预收备料款}{材料费比重} \quad (10-4)$$

此时,工程所需的主要材料、结构件储备资金可全都由预收备料款供应,以后就可陆续归还备料款。

开始归还预收备料款时的工程价值 = 年度承包工程总值 − 预收备料款/材料费比重

$$(10-5)$$

【例10-4】 某项承包工程年度承包合同总值为1 659 300元,材料费占工程造价的比重为72%,预收备料款额度为24%,则:

预收备料款 = 1 659 300 × 24% = 398 232(元)

$$开始归还预收备料款时的工程价值 = 1\ 659\ 300 - \frac{398\ 232}{2}$$

$$= 1\ 659\ 300 - 553\ 100 = 1\ 106\ 200(元)$$

当完成工程价值1 106 200元以后,就应开始陆续归还预收备料款。因为这时未完工程价值为553 100元(1 659 300 − 1 106 200),需要主要材料、结构件储备资金398 232元(553 100 ×

72%),可用预收备料款全部解决。以后随着工程完工,主要材料、结构件的储备量逐渐减少,陆续地归还预收备料款,不会影响施工企业正常储备所需的资金。

因此,在已完工程超过开始归还预收备料款时的工程价值时,就要用下列方法计算应归还预收备料款。

第一次应归还预收备料款 =(累计已完工程价值 – 开始归还预收备料款时工程价值)×
材料费比重以后各次应归还预收备料款 =
每次结算的已完工程价值 × 材料费比重

如上述某项承包工程,施工企业到8月份累计已完工程价值为 1 116 200 元,10月份完成工程价值 165 925 元,则:

8月份应归还预收备料款 =(1 116 200 – 1 106 200)×72% = 7 200(元)

9月份应归还预收备料款 = 165 925 × 72% = 119 466(元)

按照上述办法,到这项工程全部完工,还应归还预收备料款:

(1 659 300 – 1 116 200 – 165 925)×72% = 271 566(元)

恰好把开工前预收的备料款 398 232 元(7 200 + 119 466 + 271 566)全部归还。

承包工程如果要跨年度施工,预收备料款可以不还或少还,并于次年按应收预收备料款调整,多还少补。具体地说,跨年度工程,预计次年承包工程价值如大于或相当于当年承包工程价值时,可以不归还当年的预收备料款;如大于当年承包工程价值时,应按实际承包工程价值进行调整,在当年归还部分预收备料款,并将未归还部分,转入次年,直到竣工年度,再按上述办法归还。

在实际工作中,预收备料款的额度和归还办法,在各个地区并不完全相同。如有的地区规定:预收备料款的额度为全年承包工程总值的25%,在累计已收工程款占当年承包工程总值50%的下月起,按当月已完工程价值的50%抵作预收备料款归还。这样到工程完工,归还相当于工程总值25%(50% × 50%)的全部预收备料款。

三、安装工程价款的结算方式

在工作中,安装工程价款结算可按不同工程内容选择不同方式。对于单体设备的安装工程价款结算,可按安装完成台数结算工程价款;对于大型联动设备的安装工程价款结算,可在安装完成以后或按分部工程结算工程价款。

安装工程中的单体设备是指可以用自然物理计量单位(如台、架、座等)计算安装完成的数量,并在安装完成以后,可以单独发挥生产效能的机器设备。这种机器设备,进行安装的施工期较短,每一台(架、座)机器设备如各种切削机床、动力设备、锻压设备、通风机、水泵等,安装完成以后可以单独鉴定数量和质量。因此,对于单体设备的工程价款,应按照安装完成的台(架、座)数计算完工工程数量,根据工程预算定额中所列预算单价办理工程价款的结算。

【例10-5】 某一机修车间需要安装车床15台,每台安装工程预算单价为3 000元,铣床10台,每台安装工程预算单价为5 000元。在结算期内,安装完成了8台车床,6台铣床,则应结算的安装工程价款为:

车床:8台 × 3 000元 = 24 000(元)

铣床:6台 × 5 000元 = 30 000(元)

大型联动设备如大型轧钢设备、发电设备、炼油设备等安装工程,一般施工期限较长,安装技术比较复杂,而且各种大型联动设备各有不同的具体情况,没有统一的计算完工工程价值的方法。因此,大型联动设备安装工程价款的结算,可在全部安装工程完工,试运转以后进行,也可按分部工程进行。

如果在工程预算定额中对于大型联动设备的安装工程划分为分部工程的,可按完成分部工程结算工程价款。因为安装工程的分部工程与建筑工程的分部工程不同,往往以整个分部工程作为一个计量单位,因而在一个分部工程全部完工以前,不能计算分部工程完工部分的工程数量,只有在分部工程全部完工以后才能办理工程价款的结算。如在火力发电的锅炉主体安装工程中,水冷灰斗安装工程为一个分部工程,则在水冷灰斗安装工程全部完工后,就可根据工程预算所列分部工程预算价值结算工程价款。

一般地,在大型联动设备的安装工程中,对于管道安装、电缆敷设、设备油漆以及配电盘、动力变压器等,也可将它们作为分部工程,按安装完成的米、平方米、台、组等计算已完工程数量,结算工程价款。

单体设备安装工程和大型联动设备安装工程的工程预算单价,如仅包括直接费,也应根据规定的间接费收费标准、计划利润率和税(费)率,在办理工程价款结算时计算加入间接费、计划利润和税金。

由于建筑工程与安装工程的工作有一定差异,因此,二者的价款结算方式也不同。建筑工程的价款结算,包括构成工程实体的全部材料和结构件,但结算安装工程价款时,不包括被安装的机械设备本身的价值。这是因为设备的安装只是为这些设备的使用提供条件,并不改变这些设备本身的使用价值。因此,在计算安装产值和结算工程价款时,只计算与安装工作直接有关的零件价值如螺栓、垫板等,不包括被安装设备本身的价值。

第三节 营业利润的预测

一、工程结算利润的预测

(一)年度工程结算利润的预测

年度计划中,工程结算利润的测算,可采用如下两种方法:
(1)根据结算工程的计划利润加工程成本降低额计算;
(2)根据工程结算收入减去税金、变动费用总额和固定费用总额计算。
1. 根据结算工程的计划利润加工程成本降低额计算

$$工程结算利润 = 计划利润 + 工程成本降低额 \tag{10-6}$$

注意,计划年度施工的工程,不一定就是结算工程。如在采用竣工后一次结算办法时,一定要工程竣工才能结算工程价款,计算工程结算利润。施工期间发生的工程成本降低额,要到工程竣工时才能成为企业的工程结算利润。当年初在建工程大于年末在建工程时,结算工程的成本降低额,就要大于施工工程成本降低额。由于在年度计划中很难分别计算各个工程项目的成本降低额,因此只能根据结算工程和施工工程的比例加以调整计算。

【例10-6】 计划年度施工产值(即施工工程造价)为13 000 000元,计划年初在建工程为

2 600 000 元,年末在建工程为 1 300 000 元,年度施工工程成本降低额为 100 000 元,工程结算收入税率为 3.3%,计划利润率为 7%,则计划年度结算工程价款收入为:

$$13\,000\,000 + 2\,600\,000 - 1\,300\,000 = 14\,300\,000(元)$$

计划年度结算工程计划利润为:

$$工程结算收入 \times (1 - 税率) \times \frac{计划利润率}{1 + 计划利润率}$$

$$= 14\,300\,000 \times (1 - 3.3\%) \times \frac{0.07}{1 + 0.07} = 904\,642.05(元)$$

计划年度结算工程成本降低额(假定计划年初在建工程和计划年度工程的成本降低额相同)为:

$$100\,000 \times \frac{14\,300\,000}{13\,000\,000} = 110\,000(元)$$

计划年度工程结算利润为:

$$904\,642.05 + 110\,000 = 1\,014\,642.05(元)$$

2. 根据工程结算收入减去税金、变动费用总额和固定费用总额计算

工程结算利润 = 工程结算收入 − 税金 − 结算工程变动费用总额 − 结算工程固定费用总额

由于变动费用总额随着工程量变动而成正比例的变动,因此,只要根据以往年度历史资料,计算变动费用在工程造价中的比重,就可算得结算工程变动费用总额。如果不同结构工程造价中变动费用所占的比重不同,应按不同结构工程分别计算加总。

对于固定费用总额,可根据历史资料结合计划年度组织机构、机械设备变动情况来确定。一般来说,固定费用的发生额,大都应摊入当年损益,与年初年末在建工程影响不大,因此对计划年度固定费用总额不必加以调整。这样:

工程结算利润 = 工程结算收入 − 工程结算收入 × 税率 − 工程结算收入 × 变动费用在工程造价中的比重 − 固定费用总额 = 工程结算收入 ×
(1 − 税率 − 变动费用在工程造价中的比重) − 固定费用总额   (10-7)

【例 10-7】 某施工企业计划年度施工产值为 13 000 000 元,计划年初在建工程为 2 600 000 元,年末在建工程为 1 300 000 元,变动费用在工程造价中的比重为 72%,固定费用总额为 2 470 000 元,工程结算收入税率为 3.3%,则计划年度工程结算收入为:

$$13\,000\,000 + 2\,600\,000 - 1\,300\,000 = 14\,300\,000(元)$$

计划年度工程结算利润为:

$$14\,300\,000 \times (1 - 3.3\% - 72\%) - 2\,470\,000 = 1\,062\,100(元)$$

如果企业不是采用工程竣工一次结算工程价款结算办法,年初在建工程和年末在建工程出入不大,结算工程价款收入等于施工产值时,则:

工程结算利润 = 施工产值 − 施工产值 × 税率 − 施工产值 × 变动费用在工程造价中的比重 − 固定费用总额 = 施工产值 × (1 − 税率 − 变动费用在工程造价中的比重) − 固定费用总额   (10-8)

根据上列公式,可推导得出:

$$\text{施工产值} = \frac{\text{工程结算利润} + \text{固定费用总额}}{1 - \text{税率} - \text{变动费用在工程造价中的比重}} \quad (10\text{-}9)$$

利用上列公式,在企业经营过程中,就可据以:

(1)测算工程结算利润。为了简化计算,假定某施工企业计划年初在建工程等于年末在建工程,计划年度工程结算收入等于施工产值,工程任务在 8 000 000~14 000 000 元的固定费用总额为 2 470 000 元,变动费用在工程造价中的比重为 72%;有了这些资料,就可预测计划年度不同工程结算收入或施工产值时的工程结算利润,如表 10-4 所示。

预测结果表(单位:元)　　　　　　　　　　　表 10-4

工程结算收入 (施工产值)	税金(税率 3.3%)	工程结算净 收入	变动费用总额(工 程造价的72%)	固定费用总额	利润或亏损
8 000 000	264 000	7 736 000	5 760 000	2 470 000	-494 000
10 000 000	330 000	9 670 000	7 200 000	2 470 000	0
12 000 000	396 000	11 604 000	8 640 000	2 470 000	194 000
14 000 000	462 000	13 538 000	10 080 000	2 470 000	988 000

(2)根据目标利润,测算计划年度应完成的工程任务。根据计划目标进行管理,是企业管理的一项重要方法。企业要完成目标利润,就必须完成一定数量的工程任务。知道完成目标利润的工程任务,就可促使企业在工程任务不足时积极参加工程投标,设法增加工程任务,确保目标利润的实现。

【例 10-8】 已知【例 10-7】中施工企业计划年度的目标利润为 988 000 元,就可求得完成目标利润的工程任务:

$$\frac{988\,000 + 2\,470\,000}{1 - 3.3\% - 72\%} = 14\,000\,000(\text{元})$$

(3)提供经营决策。一般来说,施工企业承担工程所获得的工程结算收入,除了补偿工程成本和税金外,还要有一定的利润。但在施工能力大于施工任务时,如果工程结算收入大于税金和所支出的变动费用,还是可以考虑接受的。因为在这种情况下,仍能分担一部分固定费用,可以减少亏损或增加利润,对企业的盈利有所贡献。

如上述施工企业,在计划年度已有 10 000 000 元的工程任务,能够使企业保本。如果企业施工能力有余,且有一项约为 2 000 000 元造价的工程进行招标,由于投标单位较多,要在竞争中得标,只能投以 1 800 000 元的标价,这项标价,从该项工程来说,虽低于工程预算成本,但由于它的变动费用只有 1 440 000 元(2 000 000 元×72%),而固定费用不会因这项工程的施工而增加,因此仍能为企业增加利润 300 600 元[1 800 000 元×(1-3.3%)-1 440 000 元],企业仍然可以进行投标。

(二)投标竞争中预期利润的估算

施工企业在工程投标竞争中的利润,就是希望从这项工程中获得的盈利。在对某项工程投标时,如果施工企业对工程估计的成本和实际成本相等,施工企业中标的估计利润是工程标价与估计成本的差额。

$$\text{估计利润} = \text{工程标价} - \text{估计成本} \quad (10\text{-}10)$$

如果企业投以高标(具有较多的估计利润),在投标竞争中,中标的机会必然很少;如果投以低标(只有较少的估计利润),中标的机会将会增加。

如果我们对投标的各种标价能确定其中标的概率,就可对各种标价的预期利润进行估算。工程投标竞争中的预期利润,是估计利润与中标概率的乘积:

预期利润 = 中标概率 × 估计利润

= 中标概率 × (工程标价 − 估计成本)　　　　　　　　　　(10-11)

假定施工企业对某项工程感兴趣,估计成本为 30 000 元,并拟订了三个不同的标价进行选择,各标价和中标的概率如表 10-5 所示。

标价及中标概率　　　　　　　　　　　　　　　　表 10-5

标 价 名 称	标价(元)	中 标 概 率
标 1	50 000	0.2
标 2	45 000	0.6
标 3	40 000	0.7

上列各项概率,是投标企业认为能够中标的可能性。当然,标 1 有较大的估计利润(50 000 元 − 30 000 元 = 20 000 元),但中标的概率很小,并不是获得最大利润的好标价。各种标价的预期利润如表 10-6 所示。

预期利润(单位:元)　　　　　　　　　　　　　　表 10-6

标 价 名 称	中标概率 × 估计利润	预 期 利 润
标 1	0.2 × 20 000	4 000
标 2	0.6 × 15 000	9 000
标 3	0.7 × 10 000	7 000

从表 10-6 可知,标 2 具有最大的预期利润。假如投标企业对大量类似的工程提出同样的标价,预期利润应视为在竞争中可能获得的平均利润,不能说明企业可从工程上获得的实际利润。因为企业如投以标 2,得到的利润或者是零,或者是 15 000 元,而预期利润根据计算为 9 000 元,因为估计利润没有考虑投标获胜的概率,预期利润才是比较有根据的利润,它更具有现实的意义。

通过对利润的预估,结合以往投标竞争的情报,投标企业就可以制定一个具有最恰当的利润的投标策略。在开标时,一般要公开宣布各投标企业的标价,机智的企业家要当场将各投标企业的标价记录下来,用以与自己的标价进行比较。如果可能,还要搜集工程的实际成本和各投标企业对获得工程任务的要求是否迫切等情报。掌握了竞争对手的投标情报,施工企业就可以将这些资料汇集起来,作为今后投标决策的参考。

假如企业在对某项工程投标时,知道了在投标竞争中谁是对手,还知道只与这个对手即甲企业进行竞争。如果与甲企业在过去投标时曾经打过多次交道,并且有甲企业的投标记录,就可将甲企业在历次投标中的标价和自己的估计成本相对照,算出一个比例,并计算它的频率(出现次数),见表 10-7。

有了这个比例和频率表,投标企业就可算出各项投标标价比例的频率(表 10-8),即将各项投标的频率合计(频率/频率合计)。例如投标标价比例 1.0 的概率是 0.14(7/50),投标标价比例 1.1 的概率是 0.24(12/50),等等。

标价成本对照表　　　　　　　　　　　表 10-7

甲企业标价/投标企业估计成本	频 率	甲企业标价/投标企业估计成本	频 率
0.9	2	1.3	8
1.0	7	1.4	3
1.1	12	合计	50
1.2	18		

表 10-8

甲企业标价/投标企业估计成本	频 率	甲企业标价/投标企业估计成本	频 率
0.9	0.04	1.3	0.16
1.0	0.14	1.4	0.06
1.1	0.24	合计	1.00
1.2	0.36		

在算出各种投标标价比例的概率后,投标企业就可计算各种标价比甲企业低时的中标概率。例如甲企业采用 1.10 时,投标企业可采用较低的 1.05,甲企业采用 1.20 时,投标企业可采用较低的 1.15 等,从而算出可行标价与估计成本比例的中标概率(表 10-9)。

中 标 概 率　　　　　　　　　　　表 10-9

可行标价/估计成本	投标企业标价低于甲企业的中标概率	可行标价/估计成本	投标企业标价低于甲企业的中标概率
0.85	1.00	1.15	0.58
0.95	0.96	1.25	0.22
1.05	0.82	1.35	0.06

求一个投标标价比例能成为低于对手(即中标)的概率,只需将甲企业所有高于此比例的概率相加就是。如投标企业将标价与估计成本比例定为 1.25 时,中标的概率就是 0.22(甲企业按 1.4 比例投标中标的概率 0.06 + 按 1.3 比例投标中标的概率 0.16)。投标企业利用这些资料,就可提出可与甲企业进行竞争的投标策略。

投标企业在制订投标策略时,要计算各种标价的预期利润:

设 C 为工程估计成本,则各种标价的估计利润为:标价 $- C$;

各种标价的预期利润为:概率 $\times$ (标价 $- C$)。

这样,就可计算与甲企业竞争投标的预期利润,如表 10-10 所示。

预 期 利 润　　　　　　　　　　　表 10-10

投标企业标价	与甲企业竞争投标时的预期利润	投标企业标价	与甲企业竞争投标时的预期利润
$0.85C$	$1.00 \times (-0.15C) = -0.150C$	$1.15C$	$0.58 \times (+0.15C) = +0.087C$
$0.95C$	$0.96 \times (-0.05C) = -0.048C$	$1.25C$	$0.22 \times (+0.25C) = +0.055C$
$1.05C$	$0.82 \times (+0.05C) = +0.041C$	$1.35C$	$0.06 \times (+0.35C) = +0.021C$

从表 10-10 可知，用 $1.15C$ 标价进行投标，可以获得最大的预期利润 $0.087C$，对投标企业是最有利的。例如工程估计成本为 100 000 元，投标标价可报 115 000 元，考虑不中标的可能性，这项工程的预期利润为 8 700 元。

如果投标企业在投标时，要与几个已知的对手竞争，也可采用类似的方法，拟订投标策略。如投标企业知道了在某项工程中将与两个对手竞争，即甲企业和乙企业。设想甲企业的情报和上述例子相同；乙企业的有关情报也已收集，并估计自己的标价低于对手的标价中标概率，如表 10-11 所示。

中 标 概 率　　　　　　　　　　　　　　　　　　　表 10-11

投标企业的标价	对甲企业获胜的概率	对乙企业获胜的概率
$0.85C$	1.00	1.00
$0.95C$	0.96	1.00
$1.05C$	0.82	0.88
$1.15C$	0.58	0.62
$1.25C$	0.22	0.24
$1.35C$	0.06	0.06

要算得各种投标标价的预期利润，投标企业必须求出自己的标价低于这两个对手标价的概率。我们知道，低于甲企业标价的概率，与低于乙企业标价的概率，是互不相关的。根据概率论的理论，互无关系的事件同时出现的概率，是它们各自的概率的乘积。如投标企业的标价在 $1.15C$ 时，低于甲企业和乙企业标价的中标概率是 0.58 和 0.62 的乘积，即 0.359 6，它的预期利润为 $0.359\ 6\times 0.15C=0.054C$。有了各种标价中标的概率，就可算得企业投以不同标价时与甲、乙两企业竞争投标时的预期利润，如表 10-12 所示。

预 期 利 润　　　　　　　　　　　　　　　　　　　表 10-12

投标企业的标价	与甲、乙两企业竞争投标时的预期利润	投标企业的标价	与甲、乙两企业竞争投标时的预期利润
$0.85C$	$1.00\times 1.00\times(-0.15C)=-0.150C$	$1.15C$	$0.58\times 0.62\times(+0.15C)=+0.054C$
$0.95C$	$0.96\times 1.00\times(-0.05C)=-0.048C$	$1.25C$	$0.22\times 0.24\times(+0.25C)=+0.013C$
$1.05C$	$0.82\times 0.88\times(+0.05C)=+0.036C$	$1.35C$	$0.06\times 0.06\times(+0.35C)=+0.001C$

由表 10-12 可知，投标企业用 $1.15C$ 标价投标时，比只对甲企业竞争时的预期利润 $0.087C$ 要低 $0.033C(0.087C-0.054C)$。这是因为加强了竞争程度的缘故。竞争者越多，得标的可能性越小。关于与两个以上已知对手竞争时的预期利润，也可采用类似的方法加以计算。我们不可能在竞争对手增加的情况下，保持不变的标价。一般来说，随着竞争者的增加，中标的标价趋于下降。

如果投标企业知道竞争者的个数，而不知道对手们都是谁，则最好的办法是假设在这些竞争者中取一个平均值。投标企业从这些对手那里搜集情报，并且将这些情报汇集起来，得出想象的"平均对手"的情报。有了这个平均对手的情报，就可算出投以各种标价时低于"平均对手"标价的中标概率，如表 10-13 所示。

"平均对手"标价的中标概率　　　　　　　　　　表 10-13

平均对手的标价/投标企业估计成本	标价低于"平均对手"标价的中标概率	平均对手的标价/投标企业估计成本	标价低于"平均对手"标价的中标概率
0.85	1.00	1.15	0.56
0.95	0.94	1.25	0.34
1.05	0.80	1.35	0.08

知道了战胜"平均对手"标价的中标概率,也知道在这项工程中竞争对手的个数,就可选择最优标价(即能获得最大预期利润的标价)进行投标。所投标价低于几个对手标价的中标概率,就是低于"平均对手"标价的中标概率的乘积。要获得低于几个对手标价的中标概率,可用低于"平均对手"标价的中标概率的几次方求得。设例中,假定投标企业要与 5 个未知对手进行竞争,则与 5 个对手竞争投标的预期利润的计算如表 10-14 所示。

预　期　利　润　　　　　　　　　　表 10-14

投标企业的标价	与 5 个未知对手竞争投标的预期利润	投标企业的标价	与 5 个未知对手竞争投标的预期利润
$0.85C$	$(1.00)^5 \times (-0.15C) = -0.150C$	$1.15C$	$(0.56)^5 \times (0.15C) = 0.008C$
$0.95C$	$(0.94)^5 \times (-0.05C) = -0.037C$	$1.25C$	$(0.34)^5 \times (0.25C) = 0.001C$
$1.05C$	$(0.80)^5 \times (0.05C) = 0.016C$	$1.35C$	$(0.08)^5 \times (0.35C) = 0$

由表 10-14 可知,投以 $1.05C$ 标价时,可以获得最大的预期利润 $0.016C$。一般来说,随着竞争者数量的增加,企业的预期利润将会相应下降。下面列举 1～4 个对手竞争投标时的可能获得的预期利润,如表 10-15 所示。

预　期　利　润　　　　　　　　　　表 10-15

标　价	与 1～4 个对手竞争投标的预期利润	
	1 个对手	2 个对手
$0.85C$	$1.00 \times (-0.15C) = -0.150C$	$(1.00)^2 \times (-0.15C) = -0.150C$
$0.95C$	$0.94 \times (-0.05C) = -0.047C$	$(0.94)^2 \times (-0.05C) = -0.044C$
$1.05C$	$0.80 \times (0.05C) = 0.04C$	$(0.80)^2 \times (0.05C) = 0.032C$
$1.15C$	$0.56 \times (0.15C) = 0.084C$	$(0.56)^2 \times (0.15C) = 0.047C$
$1.25C$	$0.34 \times (0.25C) = 0.085C$	$(0.34)^2 \times (0.25C) = 0.029C$
$1.35C$	$0.08 \times (0.35C) = 0.028C$	$(0.08)^2 \times (0.35C) = 0.002C$
标　价	与 1～4 个对手竞争投标的预期利润	
	3 个对手	4 个对手
$0.85C$	$(1.00)^3 \times (-0.15C) = -0.150C$	$(1.00)^4 \times (-0.15C) = -0.150C$
$0.95C$	$(0.94)^3 \times (-0.05C) = -0.042C$	$(0.94)^4 \times (-0.05C) = -0.039C$
$1.05C$	$(0.80)^3 \times (0.05C) = 0.0256C$	$(0.80)^4 \times (0.05C) = 0.020C$
$1.15C$	$(0.56)^3 \times (0.15C) = 0.026C$	$(0.56)^4 \times (0.15C) = 0.015C$
$1.25C$	$(0.34)^3 \times (0.25C) = 0.010C$	$(0.34)^4 \times (0.25C) = 0.003C$
$1.35C$	$(0.08)^3 \times (0.35C) = 0$	$(0.08)^4 \times (0.35C) = 0$

由表 10-15 可知,随着竞争者数量的增加,预期利润将相应下降,同时最优的标价也会下降。现列示上例 1~5 个对手竞争投标时的最优标价及其预期利润,如表 10-16 所示。

最优标价及预期利润　　　　　表 10-16

竞争者数量	最 优 标 价	预 期 利 润
1	$1.25C$	$0.085C$
2	$1.15C$	$0.047C$
3	$1.15C$	$0.026C$
4	$1.05C$	$0.020C$
5	$1.05C$	$0.016C$

(三) 带有风险的投标决策及其预期利润的估算

上述投标工程预期利润的估算,都是设想投标企业估计的成本等于其实际的成本,但是这种情况是不常见的。随着施工条件、材料价格的变动,都会使实际成本高于估计成本,从而可能达不到估计的利润。因此,在制订投标策略计算预期利润时,也带有一定的风险性和不稳定性。我们在投标时对于工程利润的估计,也要同时作乐观和悲观两种估计,并借用进行风险决策分析的工具"决策树",来计算持乐观和悲观态度的不同预期利润。

决策树也叫决策图,它是以方框和圆圈为结点,并由直线连接结点而形成的一种像树枝形状的结构。方框结点叫做决策点,由决策点引出若干条树枝(直线),每条树枝代表一个方案,故叫方案枝。在各个方案枝的末端画上一个圆圈,就是圆圈结点。圆圈结点叫做机会点,由机会点引出若干条树枝(直线),每条树枝代表一种状况(如中标、失标)及其可能出现的概率,故叫概率枝,在概率枝的末端列出不同状况下的收益值(利润)或损失值(亏损)。这样便构成了决策树。一般决策问题具有多个方案,每个方案下面又常常会出现多种状况,因此决策图形都是由左向右、由简入繁,组成有如图 10-1 所示的一个树形的网状图。

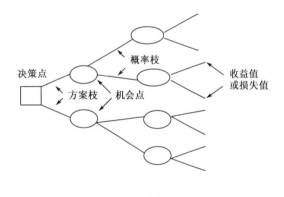

图 10-1　决策树

利用决策树进行决策的过程是:由右向左,逐步后退,根据右端的损益值和概率枝上的概率,计算出同一方案不同状况下的期望收益值或损失值,然后根据不同方案的期望收益值或损失值的大小进行选择(决策),对落选(被舍弃)的方案在图上进行修枝,即在落选的方案枝上画上"∥"符号,以表示舍弃不选的意思,最后决策点只留下一条树枝,即为决策中的最优方案。

如某施工企业的近期目标是谋求最大的利润。现有甲、乙两项工程可以进行投标,由于施工力量有限,只能投一项工程,即只投甲工程,或投乙工程,当然也可两项工程都不投。

对这两项工程的投标,企业决定试用两种办法。即投以自以为的"高标",或投以自以为的"低标"。通过查阅以往资料,知道自以为的"高标"的中标概率是 0.3,即在 10 次投标中有

3次能够中标;自以为的"低标"的中标概率是0.6,即在10次投标中有6次能够中标。

如果企业采取的策略,是既不投甲工程,又不投乙工程,则要发生窝工损失1 000元。如企业投了甲工程,不能中标,还要损失500元投标费用。如企业投了乙工程,不能中标,还要损失600元投标费用。

假如这个施工企业过去曾承担过与甲、乙工程相类似的工程,根据以往经验与记录,对甲、乙工程投以高标或低标的估计利润及其出现的概率如表10-17所示。

估计利润及概率　　　　　　　　　　　　　　　　表10-17

工程项目	投标情况	估计利润(元)	概 率
甲工程	高标——乐观的利润	5 000	0.5
	高标——悲观的利润	1 500	0.5
甲工程	低标——乐观的利润	3 000	0.5
	低标——悲观的利润	-500	0.5
乙工程	高标——乐观的利润	8 000	0.5
	高标——悲观的利润	2 000	0.5
乙工程	低标——乐观的利润	5 000	0.5
	低标——悲观的利润	-1 000	0.5

根据以上资料,就可做如下工作。

1. 画出决策树(图10-2)

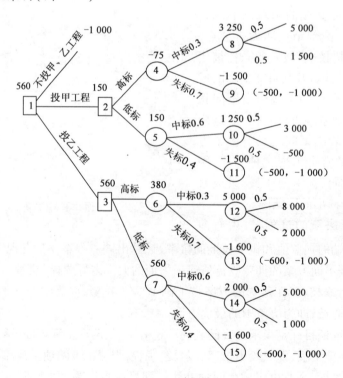

图10-2　决策过程图

2. 计算各点的预期利润

点 8：$5\,000 \times 0.5 + 1\,500 \times 0.5 = 3\,250$（元）

点 9：$(-500) + (-1\,000) = -1\,500$（元）

点 4：$3\,250 \times 0.3 + (-1\,500) \times 0.7 = -75$（元）

点 10：$3\,000 \times 0.5 + (-500) \times 0.5 = 1\,250$（元）

点 11：$(-500) + (-1\,000) = -1\,500$（元）

点 5：$1\,250 \times 0.6 + (-1\,500) \times 0.4 = -150$（元）

点 12：$8\,000 \times 0.5 + 2\,000 \times 0.5 = 5\,000$（元）

点 13：$(-600) + (-1\,000) = -1\,600$（元）

点 6：$5\,000 \times 0.3 + (-1\,600) \times 0.7 = 380$（元）

点 14：$5\,000 \times 0.5 + (-1\,000) \times 0.5 = 2\,000$（元）

点 15：$-600 + (-1\,000) = -1\,600$（元）

点 7：$2\,000 \times 0.6 + (-1\,600) \times 0.4 = -560$（元）

3. 进行决策

通过对预期利润的比较，可以断定对乙工程投标，投以低标是合理的。因为它比投以高标能多获得利润 180 元（560 元 – 380 元），比投以甲工程的低标能多获得利润 410 元（560 元 – 150 元），所以例中最优决策是对乙工程投以低标，它的预期利润为 560 元，对图上的甲工程投标方案和乙工程高标方案应加以修枝。

二、产品销售利润的预测

产品销售利润的预测方法常用有两类，即直接计算法和分析计算法，下面分述之。

（一）产品销售利润的直接计算法

直接计算法是根据企业计划期内各种产品的销售数量，按照规定的销售价格和产品计划销售成本，分别计算各种产品的计划销售利润，然后汇总确定全部产品计划销售利润的方法。用直接计算法测算产品销售利润的公式如下：

$$全部产品计划销售利润 = \sum 各种产品计划销售利润 \quad (10\text{-}12)$$

$$某种产品计划销售利润 = 产品计划销售收入 - 产品计划销售成本 \quad (10\text{-}13)$$

$$某种产品计划销售收入 = 计划期产品销售量 \times 单位产品销售价格 \quad (10\text{-}14)$$

产品计划销售成本是根据产品计划销售数量和计划销售单位成本计算的。计划销售的产品，通常包括上期结存的产品和计划期生产的产品两部分，而上期和计划期的产品单位成本水平往往不同，所以计划期产品销售成本，要采用先进先出法或加权平均法加以计算。一般采用先进先出法，即把计划期内销售的产品，当做是先发出期初结存的产品，按期初结存产品成本计算，其余部分，再按本期生产的成本计算。期末结存的产品也是本期生产的，按本期生产成本计算。这样，本期销售产品的成本和期末结存产品的成本都比较接近实际。产品计划销售成本的计算公式如下：

某种产品计划销售成本 =（计划期初产品结存量 × 计划期初产品单位成本）+

$$（计划期产品生产量 \times 计划期产品单位成本）-（计划期末产品$$
$$结存量 \times 计划期末产品单位成本） \tag{10-15}$$

某种产品计划销售成本＝计划期初结存产品成本＋计划期生产产品成本－
$$计划期末结存产品成本 \tag{10-16}$$

计划期的产品单位成本，一般可按报告年度第四季度预计平均成本计算，计划期产品单位成本根据计划期成本计划确定，计划期末产品单位成本可按计划期单位产品成本或计划期第四季度预计平均成本计算。

采用直接计算法计算产品销售利润，计算过程清楚，计算结果准确；但是必须具有计划期产品生产和销售的品种和数量，以及每种产品的成本和价格方面的资料。在产品品种较多的附属工业企业，计算工作量大，花费时间多，所以这种方法在使用上受一定条件的限制，通常只用于计算主要产品的销售利润。

（二）产品销售利润的分析计算法

产品销售利润的分析计算法是在报告期利润水平的基础上，考虑计划期影响销售利润增减变动的各项因素，来确定企业计划期产品销售利润数额的方法。影响产品销售利润增减变动的各项因素，有生产和销售产品的数量和品种、可比产品成本水平、价格、税率等。在采用这种方法时，应分析企业在增加产品产量、提高产品质量、减少废品、增加收入、节约支出、有效利用资金等方面的潜力，测算在计划期内采取增产节约措施对增加利润所产生的经济效益。同时，还要考虑产品销售价格等客观因素变动的影响。用分析计算法测算计划期产品销售利润时，要将可比产品和不可比产品划分开来。因为只有可比产品部分，才能以报告期利润率为基础来计算。至于不可比产品部分，需采用另外方法计算。

1. 计划年度可比产品销售利润的计算

计划年度可比产品的销售利润，一般按下列程序计算。

（1）确定报告年度利润率

报告年度利润率是计算计划年度可比产品销售利润的基础，首先必须加以确定。报告年度利润率一般采用成本利润率，也可采用产值利润率。如果企业在计划年度开始前一季度着手编制年度利润计划，报告年度成本利润率需要根据两部分资料来计算，一部分是会计核算资料提供的 1～3 季度已经实现的销售利润和销售成本累计数，另一部分是第四季度预计的销售利润和销售成本。

根据报告年度成本利润率计算计划年度可比产品的销售利润，必须在两个年度生产和销售的产品品种相同的基础上才能进行。因此，应将计划年度不再继续生产的产品的数字从报告年度的销售利润和销售成本中扣除。

又如报告年度曾经调整过销售价格，也必须将报告年度销售利润按变动后的销售价格加以调整。

所以，报告年度成本利润率应按如下公式计算：

$$\frac{\text{报告年度}}{\text{成本利润率}} = \left(\begin{array}{c} \text{报告年度 1～3 季度的} \\ \text{实际销售利润} \end{array} + \begin{array}{c} \text{报告年度 4 季度} \\ \text{的预计销售利润} \end{array} - \begin{array}{c} \text{计划年度不再生产} \\ \text{产品的销售利润} \end{array} \pm \begin{array}{c} \text{销售价格变动对报告} \\ \text{年度销售利润的调整} \end{array} \right) \div$$

$$\left(\begin{array}{c} \text{报告年度 1－3 季度的} \\ \text{实际销售成本} \end{array} + \begin{array}{c} \text{报告年度 4 季度} \\ \text{的预计销售成本} \end{array} - \begin{array}{c} \text{计划年度不再生产} \\ \text{产品的销售成本} \end{array} \right) \times 100\% \tag{10-17}$$

【例 10-9】 某附属工业企业报告年度：

1~3 季度实际销售利润 57 000 元；

1~3 季度实际销售成本 580 000 元；

4 季度预计销售利润 23 000 元；

4 季度预计销售成本 220 000 元。

报告年度产品销售价格未进行调整，所有产品都在计划年度继续进行生产，则：

$$报告年度成本利润率 = \frac{57\,000 + 23\,000}{580\,000 + 220\,000} \times 100\% = 10\%$$

（2）根据报告年度利润率计算计划年度应销可比产品的利润

产品销售利润会因产量、销售量的变动而增减，如果其他因素不变，计划年度生产和销售产品越多，利润也越多。计划年度应销可比产品的利润，可先用成本计划中已经确定的、按报告年度成本计算的计划年度可比产品成本总额，乘以报告年度成本利润率，求得按报告年度成本利润率计算的计划年度生产的全部可比产品的利润，再乘以计划年度生产的可比产品的应销比例求得。它的计算公式如下：

$$\text{计划年度生产的应销可比产品的利润} = \text{按报告年度成本计算的计划年度可比产品成本总额} \times \text{报告年度成本利润率} \times \text{计划年度生产的可比产品的应销比例} \tag{10-18}$$

在【例 10-9】中，附属工业企业按报告年度成本计算的计划年度可比产品成本总额为 900 000 元，计划年度生产的可比产品的应销比例为 95%，则：

$$\text{计划年度生产的应销可比产品的利润} = 900\,000 \times 10\% \times 95\% = 85\,500(\text{元})$$

（3）计算由于计划年度可比产品品种结构变动而增减的利润

上面计算，是以报告年度各项可比产品的平均利润率为计算依据，并假定两个年度的产品品种结构完全相同。如果在计划年度内，各种利润水平不同的产品在生产和销售中所占比重方面发生变动，势必引起可比产品平均利润率的变动，从而影响产品销售利润。利润水平较高的产品的产销比重增加，就会使利润总额的增长大于销售量的增长速度，使平均利润率提高，相应增加销售利润；反之，就会使平均润率下降，减少销售利润。所以，应根据计划年度产品品种结构确定报告年度平均利润率，并通过两个年度产品品种结构计算的平均利润率之间的差异，计算出计划年度应增加或减少的利润额。

$$\text{按计划年度可比产品品种结构计算的报告年度平均成本利润率} = \sum\left(\text{某种产品报告年度成本利润率} \times \frac{\text{该种产品计划年度销售成本}}{\text{计划年度全部可比产品销售成本}}\right) \tag{10-19}$$

$$\text{由于计划年度可比产品品种结构变动而增减的利润} = \text{按报告年度成本计算的计划年度可比产品成本总额} \times \text{计划年度生产的可比产品的应销比例} \times$$

$$\left(\text{按计划年度可比产品品种结构计算的报告年度平均成本利润率} - \text{报告年度成本利润率}\right) \tag{10-20}$$

【例 10-10】 在【例 10-9】中，该附属工业企业报告年度各种产品成本利润率和报告年度、计划年度各种产品销售成本如表 10-18 所示。

成本利润表 表 10-18

产品名称	报告年度成本利润率	报告年度销售成本(元)	计划年度销售成本(元)
甲	14%	400 000	360 000
乙	6%	400 000	540 000

则：

$$\begin{matrix}\text{按计划年度可比产品}\\\text{品种结构计算的报告}\\\text{年度平均成本利润率}\end{matrix} = 14\% \times \frac{360\,000}{900\,000} + 6\% \times \frac{540\,000}{900\,000} = 9.2\%$$

$$\begin{matrix}\text{由于计划年度可}\\\text{比产品品种结构}\\\text{变动而减少的利润}\end{matrix} = 900\,000 \times 95\% \times (9.2\% - 10\%) = -6\,840(\text{元})$$

(4) 计算由于计划年度降低可比产品成本而增加的利润

在价格不变的情况下，降低产品成本就会增加利润。根据计划年度成本计划中确定的可比产品成本降低额和降低率，结合应销可比产品的比重，就可计算出计划年度由于降低成本而增加的利润额：

$$\begin{matrix}\text{由于计划年度降低可比产品成本}\\\text{而增加的利润}\end{matrix} = \begin{matrix}\text{按报告年度成本计算的计划年度}\\\text{可比产品成本总额}\end{matrix} \times \begin{matrix}\text{可比产品}\\\text{成本降低率}\end{matrix} \times \begin{matrix}\text{计划年度生产的}\\\text{可比产品的应销比例}\end{matrix}$$

(10-21)

在【例 10-9】中，该附属工业企业计划年度可比产品成本的降低率为 2.5%，则：

$$\begin{matrix}\text{由于计划年度降低可比产品成本}\\\text{而增加的利润}\end{matrix} = 900\,000 \times 2.5\% \times 94\% = 21\,375(\text{元})$$

(5) 计算由于计划年度可比产品销售价格变动而增减的利润

计划年度产品销售价格提高，会使产品销售收入增加，从而增加销售利润；反之，销售价格降低，会使销售收入减少，从而减少销售利润。销售价格变化对利润的影响，可按下列公式计算：

$$\begin{matrix}\text{产品销售价格变动对}\\\text{销售利润的影响}\end{matrix} = \sum \left[\begin{matrix}\text{计划年度销售价格}\\\text{变动的某种产品销售量}\end{matrix} \times \left(\begin{matrix}\text{该产品计划}\\\text{年度销售单价}\end{matrix} - \begin{matrix}\text{该产品报告}\\\text{年度销售单价}\end{matrix} \right) \right]$$

(10-22)

设【例 10-9】中，计划年度产品销售单价与报告年度相同，因而这项因素对销售利润不发生影响。

最后，将上述各项计算结果加总，即可算得计划年度生产的应销可比产品的销售利润总额。【例 10-9】中，计划年度生产的应销可比产品的销售利润总额为：

$$85\,500 - 6\,840 + 21\,375 = 100\,035(\text{元})$$

2. 计划年度不可比产品销售利润的计算

计划年度不可比产品的销售利润，可根据计划年度不可比产品计划成本、不可比产品销售比重和不可比产品的预计成本利润率计算。它的计算公式如下：

$$\begin{array}{l}\text{不可比产品} \\ \text{销售利润}\end{array} = \begin{array}{l}\text{不可比产品} \\ \text{计划成本}\end{array} \times \begin{array}{l}\text{不可比产品} \\ \text{销售比重}\end{array} \times \begin{array}{l}\text{不可比产品} \\ \text{预计成本利润率}\end{array} \quad (10\text{-}23)$$

式中,不可比产品预计成本利润率,可根据以下不同情况加以确定:

(1) 如果不可比产品的生产技术、劳动效率、原材料消耗等条件与可比产品相差不大,可以参照可比产品的成本利润率计算;

(2) 如果生产不可比产品的各项条件与可比产品相差较大,劳动效率、原材料利用率较低,生产周期较长,可按低于可比产品的成本利润率计算;

(3) 如果属于与施工单位协商定价的不可比产品,可按协议规定的成本利润率计算,等等。

【例 10-11】 在【例 10-9】中,该附属工业企业计划年度不可比产品的计划成本为 71 250 元,销售比重为 80%,成本利润率预计为 10%,则计划年度不可比产品销售利润可计算如下:

不可比产品销售利润 = 71 250 × 80% × 10% = 5 700(元)

3. 计划年初结存产品销售利润的计算

计划年度的销售利润,不仅包括当年生产当年销售的可比产品和不可比产品的利润,同时也包括上年生产本年销售的产品的利润。计划年初结存产品的销售利润,可根据计划年初结存产品的销售成本和报告年度成本利润率来计算。它的计算公式如下:

$$\begin{array}{l}\text{计划年初结存} \\ \text{产品销售利润}\end{array} = \begin{array}{l}\text{计划年初结存} \\ \text{产品销售成本}\end{array} \times \begin{array}{l}\text{报告年度} \\ \text{成本利润率}\end{array} \quad (10\text{-}24)$$

【例 10-12】 在【例 10-9】中,该附属生产企业计划年初结存产品的销售成本为 80 000 元,报告年度成本利润率为 10%,则计划年初结存产品销售利润可计算如下:

计划年初结存产品销售利润 = 80 000 × 10% = 8 000(元)

如果年初结存产品的价格准备在计划年度调整时,还要计算价格变动对计划年初结存产品销售利润的影响。

根据上面计算,就可按下列公式汇总算得计划年度产品的销售利润总额:

$$\begin{array}{l}\text{计划年度产品} \\ \text{销售利润总额}\end{array} = \begin{array}{l}\text{计划年度生产的可比产品} \\ \text{销售利润}\end{array} + \begin{array}{l}\text{计划年度生产的} \\ \text{不可比产品销售利润}\end{array} + \begin{array}{l}\text{计划年初结存} \\ \text{产品销售利润}\end{array}$$
$$(10\text{-}25)$$

沿用【例 10-9】~【例 10-12】中的资料,该附属生产企业计划年度产品销售利润总额为:

(1) 计划年度生产的可比产品销售利润　　　　　　　　100 035 元
　　其中:根据报告年度成本利润率计算的利润　　　　　85 500 元
　　　　　品种结构变动而减少的利润　　　　　　　　　-6 840 元
　　　　　成本降低而增加的利润　　　　　　　　　　　21 375 元
　　　　　价格变动而增减的利润　　　　　　　　　　　　　　0
(2) 计划年度生产的不可比产品销售利润　　　　　　　　5 700 元
(3) 计划年初结存产品销售利润　　　　　　　　　　　　8 000 元
　　计划年度产品销售利润总额　　　　　　　　　　　　113 735 元

从上可知,产品销售利润的分析计算法是根据影响利润的各项因素综合计算计划年度产品销售利润的方法。同产品销售利润的直接计算法比较,它可以反映出计划年度销售利润所以发生增减变动的各种原因,同时计算工作比较简化,但它不能详细得知各种产品的盈亏情况。产品销售利润的分析计算可以单独使用,也可与直接计算法结合使用,以便相互验证,相互补充。

第四节 利润分配原则与程序

利润是指企业在一定会计期间的经营成果,包括营业利润、利润总额和净利润。利润分配指对工程施工企业净利润的分配。企业净利润的计算过程如下。

$$营业利润 = 营业收入 - 营业成本 - 营业税金及附加 - 销售费用 - 管理费用 -$$
$$财务费用 - 资产减值损失 + 公允价值变动损益 + 投资收益 \qquad (10\text{-}26)$$
$$利润总额 = 营业利润 + 营业外收入 - 营业外支出 \qquad (10\text{-}27)$$
$$净利润 = 利润总额 - 所得税 \qquad (10\text{-}28)$$

一、利润分配原则

工程施工企业的利润分配不仅会影响工程施工企业的筹资和投资决策,而且还涉及国家、企业、投资者、职工等多方面的利益关系,涉及工程施工企业长远利益和近期利益、整体利益与局部利益等关系的处理与协调。为合理组织工程施工企业财务活动和正确处理财务关系,工程施工企业在进行利润分配时应遵循以下原则。

1. 依法分配原则

工程施工企业的利润分配必须依法进行,这是正确处理各方面利益关系的关键。工程施工企业应认真执行国家制定的关于利润分配的基本要求、一般程序和重大比例等法规,不得违反。

2. 资本保全原则

工程施工企业的收益分配必须以资本的保全为前提。工程施工企业的收益分配是对投资者投入资本的增值部分所进行的分配,不是投资者资本金的返还。以工程施工企业的资本金进行分配,属于一种清算行为,而不是收益的分配。工程施工企业必须在有可供分配留存收益的情况下进行收益分配,只有这样才能充分保护投资者的利益。

3. 兼顾各方面利益原则

收益分配是利用价值形式对社会产品的分配,直接关系到有关各方的切身利益。除依法纳税以外,投资者作为资本投入者、施工企业所有者,依法享有收益分配权。职工作为利润的直接创造者,除了获得工资及奖金等劳动报酬外,还要以适当方式参与净利润的分配。工程施工企业进行收益分配时,应统筹兼顾,合理安排,维护投资者、施工企业与职工的合法权益。

4. 分配与积累并重原则

工程施工企业进行收益分配,应正确处理长远利益和近期利益的辩证关系,将二者有机结合起来,坚持分配与积累并重,考虑未来发展需要,增强工程施工企业后劲。建筑施工企业除按规定提取法定盈余公积金以外,可适当留存一部分利润作为积累。这部分积累,不仅为工程施工企业扩大再生产筹措了资金,同时也增强了工程施工企业抵抗风险的能力,提高了工程施工企业经营的安全系数和稳定性,这也有利于增加所有者的回报,还可以达到以丰补欠,平抑收益分配数额波动幅度,稳定投资报酬率的效果。因而工程施工企业在进行收益分配过程时应当正确处理分配与积累的关系。

5. 投资与收益对等原则

工程施工企业分配收益应当体现"谁投资谁受益"、受益大小与投资比例相适应,即投资与受益对等原则,这是正确处理投资者利益关系的关键。投资者因其投资行为而享有收益权,并且其投资收益应同其投资比例相等。这就要求工程施工企业在向投资者分配利益时,应本着平等一致的原则,按照各方投入资本的多少来进行。

二、施工企业利润分配程序

按照《公司法》等法律、法规的规定,施工企业当年实现的利润总额,应按照国家有关规定作相应调整后,依法缴纳所得税,然后按下列顺序分配。

1. 弥补以前年度亏损

以前年度亏损是指超过用所得税前的利润抵补亏损的法定期限后,仍未补足的亏损。公司的法定公积金不足以弥补以前年度亏损的,在提取法定公积金之前,应当先用当年利润弥补亏损。

2. 提取法定公积金

根据《公司法》的规定,法定公积金的提取比例为当年税后利润(弥补以前年度亏损后)的10%,法定公积金达到注册资本的50%时,可不再提取。

3. 提取任意公积金

根据《公司法》的规定,公司从税后利润中提取法定公积金后,经股东会或者股东大会决议,还可以从税后利润中提取任意公积金。

4. 向投资者分配利润或股利

净利润扣除上述项目后,再加上以前年度的未分配利润,即为可供普通股分配的利润,公司应按同股同权、同股同利的原则,向普通股股东支付股利。

第五节 股利政策

一、影响股利政策的因素

股利政策是指在法律允许的范围内,工程施工企业是否发放股利、发放多少以及何时发放股利的方针政策。由于股利政策会影响施工企业的再筹资能力和施工企业的市场价值,因此,制定合理的股利政策显得较为重要。一般来说,股利政策的确定受到各方面因素的影响,制订时应考虑的主要因素有以下几方面。

1. 法律因素

为了保护债权人和股东的利益,《中华人民共和国公司法》、债务契约等法律规范对企业收益分配予以一定的硬性限制。这些限制主要体现为以下几个方面。

(1)资本保全约束。资本保全是企业财务管理应遵循的一项重要原则。它要求工程施工企业发放的股利或投资分红不得来源于原始投资(或股本),而只能来源于工程施工企业当期利润或留存收益。资本保全的目的是为了防止工程施工企业任意减少资本结构中所有者权益(股东权益)的比例,以维护债权人利益。

(2)资本积累约束。资本积累约束要求工程施工企业在分配收益时,必须按一定的比例和基数提取各种公积金。另外,它要求在具体的分配政策上,贯彻"无利不分"原则,即当工程施工企业出现年度亏损时,一般不得分配利润。

(3)偿债能力约束。偿债能力是指工程施工企业按时足额偿付各种到期债务的能力。现金股利需用工程施工企业现金支付,而大量的现金支出必然影响公司的偿债能力。因此,公司在确定股利分配数量时,一定要考虑现金股利分配对公司偿债能力的影响,保证在支付现金股利后仍能保持较强的偿债能力,以维护公司的信誉和借贷能力,从而保证公司的正常资金周转。

(4)超额累积利润约束。因为资本利得与股利收入的税率不一致,投资者接受股利缴纳的所得税要高于进行股票交易的资本利得所缴纳的税金,公司通过保留利润来提高其股票价格,则可使股东避税。有些国家的法律禁止公司过度积累盈余,如果一个公司的盈余积累大大超过公司目前及未来投资的需要,则可看做是过度保留,将被加征额外的税款。我国法律目前对此尚未作出规定。

2. 公司因素

公司出于长期发展和短期经营的考虑,需要考虑以下因素,来确定收益分配政策。

(1)现金流量。公司资金的正常周转是公司生产经营得以有序进行的必要条件。因此,保证工程施工企业正常的经营活动对现金的需求,是确定收益分配政策的最重要的限制因素。工程施工企业在进行收益分配时,必须充分考虑工程施工企业的现金流量,而不仅仅是工程施工企业的净收益。

(2)投资需求。工程施工企业的收益分配政策应当考虑未来投资需求的影响。如果一个公司有较多的投资机会,那么,它更适合采用低股利支付水平的分配政策;相反,如果一个公司的投资机会较少,那么就有可能倾向于采用较高的股利支付水平。

(3)筹资能力。工程施工企业收益分配政策受其筹资能力的限制。如果公司具有较强的筹资能力,随时能筹集到所需资金,那么公司具有较强的股利支付能力;而对于一个筹资能力较弱的公司而言,则其股利支付能力较弱,宜保留较多的盈余。

(4)资产的流动性。工程施工企业现金股利的支付能力在很大程度上受其资产变现能力的限制。较多地支付现金股利,会减少工程施工企业的现金持有量,使资产的流动性降低,而保持一定的资产流动性是工程施工企业正常运转的基础和必备条件。如果一个公司的资产有较强的变现能力,现金的来源较充裕,则它的股利支付能力也比较强。

(5)盈利的稳定性。工程施工企业的收益分配政策在很大程度上会受其盈利稳定性的影响。一般来说,一个公司的盈利越稳定,则其股利支付水平也就越高。

(6)筹资成本。留存收益是工程施工企业内部筹资的一种重要方式,它同发行新股或举债相比,具有成本低的优点。因此,很多工程施工企业在确定收益分配政策时,往往将工程施工企业的净收益作为首选的筹资渠道,特别是在负债资金较多、资本结构欠佳的时期。

(7)股利政策惯性。一般情况下,工程施工企业不宜经常改变其收益分配政策。工程施工企业在确定收益分配政策时,应当充分考虑股利政策调整有可能带来的负面影响。如果工程施工企业历年采取的股利政策具有一定的连续性和稳定性,那么重大的股利政策调整有可能对工程施工企业的声誉、股票价格、负债能力、信用等多方面产生影响。另外,靠股利来生活和消费的股东不愿意投资于股利波动频繁的股票。

(8)其他因素。工程施工企业收益分配政策的确定还会受其他因素的影响,如上市公司所处行业也会影响到它的股利政策;企业可能有意地多发股利使股价上升,使已发行的可转换债券尽快地实现转换,从而达到调整资本结构的目的或达到兼并、反收购的目的等。

3. 股东因素

股东在收入、控制权、税赋、风险及投资机会等方面的考虑也会对工程施工企业的收益分配政策产生影响。

(1)稳定的收入。有的股东依赖公司发放的现金股利维持生活,他们往往要求公司能够支付稳定的股利,反对公司留存过多的收益。另外,有些股东认为留存利润使公司股票价格上升而获得资本利得具有较大的不确定性,取得现实的股利比较可靠,因此,这些股东也会倾向于多分配股利。

(2)控制权。收益分配政策也会受到现有股东对控制权要求的影响。以现有股东为基础组成的董事会,在长期的经营中可能形成了一定的有效控制格局,他们往往会将股利政策作为维持其控制地位的工具。当公司为有利可图的投资机会筹集所需资金,而外部又无适当的筹资渠道可以利用时,为避免由于增发新股,可能会有新的股东加入公司中来,而打破目前已经形成的控制格局,股东就会倾向于较低的股利支付水平,以便从内部的留存收益中取得所需资金。

(3)税赋。公司的股利政策会受股东对税赋因素考虑的影响。一般来说,股利收入的税率要高于资本利得的税率,很多股东会由于对税赋因素的考虑而偏好于低股利支付水平。因此,低股利政策会使他们获得更多纳税上的好处。

(4)投资机会。股东的外部投资机会也是公司制定分配政策必须考虑的一个因素。如果公司将留存收益用于再投资的所得报酬低于股东个人单独将股利收入投资于其他投资机会所得的报酬,则股东倾向于公司不应多留存收益,而应多发放股利给股东,因为这样做将对股东更为有利。

4. 债务契约与通货膨胀

(1)债务契约。一般来说,股利支付水平越高,留存收益越少,公司的破产风险加大,就越有可能损害到债权人的利益。因此,为了保证自己的利益不受损害,债权人通常都会在公司借款合同、债券契约,以及租赁合约中加入关于借款公司股利政策的条款,以限制公司股利的发放。这些限制条款经常包括以下几个方面:

①未来的股利只能以签订合同之后的收益来发放,即不能以过去的留存收益来发放股利;
②营运资金低于某一特定金额时不得发放股利;
③将利润的一部分以偿债基金的形式留存下来;
④利息保障倍数低于一定水平时不得发放股利。

(2)通货膨胀。通货膨胀会带来货币购买力水平下降、固定资产重置资金来源不足,此时,工程施工企业往往不得不考虑留用一定的利润,以便弥补由于货币购买力水平下降而造成的固定资产重置资金缺口。因此,在通货膨胀时期,工程施工企业一般会采取偏紧的收益分配政策。

二、股利政策的实施

在实践中,施工企业经常采用的股利政策主要有四种,即剩余股利政策、固定或稳定增长的股利政策、固定股利支付率政策、低正常股利加额外股利政策。

(一)剩余股利政策

1. 剩余股利政策的概念

剩余股利政策是指工程施工企业生产经营所获得的净收益首先应满足公司的资金需求,如果还有剩余,则派发股利;如果没有剩余,则不派发股利。剩余股利政策的理论依据是 MM 股利无关理论。剩余股利政策一般适用于公司初创阶段。

2. 剩余股利政策的基本步骤

剩余股利政策的基本步骤如下:

(1)根据公司的投资计划确定公司的最佳资本预算。

(2)根据公司的目标资本结构及最佳资本预算预计公司资金需求中所需要的权益资本数额。

(3)尽可能用留存收益来满足资金需求中所需增加的股东权益数额。

(4)留存收益在满足公司股东权益增加需求后,如果有剩余再用来发放股利。

在这种分配政策下,投资分红额(股利)成为工程施工企业新的投资机会的函数,随着投资资金的需求变化而变化。只要存在有利的投资机会,就应当首先考虑其资金需要,然后再考虑工程施工企业剩余收益的分配需要。

3. 剩余股利政策的优点

剩余股利政策的优点是:留存收益优先,保证再投资的需要,从而有助于降低再投资的资金成本,保持最佳的资本结构,实现工程施工企业价值的长期最大化。

4. 剩余股利政策的缺陷

剩余股利政策的缺陷表现在:如果完全遵照执行剩余股利政策,股利发放额就会每年随投资机会和盈利水平的波动而波动。即使在盈利水平不变的情况下,股利也将与投资机会的多寡呈反方向变动:投资机会越多,股利越少;反之,投资机会越少,股利发放越多。而在投资机会维持不变的情况下,股利发放额将因公司每年盈利的波动而同方向波动。剩余股利政策不利于投资者安排收入与支出,也不利于公司树立良好的形象。

【例10-13】 某公司 2010 年度提取了公积金后的净利润为 800 万元,2011 年度投资计划所需资金 700 万元,公司的目标资金结构为自有资金占 60%,借入资金占 40%,则按照目标资金结构的要求,公司投资方案所需的自有资金数额为:

$$700 \times 60\% = 420(万元)$$

按照剩余政策的要求,该公司 2011 年度可向投资者分红数额为:

$$800 - 420 = 380(万元)$$

假设该公司当年流通在外的普通股为 1 000 万股,那么,每股股利为:

$$380 \div 1 000 = 0.38(元/股)$$

(二)固定或稳定增长的股利政策

1. 固定或稳定增长的股利政策的概念

固定或稳定增长的股利政策,是指公司将每年派发的股利额固定在某一特定水平或是在此基础上维持某一固定比率逐年稳定增长。只有在确信公司未来的盈利增长不会发生逆转时,才会宣布实施固定或稳定增长的股利政策。在固定或稳定增长的股利政策下,首先应确定的是股利分配额,而且该分配额一般不随资金需求的波动而波动。

近年来,为了避免通货膨胀对股东收益的影响,最终达到吸引投资的目的,很多公司开始实行稳定增长的股利政策。即为了避免股利的实际波动,公司在支付某一固定股利的基础上,还制定了一个目标股利增长率,依据公司的盈利水平按目标股利增长率逐步提高公司的股利支付水平。这种股利政策的基本特征如图10-3所示。

2. 固定或稳定增长股利政策的优点

(1)由于股利政策本身的信息含量,它能将公司未来的获利能力、财务状况以及管理层对公司经营的信心等信息传递出去。固定或稳定增长的股利政策可以传递给股票市场和投资者一个公司经营状况稳定、管理层对未来充满信心的信号,这有利于公司在资本市场上树立良好的形象,增强投资者信心,进而有利于稳定公司股价。

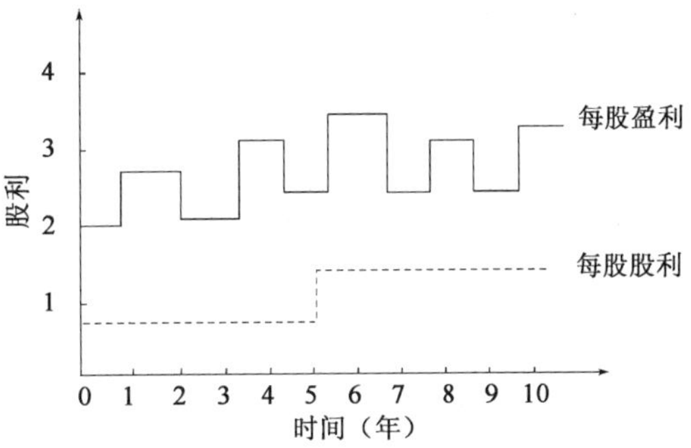

图10-3 固定或稳定增长股利政策

(2)固定或稳定增长股利政策有利于吸引那些打算作长期投资的股东,这部分股东希望其投资的获利能够成为其稳定的收入来源,以便安排各种经常性的消费和其他支出。

3. 固定或稳定增长股利政策的缺点

(1)在固定或稳定增长的股利政策下的股利分配只升不降,股利支付与公司盈利相脱离,即不论公司盈利多少,均要按固定的乃至固定增长的比率派发股利。

(2)在公司的发展过程中,难免会出现经营状况不好或短暂的困难时期,如果这时仍执行固定或稳定增长的股利政策,那么派发的股利金额大于公司实现的盈利,必将侵蚀公司的留存收益,影响公司的后续发展,甚至侵蚀公司的现有资本,给公司的财务运作带来很大压力,最终影响公司正常的生产经营活动。

因此,采用固定或稳定增长的股利政策,要求公司对未来的盈利和支付能力能作出较准确的判断。一般来说,公司确定的固定股利额不应太高,要留有余地,以免公司陷入无力支付的被动局面。

固定或稳定增长的股利政策一般适用于经营比较稳定或正处于成长期的工程施工企业,且很难被长期采用。

(三)固定股利支付率政策

1. 固定股利支付率政策的概念

固定股利支付率政策是指公司将每年净收益的某一固定百分比作为股利分派给股东。这一百分比通常称为股利支付率,股利支付率一经确定,一般不得随意变更。固定股利支付率越高,公司留存的净收益越少。在这一股利政策下,只要公司的税后利润一经计算确定,所派发的股利也就相应确定了。固定股利支付率政策的基本特征如图10-4所示。

2. 固定股利支付率政策的优点

(1)采用固定股利支付率政策,股利与公司盈余紧密配合,体现了多盈多分、少盈少分、无盈不分的股利分配原则。

(2)由于公司的获利能力在年度间是经常变动的,因此,每年的股利也应当随着公司收益的变动而变动,并保持分配与留存收益间的一定比例关系。采用固定股利支付率政策,公司每年按固定的比例从税后利润中支付现金股利,从工程施工企业支付能力的角度看,这是一种稳定的股利政策。

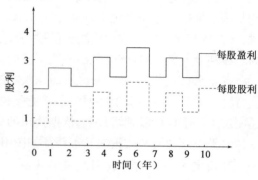

图10-4 固定股利支付率政策

3. 固定股利支付率政策的缺点

(1)传递的信息容易成为公司的不利因素。大多数公司每年的收益很难保持稳定不变,如果公司每年收益状况不同,固定支付率的股利政策将导致公司每年股利分配额的频繁变化。而波动的股利向市场传递的信息就是公司未来收益前景不明确、不可靠等,很容易给投资者带来公司经营状况不稳定、投资风险较大的不良印象。

(2)容易使公司面临较大的财务压力。因为公司实现的盈利越多,一定支付比率下派发的股利就越多,但公司实现的盈利多,并不代表公司有充足的现金派发股利,只能表明公司盈利状况较好而已。如果公司的现金流量状况并不好,却还要按固定比率派发股利的话,就很容易给公司造成较大的财务压力。

(3)缺乏财务弹性。股利支付率是公司股利政策的主要内容,模式的选择、政策的制定是公司的财务手段和方法。在不同阶段,根据财务状况制定不同的股利政策,会更有效地实现公司的财务目标。但在固定股利支付率政策下,公司丧失了利用股利政策的财务方法,缺乏财务弹性。

(4)合适的固定股利支付率的确定难度大。固定股利支付率政策只是比较适用于那些处于稳定发展且财务状况也较稳定的公司。

【例10-14】 某公司长期以来采用固定股利支付率政策进行股利分配,确定的股利支付率为40%。2011年可供分配的税后利润为1000万元,如果仍然继续执行固定股利支付率政策,公司本年度将要支付的股利为:

$$1\,000 \times 40\% = 400(万元)$$

但公司下一年度有较大的投资需求,因此,准备在本年度采用剩余股利政策。如果公司下一年度的投资预算为1200万元,目标资本结构为权益资本占60%,债务资本占40%。按照目标资本结构的要求,公司投资方案所需的权益资本额为:

$$1\,200 \times 60\% = 720(万元)$$

2011年可以发放的股利额为:

$$1\,000 - 720 = 280(万元)$$

(四)低正常股利加额外股利政策

1. 低正常股利加额外股利政策的概念

低正常股利加额外股利政策是指工程施工企业事先设定一个较低的正常股利额,每年除了按正常股利额向股东发放现金股利外,还在工程施工企业盈利情况较好、资金较为充裕的年度向股东发放高于每年度正常股利的额外股利。低正常股利加额外股利政策的基本特征如图 10-5 所示。

2. 低正常股利加额外股利政策的优点

(1)低正常股利加额外股利政策赋予公司一定的灵活性,使公司在股利发放上留有余地和具有较大的财务弹性,同时,每年可以根据公司的具体情况,选择不同的股利发放水平,以完善公司的资本结构,进而实现公司的财务目标。

(2)低正常股利加额外股利政策有助于稳定股价,增强投资者信息。低正常股利加额外股利政策既吸收了固定股利政策对股东投资收益的保障的优点,同时又摒弃了其对公司所造成的财务压力方面的不足,所以在资本市场上颇受投资者和公司的欢迎。

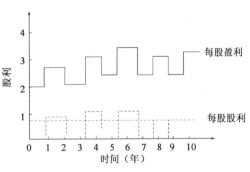

图 10-5 低正常股利加额外股利政策

3. 低正常股利加额外股利政策的缺点

(1)由于年份之间公司的盈利波动使得额外股利不断变化,或时有时无,造成分派的股利不同,容易给投资者以公司收益不稳定的感觉。

(2)当公司在较长时期持续发放额外股利后,可能会被股东误认为是"正常股利",而一旦取消了这部分额外股利,传递出去的信号可能会使股东认为这是公司财务状况恶化的表现,进而可能会引起公司股价下跌的不良后果。所以相对来说,对那些盈利水平随着经济周期波动较大的公司或行业,这种股利政策也许是一种不错的选择。

三、股利支付方式

工程施工企业支付股利的基本形式主要有现金股利、财产股利、负债股利和股票股利。

1. 现金股利

现金股利是公司以现金的形式发放给股东的股利。发放现金股利的多少主要取决于公司的股利政策和经营业绩。上市公司发放现金股利主要出于三个原因:投资者偏好、减少代理成本和传递公司的未来信息。

公司采用现金股利形式时,必须具备两个基本条件:

①公司要有足够的未指明用途的留存收益(未分配利润);

②公司要有足够的现金。

2. 财产股利

财产股利是以现金以外的其他资产支付的股利,主要是以公司所拥有的其他公司的有价证券(如公司债券、公司股票等),作为股利发放给股东。

3. 负债股利

负债股利是以负债方式支付的股利,通常以公司的应付票据支付给股东,有时也以发行公司债券的方式支付股利。

4. 股票股利

股票股利是公司以增发股票的方式所支付的股利,我国实务中通常也称其为"红股"。股票股利对公司来说,并没有现金流出公司,也不会导致公司的财产减少,而只是将公司的留存收益转化为股本。但股票股利会增加流通在外的股票数量,同时降低股票的每股价值。它不会改变公司股东权益总额,但会改变股东权益的构成。

【例10-15】 某上市公司在2011年发放股票股利前,其资产负债表上的股东权益账户情况如下(单位:万元)。

股东权益:
普通股(面值1元,流通在外2000万股)　　2 000
资本公积　　　　　　　　　　　　　　　　4 000
盈余公积　　　　　　　　　　　　　　　　2 000
未分配利润　　　　　　　　　　　　　　　3 000
股东权益合计　　　　　　　　　　　　　 11 000

假设该公司宣布发放30%的股票股利,现有股东每持有10股,即可获得赠送的3股普通股,该公司发放的股票股利为600万股。随着股票股利的发放,未分配利润中有600万元的资金要转移到普通股的股本账户上去,因而普通股股本由原来的2 000万元增加到2 600万元,而未分配利润的余额由3 000万元减少至2 400万元,但该公司的股东权益总额并未发生改变,仍是11 000万元,股票股利发放之后的资产负债表上股东权益部分如下。

股东权益:
普通股(面额1元,流通在外2 600万股)　　2 600
资本公积　　　　　　　　　　　　　　　　4 000
盈余公积　　　　　　　　　　　　　　　　2 000
未分配利润　　　　　　　　　　　　　　　2 400
股东权益合计　　　　　　　　　　　　　 11 000

假设一位股东派发股票股利之前持有公司的普通股3 000股,那么,他拥有的股权比例为:

$$3\,000\text{股} \div 2\,000\text{万股} = 0.015\%$$

派发股利之后,他拥有的股票数量和股份比例为:

$$3\,000\text{股} + 900\text{股} = 3\,900\text{股}$$
$$3\,900\text{股} \div 2\,600\text{万股} = 0.015\%$$

通过上例可以说明,由于公司的净资产不变,而股票股利派发前后每一位股东的持股比例也不发生变化,那么他们各自持股所代表的净资产也不会改变。

从表面上看来,除了所持股数同比例增加之外,股票股利好像并没有给股东带来直接收益,事实上并非如此。理论上,派发股票股利之后的每股价格会成比例降低,保持股东的持有价值不变,但实务中这并非是必然的结果。因为市场和投资者普遍认为,公司发放股票股利往往预示着公司会有较大的发展和成长,这样的信息传递不仅会稳定股票价格甚至可能使股价不降反升。另外,如果股东把股票股利出售,变成现金收入,还会给他带来资本利得的纳税上的好处。所以股票股利对股东来说并非像表面上看到的那样毫无意义。

对公司来讲,股票股利的优点主要有如下几点。

(1)发放股票股利既不需要向股东支付现金,又可以在心理上给股东以从公司取得投资回报的感觉。

(2)发放股票股利可以降低公司股票的市场价格,一些公司在其股票价格较高,不利于股票交易和流通时,通过发放股票股利来适当降低股价水平,促进公司股票的交易和流通。

(3)发放股票股利可以降低股价水平,如果日后公司将要以发行股票的方式筹资,则可以降低发行价格,有利于吸引投资者。

(4)发放股票股利可以传递公司未来发展前景良好的信息,增强投资者的信心。

(5)股票股利降低每股市价的时候,会吸引更多的投资者成为公司的股东,从而可以使股权更为分散,有效地防止公司被恶意控制。

本章思考题

1. 施工企业有哪些营业收入?如何预测工程结算收入和产品销售收入?
2. 根据建筑工程施工活动的特点,你认为采用哪一种办法结算工程价款较好?为什么?
3. 对于向建设单位预收的备料款,应从什么时候开始归还?为什么从这个时候开始归还?
4. 安装工程价款的结算和建筑工程价款结算有哪些不同?为什么在安装工程价款中,不包括被安装的机器设备的价值?
5. 施工企业的工程结算利润,通常可采用哪几种方法进行预测?
6. 施工企业在工程投标竞争中,如何选择最优标价,使企业获得最大预期利润?
7. 什么叫做产品销售利润的直接计算法?什么叫做产品销售利润的分析计算法?用这两种方法计算附属工业企业产品销售利润各有哪些优缺点?
8. 股利分配的程序如何?应注意哪些问题?
9. 股利政策有几种?
10. 股票股利有什么作用?

本章练习题

1. 某施工企业在测算计划年度工程结算收入时,有如下各项资料:
(1)计划年度固定费用总额为 2 136 000 元。
(2)计划年度变动费用在工程造价中的比重为 70%。
(3)工程结算收入的税率为 3.3%。
(4)计划年度目标利润为 1 068 000 元。
根据上列资料,为该施工企业计划年度测算:

(1)刚够成本开支的工程结算收入；
(2)实现目标利润的工程结算收入。

2. 某施工企业承包某项建筑工程,采用半月预支、按月结算的办法,2011年度承包合同工程总值为2 100 000元,材料费占工程造价的比重为72%,预收备料款额度为24%。2011年各月完成工程价值如习表10-1所示。

施工企业各月完成工程价值表　　　　习表10-1

2月份	140 000	6月份	320 000
3月份	240 000	7月份	300 000
4月份	260 000	8月份	260 000
5月份	320 000	9月份	260 000

又假定该企业7月份上半月完成施工产值为140 000元。
根据上列资料,计算该施工企业的下列指标:
(1)计算预收备料款;
(2)开始归还预收备料款时的工程价值;
(3)计算各月归还的预收备料款;
(4)计算7月末结算时实收的工程款;
(5)编制2011年7月份工程价款结算账单。

3. 某施工企业在测算计划年度工程结算利润时,有如下各项资料:
(1)计划年度施工产值为12 000 000元;
(2)计划年初在建工程为1 025 000元;
(3)计划年末在建工程为2 025 000元;
(4)工程结算收入的税率为3.3%;
(5)计划年度变动费用在工程造价中的比重为70%;
(6)计划年度固定费用总额为2 000 000元。
根据上列资料,为该施工企业测算计划年度工程结算利润。

4. 某施工企业在投标竞争中,搜集了有关"平均对手"过去的投标情报。情报内容如习表10-2所示。

施工企业"平均对手"过去的投标情报表　　　　表10-2

平均对手的标价/ 投标企业估计成本	概 率	平均对手的标价/ 投标企业估计成本	概 率
0.95	2	1.35	25
1.05	7	1.45	18
1.15	12	1.55	14
1.25	21	1.65	1

施工企业确定的各种标价为0.90C、1.00C、1.10C、……。
根据上列资料,计算下列指标:

(1) 选择在今后投标工程中有两个"平均对手"竞争时的最优标价和能获得的预期利润;

(2) 选择在今后投标工程中有 4 个"平均对手"竞争时的最优标价和能获得的预期利润。

5. 某施工企业所属附属工业企业生产有甲、乙、丙三种产品,有关计算各种产品销售利润的资料如习表 10-3 所示。

各种产品销售利润的资料表　　　　　习表 10-3

项　　目	甲产品	乙产品	丙产品
计划期初结存量(件)	50	50	
计划期生产量(件)	1 000	500	200
计划期末结存量(件)	80	50	40
报告年度单位售价(元)	1 142	1 300	
计划单位售价(元)	1 142	1 300	1400
报告年度单位成本(元)	1 042	1 205	
计划期单位成本(元)	914	1 005	1 168

根据上述资料,测算计划期下列指标:

(1) 各种产品的销售利润;

(2) 产品销售利润总额。

6. 某施工企业所属附属工业企业在编制 2012 年度计划时有下列各项资料:

(1) 有关计算可比产品销售利润的资料

2011 年 1～3 季实际销售利润:75 860 元

2011 年 1～3 季实际销售成本:804 618 元

2011 年 4 季度预计销售利润:30 460 元

2011 年 4 季度预计销售成本:305 200 元

2011 年期末产品结存额(销售成本):44 876 元

2011 年成本利润率:

甲产品　　7%

乙产品　　11.3%

2011 年产品销售成本比例:

甲产品　　40%

乙产品　　60%

2012 年计划生产产品销售成本比例:

甲产品　　47%

乙产品　　53%

2012 年生产可比产品应销比例:96.5%

按 2011 年成本计算的计划年度可比产品成本总额:1 220 800 元

2012 年可比产品成本降低率:4.3%

(2) 有关计算不可比产品销售利润的资料

2012 年不可比产品计划成本:3 000 元

2012年不可比产品销售比重:95%
2012年预计成本利润率:14%

根据上列资料,测算下列指标:

(1)2011年可比产品成本利润率;
(2)2012年生产的应销可比产品的利润;
(3)由于2012年可比产品品种结构变动而增减的利润;
(4)由于2012年降低可比产品成本而增加的利润;
(5)2012年生产的应销可比产品的销售利润总额;
(6)2012年不可比产品销售利润;
(7)2012年年初结存产品销售利润;
(8)2012年产品销售利润总额。

7. 安达建筑企业2011年全年利润总额为2 000万元,所得税率25%;需要用税后利润补亏50万元;该企业按规定提取法定公积金,不再提取任意盈余公积金;2012年投资计划拟需资金1 200万元。该企业的目标资金结构为:自有资金60%,借入资金40%。另外,该企业流通在外的普通股股数为2 000万股,没有优先股。要求:

(1)计算该企业2012年投资所需权益资金;
(2)计算在剩余政策下,该企业当年可发放的股利额及每股股利。

一、复利终值系数表

期数	1%	2%	3%	4%	5%	6%	7%	8%	9%	10%	11%	12%	13%	14%	15%
1	1.010 0	1.020 0	1.030 0	1.040 0	1.050 0	1.060 0	1.070 0	1.080 0	1.090 0	1.100 0	1.110 0	1.120 0	1.130 0	1.140 0	1.150 0
2	1.020 1	1.040 4	1.060 9	1.081 6	1.102 5	1.123 6	1.144 9	1.166 4	1.188 1	1.210 0	1.232 1	1.254 4	1.276 9	1.299 6	1.322 5
3	1.030 3	1.061 2	1.092 7	1.124 9	1.157 6	1.191 0	1.225 0	1.259 7	1.295 0	1.331 0	1.367 6	1.404 9	1.442 9	1.481 5	1.520 9
4	1.040 6	1.082 4	1.125 5	1.169 9	1.215 5	1.262 5	1.310 8	1.360 5	1.411 6	1.464 1	1.518 1	1.573 5	1.630 5	1.689 0	1.749 0
5	1.051 0	1.104 1	1.159 3	1.216 7	1.276 3	1.338 2	1.402 6	1.469 3	1.538 6	1.610 5	1.685 1	1.762 3	1.842 4	1.925 4	2.011 4
6	1.061 5	1.126 2	1.194 1	1.265 3	1.340 1	1.418 5	1.500 7	1.586 9	1.677 1	1.771 6	1.870 4	1.973 8	2.082 0	2.195 0	2.313 1
7	1.072 1	1.148 7	1.229 9	1.315 9	1.407 1	1.503 6	1.605 8	1.713 8	1.828 0	1.948 7	2.076 2	2.210 7	2.352 6	2.502 3	2.660 0
8	1.082 9	1.171 7	1.266 8	1.368 6	1.477 5	1.593 8	1.718 2	1.850 9	1.992 6	2.143 6	2.304 5	2.476 0	2.658 4	2.852 6	3.059 0
9	1.093 7	1.195 1	1.304 8	1.423 3	1.551 3	1.689 5	1.838 5	1.999 0	2.171 9	2.357 9	2.558 0	2.773 1	3.004 0	3.251 9	3.517 9
10	1.104 6	1.219 0	1.343 9	1.480 2	1.628 9	1.790 8	1.967 2	2.158 9	2.367 4	2.593 7	2.839 4	3.105 8	3.394 6	3.707 2	4.045 6
11	1.115 7	1.243 4	1.384 2	1.539 5	1.710 3	1.898 3	2.104 9	2.331 6	2.580 4	2.853 1	3.151 8	3.478 6	3.835 9	4.226 2	4.652 4
12	1.126 8	1.268 2	1.425 8	1.601 0	1.795 9	2.012 2	2.252 2	2.518 2	2.812 7	3.138 4	3.498 5	3.896 0	4.334 5	4.817 9	5.350 3
13	1.138 1	1.293 6	1.468 5	1.665 1	1.885 6	2.132 9	2.409 8	2.719 6	3.065 8	3.452 3	3.883 3	4.363 5	4.898 0	5.492 4	6.152 8
14	1.149 5	1.319 5	1.512 6	1.731 7	1.979 9	2.260 9	2.578 5	2.937 2	3.341 7	3.797 5	4.310 4	4.887 1	5.534 8	6.261 3	7.075 7
15	1.161 0	1.345 9	1.558 0	1.800 9	2.078 9	2.396 6	2.759 0	3.172 2	3.642 5	4.177 2	4.784 6	5.473 6	6.254 3	7.137 9	8.137 1
16	1.172 6	1.372 8	1.604 7	1.873 0	2.182 9	2.540 4	2.952 2	3.425 9	3.970 3	4.595 0	5.310 9	6.130 4	7.067 3	8.137 2	9.357 6

续上表

期数	1%	2%	3%	4%	5%	6%	7%	8%	9%	10%	11%	12%	13%	14%	15%
17	1.1843	1.4002	1.6528	1.9479	2.2920	2.6928	3.1588	3.7000	4.3276	5.0545	5.8951	6.8660	7.9861	9.2765	10.7613
18	1.1961	1.4282	1.7024	2.0258	2.4066	2.8543	3.3799	3.9960	4.7171	5.5599	6.5436	7.6900	9.0243	10.5752	12.3755
19	1.2081	1.4568	1.7535	2.1068	2.5270	3.0256	3.6165	4.3157	5.1417	6.1159	7.2633	8.6128	10.1974	12.0557	14.2318
20	1.2202	1.4859	1.8061	2.1911	2.6533	3.2071	3.8697	4.6610	5.6044	6.7275	8.0623	9.6463	11.5231	13.7435	16.3665
21	1.2324	1.5157	1.8603	2.2788	2.7860	3.3996	4.1406	5.0338	6.1088	7.4002	8.9492	10.8038	13.0211	15.6676	18.8215
22	1.2447	1.5460	1.9161	2.3699	2.9253	3.6035	4.4304	5.4365	6.6586	8.1403	9.9336	12.1003	14.7138	17.8610	21.6447
23	1.2572	1.5769	1.9736	2.4647	3.0715	3.8197	4.7405	5.8715	7.2579	8.9543	11.0263	13.5523	16.6266	20.3616	24.8915
24	1.2697	1.6084	2.0328	2.5633	3.2251	4.0489	5.0724	6.3412	7.9111	9.8497	12.2392	15.1786	18.7881	23.2122	28.6252
25	1.2824	1.6406	2.0938	2.6658	3.3864	4.2919	5.4274	6.8485	8.6231	10.8347	13.5855	17.0001	21.2305	26.4619	32.9190
26	1.2953	1.6734	2.1566	2.7725	3.5557	4.5494	5.8074	7.3964	9.3992	11.9182	15.0799	19.0401	23.9905	30.1666	37.8568
27	1.3082	1.7069	2.2213	2.8834	3.7335	4.8223	6.2139	7.9881	10.2451	13.1100	16.7387	21.3249	27.1095	34.3899	43.5353
28	1.3213	1.7410	2.2879	2.9987	3.9201	5.1117	6.6488	8.6271	11.1671	14.4210	18.5799	23.8839	30.6335	39.2045	50.0656
29	1.3345	1.7758	2.3566	3.1187	4.1161	5.4184	7.1143	9.3173	12.1722	15.8631	20.6237	26.7499	34.6158	44.6931	57.5755
30	1.3478	1.8114	2.4273	3.2434	4.3219	5.7435	7.6123	10.0627	13.2677	17.4494	22.8923	29.9599	39.1159	50.9502	66.2118

期数	16%	17%	18%	19%	20%	21%	22%	23%	24%	25%	26%	27%	28%	29%	30%
1	1.1600	1.1700	1.1800	1.1900	1.2000	1.2100	1.2200	1.2300	1.2400	1.2500	1.2600	1.2700	1.2800	1.2900	1.3000
2	1.3456	1.3689	1.3924	1.4161	1.4400	1.4641	1.4884	1.5129	1.5376	1.5625	1.5876	1.6129	1.6384	1.6641	1.6900
3	1.5609	1.6016	1.6430	1.6852	1.7280	1.7716	1.8158	1.8609	1.9066	1.9531	2.0004	2.0484	2.0972	2.1467	2.1970
4	1.8106	1.8739	1.9388	2.0053	2.0736	2.1436	2.2153	2.2889	2.3642	2.4414	2.5205	2.6014	2.6844	2.7692	2.8561
5	2.1003	2.1924	2.2878	2.3864	2.4883	2.5937	2.7027	2.8153	2.9316	3.0518	3.1758	3.3038	3.4360	3.5723	3.7129
6	2.4364	2.5652	2.6996	2.8398	2.9860	3.1384	3.2973	3.4628	3.6352	3.8147	4.0015	4.1959	4.3980	4.6083	4.8268
7	2.8262	3.0012	3.1855	3.3793	3.5832	3.7975	4.0227	4.2593	4.5077	4.7684	5.0419	5.3288	5.6295	5.9447	6.2749
8	3.2784	3.5115	3.7589	4.0214	4.2998	4.5950	4.9077	5.2389	5.5895	5.9605	6.3528	6.7675	7.2055	7.6686	8.1573

续上表

期数	16%	17%	18%	19%	20%	21%	22%	23%	24%	25%	26%	27%	28%	29%	30%
9	3.8030	4.1084	4.4355	4.7854	5.1598	5.5599	5.9874	6.4439	6.9310	7.4506	8.0045	8.5948	9.2234	9.8925	10.6045
10	4.4114	4.8068	5.2338	5.6947	6.1917	6.7275	7.3046	7.9259	8.5944	9.3132	10.0857	10.9153	11.8059	12.7614	13.7858
11	5.1173	5.6240	6.1759	6.7767	7.4301	8.1403	8.9117	9.7489	10.6571	11.6415	12.7080	13.8625	15.1116	16.4622	17.9216
12	5.9360	6.5801	7.2876	8.0642	8.9161	9.8497	10.8722	11.9912	13.2148	14.5519	16.0120	17.6055	19.3428	21.2362	23.2981
13	6.8855	7.6987	8.5994	9.5964	10.6993	11.9182	13.2641	14.7491	16.3863	18.1899	20.1752	22.3588	24.7588	27.3947	30.2875
14	7.9875	9.0075	10.1472	11.4198	12.8392	14.4210	16.1822	18.1414	20.3191	22.7374	25.4207	28.3957	31.6913	35.3391	39.3738
15	9.2655	10.5387	11.9737	13.5895	15.4070	17.4494	19.7423	22.3140	25.1956	28.4217	32.0301	36.0625	40.5648	45.5875	51.1859
16	10.7480	12.3303	14.1290	16.1715	18.4884	21.1138	24.0856	27.4462	31.2426	35.5271	40.3579	45.7994	51.9230	58.8079	66.5417
17	12.4677	14.4265	16.6722	19.2441	22.1861	25.5477	29.3844	33.7588	38.7408	44.4089	50.8510	58.1652	66.4614	75.8621	86.5042
18	14.4625	16.8790	19.6733	22.9005	26.6233	30.9127	35.8490	41.5233	48.0386	55.5112	64.0722	73.8692	85.0706	97.8622	112.4554
19	16.7765	19.7484	23.2144	27.2516	31.9480	37.4043	43.7358	51.0737	59.5679	69.3889	80.7310	93.8147	108.8904	126.2422	146.1920
20	19.4608	23.1056	27.3930	32.4294	38.3376	45.2593	53.3576	62.8206	73.8641	86.7361	101.7211	119.1446	139.3797	162.8524	190.0496
21	22.5745	27.0336	32.3238	38.5910	46.0051	54.7637	65.0963	77.2694	91.5915	108.4202	128.1685	151.3137	178.4060	210.0796	247.0645
22	26.1864	31.6293	38.1421	45.9234	55.2061	66.2641	79.4171	95.0413	113.5735	135.5252	161.4924	192.1683	228.3596	271.0027	321.1839
23	30.3762	37.0062	45.0076	54.6487	66.2474	80.1795	96.8894	116.9008	140.8312	169.4406	203.4804	244.0534	292.3003	349.5935	417.5391
24	35.2364	43.2973	53.1090	65.0320	79.4968	97.0172	118.2050	143.7880	174.6306	211.7582	256.3853	309.9483	374.1443	450.9756	542.8008
25	40.8742	50.6578	62.6686	77.3881	95.3962	117.3909	144.2101	176.8593	216.5420	264.6978	323.0454	393.6344	478.9049	581.7585	705.6410
26	47.4141	59.2697	73.9490	92.0918	114.4755	142.0429	175.9364	217.5363	268.5121	330.8722	407.0373	499.9157	612.9982	750.4685	917.3333
27	55.0004	69.3455	87.2598	109.5893	137.3706	171.8719	214.6424	267.5704	332.9550	413.5904	512.8670	634.8927	784.6377	968.1044	1192.5333
28	63.8004	81.1342	102.9666	130.4112	164.8447	207.9651	261.8637	329.1115	412.8642	516.9872	646.2120	806.3140	1004.3361	1248.8546	1550.2933
29	74.0084	94.9271	121.5005	155.1893	197.8136	251.6377	319.4737	404.8072	511.9516	646.2349	814.2276	1024.0187	1285.5504	1611.0225	2015.3813
30	85.8499	111.0647	143.3706	184.6753	237.3763	304.4816	389.7579	497.9129	634.8199	807.7936	1025.9267	1300.5038	1645.5046	2078.2190	2619.9956

二、复利现值系数表

期数	1%	2%	3%	4%	5%	6%	7%	8%	9%	10%	11%	12%	13%	14%	15%
1	0.990 1	0.980 4	0.970 9	0.961 5	0.952 4	0.943 4	0.934 6	0.925 9	0.917 4	0.909 1	0.900 9	0.892 9	0.885	0.877 2	0.869 6
2	0.980 3	0.961 2	0.942 6	0.924 6	0.907	0.89	0.873 4	0.857 3	0.841 7	0.826 4	0.811 6	0.797 2	0.783 1	0.769 5	0.756 1
3	0.970 6	0.942 3	0.915 1	0.889	0.863 8	0.839 6	0.816 3	0.793 8	0.772 2	0.751 3	0.731 2	0.711 8	0.693 1	0.675	0.657 5
4	0.961	0.923 8	0.888 5	0.854 8	0.822 7	0.792 1	0.762 9	0.735	0.708 4	0.683	0.658 7	0.635 5	0.613 3	0.592 1	0.571 8
5	0.951 5	0.905 7	0.862 6	0.821 9	0.783 5	0.747 3	0.713	0.680 6	0.649 9	0.620 9	0.593 5	0.567 4	0.542 8	0.519 4	0.497 2
6	0.942	0.888	0.837 5	0.790 3	0.746 2	0.705	0.666 3	0.630 2	0.596 3	0.564 5	0.534 6	0.506 6	0.480 3	0.455 6	0.432 3
7	0.932 7	0.870 6	0.813 1	0.759 9	0.710 7	0.665 1	0.622 7	0.583 5	0.547	0.513 2	0.481 7	0.452 3	0.425 1	0.399 6	0.375 9
8	0.923 5	0.853 5	0.789 4	0.730 7	0.676 8	0.627 4	0.582	0.540 3	0.501 9	0.466 5	0.433 9	0.403 9	0.376 2	0.350 6	0.326 9
9	0.914 3	0.836 8	0.766 4	0.702 6	0.644 6	0.591 9	0.543 9	0.500 2	0.460 4	0.424 1	0.390 9	0.360 6	0.332 9	0.307 5	0.284 3
10	0.905 3	0.820 3	0.744 1	0.675 6	0.613 9	0.558 4	0.508 3	0.463 2	0.422 4	0.385 5	0.352 2	0.322	0.294 6	0.269 7	0.247 2
11	0.896 3	0.804 3	0.722 4	0.649 6	0.584 7	0.526 8	0.475 1	0.428 9	0.387 5	0.350 5	0.317 3	0.287 5	0.260 7	0.236 6	0.214 9
12	0.887 4	0.788 5	0.701 4	0.624 6	0.556 8	0.497	0.444	0.397 1	0.355 5	0.318 6	0.285 8	0.256 7	0.230 7	0.207 6	0.186 9
13	0.878 7	0.773	0.681	0.600 6	0.530 3	0.468 8	0.415	0.367 7	0.326 2	0.289 7	0.257 5	0.229 2	0.204 2	0.182 1	0.162 5
14	0.87	0.757 9	0.661 1	0.577 5	0.505 1	0.442 3	0.387 8	0.340 5	0.299 2	0.263 3	0.232	0.204 6	0.180 7	0.159 7	0.141 3
15	0.861 3	0.743	0.641 9	0.555 3	0.481	0.417 3	0.362 4	0.315 2	0.274 5	0.239 4	0.209	0.182 7	0.159 9	0.140 1	0.122 9
16	0.852 8	0.728 4	0.623 2	0.533 9	0.458 1	0.393 6	0.338 7	0.291 9	0.251 9	0.217 6	0.188 3	0.163 1	0.141 5	0.122 9	0.106 9
17	0.844 4	0.714 2	0.605	0.513 4	0.436 3	0.371 4	0.316 6	0.270 3	0.231 1	0.197 8	0.169 6	0.145 6	0.125 2	0.107 8	0.092 9
18	0.836	0.700 2	0.587 4	0.493 6	0.415 5	0.350 3	0.295 9	0.250 2	0.212	0.179 9	0.152 8	0.13	0.110 8	0.094 6	0.080 8
19	0.827 7	0.686 4	0.570 3	0.474 6	0.395 7	0.330 5	0.276 5	0.231 7	0.194 5	0.163 5	0.137 7	0.116 1	0.098 1	0.082 9	0.070 3
20	0.819 5	0.673	0.553 7	0.456 4	0.376 9	0.311 8	0.258 4	0.214 5	0.178 4	0.148 6	0.124	0.103 7	0.086 8	0.072 8	0.061 1
21	0.811 4	0.659 8	0.537 5	0.438 8	0.358 9	0.294 2	0.241 5	0.198 7	0.163 7	0.135 1	0.111 7	0.092 6	0.076 8	0.063 8	0.053 1
22	0.803 4	0.646 8	0.521 9	0.422	0.341 8	0.277 5	0.225 7	0.183 9	0.150 2	0.122 8	0.100 7	0.082 6	0.068	0.056	0.046 2

续上表

期数	1%	2%	3%	4%	5%	6%	7%	8%	9%	10%	11%	12%	13%	14%	15%
23	0.795 4	0.634 2	0.506 7	0.405 7	0.325 6	0.261 8	0.210 9	0.170 3	0.137 8	0.111 7	0.090 7	0.073 8	0.060 1	0.049 1	0.040 2
24	0.787 6	0.621 7	0.491 9	0.390 1	0.310 1	0.247	0.197 1	0.157 7	0.126 4	0.101 5	0.081 7	0.065 9	0.053 2	0.043 1	0.034 9
25	0.779 8	0.609 5	0.477 6	0.375 1	0.295 3	0.233	0.184 2	0.146	0.116	0.092 3	0.073 6	0.058 8	0.047 1	0.037 8	0.030 4
26	0.772	0.597 6	0.463 7	0.360 7	0.281 2	0.219 8	0.172 2	0.135 2	0.106 4	0.083 9	0.066 3	0.052 5	0.041 7	0.033 1	0.026 4
27	0.764 4	0.585 9	0.450 2	0.346 8	0.267 8	0.207 4	0.160 9	0.125 2	0.097 6	0.076 3	0.059 7	0.046 9	0.036 9	0.029 1	0.023
28	0.756 8	0.574 4	0.437 1	0.333 5	0.255 1	0.195 6	0.150 4	0.115 9	0.089 5	0.069 3	0.053 8	0.041 9	0.032 6	0.025 5	0.02
29	0.749 3	0.563 1	0.424 3	0.320 7	0.242 9	0.184 6	0.140 6	0.107 3	0.082 2	0.063	0.048 5	0.037 4	0.028 9	0.022 4	0.017 4
30	0.741 9	0.552 1	0.412	0.308 3	0.231 4	0.174 1	0.131 4	0.099 4	0.075 4	0.057 3	0.043 7	0.033 4	0.025 6	0.019 6	0.015 1

期数	16%	17%	18%	19%	20%	21%	22%	23%	24%	25%	26%	27%	28%	29%	30%
1	0.862 1	0.854 7	0.847 5	0.840 3	0.833 3	0.826 4	0.819 7	0.813	0.806 5	0.8	0.793 7	0.787 4	0.781 3	0.775 2	0.769 2
2	0.743 2	0.730 5	0.718 2	0.706 2	0.694 4	0.683	0.671 9	0.661	0.650 4	0.64	0.629 9	0.62	0.610 4	0.600 9	0.591 7
3	0.640 7	0.624 4	0.608 6	0.593 4	0.578 7	0.564 5	0.550 7	0.537 4	0.524 5	0.512	0.499 9	0.488 2	0.476 8	0.465 8	0.455 2
4	0.552 3	0.533 7	0.515 8	0.498 7	0.482 3	0.466 5	0.451 4	0.436 9	0.423	0.409 6	0.396 8	0.384 4	0.372 5	0.361 1	0.350 1
5	0.476 1	0.456 1	0.437 1	0.419	0.401 9	0.385 5	0.37	0.355 2	0.341 1	0.327 7	0.314 9	0.302 7	0.291	0.279 9	0.269 3
6	0.410 4	0.389 8	0.370 4	0.352 1	0.334 9	0.318 6	0.303 3	0.288 8	0.275 1	0.262 1	0.249 9	0.238 3	0.227 4	0.217	0.207 2
7	0.353 8	0.333 2	0.313 9	0.295 9	0.279 1	0.263 3	0.248 6	0.234 8	0.221 8	0.209 7	0.198 3	0.187 7	0.177 6	0.168 2	0.159 4
8	0.305	0.284 8	0.266	0.248 7	0.232 6	0.217 6	0.203 8	0.190 9	0.178 9	0.167 8	0.157 4	0.147 8	0.138 8	0.130 4	0.122 6
9	0.263	0.243 4	0.225 5	0.209	0.193 8	0.179 9	0.167	0.155 2	0.144 3	0.134 2	0.124 9	0.116 4	0.108 4	0.101 1	0.094 3
10	0.226 7	0.208	0.191 1	0.175 6	0.161 5	0.148 6	0.136 9	0.126 2	0.116 4	0.107 4	0.099 2	0.091 6	0.084 7	0.078 4	0.072 5
11	0.195 4	0.177 8	0.161 9	0.147 6	0.134 6	0.122 8	0.112 2	0.102 6	0.093 8	0.085 9	0.078 7	0.072 1	0.066 2	0.060 7	0.055 8

续上表

期数	16%	17%	18%	19%	20%	21%	22%	23%	24%	25%	26%	27%	28%	29%	30%
12	0.168 5	0.152	0.137 2	0.124	0.112 2	0.101 5	0.092	0.083 4	0.075 7	0.068 7	0.062 5	0.056 8	0.051 7	0.047 1	0.042 9
13	0.145 2	0.129 9	0.116 3	0.104 2	0.093 5	0.083 9	0.075 4	0.067 8	0.061	0.055	0.049 6	0.044 7	0.040 4	0.036 5	0.033
14	0.125 2	0.111	0.098 5	0.087 6	0.077 9	0.069 3	0.061 8	0.055 1	0.049 2	0.044	0.039 3	0.035 2	0.031 6	0.028 3	0.025 4
15	0.107 9	0.094 9	0.083 5	0.073 6	0.064 9	0.057 3	0.050 7	0.044 8	0.039 7	0.035 2	0.031 2	0.027 7	0.024 7	0.021 9	0.019 5
16	0.093	0.081 1	0.070 8	0.061 8	0.054 1	0.047 4	0.041 5	0.036 4	0.032	0.028 1	0.024 8	0.021 8	0.019 3	0.017	0.015
17	0.080 2	0.069 3	0.06	0.052	0.045 1	0.039 1	0.034	0.029 6	0.025 8	0.022 5	0.019 7	0.017 2	0.015	0.013 2	0.011 6
18	0.069 1	0.059 2	0.050 8	0.043 7	0.037 6	0.032 3	0.027 9	0.024 1	0.020 8	0.018	0.015 6	0.013 5	0.011 8	0.010 2	0.008 9
19	0.059 6	0.050 6	0.043 1	0.036 7	0.031 3	0.026 7	0.022 9	0.019 6	0.016 8	0.014 4	0.012 4	0.010 7	0.009 2	0.007 9	0.006 8
20	0.051 4	0.043 3	0.036 5	0.030 8	0.026 1	0.022 1	0.018 7	0.015 9	0.013 5	0.011 5	0.009 8	0.008 4	0.007 2	0.006 1	0.005 3
21	0.044 3	0.037	0.030 9	0.025 9	0.021 7	0.018 3	0.015 4	0.012 9	0.010 9	0.009 2	0.007 8	0.006 6	0.005 6	0.004 8	0.004
22	0.038 2	0.031 6	0.026 2	0.021 8	0.018 1	0.015 1	0.012 6	0.010 5	0.008 8	0.007 4	0.006 2	0.005 2	0.004 4	0.003 7	0.003 1
23	0.032 9	0.027	0.022 2	0.018 3	0.015 1	0.012 5	0.010 3	0.008 6	0.007 1	0.005 9	0.004 9	0.004 1	0.003 4	0.002 9	0.002 4
24	0.028 4	0.023 1	0.018 8	0.015 4	0.012 6	0.010 3	0.008 5	0.007	0.005 7	0.004 7	0.003 9	0.003 2	0.002 7	0.002 2	0.001 8
25	0.024 5	0.019 7	0.016	0.012 9	0.010 5	0.008 5	0.006 9	0.005 7	0.004 6	0.003 8	0.003 1	0.002 5	0.002 1	0.001 7	0.001 4
26	0.021 1	0.016 9	0.013 5	0.010 9	0.008 7	0.007	0.005 7	0.004 6	0.003 7	0.003	0.002 5	0.002	0.001 6	0.001 3	0.001 1
27	0.018 2	0.014 4	0.011 5	0.009 1	0.007 3	0.005 8	0.004 7	0.003 7	0.003	0.002 4	0.001 9	0.001 6	0.001 3	0.001	0.000 8
28	0.015 7	0.012 3	0.009 7	0.007 7	0.006 1	0.004 8	0.003 8	0.003	0.002 4	0.001 9	0.001 5	0.001 2	0.001	0.000 8	0.000 6
29	0.013 5	0.010 5	0.008 2	0.006 4	0.005 1	0.004	0.003 1	0.002 5	0.002	0.001 5	0.001 2	0.001	0.000 8	0.000 6	0.000 5
30	0.011 6	0.009	0.007	0.005 4	0.004 2	0.003 3	0.002 6	0.002	0.001 6	0.001 2	0.001	0.000 8	0.000 6	0.000 5	0.000 4

三、年金终值系数表

期数	1%	2%	3%	4%	5%	6%	7%	8%	9%	10%	11%	12%	13%	14%	15%
1	1.0000	1.0000	1.0000	1.0000	1.0000	1.0000	1.0000	1.0000	1.0000	1.0000	1.0000	1.0000	1.0000	1.0000	1.0000
2	2.0100	2.0200	2.0300	2.0400	2.0500	2.0600	2.0700	2.0800	2.0900	2.1000	2.1100	2.1200	2.1300	2.1400	2.1500
3	3.0301	3.0604	3.0909	3.1216	3.1525	3.1836	3.2149	3.2464	3.2781	3.3100	3.3421	3.3744	3.4069	3.4396	3.4725
4	4.0604	4.1216	4.1836	4.2465	4.3101	4.3746	4.4399	4.5061	4.5731	4.6410	4.7097	4.7793	4.8498	4.9211	4.9934
5	5.1010	5.2040	5.3091	5.4163	5.5256	5.6371	5.7507	5.8666	5.9847	6.1051	6.2278	6.3528	6.4803	6.6101	6.7424
6	6.1520	6.3081	6.4684	6.6330	6.8019	6.9753	7.1533	7.3359	7.5233	7.7156	7.9129	8.1152	8.3227	8.5355	8.7537
7	7.2135	7.4343	7.6625	7.8983	8.1420	8.3938	8.6540	8.9228	9.2004	9.4872	9.7833	10.0890	10.4047	10.7305	11.0668
8	8.2857	8.5830	8.8923	9.2142	9.5491	9.8975	10.2598	10.6366	11.0285	11.4359	11.8594	12.2997	12.7573	13.2328	13.7268
9	9.3685	9.7547	10.1591	10.5828	11.0266	11.4913	11.9780	12.4876	13.0210	13.5795	14.1640	14.7757	15.4157	16.0853	16.7858
10	10.4622	10.9497	11.4639	12.0061	12.5779	13.1808	13.8164	14.4866	15.1929	15.9374	16.7220	17.5487	18.4197	19.3373	20.3037
11	11.5668	12.1687	12.8078	13.4864	14.2068	14.9716	15.7836	16.6455	17.5603	18.5312	19.5614	20.6546	21.8143	23.0445	24.3493
12	12.6825	13.4121	14.1920	15.0258	15.9171	16.8699	17.8885	18.9771	20.1407	21.3843	22.7132	24.1331	25.6502	27.2707	29.0017
13	13.8093	14.6803	15.6178	16.6268	17.7130	18.8821	20.1406	21.4953	22.9534	24.5227	26.2116	28.0291	29.9847	32.0887	34.3519
14	14.9474	15.9739	17.0863	18.2919	19.5986	21.0151	22.5505	24.2149	26.0192	27.9750	30.0949	32.3926	34.8827	37.5811	40.5047
15	16.0969	17.2934	18.5989	20.0236	21.5786	23.2760	25.1290	27.1521	29.3609	31.7725	34.4054	37.2797	40.4175	43.8424	47.5804
16	17.2579	18.6393	20.1569	21.8245	23.6575	25.6725	27.8881	30.3243	33.0034	35.9497	39.1899	42.7533	46.6717	50.9804	55.7175
17	18.4304	20.0121	21.7616	23.6975	25.8404	28.2129	30.8402	33.7502	36.9737	40.5447	44.5008	48.8837	53.7391	59.1176	65.0751
18	19.6147	21.4123	23.4144	25.6454	28.1324	30.9057	33.9990	37.4502	41.3013	45.5992	50.3959	55.7497	61.7251	68.3941	75.8364
19	20.8109	22.8406	25.1169	27.6712	30.5390	33.7600	37.3790	41.4463	46.0185	51.1591	56.9395	63.4397	70.7494	78.9692	88.2118
20	22.0190	24.2974	26.8704	29.7781	33.0660	36.7856	40.9955	45.7620	51.1601	57.2750	64.2028	72.0524	80.9468	91.0249	102.4436
21	23.2392	25.7833	28.6765	31.9692	35.7193	39.9927	44.8652	50.4229	56.7645	64.0025	72.2651	81.6987	92.4699	104.7684	118.8101
22	24.4716	27.2990	30.5368	34.2480	38.5052	43.3923	49.0057	55.4568	62.8733	71.4027	81.2143	92.5026	105.4910	120.4360	137.6316

续上表

期数	1%	2%	3%	4%	5%	6%	7%	8%	9%	10%	11%	12%	13%	14%	15%
23	25.716 3	28.845 0	32.452 9	36.617 9	41.430 5	46.995 8	53.436 1	60.893 3	69.531 9	79.543 0	91.147 9	104.602 9	120.204 8	138.297 0	159.276 4
24	26.973 5	30.421 9	34.426 5	39.082 6	44.502 0	50.815 6	58.176 7	66.764 8	76.789 8	88.497 3	102.174 2	118.155 2	136.831 5	158.658 6	184.167 8
25	28.243 2	32.030 3	36.459 3	41.645 9	47.727 1	54.864 5	63.249 0	73.105 9	84.700 9	98.347 1	114.413 3	133.333 9	155.619 6	181.870 8	212.793 0
26	29.525 6	33.670 9	38.553 0	44.311 7	51.113 5	59.156 4	68.676 5	79.954 4	93.324 0	109.181 8	127.998 8	150.333 9	176.850 1	208.332 7	245.712 0
27	30.820 9	35.344 3	40.709 6	47.084 2	54.669 1	63.705 8	74.483 8	87.350 8	102.723 1	121.099 9	143.078 6	169.374 0	200.840 6	238.499 3	283.568 8
28	32.129 1	37.051 2	42.930 9	49.967 6	58.402 6	68.528 1	80.697 7	95.338 8	112.968 2	134.209 9	159.817 3	190.698 9	227.949 9	272.889 2	327.104 1
29	33.450 4	38.792 2	45.218 9	52.966 3	62.322 7	73.639 8	87.346 5	103.965 9	124.135 4	148.630 9	178.397 2	214.582 8	258.583 4	312.093 7	377.169 7
30	34.784 9	40.568 1	47.575 4	56.084 9	66.438 8	79.058 2	94.460 8	113.283 2	136.307 5	164.494 0	199.020 9	241.332 7	293.199 2	356.786 8	434.745 1

期数	16%	17%	18%	19%	20%	21%	22%	23%	24%	25%	26%	27%	28%	29%	30%
1	1.000 0	1.000 0	1.000 0	1.000 0	1.000 0	1.000 0	1.0000	1.000 0	1.000 0	1.000 0	1.000 0	1.000 0	1.000 0	1.000 0	1.000 0
2	2.160 0	2.170 0	2.180 0	2.190 0	2.200 0	2.210 0	2.220 0	2.230 0	2.240 0	2.250 0	2.260 0	2.270 0	2.280 0	2.290 0	2.300 0
3	3.505 6	3.538 9	3.572 4	3.606 1	3.640 0	3.674 1	3.708 4	3.742 9	3.777 6	3.812 5	3.847 6	3.882 9	3.918 4	3.954 1	3.990 0
4	5.066 5	5.140 5	5.215 4	5.291 3	5.368 0	5.445 7	5.524 2	5.603 8	5.684 1	5.765 6	5.848 0	5.931 3	6.015 6	6.100 8	6.187 0
5	6.877 1	7.014 4	7.154 2	7.296 6	7.441 6	7.589 2	7.739 6	7.892 6	8.048 4	8.207 0	8.368 4	8.532 7	8.699 9	8.870 0	9.043 1
6	8.977 5	9.206 8	9.442 0	9.683 0	9.929 9	10.183 0	10.442 3	10.707 9	10.980 1	11.258 8	11.544 2	11.836 6	12.135 9	12.442 3	12.756 0
7	11.413 9	11.772 0	12.141 5	12.522 7	12.915 9	13.321 4	13.739 6	14.170 8	14.615 3	15.073 5	15.545 8	16.032 4	16.533 9	17.050 6	17.582 8
8	14.240 1	14.773 3	15.327 0	15.902 0	16.499 1	17.118 9	17.762 3	18.430 0	19.122 9	19.841 9	20.587 6	21.361 2	22.163 4	22.995 3	23.857 7
9	17.518 5	18.284 7	19.085 9	19.923 4	20.798 9	21.713 9	22.670 0	23.669 0	24.712 5	25.802 3	26.940 4	28.128 7	29.369 2	30.663 9	32.015 0
10	21.321 5	22.393 1	23.521 3	24.708 9	25.958 7	27.273 8	28.657 4	30.112 8	31.643 4	33.252 9	34.944 9	36.723 5	38.592 6	40.556 4	42.619 5
11	25.732 9	27.199 9	28.755 1	30.403 5	32.150 4	34.001 3	35.962 0	38.038 8	40.237 9	42.566 1	45.030 6	47.638 8	50.398 5	53.317 8	56.405 3
12	30.850 2	32.823 9	34.931 1	37.180 2	39.580 5	42.141 6	44.873 7	47.787 7	50.895 0	54.207 7	57.738 6	61.501 3	65.510 0	69.780 0	74.327 0

续上表

期数	16%	17%	18%	19%	20%	21%	22%	23%	24%	25%	26%	27%	28%	29%	30%
13	36.786 2	39.404 0	42.218 7	45.244 5	48.496 6	51.991 3	55.745 9	59.778 8	64.109 7	68.759 4	73.750 6	79.106 6	84.852 9	91.016 1	97.625 0
14	43.672 0	47.102 7	50.818 0	54.840 9	59.195 9	63.909 5	69.010 0	74.528 0	80.496 1	86.949 5	93.925 8	101.465 4	109.611 7	118.410 8	127.912 5
15	51.659 5	56.110 1	60.965 3	66.260 7	72.035 1	78.330 5	85.192 2	92.669 4	100.815 1	109.686 8	119.346 5	129.861 1	141.302 9	153.750 0	167.286 3
16	60.925 0	66.648 8	72.939 0	79.850 2	87.442 1	95.779 9	104.934 5	114.983 4	126.010 8	138.108 5	151.376 6	165.923 6	181.867 7	199.337 4	218.472 2
17	71.673 0	78.979 2	87.068 0	96.021 8	105.930 6	116.893 7	129.020 1	142.429 5	157.253 4	173.635 7	191.734 5	211.723 0	233.790 7	258.145 3	285.013 9
18	84.140 7	93.405 6	103.740 3	115.265 9	128.116 7	142.441 3	158.404 5	176.188 3	195.994 2	218.044 6	242.585 5	269.888 2	300.252 1	334.007 4	371.518 0
19	98.603 2	110.284 5	123.413 5	138.166 4	154.740 0	173.354 0	194.253 5	217.711 6	244.032 8	273.555 5	306.657 7	343.758 0	385.322 7	431.869 6	483.973 4
20	115.379 7	130.032 9	146.628 0	165.418 0	186.688 0	210.758 4	237.989 3	268.785 3	303.600 6	342.944 7	387.388 7	437.572 6	494.213 1	558.111 8	630.165 5
21	134.840 5	153.138 5	174.021 0	197.847 4	225.025 6	256.017 6	291.346 9	331.605 9	377.464 8	429.680 9	489.109 8	556.717 3	633.592 7	720.964 2	820.215 1
22	157.415 0	180.172 1	206.344 8	236.438 5	271.030 7	310.781 3	356.443 2	408.875 3	469.056 3	538.101 1	617.278 3	708.030 9	811.998 7	931.043 8	1 067.279 6
23	183.601 4	211.801 3	244.486 8	282.361 8	326.236 9	377.045 4	435.860 7	503.916 6	582.629 8	673.626 4	778.770 7	900.199 3	1 040.358 3	1 202.046 5	1 388.463 5
24	213.977 6	248.807 6	289.494 5	337.010 5	392.484 2	457.224 9	532.750 1	620.817 4	723.461 0	843.032 9	982.251 1	1 144.253 7	1 332.658 6	1 551.640 0	1 806.002 6
25	249.214 0	292.104 9	342.603 5	402.042 5	471.981 0	554.242 2	650.955 1	764.605 4	898.091 6	1 054.791 2	1 238.636 3	1 454.201 4	1 706.803 1	2 002.615 6	2 348.803 3
26	290.088 3	342.762 7	405.272 1	479.430 6	567.377 3	671.633 0	795.165 3	941.464 7	1 114.633 6	1 319.489 0	1 561.681 8	1 847.835 8	2 185.707 9	2 584.374 1	3 054.444 3
27	337.502 4	402.032 3	479.221 1	571.522 4	681.852 8	813.675 9	971.101 6	1 159.001 5	1 383.145 7	1 650.361 2	1 968.719 1	2 347.751 5	2 798.706 1	3 334.842 8	3 971.777 6
28	392.502 8	471.377 8	566.480 9	681.111 6	819.223 3	985.547 9	1 185.744 0	1 426.571 9	1 716.100 7	2 063.951 5	2 481.586 0	2 982.644 4	3 583.343 8	4 302.947 0	5 164.310 9
29	456.303 2	552.512 1	669.447 5	811.522 8	984.068 0	1 193.512 9	1 447.607 7	1 755.683 5	2 128.964 8	2 580.939 4	3 127.798 4	3 788.958 3	4 587.680 1	5 551.801 6	6 714.604 2
30	530.311 7	647.439 1	790.948 0	966.712 2	1 181.881 6	1 445.150 7	1 767.081 3	2 160.490 7	2 640.916 4	3 227.174 3	3 942.026 0	4 812.977 1	5 873.230 6	7 162.824 1	8 729.985 5

四、年金现值系数表

期数	1%	2%	3%	4%	5%	6%	7%	8%	9%	10%	11%	12%	13%	14%	15%
1	0.990 1	0.980 4	0.970 9	0.961 5	0.952 4	0.943 4	0.934 6	0.925 9	0.917 4	0.909 1	0.900 9	0.892 9	0.885	0.877 2	0.869 6
2	1.970 4	1.941 6	1.913 5	1.886 1	1.859 4	1.833 4	1.808	1.783 3	1.759 1	1.735 5	1.712 5	1.690 1	1.668 1	1.646 7	1.625 7
3	2.941	2.883 9	2.828 6	2.775 1	2.723 2	2.673	2.624 3	2.577 1	2.531 3	2.486 9	2.443 7	2.401 8	2.361 2	2.321 6	2.283 2
4	3.902	3.807 7	3.717 1	3.629 9	3.546	3.465 1	3.387 2	3.312 1	3.239 7	3.169 9	3.102 4	3.037 3	2.974 5	2.913 7	2.855
5	4.853 4	4.713 5	4.579 7	4.451 8	4.329 5	4.212 4	4.100 2	3.992 7	3.889 7	3.790 8	3.695 9	3.604 8	3.517 2	3.433 1	3.352 2
6	5.795 5	5.601 4	5.417 2	5.242 1	5.075 7	4.917 3	4.766 5	4.622 9	4.485 9	4.355 3	4.230 5	4.111 4	3.997 5	3.888 7	3.784 5
7	6.728 2	6.472	6.230 3	6.002 1	5.786 4	5.582 4	5.389 3	5.206 4	5.033	4.868 4	4.712 2	4.563 8	4.422 6	4.288 3	4.160 4
8	7.651 7	7.325 5	7.019 7	6.732 7	6.463 2	6.209 8	5.971 3	5.746 6	5.534 8	5.334 9	5.146 1	4.967 6	4.798 8	4.638 9	4.487 3
9	8.566	8.162 2	7.786 1	7.435 3	7.107 8	6.801 7	6.515 2	6.246 9	5.995 2	5.759	5.537	5.328 2	5.131 7	4.946 4	4.771 6
10	9.471 3	8.982 6	8.530 2	8.110 9	7.721 7	7.360 1	7.023 6	6.710 1	6.417 7	6.144 6	5.889 2	5.650 2	5.426 2	5.216 1	5.018 8
11	10.367 6	9.786 8	9.252 6	8.760 5	8.306 4	7.886 9	7.498 7	7.139	6.805 2	6.495 1	6.206 5	5.937 7	5.686 9	5.452 7	5.233 7
12	11.255 1	10.575 3	9.954	9.385 1	8.863 3	8.383 8	7.942 7	7.536 1	7.160 7	6.813 7	6.492 4	6.194 4	5.917 6	5.660 3	5.420 6
13	12.133 7	11.348 4	10.635	9.985 6	9.393 6	8.852 7	8.357 7	7.903 8	7.486 9	7.103 4	6.749 9	6.423 5	6.121 8	5.842 4	5.583 1
14	13.003 7	12.106 2	11.296 1	10.563 1	9.898 6	9.295	8.745 5	8.244 2	7.786 2	7.366 7	6.981 9	6.628 2	6.302 5	6.002 1	5.724 5
15	13.865 1	12.849 3	11.937 9	11.118 4	10.379 7	9.712 2	9.107 9	8.559 5	8.060 7	7.606 1	7.190 9	6.810 9	6.462 4	6.142 2	5.847 4
16	14.717 9	13.577 7	12.561 1	11.652 3	10.837 8	10.105 9	9.446 6	8.851 4	8.312 6	7.823 7	7.379 2	6.974	6.603 9	6.265 1	5.954 2
17	15.562 3	14.291 9	13.166 1	12.165 7	11.274 1	10.477 3	9.763 2	9.121 6	8.543 6	8.021 6	7.548 8	7.119 6	6.729 1	6.372 9	6.047 2
18	16.398 3	14.992	13.753 5	12.659 3	11.689 6	10.827 6	10.059 1	9.371 9	8.755 6	8.201 4	7.701 6	7.249 7	6.839 9	6.467 4	6.128
19	17.226	15.678 5	14.323 8	13.133 9	12.085 3	11.158 1	10.335 6	9.603 6	8.950 1	8.364 9	7.839 3	7.365 8	6.938	6.550 4	6.198 2
20	18.045 6	16.351 4	14.877 5	13.590 3	12.462 2	11.469 9	10.594	9.818 1	9.128 5	8.513 6	7.963 3	7.469 4	7.024 8	6.623 1	6.259 3
21	18.857	17.011 2	15.415	14.029 2	12.821 2	11.764 1	10.835 5	10.016 8	9.292 2	8.648 7	8.075 1	7.562	7.101 6	6.687	6.312 5
22	19.660 4	17.658	15.936 9	14.451 1	13.163	12.041 6	11.061 2	10.200 7	9.442 4	8.771 5	8.175 7	7.644 6	7.169 5	6.742 9	6.358 7
23	20.455 8	18.292 2	16.443 6	14.856 8	13.488 6	12.303 4	11.272 2	10.371 1	9.580 2	8.883 2	8.266 4	7.718 4	7.229 7	6.792 1	6.398 8

续上表

期数	1%	2%	3%	4%	5%	6%	7%	8%	9%	10%	11%	12%	13%	14%	15%
24	21.243 4	18.913 9	16.935 5	15.247	13.798 6	12.550 4	11.469 3	10.528 8	9.706 6	8.984 7	8.348 1	7.784 3	7.282 9	6.835 1	6.433 8
25	22.023 2	19.523 5	17.413 1	15.622 1	14.093 9	12.783 4	11.653 6	10.674 8	9.822 6	9.077	8.421 7	7.843 1	7.33	6.872 9	6.464 1
26	22.795 2	20.121	17.876 8	15.982 8	14.375 2	13.003 2	11.825 8	10.81	9.929	9.160 9	8.488 1	7.895 7	7.371 7	6.906 1	6.490 6
27	23.559 6	20.706 9	18.327	16.329 6	14.643	13.210 5	11.986 7	10.935 2	10.026 6	9.237 2	8.547 8	7.942 6	7.408 6	6.935 2	6.513 5
28	24.316 4	21.281 3	18.764 1	16.663 1	14.898 1	13.406 2	12.137 1	11.051 1	10.116 1	9.306 6	8.601 6	7.984 4	7.441 2	6.960 7	6.533 5
29	25.065 8	21.844 4	19.188 5	16.983 7	15.141 1	13.590 7	12.277 7	11.158 4	10.198 3	9.369 6	8.650 1	8.021 8	7.470 1	6.983	6.550 9
30	25.807 7	22.396 5	19.600 4	17.292	15.372 5	13.764 8	12.409	11.257 8	10.273 7	9.426 9	8.693 8	8.055 2	7.495 7	7.002 7	6.566

期数	16%	17%	18%	19%	20%	21%	22%	23%	24%	25%	26%	27%	28%	29%	30%
1	0.862 1	0.854 7	0.847 5	0.840 3	0.833 3	0.826 4	0.819 7	0.813	0.806 5	0.8	0.793 7	0.787 4	0.781 3	0.775 2	0.769 2
2	1.605 2	1.585 2	1.565 6	1.546 5	1.527 8	1.509 5	1.491 5	1.474	1.456 8	1.44	1.423 5	1.407 4	1.391 6	1.376 1	1.360 9
3	2.245 9	2.209 6	2.174 3	2.139 9	2.106 5	2.073 9	2.042 2	2.011 4	1.981 3	1.952	1.923 4	1.895 6	1.868 4	1.842	1.816 1
4	2.798 2	2.743 2	2.690 1	2.638 6	2.588 7	2.540 4	2.493 6	2.448 3	2.404 3	2.361 6	2.320 2	2.28	2.241	2.203 1	2.166 2
5	3.274 3	3.199 3	3.127 2	3.057 6	2.990 6	2.926	2.863 6	2.803 5	2.745 4	2.689 3	2.635 1	2.582 7	2.532	2.483	2.435 6
6	3.684 7	3.589 2	3.497 6	3.409 8	3.325 5	3.244 6	3.166 9	3.092 3	3.020 5	2.951 4	2.885	2.821	2.759 4	2.7	2.642 7
7	4.038 6	3.922 4	3.811 5	3.705 7	3.604 6	3.507 9	3.415 5	3.327	3.242 3	3.161 1	3.083 3	3.008 7	2.937	2.868 2	2.802 1
8	4.343 6	4.207 2	4.077 6	3.954 2	3.837 2	3.725 6	3.619 3	3.517 9	3.421 2	3.328 9	3.240 7	3.156 4	3.075 8	2.998 6	2.924 7
9	4.606 5	4.450 6	4.303	4.163 3	4.031	3.905 4	3.786 3	3.673	3.565 5	3.463 1	3.365 7	3.272 8	3.184 2	3.099 7	3.019
10	4.833 2	4.658 6	4.494 1	4.338 9	4.192 5	4.054 1	3.923 2	3.799 3	3.681 9	3.570 5	3.464 8	3.364 4	3.268 9	3.178 1	3.091 5
11	5.028 6	4.836 4	4.656	4.486 5	4.327 1	4.176 9	4.035 4	3.901 8	3.775 7	3.656 4	3.543 5	3.436 5	3.335 1	3.238 8	3.147 3
12	5.197 1	4.988 4	4.793 2	4.610 5	4.439 2	4.278 4	4.127 4	3.985 2	3.851 4	3.725 1	3.605 9	3.493 3	3.386 8	3.285 9	3.190 3

续上表

期数	16%	17%	18%	19%	20%	21%	22%	23%	24%	25%	26%	27%	28%	29%	30%
13	5.342 3	5.118 3	4.909 5	4.714 7	4.532 7	4.362 4	4.202 8	4.053	3.912 4	3.780 1	3.655 5	3.538 1	3.427 2	3.322 4	3.223 3
14	5.467 5	5.229 3	5.008 1	4.802 3	4.610 6	4.431 7	4.264 6	4.108 2	3.961 6	3.824 1	3.694 9	3.573 3	3.458 7	3.350 7	3.248 7
15	5.575 5	5.324 2	5.091 6	4.875 9	4.675 5	4.489	4.315 2	4.153	4.001 3	3.859 3	3.726 1	3.601	3.483 4	3.372 6	3.268 2
16	5.668 5	5.405 3	5.162 4	4.937 7	4.729 6	4.536 4	4.356 7	4.189 4	4.033 3	3.887 4	3.750 9	3.622 8	3.502 6	3.389 6	3.283 2
17	5.748 7	5.474 6	5.222 3	4.989 7	4.774 6	4.575 5	4.390 8	4.219	4.059 1	3.909 9	3.770 5	3.64	3.517 7	3.402 8	3.294 8
18	5.817 8	5.533 9	5.273 2	5.033 3	4.812 2	4.607 9	4.418 7	4.243 1	4.079 9	3.927 9	3.786 1	3.653 6	3.529 4	3.413	3.303 7
19	5.877 5	5.584 5	5.316 2	5.07	4.843 5	4.634 6	4.441 5	4.262 7	4.096 7	3.942 4	3.798 5	3.664 2	3.538 6	3.421	3.310 5
20	5.928 8	5.627 8	5.352 7	5.100 9	4.869 6	4.656 7	4.460 3	4.278 6	4.110 3	3.953 9	3.808 3	3.672 6	3.545 8	3.427 1	3.315 8
21	5.973 1	5.664 8	5.383 7	5.126 8	4.891 3	4.675	4.475 6	4.291 6	4.121 2	3.963 1	3.816 1	3.679 2	3.551 4	3.431 9	3.319 8
22	6.011 3	5.696 4	5.409 9	5.148 6	4.909 4	4.69	4.488 2	4.302 1	4.13	3.970 5	3.822 3	3.684 4	3.555 8	3.435 6	3.323
23	6.044 2	5.723 4	5.432 1	5.166 8	4.924 5	4.702 5	4.498 5	4.310 6	4.137 1	3.976 4	3.827 3	3.688 5	3.559 2	3.438 4	3.325 4
24	6.072 6	5.746 5	5.450 9	5.182 2	4.937 1	4.712 8	4.507	4.317 6	4.142 8	3.981 1	3.831 2	3.691 8	3.561 9	3.440 6	3.327 2
25	6.097 1	5.766 5	5.466 9	5.195 1	4.947 6	4.721 3	4.513 9	4.323 2	4.147 4	3.984 9	3.834 2	3.694 3	3.564	3.442 3	3.328 6
26	6.118 2	5.783 1	5.480 4	5.206	4.956 3	4.728 4	4.519 6	4.327 8	4.151 1	3.987 9	3.836 7	3.696 3	3.565 6	3.443 7	3.329 7
27	6.136 4	5.797 5	5.491 9	5.215 1	4.963 6	4.734 2	4.524 3	4.331 6	4.154 2	3.990 3	3.838 7	3.697 9	3.566 9	3.444 7	3.330 5
28	6.152	5.809 9	5.501 6	5.222 8	4.969 7	4.739	4.528 1	4.334 6	4.156 6	3.992 3	3.840 2	3.699 1	3.567 9	3.445 5	3.331 2
29	6.165 6	5.820 4	5.509 8	5.229 2	4.974 7	4.743	4.531 2	4.337 1	4.158 5	3.993 8	3.841 4	3.700 1	3.568 7	3.446 1	3.331 7
30	6.177 2	5.829 4	5.516 8	5.234 7	4.978 9	4.746 3	4.533 8	4.339 1	4.160 1	3.995	3.842 4	3.700 9	3.569 3	3.446 6	3.332 1

参 考 文 献

[1] 中国注册会计师协会.财务成本管理[M].北京:经济科学出版社,2011.
[2] 荆新,王化成,刘俊彦.财务管理学(5版)[M].北京:中国人民大学出版社,2009.
[3] 郭复初,王庆成.财务管理学(2版)[M].北京:高等教育出版社,2005.
[4] 朱开悉,何进日.财务管理学(2版)[M].长沙:湖南人民出版社,2009.
[5] 易海斗,杨成炎,胡公服.交通施工企业财务管理学[M].北京:人民交通出版社,1999.
[6] 宋献中,吴思明.中级财务管理(2版)[M].大连:东北财经大学出版社,2009.
[7] 沈洪涛,樊莹,罗淑贞.初级财务管理[M].大连:东北财经大学出版社,2008.
[8] 叶晓甡,等.工程财务与风险管理[M].北京:中国建筑工业出版社,2007.
[9] 刘淑莲.公司理财[M].北京:北京大学出版社,2007.
[10] 赵华.工程项目融资[M].北京:人民交通出版社,2010.
[11] [美]斯蒂芬 A.罗斯,罗德尔福 W.威斯特菲尔德,杰弗利 F.杰富.公司理财[M].吴世农,沈艺峰,等译.北京:机械工业出版社,2000.
[12] 郭复初.财务通论[M].上海:立信会计出版社,1997.
[13] 道格拉.R.爱默瑞,约翰.D.芬尼特,约翰.D.斯托.公司财务管理(2版)[M].荆新,译.北京:中国人民大学出版社,2007.
[14] ArthurJ. Keown,等,现代财务管理基础[M].朱武祥,译.北京:清华大学出版社,1997.
[15] 肖林.融资管理与风险价值[M].上海:上海人民出版社,2003.
[16] 陈有安,王学军,等.项目融资与风险管理[M].北京:中国计划出版社,2000.
[17] 蒋先玲.项目融资[M].北京:中国金融出版社,2001.
[18] 马秀岩,卢洪升.项目融资[M].大连:东北财经大学出版社,2004.
[19] 卢家仪,等.项目融资[M].北京:清华大学出版社,2000.
[20] 徐莉,王红岩.项目评估与决策[M].北京:科学出版社,2006.
[21] 周国光.公路行业财务管理学[M].北京:人民交通出版社,2001.
[22] 李志远,刘建科.施工项目会计核算与成本管理[M].北京:中国市场出版社,2009.
[23] 张学英,韩艳华.工程财务管理[M].北京:北京大学出版社,2009.
[24] 赵玉萍.建筑施工企业财务管理[M].北京:机械工业出版社,2008.
[25] 财政部会计从业资格评价中心.财务管理[M].北京:中国财政经济出版社,2011.
[26] 俞文清.施工企业财务管理(2版)[M].上海:立信会计出版社,2003.